D1929246

Kommunikation im Bauprozess

Simon Wiedemann
Dr. sc. techn., dipl. Bau-Ing. ETH

Institut für Bauplanung und Baubetrieb ETH Zürich

AUSGESONDERT

vdf Hochschulverlag AG an der ETH Zürich

Diss. ETH Nr. 11'036

Ho 44 / 29378

Sto. BAUBIBLIOTHEK
ETH Hönggerberg Kat.

- 4. NOV. 1997

© 1996
vdf Hochschulverlag AG an der ETH Zürich

ISBN 3 7281 2381 1

Der Verlag dankt dem Schweizerischen Bankverein
für die Unterstützung zur Verwirklichung seiner Verlagsziele

DANK

Die vorliegende Forschungsarbeit entstand während meiner Tätigkeit als wissenschaftlicher Mitarbeiter am Zentrum für Integrierte Planung im Bauwesen (ZIPBau) als Bestandteil des weitergehenden Forschungsprojekts "Integrierte Planung und Kommunikation im Bauprozess", welches am Institut für Bauplanung und Baubetrieb in Zusammenarbeit mit dem Institut für Hochbautechnik und der Professur für CAAD an der ETH Zürich durchgeführt wird. Mein Dank richtet sich an all jene, welche durch ihren grossen Einsatz zu dieser Arbeit beigetragen haben, insbesondere den Mitarbeiterinnen und Mitarbeitern vom Institut für Bauplanung und Baubetrieb an der ETH Zürich.

Herrn Prof. Dr. H.R. Schalcher, Professor für Bauplanung an der ETH Zürich, danke ich für die Übernahme des Referats. Seine stetige Unterstützung und sein reges Interesse trugen entscheidend zum Gelingen dieser Arbeit bei.

Herrn Prof. Dr. K.R. Dittrich, Professor für Informatik an der Universität Zürich, danke ich für die kritische Durchsicht der Arbeit, die wertvollen Anregungen und die Übernahme des Korreferats.

Meinem Schreibtischnachbar, dipl. Bau-Ing. ETH Markus Egloff, sei an dieser Stelle für die ständige Diskussionsbereitschaft und die vielen Anregungen gedankt.

Ferner richtet sich mein Dank an die Kommission zur Förderung der wissenschaftlichen Forschung (KWF) des Bundesamts für Konjunkturfragen und an zahlreiche Industriepartner für die grosszügige Finanzierung und fachliche Unterstützung.

Männedorf, Dezember 1994 Simon Wiedemann

ZUSAMMENFASSUNG

Integrierte Planung im Bauprozess unterstützt die Kommunikationsfunktionen der Stellen von Bauprojektorganisationen. Zur Erfüllung von fachspezifischen Aufgaben werden Kommunikationsmittel im Bauprozess eingesetzt. Die Gestaltung von geeigneten Kommunikationssystemen stellt ein *Organisationsproblem* dar. Das Ziel dieser Forschungsarbeit ist es, dieses Problem unter Berücksichtigung der angestrebten Ziele und der vorhandenen Randbedingungen zu lösen.

Die Aktivitäten in Bauprojekt- und Benutzerorganisationen wurden aus der Praxis gesammelt und strukturiert. Zur Beschreibung der Kommunikationsprozesse wird die Strukturierte Analyse und zur Beschreibung des Bauwerks aus der Sicht der Tragwerkplanung werden objektorientierte Konzepte angewandt. Die Resultate sind ein Datenmodell des Tragwerks und ein generelles Bauwerkmodell, welches zur Erzeugung von weiteren Modellen des Bauwerks dient, wie beispielsweise einem Bauwerkmodell Architektur, HLK-Installationsplanung usw., und Regeln zur Implementierung von Bauwerkmodellen als Bestandteil der integrierten Planung im Bauprozess. Zur Definition eines optimalen Kommunikationssystems wurden unterschiedliche Systeme verglichen, welche alle auf demselben Bauwerkmodell basieren. Als optimales Kommunikationssystem ergab sich ein *heterogenes, verteiltes System mit autonomen Anwendungssystemen*, welche Daten bezüglich der fachübergreifenden Beschreibung der Struktur des Bauwerks aus einem gemeinsamen Datenbanksystem beziehen.

Die Schwierigkeiten bei der heutigen Kommunikation liegen in den Besonderheiten des Bauwesens hinsichtlich der *Organisation*, des *Produktionsprozesses* und des *Produkts* Bauwerk begründet. In Ad-hoc Organisationen sollen Kommunikationssysteme in einzelnen Bauprojektphasen definiert, aufgebaut, betrieben und fachübergreifend genutzt werden. Der störungsfreie Austausch von Wissen innerhalb von Bauprojektorganisationen mit dynamischer Beziehungs- und Prozessstruktur wird besonders durch semantische Störungen erschwert, weil Bezeichnungen für Dinge nicht einheitlich verwendet werden und damit eine Bezeichung für den Sender und den Empfänger unterschiedliche Bedeutungen haben.

Die *Modellintegration* führt zu einer fachübergreifenden Definition von Begriffen, unabhängig der Funktion von einzelnen Stellen. Die Modellintegration bezüglich der Beschreibung von Bauwerken aus der Sicht von unterschiedlichen Fachgebieten ist ein wesentlicher Bestandteil einer künftigen *Integration im Bauprozess*. Der Grad der Modellintegration im Bauprozess orientiert sich an den besonderen Bedingungen des Bauwesens innerhalb der Güterproduktion. Dabei kann nicht wie im Bereich von stationären Produktionsindustrien auf eine Standardisierung von Teilen des Bauwerks zurückgegriffen werden. Die fachübergreifende Spezifikation von Objekten des Bauwerks ist Voraussetzung für eine Kommunikation im Bauprozess auf einem semantisch hohen Niveau.

Mit der Definition von *Bauwerkmodellen* und der fachübergreifenden Integration derselben, wird durch die Modellintegration die wesentliche Schwierigkeit bei der Kommunikation im Bauprozess gelöst. Zur Modellintegration bei der Spezifikation von Bauwerkmodellen für fachspezifische Anwendungen muss ein fachübergreifender Konsens bezüglich der Bedeutung von einzelnen Beschreibungen von Dingen gefunden werden. Die Klassen von *Datenmodellen* beschreiben bestimmte *Benutzerobjekte*. Die Einigung über die Abgrenzung und Bezeichnung von Benutzerobjekten ermöglicht eine Kommunikation ohne Verlust an Semantik. Dabei können Daten zur Beschreibung eines bestimmten Benutzerobjekts ausgetauscht werden, wobei die Bedeutung für den Empfänger die selbe ist wie für den Sender.

Zur Gestaltung von Bauwerkmodellen ist ein bestimmter Grad von Modellintegration erforderlich. Die Integration von Modellen des Bauwerks braucht nicht vollständig zu sein, sondern kann sich auf die Beschreibung der Struktur von Bauwerken beschränken. Im Gegensatz zu bisherigen Forschungsprojekten im Bereich der Bauwerkmodellierung ist es nicht notwendig, alle Bestandteile eines Bauwerks zu standardisieren, wie dies im Bereich der stationären Produktionsindustrie möglich ist. Zur Definition von Bauwerkmodellen und deren Implementierung wurden von Beginn weg die speziellen Bedingungen des Bauwesens berücksichtigt.

Die Anwendung der Regeln zur Gestaltung von Bauwerkmodellen und deren Implementierung führt zu *Regeln zur integrierten Planung* im Bauwesen. Die Untersuchung der Faktoren, welche zur Gestaltung von Kommunikationssystemen im Bauprozess beeinflusst werden müssen, zeigt, dass die Gestaltung eines Kommunikationssystems auf allen Lenkungsebenen einer Bauprojektorganisation wie der *Besteller* eines Bauwerks, der *Gesamtleitung* und der *Planer* getragen werden muss. Die wesentlichen Faktoren zur Gestaltung von Kommunikationssystemen sind die angestrebte *Modellintegration*, die *Verteilung* von Daten, die *Heterogenität* bezüglich der Datenhaltung und die *Autonomie* der Anwendungssysteme. Der Einsatz eines Kommunikationssystems mit verteilter Datenhaltung und gemeinsamer Verwaltung der modellintegrierten Beschreibung der Struktur des Bauwerks führt zu einem positiven Grad der Zielerreichung auf allen Lenkungsebenen von Bauprojektorganisationen.

Die Unterstützung von Kommunikationsfunktionen von Stellen im Bauprozess erfolgt durch die *Funktions-*, *Methoden-* und *Phasenintegration*. Dabei sind die Regeln zur Gestaltung von Bauwerkmodellen und deren Implementierung anzuwenden. Der Nutzen solcher Kommunikationssysteme ist im Vergleich zur Null-Lösung, das heisst einem Kommunikationssystem, das dem heutigen Ist-Zustand entspricht, scheinbar gering, weil unter dem Bauwerkmodell-Ansatz ein grosser Aufwand zur Modellintegration betrieben werden muss. Anwendungssysteme, welche auf einer Modellierung des Bauwerks beruhen, die nach den Regeln zur Gestaltung von Bauwerkmodellen gestaltet wurden, können projektübergreifend eingesetzt werden. Entsprechend wird der Nutzen des Bauwerkmodell-Ansatzes im Vergleich zum notwendigen Aufwand grösser. Die Modellintegration wird projektübergreifend nutzbar.

Das fachspezifische Bauwerkmodell Tragwerkplanung, das generelle Bauwerkmodell sowie die Regeln zur Gestaltung, der Implementierung von Bauwerkmodellen und der integrierten Planung können in weiteren Forschungsprojekten zur Spezifikation von weiteren Bauwerkmodellen und Erreichung einer besseren Modellintegration im Bauprozess verwendet werden. Die Menge von partiell integrierten Bauwerkmodellen ist die Grundlage zur Definition von Kommunikationssystemen im Bauprozess. Die Definition von Klassen dieser Bauwerkmodelle können von Softwareentwicklern zur Implementierung von Anwendungssystemen verwendet werden. Die neuen Anwendungssysteme, welche auf den partiell integrierten Bauwerkmodellen beruhen, machen den Nutzen der Modellintegration in der Praxis verfügbar.

SUMMARY

Integrated planning in construction supports the communication functions of the project team. To accomplish their tasks, project team members increasingly use different information technology tools. The design of an appropiate communication system for this environment presents an *organizational problem*. The purpose of this research is to assist in solving this problem considering goals and constraints in the building industry.

Acitivities of project team members in the lifecycle of a building were collected in practice and structured. The research used Structured Analysis to describe the communication processes and the information flow in project organizations. To describe the building with a data-model from the structural engineering point of view the researcher used object-oriented design concepts. The major results of the research are a data model of the load bearing system, a general building model from which other specific building models, such as the architectural model, mechanical services model etc., can be derived, and rules for the implementation of building models as a part of integrated planning in construction. To find an optimal communication system different systems, that all work on the same building model were compared. The optimal communication system is a *heterogenous, distributed system* with *autonomous applications* that store the common data describing the building`s structure in a database management system. The comparison shows that it is benficial to integrate parts of a building model and store their data in a shared database.

Communication difficulties on today´s construction projects arise from unique requirements in the building industry concerning *organization*, *building process* and *product*. In ad-hoc organizations, communication systems should be defined, implemented and used independent of functional specialization. Trouble-free transfer of knowledge within dynamic building organizations is complicated by semantic interference. Names of things are used differently and have different meanings for the sender and the receiver of a message.

The model-based integration approach uses standardized definitions of terms regardless of the functional specialization. Shared models of buildings by a project team is an essential part of future integration in the building industry. The maximum possible degree of model-based integration in the building process depends on constraints such as the low level of parts standardization for a building. A global specification of building objects is a basic requirement for communication on a high semantic level in the building industry.

Definition of building models and their integration can solve the major difficulties of project communication. Agreement concerning the description of building components is needed to integrate models for specific tasks. Classes of *data-models* describe certain *user-objects*. An agreement concerning the definition and designation of user-objects enables communication without loss of semantic meaning.

It is possible to exchange data to describe a certain user-object, whereby the meaning for the receiver is the same as for the sender.

Design of building models requires a specific degree of model-based integration. The integration of models does not have to be complete, but can concentrate on description of the building structure. Compared to other approaches for defining building models, it is not necessary to standardize the description of all parts of a building, as is possible in the stationary manufacturing industry. Not as in other research projects, the definition of building models and their implementation was done concerning the constraints in the building industry from the beginning.

The application of the rules for designing building models and their implementation leads to rules for *integrated planning* in construction. Decisions concerning the design of the communication system must be supported by all levels of control within a project organization, including the owner, the project manager and the designer. The critical factors for the design of communication systems are the desired degree of *model-based integration*, the *distribution of data*, the *heterogenity concerning data management* and the *autonomy of the application system*. The use of communication systems with distributed data storage and shared management of the modelbased-integrated description of the building structure leads to achievement of goals at all control levels in project organization.

The support of communication functions results from the integration of functions, the methods used and the phases in the building`s lifecycle. Achieving integration requires implementing rules for the design of building models. The benefit of such a communication system compared to the today`s systems is apparently small. This is because the building model approach requires considerable costs for implementation. Application systems that where designed according to the appropiate rules can be used independent of projects. The benefit of the building model approach compared to the cost increases and modelbased-integration can be used project independant.

The specific building model of the load bearing system, the general building model, the rules for design and implementation of building models and integrated planning in construction can be used by future researchers to achieve better model-integration within project organizations by defining further specific building models. Partial integrated building models are the basis for the definition of communication systems. The specification of classes of these building models can be used by software developers, to create appropiate application systems to the building industry. New information technology tools that are based on partial integrated building models make the benefit of model-basedintegration available in practice.

INHALT

INHALTSÜBERSICHT

Verzeichnis der Abbildungen

VERZEICHNIS DER TABELLEN

VERZEICHNIS DER ABKÜRZUNGEN

ADT	Abstrakter Datentyp
AEC	Architecture, Engineering and Construction
Brep	Boundary Representation
CACC	Computer Aided Conformance Checking
CAD	Computer Aided Design
CAAD	Computer Aided Architectural Design
CAE	Computer Aided Engineering
CAM	Computer Aided Manufacturing
CAQ	Computer Aided Quality Assurance
CAX	Menge von rechnerunterstützten Verfahren
CAPM	Computer Aided Project Management
CIM	Computer Integrated Manufacturing
CIM-OSA	Computer Integrated Manufacturing - Open System Architecture
DPM	Discrete Parts Manufacturing
ESPRIT	European Strategic Programme for Research and Development of Information Technology
FEM	Finite-Element Methode
FM	Facility Management
FU	Functional Unit
GARM	General AEC Reference Model
GT	Gebrauchstauglichkeit
ICM	Interdisciplinary Communication Medium
ICM	Integration Core Model
IFM	Informationsfluss-Modell
$IDEF_0$	ICAM Definition Methodology 0
IGES	Initial Graphics Exchange Specification
IMPPACT	Integrated Modelling of Product and Processes using Advanced Computer Technology
ISO	International Organization for Standardization
ISYBAU	Integriertes System der Datenverarbeitung im Bauwesen
NIAM	Nijssen´s Information Analysis Method
NICC	Neutral Intelligent/Integrated CAD Communication
SADT	Structured Analysis and Design Technique
STEP	Standard for Exchange of Product Model Data
TS	Tragsicherheit
OOA	Objektorientierte Analyse
OOD	Objektorientiertes Design
OOAD	Objektorientierte Analyse und Design
OOCAD	Object-oriented CAD
OODMS	Object-oriented Database Management System
OXF	neutral exchange file
PANDA	Partitioned engineering data flow model
PDU	Product Definition Unit
VDT	Virtual Design Team

AutoCAD ist ein eingetragenes Warenzeichen Autodesk
C++ ist ein eingetragenes Warenzeichen AT&T Bell Laboratories
Gemstone™ ist ein eingetragenes Warenzeichen Servio Corporation
Ontos™ ist ein eingetragenes Warenzeichen Ontos Inc.
O_2™ ist ein eingetragenes Warenzeichen O_2 Technology
Objectivity™ ist ein eingetragenes Warenzeichen Objectivity Inc.
ObjectStore™ ist ein eingetragenes Warenzeichen Object Design Inc.
Speedikon ist ein eingetragenes Warenzeichen der IEZ AG Bensheim
team*work*® ist ein eingetragenes Warenzeichen der Cadre Technologies Inc.
Versant™ ist ein eingetragenes Warenzeichen Versant Object Technology Corporation

1. EINFÜHRUNG

1.1. PROBLEMSTELLUNG

Die bisherige Auffassung über die Integration der Kommunikation im Bauprozess geht von der Voraussetzung aus, dass die Computer-Applikationen innerhalb eines Projektteams integriert werden müssen, indem der Datenaustausch und der Austausch von Wissen standardisiert werden (vgl. [Luiten 1994]). Die angewendeten Ansätze verfolgen einen Bottom-Up Ansatz, indem ausgehend von der Integration von Daten und Wissen die Integration von Anwendungssystemen möglich ist, weil diese Daten auf einem semantisch hohen Niveau austauschen können. Integrierte Anwendungssysteme sollen die Integration von *Stellen*[1] betreffend deren Aufgaben, Verantwortung und Kompetenzen ermöglichen (vgl. [AMICE 1989 p.13])[2]. Dabei wird durchaus erkannt, dass nur schon zur Integration von Daten aufgrund der besonderen Bedingungen des Bauwesens innerhalb der Güterproduktion eine Einigung über einen industrieweiten Standard nur sehr schwer erreicht werden kann.

Die Integration von Daten und Wissen ganzer Industriezweige soll mit Produktmodellen erreicht werden, welche die Daten aller am Gestaltungs- und Nutzungsprozess beteiligten Stellen in allen Lebensphasen des Produkts enthalten. Die Spezifikation von Daten mit standardisierten Sprachen wie EXPRESS (vgl. [ISO/TC184 1992a]) ist möglich, dagegen bereitet die Integration von Wissen grössere Probleme, insbesondere bei der Frage, ob dieses durch Regeln vollständig beschrieben werden kann. Die Modellierung von Bauwerken[3] findet entsprechend der ANSI/SPARC Architektur (vgl. [Tsichritzis et al. 1977])[4] auf der konzeptionellen Ebene statt, welche unabhängig von der Implementierung und der Sichten der Benutzer ist.

Speziell für das Bauwesen wurde ein *General AEC Reference Model* (GARM) (vgl. [Gielingh 1988]) entwickelt. Es zeigte sich jedoch, dass dieses für eine direkte Anwendung zur Beschreibung von beispielsweise Hochbauten und Tunnelbauten zu allgemein ist. Entsprechend sollten Modelle auf der Ebene von Produkttypen definiert werden, welche von einem *Integration Core Model* (ICM) (vgl. [Tolman 1991]) abgeleitet werden können. Mit der Betrachtung von Produkttypen bleibt das Problem bestehen, durch Vorschriften aus der Definition von Bauwerkmodellen die Gestaltungsprozesse in arbeitsteiligen Bauprojekt- und Benutzerorganisationen vorzuschreiben.

---

1 *vgl.* Stelle. *Kapitel: Glossar, p.281ff*

2 *Ebenen der Integration von Unternehmungen:* Business Integration, Application Integration *und* Physical System Integration.

3 *vgl.* Bauwerk. *Kapitel: Glossar, p.258ff*

4 *Die logische Ebene ist Teil der drei Ebenen Architektur des ANSI/SPARC Referenzmodells für Datenbankmanagementsysteme (externe, logische und interne Ebene).*

Die Erweiterung von Produktmodellen zu Projektmodellen (IMPPACT (vgl. [Gielingh et al. 1991a]), Unified Approach Model (vgl. [Björk 1991]), GenCom (vgl. [Froese 1992]), BPM (vgl. [Luiten 1994]), IRMA (vgl. [Luiten 1994 p.53])) durch die Integration von projektspezifischen Daten wie Beziehungen zwischen Aktivitäten, Beteiligten und Produktinformationen lässt keine wesentlichen Vorteile erkennen, weil diese am generellen Produktmodellansatz nichts ändern und die Frage nach der Implementierung von Produkt- und Projektmodellen in Bauprojekt- und Benutzerorganisationen nicht beantworten.

Die Schwierigkeit beim bisherigen Produktmodellansatz liegt bei der Definition eines allgemein akzeptablen Modells von Produkten für einen gesamten Industriezweig und dessen Durchsetzung bei den Softwareentwicklern. Der eigentliche Zweck von Bauwerkmodellen liegt in der Integration von Anwendungssystemen. Entsprechend dem Bottom-Up Ansatz soll die Integration in Bauprojektorganisationen von selbst erfolgen, wenn einmal alle Anwendungssysteme auf der Basis eines Produktmodells auf einer semantisch hohen Ebene miteinander kommunizieren können. Dabei trat die Integration von Zielen, Aufgaben und Aktivitäten der Stellen von Bauprojekt- und Benutzerorganisationen in den Hintergrund.

Technische Integration allein leistet vergleichsweise wenig Beiträge zur Integration von Zielen und Aufgaben, insbesondere in Bauprojekt- und Benutzerorganisationen. Entsprechend werden Produkt- und Projektmodelle hinsichtlich ihrer ursprünglichen Definition, der Integration aller Daten entwickelt und nicht hinsichtlich ihres Einsatzes als Basis für *Kommunikationssysteme*[5], welche die effektiv ablaufenden Kommunikationsprozesse unterstützen. Die Unterstützung der unterschiedlichen Gestaltungsvorgänge zur Erzeugung von Bauwerken unter den besonderen Bedingungen des Bauwesens ist bei der Produktmodellierung von geringer Bedeutung. Für die Gestaltung von Kommunikationssystemen hinsichtlich der effektiv notwendigen, minimalen Integration von Beschreibungen des Bauwerks, damit die Beteiligten ihre Aufgaben erfüllen können, ist nicht Gegenstand der Forschungsbemühungen zur Entwicklung von Produktmodellen.

Anstelle der Integration von zusätzlichen Projektinformationen, wie die Beschreibung von Aktivitäten in einem Projektmodell, ist die Nutzung von Wissen über den Ablauf von Bauprojekten bei der Gestaltung von Produktmodellen und die Beantwortung der Frage nach deren Implementierung von Bedeutung (vgl. [ISO/TC184 1993b], [ISO/TC184 1993d], [ISO/TC184 1993e]).

Bei der Modellierung von Produktmodellen innerhalb der *AEC*[6] Industrie wird auf die Ressourcenmodelle von STEP zur Modellierung der Geometrie und Topologie zurückgegriffen [Luiten 1994 p.47ff]. Geometrie- und Topologiemodelle lassen die Beschreibung von einzelnen Körpern zu. Weitergehende topologische Beziehungen zwischen Körpern, wie sie zur Beschreibung zwischen Objekten eines Bauwerks definiert werden können, bleiben dabei unberücksichtigt.

---

5 *vgl.* Kommunikationssystem. *Kapitel: Glossar, p.269ff*

6 *AEC: Architecture, Engineering and Construction*

In dieser Arbeit soll ein Bauwerkmodell *zielorientiert* spezifiziert werden (vgl. [Eastman 1992 p.99])[7], welches auf die besonderen Bedingungen des Bauwesens zugeschnitten und innerhalb einer Bauprojekt- und Benutzerorganisation anwendbar ist. Dabei soll die Modellierung des Bauwerks auf die verschiedenen Zustände der Bauwerksbeschreibung im Gestaltungsprozess von Bauwerken in einer stark arbeitsteiligen Organisation ausgerichtet werden. Entsprechend kann nicht nur ein datenorientierter Bottom-Up Ansatz verfolgt werden, sondern Integration soll durch eine Vereinheitlichung von Projekt- und Vorgehenszielen, Aufgaben und Aktivitäten erreicht werden, welche die erforderlichen Mittel zur Kommunikation im Bauprozess wie Bauwerkmodell und Kommunikationssystem bestimmen.

1.2. GEGENSTAND DER UNTERSUCHUNG

Die Art und Weise der Implementierung von Produktmodellen bestimmt neben den Eigenschaften des Produktmodells selbst die Eigenschaften des Kommunikationssystems von Organisationen. Die Gestaltung des Kommunikationssystems im Bauprozess kann allgemein als *Organisationsproblem* aufgefasst werden (vgl. [Hill et al. 1976 p.29]). Entsprechend sind die *Ziele*, *Randbedingungen* und *Mittel* zur Organisation eines Kommunikationssystems innerhalb von Bauprojektorganisationen von Bedeutung und nicht nur die Mittel allein.

Die Betrachtung der Mittel allein als Wege zur Integration im Bauprozess entspricht keiner ganzheitlichen Lösung des genannten Organisationsproblems. Die Betrachtung des Soll-Zustands der erforderlichen Mittel zeigt, dass auf der Basis existierender Anwendungssysteme im Nachhinein eine Modellintegration kaum mehr möglich ist, weil deren Modelle vom Bauwerk nicht beeinflusst werden können. Die verfügbaren Anwendungssysteme im Bauwesen wurden stark aufgabenorientiert entwickelt und bilden je nach Anwendung einen Teil eines Bauwerks als technisches System selbst oder beispielsweise dessen Herstellungsvorgänge ab. Im Nachhinein ist es auf der Basis der verschiedenen aufgabenorientierten Modelle vom Bauwerk sehr aufwendig, Daten auf einem semantisch hohen Niveau auszutauschen. Umgekehrt ist unter Voraussetzung von modellintegrierten Anwendungssystemen durch einheitliche Produktmodelle das Organisationsproblem auch nicht gelöst.

Beim Kommunikationssystem von Projektorganisationen handelt es sich um ein *äusserst komplexes System*, das sich aus einer Vielzahl von verschiedenen Kommunikationszentren mit vielen Kommunikationsbeziehungen zusammensetzt

---

7 *"Many concepts and insights were identified early in the development of integrated systems. Now, as the apparent need for building models grows, many of the key ideas are being re-discovered or re-invented. Weakness in building models that were identified earlier are being repeated. Many of these issues arise from poor definition of the obejctives that building product model should support"*

und eine Vielzahl von unterschiedlichen Verhaltensweisen annehmen kann (vgl. [Ulrich et al. 1991 p.61]). Das Verhalten komplexer Systeme kann nicht exakt vorausgesagt werden. Genauso wie die Auswirkungen von möglichen äusseren Beeinflussungen einzelner Kommunikationsprozesse wie *syntaktische, semantische* und/oder *pragmatische Störungen*[8] nicht vorausgesehen werden können, ist es unmöglich, die Auswirkungen gewollter Veränderungen am Kommunikationssystem exakt zu bestimmen.

Die geordnete Menge aller Stellen im Bau- und Nutzungsprozess in allen Lebensphasen des Bauwerks wird als *Bauprojekt- und Benutzerorganisation*[9] bezeichnet. Zur Gestaltung von Mitteln zur Unterstützung von Kommunikationsfunktionen der Bauprojekt- und Benutzerorganisation muss in der Betrachtung des Kommunikationssystems dessen Komplexität reduziert werden. Hierzu stehen zwei Möglichkeiten offen. Einerseits kann die Betrachtung des Kommunikationssystems durch neue Aspekt-Systeme weiter eingeschränkt werden, andererseits durch Suchen und Festlegen von Mustern, in deren Struktur der Ablauf von Kommunikationsprozessen in eine Ordnung gebracht wird. Muster zur Beschreibung von Kommunikationsprozessen erlauben es, den Einfluss von Kommunikationssystemen auf das Verhalten des Bauprojekt- und Benutzersystems zu bestimmen.

Die weitere Einschränkung des Betrachtungsaspekts hängt davon ab, welche Ziele mit der Untersuchung der Kommunikationsprozesse im Bauprozess verfolgt werden. Soll beispielsweise ein funktions- und phasenübergreifendes Hilfsmittel zur Unterstützung bestimmter *Kommunikationsfunktionen*[10] erstellt werden, ist es sinnvoll, nur solche Kommunikationsprozesse weiter zu untersuchen, welche nach exakten Regeln ablaufen, das heisst die *formalisierbaren Kommunikationsprozesse*[11]. Das zu gestaltende Hilfsmittel zur Unterstützung von Kommunikationsprozessen erfolgt dann durch ein technisches System, das einen Teil der formalisierbaren Kommunikationsprozesse unterstützt. Dieses technische System wird als *Informationssystem* bezeichnet. Aus den bisherigen Ausführungen können die Begriffe des Kommunikations- und Informationssystems definiert werden.

Kommunikationssystem: Das Kommunikationssystem ist eine geordnete, endliche Menge von Elementen eines sozio-technischen Systems in Form von Stellen, zwischen denen in einem betrachteten Zeitraum Beziehungen in Form von Nachrichtenaustauschvorgängen bestehen.

Informationssystem: Das Informationssystem ist ein technisches System, das die formalisierbaren Kommunikationsprozesse und damit die Kommunikationsfunktionen von Stellen einer Organisation unterstützt.

---

8 *vgl.* syntaktische, semantische und pragmatische Störungen. *Kapitel: Glossar, p.281ff*

9 *vgl.* Bauprojekt- und Benutzerorganisation. *Kapitel: Glossar, p.258ff*

10 *vgl.* Kommunikationsfunktionen. *Kapitel: Glossar, p.269ff*

11 *vgl.* formalisierbare Kommunikationsprozesse. *Kapitel: Glossar, p.269ff*

Im Gegensatz zum äusserst komplexen, sozio-technischen Kommunikationssystem der Bauprojekt- und Benutzerorganisation, stellt das Informationssystem vergleichsweise ein nur triviales System dar. Triviale Systeme sind zwar bezüglich der Anzahl und Vielfalt ihrer Teile kompliziert, in bezug auf ihr Verhalten jedoch einfach. Die Veränderlichkeit eines Informationssystems im Zeitablauf ist beschränkt, das heisst, es kann immer vorhergesagt werden, wie Input in Output umgewandelt wird. Der grundlegende Unterschied zum Kommunikationssystem liegt darin, dass sich das Informationssystem nicht von selbst entwickelt, sondern dessen Entwicklung immer bewusst vorgenommen werden muss. Eine äusserst wichtige Eigenschaft von Informationssystemen ist deren *Entwicklungsfähigkeit*, das heisst die Möglichkeit, sie entsprechend den neuen Bedürfnissen anzupassen.

Die Aufgabenerfüllung von verschiedenen Stellen der Systeme der Bauprojekt- und Benutzerorganisation, verstanden als Subsysteme des *Bauprojekt- und Benutzersystems*[12], führt zu einem engen Netz kooperierender Prozesse der Informationsverarbeitung. Entsprechend der Gliederung des *Projektsystems* und der daraus abgeleiteten Subsysteme der Bauprojekt- und Benutzerorganisation aus der Projektorganisation, sind zwei grundsätzlich verschiedene Kommunikationssysteme zu untersuchen: Das Kommunikationssystem der Bauprojekt- und das Kommunikationssystem der Benutzerorganisation. Die Bauprojekt- und Benutzerorganisation unterscheiden sich grundsätzlich in bezug auf die *Kompliziertheit*[13] von deren *Beziehungs-* und *Prozessstruktur*[14].

Aus dem qualitativen Vergleich in Tabelle 1 zwischen Bauprojekt- und Benutzerorganisation geht hervor, dass die *Bauprojektorganisation* äusserst komplex, die *Benutzerorganisation* hingegen nur komplex in bezug auf den Ablauf von Prozessen ist. Organisationen mit einer komplexen Beziehungs- und Prozessstruktur werden als *äusserst komplexe Organisationen* bezeichnet. Stellvertretend für Benutzerorganisation im angeführten Vergleich können ähnliche Organisationen wie diejenige von stationären Produktionsbetrieben eingesetzt werden.

---

12 *vgl.* Bauprojekt- /Benutzersystem und Projektsystem. *Kapitel: 3.1. Das Bauprojekt- und Benutzersystem, p.30*

13 *vgl.* Kompliziertheit und Komplexität. *Kapitel: Glossar, p.269ff*

14 *vgl.* Beziehungs- und Prozessstruktur. *Kapitel: Glossar, p.258ff, p.276ff*

Kriterium	***Bauprojektorganisation***	***Benutzerorganisation***
Beziehungsstruktur	*kompliziert* • viele, verschiedene Systemelemente • viele, verschiedene Beziehungen (Varietät gross)	*einfach* • wenige, unterschiedliche Systemelemente • wenig, unterschiedliche Beziehungen (Varietät klein)
Prozessstruktur	*komplex* • sehr viele, verschiedene Prozesse (sehr viele Verhaltensmöglichkeiten) • sehr stark veränderliche Wirkungsverläufe zwischen den Prozessen	*komplex* • viele, verschiedene Prozesse (viele Verhaltensmöglichkeiten) • stark veränderliche Wirkungsverläufe zwischen den Prozessen
Gesamtbeurteilung	äusserst komplex	komplex

Tabelle 1: Vergleich Bauprojekt- und Benutzerorganisation

1.3. ZIELSETZUNGEN

Voraussetzung für die Gestaltung von Kommunikationssystemen im Bauprozess ist die Beschreibung der Kommunikationsbeziehungen in allen Lebensphasen eines Bauwerks von der Projektierung bis zur Nutzung und Liquidation. Die Beschreibung von Informationsflüssen geht von den Zielen, Aufgaben und Aktivitäten der Stellen der Projektorganisation aus. Aktivitäten verändern unter anderem den Zustand der Beschreibung des Bauwerks in Form von Daten. Eine wesentliche Grundlage und damit Mittel zur Gestaltung eines Kommunikationssystems ist die Beschreibung des Bauwerks. Die Implementierung von Bauwerkmodellen kann in Form von Informationssystemen erfolgen.

Ausgehend vom Konzept des *integralen Bauwerkmodells*[15] und der Implementierung von anwendungsorientierten Bauwerkmodellen soll die Anwendbarkeit der Modellintegration unter den speziellen Bedingungen im Bauwesen gezeigt werden. Die verfolgten Ziele beziehen sich auf die *Beschreibung von Kommunikationsprozessen in komplexen Organisationen*, der *Modellierung des Systems Bauwerk*, der *Lenkung von Aktivitäten im Bauprozess* und dem *Nachweis der Anwendbarkeit des Bauwerkmodell-Ansatzes im Bauwesen*.

Beschreibung von Kommunikationsprozessen in komplexen Organisationen:

- Bewältigung der Komplexität des Kommunikationssystems durch die Einschränkung der Betrachtung auf Aspekt-Systeme und Ordnung der in einem Bauprozess ablaufenden Kommunikationsprozesse nach Mustern.

Modellierung des Systems Bauwerk:

- Fachübergreifende Spezifikation des Bauwerks als technisches System. Ableitung von anwendungsorientierten Bauwerkmodellen zur Aufgabenerfüllung

15 *vgl.* integrales Bauwerkmodell. *Kapitel: 4.3.3.1. Systemstruktur des integralen Bauwerkmodells, p.142*

von Stellen in bestimmten Fachgebieten aus der generellen Beschreibung von technischen Systemen. Integration der fachspezifischen Modelle vom Bauwerk hinsichtlich ihrer Bedeutung und dem zur Aufgabenerfüllung notwendigen fachübergreifenden Wissen.
- Beschreibung der Aufgaben zur Lenkung der Aktivitäten von Stellen im Bauprozess und Spezifikation eines entsprechenden anwendungsorientierten Bauwerkmodells.

Nachweis der Anwendbarkeit des Bauwerkmodell-Ansatzes im Bauwesen:

- Definition unterschiedlicher auf dem Bauwerkmodell-Ansatz basierender Kommunikationssysteme im Bauprozess hinsichtlich der Heterogenität, Verteilung von Daten sowie Autonomie von Anwendungssystemen und Nachweis der Realisierbarkeit unter den speziellen Bedingungen des Bauwesens.

1.4. Abgrenzung der Untersuchung

Der Schwerpunkt der Arbeit liegt auf der Untersuchung der Ausübung von Kommunikationsfunktionen innerhalb von Organisationen, die speziell zur Erfüllung einer Aufgabe wie beispielsweise der Verwirklichung eines Bauvorhabens temporär genutzt werden. Die Abgrenzung der Untersuchung richtet sich nach der Art der untersuchten Beziehungen zwischen Stellen, den Kommunikationsfunktionen im Lebenszyklus des Bauwerks und der Beschreibung des gesamten Projekts.

Obwohl das Bauwerk, verstanden als physisches System, das eigentliche Resultat eines Bauprozesses darstellt, sollen nicht *Materialverarbeitungsprozesse* auf Baustellen, sondern *Informationsverarbeitungsprozesse* zur Planung und Realisierung von Bauwerken beschrieben werden.

Zur Gestaltung von Kommunikationssystemen sind wegen der Komplexität der Organisation die Kommunikationsprozesse in den Phasen der Planung bis zur ausführungsreifen Beschreibung des Bauwerks von besonderer Bedeutung. Weil die Beziehungs- und Prozessstruktur der Organisationen in der Ausführung und Nutzung nicht mehr äusserst komplex sind, bekommen die entsprechenden Kommunikationsprozesse eine untergeordnete Bedeutung.

Mit einem Informationsverarbeitungsprozess wird immer ein bestimmter Gegenstand eines Projekts bearbeitet. Unter einem Gegenstand kann beispielsweise die Beschreibung eines Teils des späteren Bauwerks in einer frühen Projektphase (Vorprojektplan HLK-Installation) oder ein organisatorisches Werkzeug (Pflichtenheft Gesamtleitung) verstanden werden. Die Beschreibung eines technischen Systems in seiner dreidimensionalen Ausdehnung, dessen unterschiedliche Funktionen, Zustände und Sichten auf das Bauwerk der verschiedenen Stellen ist ungleich komplizierter als Projektdaten, wie administrative Daten zur Beschreibung der formalen Beziehungs- und Prozessstruktur einer Projektorganisation. Entsprechend richtet sich die Untersuchung der Kommunikation im Bauprozess auf die Gestaltung von Bauwerkmodellen technischer Systeme, welche einen wesentlichen Teil des durch eine Projektorganisation erarbeiteten Wissens darstellen.

1.5. AUFGABEN

Aufgrund der Beschreibung des Ist-Zustands der Kommunikation im Bauprozess wird ein Soll-Zustand auf der Basis verschiedener Vorgehensmodelle zur Systemgestaltung im Bauprozess erarbeitet. Zur Implementierung von Bauwerkmodellen können entsprechend dem gewählten *Kommunikationsmodell*[16] wie *Direktverbindung*, *einheitliche Kommunikationsschnittstelle* oder *integriertes Produktmodell* unterschiedliche Kommunikationssysteme gebildet werden. Diese unterstützen die Kommunikationsfunktionen der Stellen im Bauprozess unterschiedlich gut und ermöglichen damit die *Phasen-, Funktions- und Methodenintegration*[17] zur kooperierenden Informationsverarbeitung.

Die Integration der Bestandteile von *anwendungsorientierten Bauwerkmodellen*[18] bezüglich deren Bedeutung ermöglicht die Kommunikation zwischen Fachgebieten im Bauprozess auf einem semantisch hohen Niveau. Für die *Gestaltung von Bauwerkmodellen im Bauprozess* werden *Regeln* aufgestellt.

Die Modellierung des Systems Bauwerks und die Integration der anwendungsorientierten Bauwerkmodelle sind unabhängig von deren Implementierung als Kommunikationssystem. Je nach dem Grad der Integration der fachspezifischen Bauwerkmodelle ändern sich die Eigenschaften der resultierenden Kommunikationssysteme. Basierend auf dem Konzept der anwendungsorientierten Bauwerkmodelle können unterschiedliche Typen von Kommunikationssystemen gebildet werden, die sich bezüglich der *Autonomie*, der *Heterogenität* und *Verteilung* von Daten auf den Datenverwaltungssystemen[19] unterscheiden. Für die *Implementierung von Bauwerkmodellen im Bauprozess* werden *Regeln* aufgestellt.

Die Definition von Bauwerkmodellen und deren Implementierung erfolgen zielgerichtet. Für das Kommunikationssystem werden Systemziele formuliert und der Grad der Zielerreichung pro Kommunikationssystem qualitativ bestimmt. Kommunikationssysteme wurden definitionsgemäss für die formalisierbaren Kommunikationsprozesse des formalen Kommunikationssystems einer Organisation gestaltet. Mit den Systemzielen wird jedoch das gesamte Kommunikationssystem bewertet, indem Einflüsse, welche durch die Implementierung von Bauwerkmodellen in Projektorganisationen entstehen, untersucht und in die Bewertung mit einbezogen werden.

---

16 *vgl.* Kommunikationsmodelle. *Kapitel: 5.1. Kommunikationsmodelle im Bauprozess, p.188*

17 *vgl.* Typen der Integration. *Kapitel: Ebenen der Untersuchung, p.55*

18 *vgl.* anwendungsorientierte Bauwerkmodelle. *Kapitel: 4.3.3.1. Systemstruktur des integralen Bauwerkmodells, p.143ff*

19 *vgl.* Eigenschaften von Datenbanksystemen. *Kapitel: 5.3.1. Kopplung von Anwendungssystemen mit Datenbanksystemen, p.198*

Der Vergleich der Kommunikationssysteme geht von der Beschreibung sämtlicher Faktoren aus, welche gemäss den Regeln zur Gestaltung von Bauwerkmodellen im Bauprozess und den Regeln zur Implementierung derselben beeinflusst werden müssen. Daraus ist erkennbar, ob sämtliche Faktoren, welche zur Realisierung des Bauwerkmodell-Ansatzes verändert werden müssen, unter den besonderen Bedingungen des Bauwesens überhaupt beeinflussbar sind.

Die Erkenntnisse aus der Analyse, der Gestaltung und dem Vergleich von Kommunikationssystemen erlauben es, *Regeln für die integrierte Bauplanung* abzuleiten.

HAUPTAUFGABEN

Aus den Zielsetzungen und dem geplanten Vorgehen lassen sich die in Figur 1 dargestellten Hauptaufgaben ableiten. In den einzelnen Kapiteln des vorliegenden Berichts werden die Hauptaufgaben abgehandelt.

Die systematische Betrachtung der Kommunikationsbeziehungen innerhalb von Projektorganisationen und die Ordnung von Kommunikationsprozessen dient als Grundlage für die Definition und die Implementierung von Bauwerkmodellen. Hierzu wurde ein *Informationsfluss-Modell*[20] mit dem Zweck entwickelt, die Kommunikationsbeziehungen innerhalb von Projektorganisationen zu beschreiben, die Grundlagen für die Gestaltung von Bauwerkmodellen zu erarbeiten und die Anforderungen an die Gestaltung von Kommunikationssystemen festzulegen.

Zur Modellierung von Informationsflüssen in Projektorganisationen werden im Informationsfluss-Modell die Aktivitäten von Stellen im Bauprozess sowie deren Beziehungen in Form von Informationsflüssen detailliert beschrieben. Aus der Beschreibung der Informationsflüsse im Bauprozess können die zum vollständigen Ablauf der Kommunikationsfunktionen notwendigen Informationen beschrieben werden. Die Untersuchung von Aktivitäten mit den entsprechenden Informationsbedürfnissen erfolgt in einem fachübergreifenden, phasenorientierten Vorgehensmodell mit definierten Phasenzielen. Aus den Phasenzielen ergeben sich Aufgaben und daraus Aktivitäten, die zur Erfüllung der Aufgaben notwendig sind.

Das Informationsfluss-Modell kann weiter verwendet werden zur Definition und Bewertung von Leistungen im Bauprozess und zur Optimierung von Beziehungs- und Prozessstrukturen in Projektorganisationen hinsichtlich einer besseren Kommunikation.

20 *IFM: Informationsfluss-Modell*

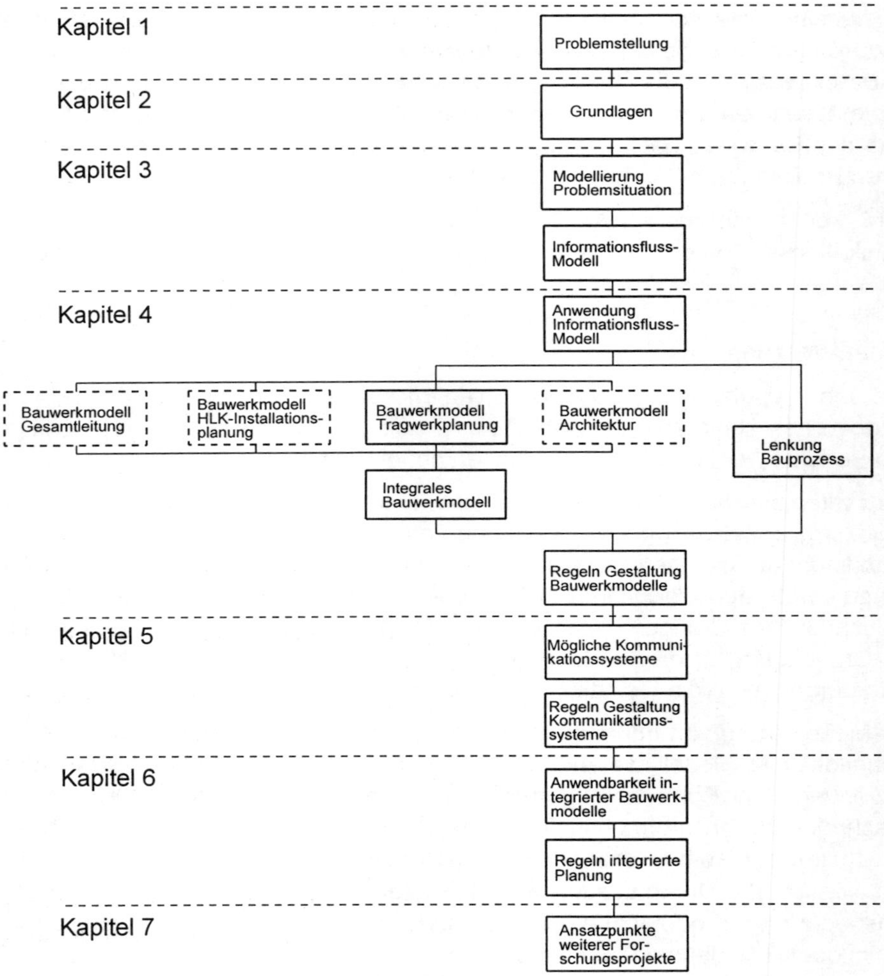

Figur 1: Aufgaben und Kapitelgliederung

EINORDNUNG INNERHALB DER AKTUELLEN FORSCHUNG

Die Beschreibung des technischen Systems Bauwerk mit Datenmodellen als Grundlage für die Implementierung von Kommunikationssystemen ist grundsätzlich nicht neu. In Forschungsprojekten KBS Projekt (vgl. [Svensson 1991]), ATLAS Projekt (vgl. [ATLAS 1993], [Greening 1992]), OOCAD Projekt (vgl. [Serén et al. 1993]), ISYBAU Projekt zur Unterstützung Datenaustausch Architektur-Tragwerkplanung (vgl. [Niestroj 1993]), [Rüppel 1993]), Projekt CAPM (vgl. [Froese 1992]) und ICM Projekt (vgl. [Fruchter et al. 1993], [Clayton et al. 1994]) sollen die Kommunikationsfunktionen der an einem Bauprojekt beteiligten Stellen unterstützt werden. Hierzu werden Bauwerk- oder Projektmodelle definiert und als Systeme zur Übertragung von Wissen in Form von neutralen Datenformaten implementiert. Die resultierenden Bauwerkmodelle richten sich oft nach kommerziell verfügbaren Anwendungssystemen in Form von CAD-Systemen. Im CAPM Projekt wird versucht, Datenbankaspekte verstärkt einzubeziehen, indem ein Teil der Projektdaten auf einem Datenbanksystem für verschiedene bestehende Anwendungssysteme bereitgehalten werden. In ICM steht die Verwirklichung eines graphisch orientierten Kommunikationsmediums in Form eines CAD Systems im Vordergrund, mit dem Zweck, die interdisziplinäre Gestaltung von Bauwerken in der Vorprojektphase zu unterstützen.

Der im vorliegenden Forschungsprojekt verfolgte Ansatz orientiert sich am Organisationsproblem zur Gestaltung von Kommunikationssystemen im Bauprozess. Ausgehend von den Zielen und Aufgaben innerhalb von Projektorganisationen sollen die Mittel zur Kommunikation im Bauprozess definiert werden wie beispielsweise die fachübergreifende Modellierung des Bauwerks oder der Einsatz von Datenbanksystemen. Der Ansatz in der Modellierung des technischen Systems Bauwerk erfolgt unter den besonderen Bedingungen des Bauwesens, indem fachspezifische Modelle des Bauwerks definiert werden. Die Integration dieser Modelle (*Modellintegration*[21]) erfolgt nur soweit, wie sie zum Austausch von Wissen entsprechend den Informationsbezügen im Informationsfluss-Modell zwischen verschiedenen Stellen im Bauprozess notwendig ist.

Neben der Spezifikation von anwendungsorientierten Bauwerkmodellen ist ein übergeordnetes Schema zur fachübergreifenden Beschreibung der Bearbeitungsobjekte aus unterschiedlichen Betrachtungen des Bauwerks notwendig. Die generelle Beschreibung des technischen Systems Bauwerk wird als integrales Bauwerkmodell bezeichnet. Die anwendungsorientierten Bauwerkmodelle können aus dem integralen Bauwerkmodell spezialisiert werden. Die Spezifikation von Bauwerkmodellen erfolgt durch *Datenmodelle*[22]. Dadurch weist die resultierende Beschreibung des Bauwerks eine Menge von Eigenschaften auf.

- Die Bauwerkmodelle beschreiben das technische System entsprechend den Bedürfnissen der Benutzer beliebig exakt (Objekte an sich, Beziehungen zwischen Objekten).
- Die Bauwerkmodelle weisen über das integrale (von verschiedenen Anwendungen abstrahiertes, wenig spezialisiertes) Bauwerkmodell zu den anwendungsorientierten (für einzelne Anwendungen konkretes, stark spezialisiertes) Bauwerkmodellen einen Zusammenhang auf.
- Die Beschreibung von Bauwerken ist unabhängig von heute kommerziell verfügbaren Anwendungs- und Datenbanksystemen.
- Die Bauwerkmodelle definieren nicht eine einheitliche Beschreibung von Objekten des Bauwerks als einheitliches Datenaustauschformat, sondern sind ein Teil des fachspezifischen Wissens zur Gestaltung von Bauwerken.

---

21 *vgl.* Modellintegration. *Kapitel: 3.3.2. Das Produktmodell, p.39*

22 *vgl.* Datenmodell. *Kapitel: 3.3.3. Das Datenmodell, p.40*

Erwartete Ergebnisse

Zur Implementierung von Bauwerkmodellen und zur Verwaltung von Daten können Datenbanksysteme als Mittel eingesetzt werden. Datenbanksysteme ihrerseits sind in Entwicklung. Fortschritte in der Hardware- sowie der Softwaretechnologie schreiten indes rasch voran. Logisch einwandfreie Lösungen wie beispielsweise die Spezifikation von Bauwerkmodellen durch Datenmodelle sind im Gegensatz zu kurzfristig erstellten Implementierungen *stabil* und *langfristig gültig* (vgl. [Vetter 1990 p.36ff]). Die angestrebten Bauwerkmodelle liegen auf der logischen Ebene (vgl. [Tsichritzis et al. 1977]) und sind hardware- und softwareunabhängig.

- Die Aufgaben, Aktivitäten, Bearbeitungsobjekte und Informationsflüsse aus der Sicht von ausgewählten Funktionseinheiten im Rahmen des Lebenszyklus eines Bauwerks werden mit dem Informationsfluss-Modell beschrieben. Die Analyse erfolgt auf einem SA-basierten CASE-Tool.
- Die anwendungsorientierten Bauwerkmodelle zur Unterstützung der Kommunikationsfunktionen von ausgewählten Funktionseinheiten werden in Berichtform erläutert und mit Datenmodellen als einfache graphische Darstellungen spezifiziert.
- Die Begriffe für die Bezeichnung von Objekten eines Bauwerks werden als Grundlage für eine fachübergreifende Klassendefinition gegenseitig abgegrenzt und definiert.
- Die Beschreibung der Klassen und deren Beziehungen zur Unterstützung der Kommunikationsfunktionen der Funktionseinheit Tragwerkplanung erfolgt in einer Klassenbibliothek.
- Zur Gestaltung von Bauwerkmodellen, zur Implementierung von Bauwerkmodellen und zur integrierten Bauplanung werden Regeln aufgestellt.

Anwendbarkeit der Ergebnisse in der Praxis

Die auf der logischen Ebene erarbeiteten Modelle des Ablaufs von Informationsverarbeitungsvorgängen im Bauprozess und die Beschreibung der unterschiedlichen Typen von Bauwerkmodellen mit Datenmodellen können nur auf der physischen Ebene getestet werden. Ein Versuch auf der physischen Ebene bedeutet die Implementierung von Bauwerkmodellen als Grundlage von verschiedenen Kommunikationsmodellen. Die Modellintegration ist zwar logisch einwandfrei, bedeutet jedoch für bestehende Anwendungssysteme erhebliche Schwierigkeiten, weil diese speziell auf eine bestimmte Betrachtung des Bauwerks ausgerichtet sind. Bevor die Ergebnisse der theoretischen Modellierung als Grundlage für die praktische Implementierung von Bauwerkmodellen übernommen werden, ist die Anwendbarkeit der Ergebnisse der Modellintegration innerhalb der Bauprojekt- und Benutzerorganisation zu prüfen. Eine grosse Bedeutung kommt der Erfassung der Randbedingungen zur Gestaltung von Kommunikationssystemen im Bauprozess zu. Dabei wird überprüft, ob die Regeln zur Gestaltung und Implementierung von Bauwerkmodellen im Bauprozess unter den besonderen Bedingungen des Bauwesens überhaupt angewendet werden können. Entsprechend sind die Ergebnisse der vorliegenden Arbeit als *Zwischenschritt in der Entwicklung* von fachübergreifenden Kommunikationssystemen im Bauwesen zu verstehen.

- Die Anwendbarkeit des Bauwerkmodell-Ansatzes im Bauprozess wird gezeigt, indem unterschiedliche Kommunikationssysteme in Abhängigkeit der Autonomie der Anwendungssysteme, der Heterogenität und Verteilung der Daten miteinander verglichen werden.
- Zur Gestaltung von Bauwerkmodellen, Implementierung von Bauwerkmodellen als Kommunikationssysteme und zur integrierten Planung werden Regeln aufgestellt.
- Die Ansatzpunkte für weiterführende Forschungsprojekte werden dargestellt.

2. Ansatz der Untersuchung

Die Gestaltung von Kommunikationssystemen im Bauprozess kann nicht analog dem Vorgehen in stationären Produktionsbetrieben angegangen werden. Dazu weist das Bauwesen innerhalb der Güterproduktion bezüglich des Ablaufs von Kommunikationsprozessen zu viele Besonderheiten auf. Diese Besonderheiten üben einen starken Einfluss auf die Dimension des zulässigen Lösungsraums bei der Gestaltung von Mitteln zur Unterstützung von Kommunikationsfunktionen zur kooperierenden Informationsverarbeitung zwischen den an einem Bauprojekt beteiligten Stellen aus. Die Allgemeine Systemtheorie kann helfen, die Bestandteile und Beziehungen von Kommunikationssystemen und Informationsflüssen zu verstehen und die zugrundeliegenden Daten zu modellieren.

2.1. Die Besonderheiten des Bauwesens innerhalb der Güterproduktion

Das Bauwesen nimmt innerhalb der Güterproduktion eine Sonderstellung ein, die in der Besonderheit der *Organisation im Bauwesen*, des *Produktionsprozesses von Bauwerken* und des *Produkts Bauwerk* an sich begründet liegen. Aufgrund von Besonderheiten sind unter den Aspekten der *Organisation*, des *Produktionsprozesses* und des *Produkts* Randbedingungen für die Gestaltung von Mitteln zur Unterstützung von Kommunikationsfunktionen im Bauprozess zusammengestellt.

Die Organisation im Bauwesen

Organisationen im Bauwesen weisen im Gegensatz zu Organisationen eines stationären Produktionsbetriebs Besonderheiten hinsichtlich *ihrer Beziehungs- und Prozess*struktur auf. Daraus resultieren Randbedingungen *bezüglich der Verteilung von Auf*gaben, Verantwortung und Kompetenzen, Mitteln zur Informationsverarbeitung sowie den Mitteln zur Speicherung und dem Austausch von Wissen.

Besonderheiten der Organisation im Bauwesen:

- Infolge der Einzelfertigung und Auftragsproduktion im Bauwesen einerseits sowie der Arbeitsteilung und Spezialisierung andererseits resultiert eine *Adhoc Organisation* im Gegensatz zur stabilen Beziehungs- u*nd Prozessstruktur eines station*ären Produktionsbetriebs. Aufgrund der dynamischen Beziehungsstruktur der Bauprojektorganisation sind nicht standardisierbare Abläufe die Regel, das heisst Abfolgen von Aktivitäten. Aufgrund der nicht standardisierbaren Abläufe haben die Organisationen im Bauwesen hinsichtlich der Lern- und Entwicklungsfähigkeit ein kleines Potential.
- Es fehlen fundamentale organisatorische Grundlagen wie beispielsweise eine einheitliche, funktionsübergreifende Gliederung der Projektphasen mit definierten Zielsetzungen und Aufgaben [SIA D 510 1989 p.2.6/3-2.6/4][23].

---

23 *Vergleich SIA LHO 102, LHO 103, LHO 108 und SN 640 003*

Randbedingungen der Organisation im Bauwesen:

- Die Projektierung von Bauwerken ist an den Entscheidungsrhythmus des Bauherrn und an die Bedingungen aus der Umwelt des Bauprojektsystems gekoppelt. Es resultieren Wartezeiten zwischen Projektphasen und äusserst knappe Terminverhältnisse zur Erreichung von Phasenzielen. Die Nutzung konventioneller Informationstechnologie in Form von Anwendungssystemen lässt im Gegensatz zu bewährten Vorgehensweisen keine Vorteile erkennen.
- Die in Bauprojektorganisationen angewandten Mittel zur Informationsverarbeitung sind sehr heterogen bezüglich der Modellierung von Bauwerken. Der Datenaustausch scheitert teilweise an rein technischen Schwierigkeiten, vor allem aber bezüglich der Übertragung des semantischen Gehalts der Daten.
- Der Informationsgehalt der Bearbeitungsergebnisse ist in der Regel beschränkt, weil diese in Form von *Dokumenten*[24] vorliegen, welche das Bauwerk hochgradig redundant und/oder unvollständig beschreiben. Eine Weiterverarbeitung von Dokumenten kann nur durch Kopieren und Abschreiben erfolgen.
- Aufgrund der phasenorientierten Bearbeitung von Bauprojekten ist die Tätigkeit von Bauprojekt- und Benutzerorganisation auf die Erzeugung von Dokumenten ausgerichtet. Dokumente werden als Abschluss von Phasen oder Teilphasen im Bauprozess angesehen. Dokumente dienen als Entscheidungsgrundlage und Ausgangspunkt für weitere Leistungen von Stellen. Genauso wie die fachübergreifende Beschreibung von Aufgaben und Zielen fehlt, sind auch die Bearbeitungsergebnisse in Form von Dokumenten bezüglich ihrem Inhalt nicht standardisiert.
- Die Beschreibung des Bauwerks durch Dokumente ist statisch. Änderungen mit einer nicht mehr überblickbaren Anzahl von Folgeänderungen sind nicht beliebig möglich.
- Bei der Übermittlung von Wissen im Bauprozess werden in der Regel aus mehreren Varianten ausgewählte Lösungen übertragen, ohne dass für den Empfänger erkennbar ist, aus welchen Gründen eben diese Variante ausgewählt wurde.
- Die Beschreibung des Bauwerks durch Dokumente kann solange unvollständig sein, als diese zu keinem zusätzlichen Informationsbedarf des Empfängers führt.
- Die Beschreibung von Bauwerken liegt den Stellen einer Bauprojektorganisation weder vollständig und widerspruchsfrei, noch in leicht änderbarer Form vor, so dass zur Gestaltung von Bauwerken wenig Problemlösungszyklen und damit Iterationsschritte durchlaufen werden.
- Die Aufwendungen zur Beschreibung von Bauwerken müssen im Interesse des Bestellers bei gleichzeitig hoher Aussagekraft gering gehalten werden.
- Die Kommunikationsfunktionen der Informationsverarbeitung besitzen das grösste Potential zur Unterstützung durch technische Systeme. Die aufwen-

24 *vgl.* Dokument. *Kapitel: Glossar, p.261ff*

dige Kommunikationsfunktion Informationsbeschaffung ist aufgrund der verteilten, heterogenen Daten in der Regel nicht algorithmisierbar und muss vom Benutzer selbst vorgenommen werden.

- Die Bearbeitungsergebnisse in Form von Dokumenten stellen geistiges Eigentum der sie erzeugenden Stammorganisationen dar. Mit der Verteilung von einzelnen Beschreibungen des Bauwerks sind rechtliche Fragen bezüglich Urheberrechten und Haftung verbunden.
- Die übliche Bewertung und Abgeltung von Projektierungsleistungen im Bauwesen orientiert sich hauptsächlich an der Bausumme. Damit entsteht aus der Sicht einer einzelnen Stammorganisation als Bestandteil einer Ad-hoc Organisation kein Anreiz zur Gestaltung, Realisierung und zum Unterhalt eines fachübergreifenden Kommunikationssystems.
- Die Gestaltung von Kommunikationssystemen zur Unterstützung von externen Kommunikationsprozessen liegt ausserhalb der Möglichkeiten und Zielsetzungen von projektierenden und ausführenden Stammorganisationen im Bauprozess. Die knappen Zeitverhältnisse in den Projektierungsphasen fördern die Bestrebungen des Abschlusses von Dokumenten innerhalb der eigenen Stammorganisationen.
- Die Kommunikationsfunktionen in den Phasen der Systemrealisierung sind im Vergleich zu denjenigen der Systemgestaltung stärker formalisierbar und durch technische Systeme unterstützbar. Zur Gestaltung von Bauwerken sind Vollstrukturen notwendig, damit jede Stelle mit jeder Wissen in mehreren Problemlösungszyklen austauschen kann. Somit unterliegt das Kommunikationssystem im Bauprozess nach der ausführungsreifen Beschreibung des Bauwerks zu der Phase der *Vorbereitung der Ausführung* einem Wechsel von einer Vollstruktur zur Systemgestaltung zu einer hierarchischen Struktur zur Systemrealisierung (vgl. [Schalcher 1979]).

Der Produktionsprozess von Bauwerken

Der Produktionsprozess von Bauwerken weist im Vergleich zu industriell herstellbaren Gütern grundlegende Besonderheiten auf.

Besonderheiten des Produktionsprozesses von Bauwerken:

- In der Produktion von Bauwerken können keine Prototypen vorgängig hergestellt und keine Testversuche in grossen Massstäben durchgeführt werden.
- Bauwerke stellen Einzelanfertigungen dar und die Produktion verläuft nicht in Massenproduktion.
- An erstellten Teilen des Bauwerks sind im Nachhinein Verbesserungen nur noch sehr bedingt möglich.

Randbedingungen des Produktionsprozesses von Bauwerken:

- Der Aufwand zur Beschreibung von Bauwerken in allen Projektphasen darf zugunsten einer vollständig konsistenten Bauwerksbeschreibung nicht überborden.

- Im Vergleich zum Nutzen ist der Aufwand zur Erarbeitung von Modellen zur Simulation des Verhaltens des Bauwerks für Einzelanfertigungen hoch.
- Die ausführungsreife Spezifikation zur Realisierung von Einzelanfertigungen lassen auch nicht vollständig konsistente Beschreibungen zu.

Das Produkt Bauwerk

Im Vergleich zu industriell herstellbaren Gütern weist das technische System Bauwerk einige Besonderheiten auf. Aufgrund der Besonderheit des Produkts lassen sich Randbedingungen bezüglich der Modellierung und der Beschreibung von Bauwerken erkennen.

Besonderheiten des Produkts Bauwerk:

- Bauwerke verlangen vom Besteller hohe Investitionen.
- Bauwerke sind umfangreiche, risikoreiche und standortgebundene Investitionen.
- Bauwerke sind äusserst langlebig.
- Bauwerke setzen sich nicht nur aus Standardteilen zusammen.

Randbedingungen des Produkts Bauwerk:

- Bauwerke werden aufgrund von Anforderungen aus einer Projektdefinition erzeugt. Randbedingungen, welche in der Projektdefinition erkannt wurden, können sich bereits im Gestaltungs- und Realisierungsprozess von Bauwerken so ändern, dass die Projektierung von Bauwerken unter neuen Parametern weiter gehen soll.
- Über die Kosten und die Termine bis zur Fertigstellung von Bauwerken müssen in jeder Projektphase aufgrund von aktuellen Daten Aussagen gemacht werden können.
- Die geforderten Eigenschaften des Bauwerks müssen mit den in der Projektierung erwarteten und den nach der Realisierung tatsächlichen Eigenschaften verglichen werden können.
- Wenn keine Standardteile mit vorgeschiebenem Aufbau vorhanden sind, müssen alle Elemente des Bauwerks explizit beschrieben werden. Dies führt im Gegensatz zur Beschreibung von Massengütern zu einem hohen Aufwand in der Beschreibung der Elemente eines Bauwerks sowie einem mengenmässig grossen Datenaustausch.

2.1.1. Lösungsansätze

Die mangelnde Integration im Bauprozess hinsichtlich der Ziele, Aufgaben und Aktivitäten kann durch die Bereitstellung von Kommunikationssystemen unter den besonderen Bedingungen des Bauwesens allein nicht verbessert werden. Ausgehend von den Zielen und Aufgaben der an Bauprojekten beteiligten Stellen sollen die Grundlagen für die Gestaltung von Kommunikationssystemen erarbeitet werden.

Grundsätzlich ist die Kommunikation zwischen den Stellen von Organisationen unerlässlich für arbeitsteilige Prozesse. Der Zweck der Kommunikation besteht in der Befriedigung von *Informationsbedürfnissen* ohne Überhäufung, der *Vertrauensbildung* im täglichen Umgang, *Übertragung von Zielvorstellungen* und *Weitergabe* von *Wünschen* und *Vorschlägen* [Probst 1992 p.34].

Die Untersuchung der Kommunikationsbeziehungen innerhalb von Bauprojekt- und Benutzerorganisationen basiert auf dem *systemischen Ansatz* (vgl. [Probst 1992 p.420]). Entsprechend kann es nicht Ziel und Zweck sein, nur einzelne Bereiche der Kommunikation im Bauprozess zu betrachten, denn das Verhalten des gesamten Kommunikationssystems von Organisationen ist ungleich den Verhaltensweisen all seiner Teile. Der systemische Ansatz beruht auf Prinzipien, welche allgemein gültig sind. So können Organisationen im Bauprozess genauso als Systeme aufgefasst werden wie Bauwerke. Entsprechend werden Organisationen und Bauwerke in Form von Elementen mit Beziehungen zwischen diesen Elementen beschrieben.

Zur Systemanalyse und -gestaltung kann grundsätzlich zwischen einem funktionsorientierten und einem objektorientierten Ansatz unterschieden werden [Sommerville 1989 p.185], [Booch 1991 14ff]:

- *Funktionsorientierter Ansatz*: Das System wird unter dem funktionalen Aspekt gestaltet. Die Systemfunktionen werden ausgehend von einer übergeordneten Betrachtung hierarchisch in Teilfunktionen zerlegt. Diese Zerlegung der einzelnen Funktionen führt im Gestaltungsprozess zu einer Menge von Modulen des Systems. Algorithmen zur Beschreibung der Funktionen werden anschliessend implementiert. Aus diesem Grund wird die funktionsorientierte Zerlegung auch als algorithmische Zerlegung bezeichnet. Bei der Zerlegung der Systemfunktionen kann auch der Standpunkt der Daten eingenommen werden. Dabei wird untersucht, wie Daten durch Prozesse verändert werden und nicht wie Prozesse Daten verändern. In diesem Fall wird von einer datenorientierten Betrachtung bei der funktionsorientierten Gestaltung von technischen Systemen gesprochen[25].
- *Objektorientierter Ansatz*: Das System wird als eine Menge von Objekten betrachtet und nicht von Funktionen. Die objektorientierte Betrachtung zerlegt das Problem nicht in eine Reihe von Funktionen, sondern identifiziert direkt aus der Problemstellung Objekte, die mit ihrem eigenen Verhalten einen Teil der realen Welt modellieren. Weil der Zerlegungsprozess auf Objekten und nicht auf Algorithmen oder Funktionen beruht, wird dieser als objektorientierter Entwurf bezeichnet. Die Objekte des Systems sind untereinander so in Beziehung gesetzt, dass sie Botschaften austauschen können. Jedes Objekt verfügt über eine Menge von Operationen in Form von Methoden.

25 *vgl.* Strukturierte Analyse (SA). *Kapitel: Technik zur Beschreibung des Aktivitätenmodells, p.75*

Zur Gestaltung von Systemen kann in der Regel nicht davon ausgegangen werden, dass einer dieser Ansätze der einzig richtige für eine bestimmte Problemsituation darstellt.

2.2. Der Systemansatz und die Kommunikationstheorie

Der Grundstein zur *Allgemeinen Systemtheorie* wurde in den dreissiger Jahren dieses Jahrhunderts vom österreichischen Biologen Ludwig von Bertalanffy gelegt (vgl. [Bertalanffy 1968]). 1951 entwickelte Bertalanffy in seiner "General Systems Theory: A new approach to unity of Science" die These, dass es Prinzipien gebe, die sich allgemein auf Ganzheiten - die er Systeme nennt - anwenden lassen, unabhängig davon, welcher Art die Elemente, Beziehungen und Kräfte zwischen ihnen sind. Die Systemtheorie soll eine übergeordnete Theorie sein mit dem Ziel, formale Isomorphien in den Strukturen materiell unterschiedlicher Systeme aufzudecken, wobei die Beschreibung mit einer einheitlichen Terminologie in einer generalisierten Theorie zusammengefasst werden soll.

Wegen ihrer Allgemeinheit ist die Systemtheorie für die Untersuchung der Kommunikation im Bauprozess von ausserordentlicher Bedeutung, weil sie auf unterschiedliche Bereiche wie die Definition von Kommunikationszentren, die Modellierung von Informationsflüssen und die Modellierung von Daten angewendet werden kann. Das systemische Bild der realen Welt nimmt Abstand von der *analytischen* oder *mechanistischen Methode* (vgl. [Descartes 1637]), welche zur Entdeckung und Untersuchung der Ursachen eines Problems davon ausgeht, dass dieses nur dann begriffen und bewältigt werden kann, wenn dieses soweit wie möglich in Teile zerlegt und deren Einzelgrössen analysiert werden. Die *Unschärferelation* von Heisenberg und die *Relativitätstheorie* von Einstein haben den Beweis erbracht, dass das Ganze weder in seinen Teilen begriffen noch durch sie erklärt werden kann und dass der Wahrnehmungsstandpunkt entscheidend ist. Die systemtheoretische Betrachtungsweise drang noch vor ihrer endgültigen Verankerung rasch in viele realwissenschaftliche Fachgebiete ein und stellt entsprechend Kuhns berühmt gewordenen Terminus einen *Paradigmenwechsel* zum mechanistischen Weltbild dar (vgl. [Kuhn 1962]).

Unter dem Gesichtspunkt der Unbestimmtheit von Systemen lassen sich alle Systeme in *determinierte* und *probabilistische* Systeme einteilen [Beer 1962 p.27ff]. In weiterer Unterteilung kann zwischen *einfachen*, *komplexen* und *äussert komplexen* Systemen unterschieden werden [Ulrich et al. 1991 p.61][26]. Die Unbestimmtheit eines Systems lässt sich quantitativ durch die Angabe seiner Freiheitsgrade erfassen [Flechtner 1972 p.30ff]. Durch die Freiheitsgrade kann die Veränderlichkeit und damit die Dynamik eines Systems beurteilt werden. Als weitere orthogonale Systemeigenschaften zählen die Vielzahl und die Vielfalt der

26 *Beispiele äusserst komplexer Systeme: Organismus, menschliches Gehirn, Unternehmungen, Gemeinschaften, Kommunikationssystem*
Bespiele komplexe, determinierte Systeme: Maschine, Informationssystem

Systemelemente [Ulrich et al. 1991 p.61]. Entsprechend wird ein System als *kompliziert* bezeichnet, wenn es statisch ist und keine Veränderlichkeit aufweist, jedoch aus einer Vielzahl von vielfältigen Teilen besteht. Komplexe Systeme bestehen dagegen aus wenigen Teilen mit einer grossen Dynamik. Äusserst komplexe Systeme sind kompliziert und zugleich komplex.

2.2.1. Grundbegriffe des Systems und der Systemgestaltung

Brunnberg und Kiehne betrachten eine *Menge* als Ergebnis der Zusammenfassung verschiedener, gedanklich voneinander abgrenzbarer Elemente zu einer Einheit [Brunnberg et al. 1969 p.605]. *Elemente* oder *Objekte* können konkreter oder abstrakter Natur sein. Die Elemente einer Menge stehen untereinander nicht in bestimmten Beziehungen, sondern bilden ein blosses Beieinander [Flechtner 1972 p.12].

Entsprechend kann eine Menge von Elementen erst dann als System aufgefasst werden, wenn zwischen deren Elementen irgendwelche Beziehungen bestehen. Flechtner versteht unter einem System *eine Gesamtheit von Elementen, zwischen denen irgendwelche Beziehungen bestehen oder hergestellt werden können* [Flechtner 1972 p.353]. Ulrich weist darauf hin, dass neben den Merkmalen des allgemeinen Systembegriffs wie *Ganzheit*, *Element* und *Beziehungen* ausserdem noch das Merkmal der *Ordnung* dazukommt [Ulrich 1970 p.105]. Ordnung soll bedeuten, dass die Beziehungen zwischen den Elementen *bestimmte Regelmässigkeiten* aufweisen [Hill et al. 1976 p.21]. Unter einem System kann eine *geordnete* [Flechtner 1972 p.353] Gesamtheit von Elementen verstanden werden, zwischen denen irgendwelche Beziehungen bestehen oder hergestellt werden können [Ulrich 1970 p.105].

Die Systembetrachtung kann wirkungs- oder strukturbezogen erfolgen. Bei der *wirkungsbezogenen Betrachtung* sind nur In- und Output von Interesse, nicht aber die Funktionsweise des Systems an sich. Im Gegensatz dazu wird bei der strukturbezogenen Betrachtung die Black-Box geöffnet und die den Input in den Output überführenden Systemmechanismen untersucht. Bei der *strukturbezogenen Betrachtungsweise* sind die in Erscheinung tretenden Systemelemente *realer*[27] oder *funktioneller*[28] Art. Reale und funktionelle Systemelemente können alternierend in Erscheinung treten. Bei der wirkungsbezogenen Betrachtungsweise sind nur reale Elemente von Bedeutung.

Die Elemente sind diejenigen Teile von Systemen, die man nicht mehr weiter aufteilen kann oder will, wobei die enstprechende Ebene in der Betrachtung von Systemen als *Element-Ebene* bezeichnet wird. In den häufigsten Fällen kann zwar das Element weiter aufgeteilt werden, doch ist eine weitere Unterteilung für

---

27 *Reale Elemente können in* materielle *(konkrete) Elemente und Elemente* informationeller *Natur unterschieden werden.*

28 *Funktionelle Systemelemente können auch als Aktivitäten, Prozesse, Tätigkeiten oder Funktion bezeichnet werden.*

die nachfolgenden Betrachtungen nicht interessant. Dieser Vorgang, im folgenden *Systemanalyse* genannt, ermöglicht Aussagen bezüglich funktionellen Elementen und deren realen Umwelteltmenten. Subsysteme und funktionelle Elemente sind beteiligt an einer hierarchischen Systemstruktur.

Ein System kann auf verschiedenen Hierarchieebenen in Subsysteme gegliedert und mehrere Systeme können einem Supersystem zugeordnet werden. Da Beziehungen im gesamten Supersystem bestehen, stellt sich die zentrale Frage, wo die *Grenzen* zwischen den Elementen, Supersystemen, Systemen und Subsystemen gezogen werden sollen. Hartmann spricht von einem *Übergewicht der inneren Bindung* (vgl. [Hartmann 1949]). Ein System beziehungsweise Subsystem liegt dann vor, wenn innerhalb dieser Gesamtheit ein grösseres Mass von Interaktionen oder Beziehungen besteht als von der Gesamtheit nach aussen [Ulrich 1970 p.108]. Der relative Charakter der Begriffe Supersystem, System und Subsystem wird besonders deutlich, wenn es sich beim abzugrenzenden System um ein scheinbar offenes System handelt.

Die Beziehungen zwischen den Elementen eines Systems oder zwischen Elementen verschiedener Systeme beruhen auf dem Austausch von Wirkungen (materieller, energetischer, informationeller, sachlogischer Art), oder es handelt sich lediglich um Anordnungs- oder Lagebeziehungen. Weist ein Element in einem betrachteten Zeitraum eine Beziehung zu einem anderen Element auf, spricht man von einem aktiven Element. Die Beziehungen zwischen den aktiven Elementen bewirken, dass die einzelnen Austauschvorgänge voneinander abhängig sind und sich daraus das Verhalten des gesamten Systems ergibt. Gerade die grosse Anzahl von Beziehungen in einem System schränkt die Erfassung des Systemverhaltens ein.

STRUKTURIERUNG VON SYSTEMEN

Wird ein System in einem bestimmten Augenblick abgebildet, so stellen die Beziehungen zwischen den Elementen ein Netzwerk dar, das als Struktur bezeichnet werden kann. Durch eine solche Struktur werden der Ort und die Wirkungsmöglichkeiten des einzelnen Elements im ganzen System bestimmt. Künstlichen Systemen kann eine Gestalt gegeben und damit ein bestimmtes Systemverhalten herbeigeführt werden. Zum Begriff der Struktur gehört auch eine zeitliche Dimension. Eine Reihe von Aktivitäten von Elementen weist ebenfalls eine Struktur auf, die *Prozessstruktur*. Im Gegensatz dazu werden die verschiedenen Beziehungen zwischen Systemelementen als *Beziehungsstruktur* des Systems bezeichnet. Prozess- und Beziehungsstruktur werden in künstlichen Systemen zielgerichtet gestaltet. Die Strukturierung von Systemen umfasst nicht nur die Anordnung von Systemelementen und die Definition von Beziehungen zwischen Elementen, sondern auch die zeitliche Anordnung ihrer Aktivitäten.

Systeme können unter gewissen ausgewählten Aspekten untersucht werden, indem nur gewisse Eigenschaften von Elementen beziehungsweise Beziehungen eines Systems betrachtet werden. Die dadurch entstehenden Abbildungen des

Gesamtsystems können selbst wieder sehr komplexe Systeme sein. Das unter der Betrachtung eines bestimmten Aspekts abgebildete Gesamtsystem wird als *Aspekt-System* bezeichnet [Haberfellner 1974 p.150, p.211].

SYSTEMEIGENSCHAFTEN

Als *offen* werden Systeme bezeichnet, welche Beziehungen zu Supersystemen aufweisen und demnach Bestandteil von diesen sind. *Geschlossene* Systeme liegen dann vor, wenn diese nach aussen keine Beziehungen unterhalten. Die Offenheit eines Systems ist immer in unterschiedlichem Ausmass vorhanden, so dass bei absolut geschlossenen Systemen von einem extremen Tiefpunkt von Offenheit, bei Systemen, die nach aussen gleich viele Beziehungen unterhalten wie nach innen, kein eigentliches System mehr ausgemacht werden kann.

Das Geschehen innerhalb eines Systems, durch das Input in Output umgewandelt wird, wird als *Transformationsprozess* bezeichnet. Kennzeichnend für diesen Prozess ist die Veränderung des Systems selbst und dessen Supersystems. Das Verhalten eines Systems kann gegenüber seiner Umwelt sehr unterschiedlich sein. Mit aktivem Verhalten ist das System darauf gerichtet, seine Umwelt zu verändern. Passive Systeme passen sich den Einwirkungen aus der Umwelt an.

Offene Systeme werden durch das Supersystem beeinflusst und laufen immer Gefahr, in diesem aufzugehen, falls sie nicht in der Lage sind, sich trotz Inputs und Outputs, Aufbau und Zerfall als System zu erhalten. Die Erhaltung ist nur dann möglich, wenn sich das System ständig verändert, das heisst durch aktives oder passives Verhalten die Einflüsse aus der Umwelt unter Kontrolle hält. Bertalanffy spricht in diesem Zusammenhang von einem *Fliessgleichgewicht* [Bertalanffy 1968 p.41].

Eine weitere Systemeigenschaft ist die *Dynamik*, deren Intensität - wie die Offenheit eines Systems - auf einer dimensionalen Skala gemessen werden kann. Ein scheinbar statisches System, in dem nichts geschieht und das keine Verhaltensänderungen zeigt, stellt nur einen Extremzustand bezüglich der Eigenschaft Dynamik dar. Offene Systeme weisen eine äussere Dynamik auf, die umso grösser ist, je mehr Austauschvorgänge mit der Umwelt stattfinden. Die innere Dynamik eines Systems liegt in der Veränderung der Beziehungs- und Prozessstruktur begründet und äussert sich in einer grossen Zahl von Verhaltensmöglichkeiten des Systems. Die in künstlichen Systemen entwickelte Dynamik soll nicht ziellos sein, sondern sie muss den Absichten der sie schaffenden Menschen entsprechend funktionieren. Mit *Zweck* werden die Funktionen bezeichnet, welche ein System in seiner Umwelt ausübt, beziehungsweise ausüben soll. Unter *Ziel* sind die vom System selbst angestrebten Verhaltensweisen oder Zustände irgendwelcher Output-Grössen zu verstehen [Ulrich 1970 p.114].

Die dritte messbare Eigenschaft von Systemen neben Offenheit und Dynamik ist die *Komplexität* [Ulrich et al. 1991 p.56]. Die Komplexität ist die Fähigkeit eines Systems, in einer gegebenen Zeitspanne eine grosse Zahl von verschiedenen Zuständen annehmen zu können.

VERHALTEN DYNAMISCHER SYSTEME

Künstliche Systeme werden so gestaltet, dass sie einen bestimmten Zweck erfüllen und sich zielorientiert verhalten. Die Zielorientiertheit eines künstlichen Systems kann durch Lenkungsmechanismen wie *Steuerung*, *Regelung* und *Anpassung* beeinflusst werden [Flechtner 1972 p.44]. Die Unterschiede zwischen Steuerung und Regelung sind in der Tabelle 2 zusammengefasst [Siegwart 1978 p.62].

Kriterium	***Regelung***	***Steuerung***
Wirkprinzip	Rückkopplung	Vorwärtskopplung
Ausrichtung	output-orientiert = vergangenheitsbezogen	input-orientiert = zukunftsbezogen
Zeitpunkt des Eingriffes	nach Eintritt der Störung	vor Eintritt der Störung
Wirkung des Eingriffes	Störungsbeseitigung	Störungsabwehr

Tabelle 2: Unterschiede zwischen Regelungs- und Steuerungsprozessen

Störungen sind solche externe oder interne Einflüsse, die be- oder verhindern, dass ein Prozess in qualitativer, quantitativer oder zeitlicher Hinsicht in der erwarteten beziehungsweise erwünschten Form abläuft [Haberfellner 1974 p.165]. Steuerung und Regelung sind zwei Arten der *Lenkung* von Systemen [Ulrich et al. 1991 p.78ff].

2.2.2. GRUNDBEGRIFFE DER KOMMUNIKATIONSTHEORIE

Zwischen den Begriffen Nachricht und Informationen ist strikt zu unterscheiden. Unter *Nachricht* sind sinnvolle Signale oder Signalkombinationen zu verstehen, denen ein Empfänger einen geistig abstrakten Inhalt entnehmen kann. Eine *Information* ist eine Nachricht, die für den Empfänger neu ist und bei ihm ein Nichtwissen beseitigt.

Information beseitigt ein Nichtwissen beim Empfänger. Kramer definiert Information als ein für eine Person *zweckorientiertes und/oder neuartiges Wissen* [Kramer 1969 p.714ff]. Flechtner fügt den Aspekt des Bedürfnisses des Empfängers hinzu, beim Fehlen von Information in einer Nachricht, die auftretende Ungewissheit zu beseitigen, das heisst über einen bestimmten Sachverhalt *informiert* zu werden [Flechtner 1972 p.66].

Für die Anwendung von Datenbanksystemen kann der Informationsbegriff auf der *Empfängerseite* eingeordnet werden, da der Benutzer durch seine Interpretation und durch die Semantik der gefundenen Daten Informationen gewinnt [Flechtner 1972 p.23]. Umgekehrt kann auf der Seite der Datenbank nicht von gespeicherten Informationen gesprochen werden, sondern von Daten. Daten sind als *eindeutige Aussagen* zu verstehen und zwar unabhängig davon, in welcher Form sie vorliegen und auf welchem Trägermedium sie gespeichert sind [Müller 1979 p.73].

Aspekte des Kommunikationssystems

Nach dem Begründer der Semiotik, Morris, kann jede Sprache als System von Zeichen aufgefasst werden. Die Zeichen weisen Beziehungen auf und werden in den Dimensionen *Syntaktik*, *Semantik* und *Pragmatik* untersucht. Diese sind als Teilgebiete der *Semiotik* zu verstehen [Morris 1938 p.11].

Syntaktik: Auf der *syntaktischen Ebene* wird die Kommunikation in ihrer physikalischen Gestalt entsprechend unserer materiellen Dimension erfasst. Die Syntaktik untersucht die formale Beziehung der Zeichen zu anderen Zeichen.

Semantik: Auf der *semantischen Ebene* wird nach der Bedeutung der in der Syntaktik untersuchten Sprache gefragt. Die Semantik untersucht die Beziehung eines Zeichens zum Objekt, das sie bezeichnet.

Pragmatik: Auf der *pragmatischen Ebene* wird über die syntaktische und semantische Ebene hinaus nach dem Sinn, Zweck, Nutzen und Inhalt für bestimmte Subjekte gefragt. Die Pragmatik untersucht die Beziehung eines Zeichens zu demjenigen, der es benutzt.

Die pragmatische Beziehung setzt die semantische und die syntaktische Beziehung voraus. Die semantische Beziehung setzt die syntaktische Beziehung voraus. Umgekehrt kann die Syntax eines Zeichens betrachtet werden, ohne dass Semantik und Pragmatik berücksichtigt werden. Semantische Untersuchungen sind wiederum ohne Betrachtung der Pragmatik möglich.

Zwischen den Begriffen Signal, Daten, Nachrichten und Informationen kann unter Berücksichtigung der Syntax, Semantik und Pragmatik der in Figur 2 dargestellte Zusammenhang hergestellt werden.

- *Signale* sind physikalische Grössen.
- *Daten* sind geordnete Signale.
- *Nachrichten* entstehen durch Einbezug von Tatbeständen hinter den Daten.
- *Informationen* entstehen durch Kombination einer Nachricht mit einer Zweckbestimmung. Informationen sind nicht unteilbar. Sie bestehen aus Daten, die für einen bestimmten Empfänger allein oder erst in Kombination mit anderen Daten eine Information darstellen.

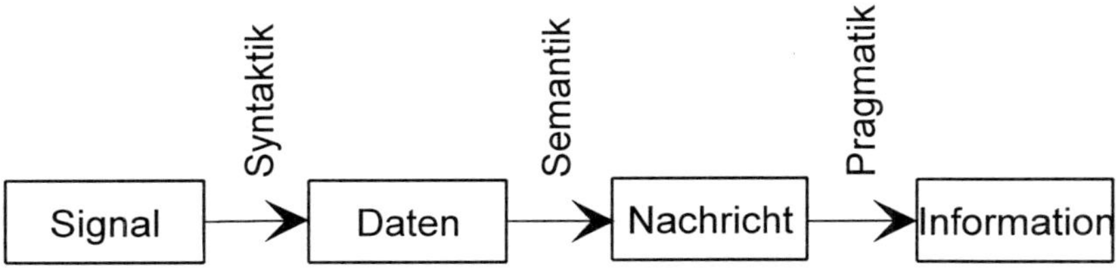

Figur 2: Signale, Daten, Nachrichten und Informationen

Kybernetik und mathematische Kommunikationstheorie gehen von der syntaktischen Ebene aus und beschränken sich auf diese.

DER KOMMUNIKATIONSVORGANG

Ein Kommunikationsvorgang wird durch die Angabe der Kommunikationspartner, der Kennzeichnung des Kommunikationskanals und der Kommunikationsart charakterisiert. Entsprechend kann Kommunikation als die *räumliche Transformation von Information* bezeichnet werden [Dworatscheck 1971 p.38]. Aufbauend auf den Grundbegriffen soll der ungestörte Fall der Kommunikation im einfachsten Fall zwischen nur zwei Elementen eines Systems betrachtet werden. Mirow beschreibt den Kommunikationsvorgang in vier Stufen [Mirow 1969 p.35]:

1. Aus einem zwischen Sender und Empfänger vereinbarten Zeichenvorrat wählt der Sender die Zeichen, die zur Beschreibung des zu übermittelnden Sachverhalts dienen, aus und gibt sie in einen Transformator ein.
2. Die Zeichen werden in einem Transformator oder Codierer in physikalisch messbare Grössen, in Signale, umgewandelt und über einen Nachrichtenkanal dem Empfänger zugeleitet.
3. Beim Empfänger werden die als Nachricht empfangenen Signale decodiert und somit in Zeichen zurückverwandelt.
4. Mit Hilfe des vereinbarten Zeichenvorrats wird den Zeichen die entsprechende Bedeutung zugeordnet.

In dieser Beziehung wird deutlich, dass die Kommunikation zu einem Wissensausgleich zwischen Sender und Empfänger führt. Der beschriebene Vorgang, im folgenden *einfachste Form eines Kommunikationssystems* genannt, besteht aus einem Sender, Codierer, Kanal, Decodierer und einem Empfänger. Innerhalb von Organisationen ist eine Vereinfachung auf die drei Elemente Sender, Kanal und Empfänger möglich. Vom Kommunikationssystem aus betrachtet besteht dieses nur noch aus Kommunikationszentren und aktiven Kommunikationsbeziehungen als Elemente.

STÖRUNGEN

Der betrachtete Kommunikationsvorgang setzt den Idealfall des vollständig ungestörten Ablaufs voraus. In Wirklichkeit treten syntaktische, semantische und pragmatische Störungen auf. *Syntaktische Störungen* haben ihre Ursachen in technischen Störungen der Kommunikationskanäle, Sender oder Empfänger. *Semantische Störungen* liegen oft begründet in einem zu kleinen Zeichenvorrat des Empfängers oder anderen Fehlern wie weglassen, verwechseln, falsch anordnen von Signalen beziehungsweise von Zeichen im Kommunikationsablauf. Wenn beispielsweise zwischen zwei Anwendungssystemen Informationen fehlerhaft übertragen werden, liegt dies in der Regel am zu kleinen Zeichenvorrat. Daten erhalten im Anwendungssystem des Empfängers keine Bedeutung und sind damit für dieses wertlos. *Pragmatische Störungen* wie weglassen, ergänzen und/oder interpretieren von Nachrichten stellen Veränderungen des Inhalts von Nachrichten durch den Empfänger dar.

KOMMUNIKATIONSFUNKTIONEN

Die reine Übertragung von Information ist nur ein Bestandteil eines Kommunikationsvorgangs. Zur Kommunikation müssen Kommunikationsfunktionen wie die Beschaffung, Übermittlung, Verarbeitung, Speicherung und Verwertung von Nachrichten durch das Kommunikationszentrum wahrgenommen werden.

Nachrichtenbeschaffung ist die Gesamtheit von Tätigkeiten, Nachrichten zu sammeln und so zu strukturieren, dass sie einem Kommunikationsvorgang zugeführt werden können. Die *Nachrichtenübermittlung* dient der Überbrückung einer räumlichen Distanz zwischen dem Sender und Empfänger. Die *Nachrichtenverarbeitung* auf der semantisch - pragmatischen Ebene erfolgt durch sortieren, verdichten, weglassen oder kombinieren von Nachrichten zu neuen Nachrichten und damit zur Steigerung der Aussage und Förderung des Verständnisses bei einem möglichen Empfänger. Die *Nachrichtenspeicherung* dient der Konservierung von Nachrichten. Die *Nachrichtenverwertung* ist die zweckorientierte Verwendung von Nachrichten. Der Erfolg der vorangehenden Kommunikationsfunktionen zeigt sich, wenn Nachrichten in Entscheidungen und Handlungen umgesetzt werden können.

3. INFORMATIONSFLUSS-MODELL

Unter dem Begriff des Informationsfluss-Modells ist eine Menge von Teilmodellen zur Systemanalyse, Systemmodellierung und Implementierung von Kommunikationssystemen zur Unterstützung der Kommunikationsprozesse innerhalb von Projektorganisationen zu verstehen. Die Unterstützung verschiedener Funktionseinheiten des Bau- und Nutzungsprozesses steht im Vordergrund, wobei das Schwergewicht in der Modellbildung auf der logischen Ebene liegt. Ausgehend vom heutigen bekannten Zustand der heterogenen Ad-hoc Organisationen im Bauwesen, der nicht standardisierten Abläufe und der in der Regel nicht durchgängig verarbeitbaren Bearbeitungsergebnisse verschiedener Stellen, soll auf der Basis eines Modells der Kommunikation im Bauprozess der Ist-Zustand analysiert und in einen Soll-Zustand der Kommunikation überführt werden. Durch die Analyse des formalen Kommunikationssystems der Bauprojekt- und Benutzerorganisation können die Grundlagen in Form von Datenmodellen für die Gestaltung eines Kommunikationssystems erarbeitet werden. Dabei kann nicht davon ausgegangen werden, dass ausschliesslich mit einer Methode und einem Modell allein sämtliche Ziele erreicht werden können, welche aus der Sicht der Analyse und Gestaltung von Kommunikationssystemen gestellt werden. Die Teilmodelle des Informationsfluss-Modells sind so allgemein gehalten, dass sie für Projektorganisationen und damit für äusserst komplexe Organisationen Gültigkeit besitzen.

3.1. DAS BAUPROJEKT- UND BENUTZERSYSTEM

Das *Bauprojektsystem* ist ein Modell einer Organisation, deren Zweck in der Realisierung eines Bauwerks besteht. Das Bauprojektsystem besteht aus den folgenden Subsystemen: dem *Zielsystem* mit den ursprünglichen Zielen des Bestellers und den transformierten Projektzielen, dem *erzeugenden System - verstanden als Organisation* mit ihren Sachmitteln - und dem *erzeugten System*, das den jeweiligen Projektzustand, das heisst den Zustand des Bauwerks darstellt (vgl. [Scheifele 1991]). Die Ziele, das *erzeugende System* (Bauprojektorganisation) und das *erzeugte System* (Bauwerk) werden durch die Daten des *Datensystems* beschrieben. Die Figur 3 zeigt den Zusammenhang zwischen den Subsystemen des Bauprojektsystems sowie dessen Herleitung aus dem allgemeinen, abstrakten *Projektsystem*.

Ein *Projektsystem* ist demnach ein Modell einer Organisation, deren Zweck in der Realisierung von Projekten besteht. Das Projektsystem ist ein allgemeines Modell für eine Menge von Organisationen mit dem gleichen Zweck. Es kann als Referenzmodell für eine Menge von Organisationen aufgefasst werden, deren Zweck in der Erfüllung einer Gesamtaufgabe besteht. Das *Projektsystem* setzt sich aus den Subsystemen *Vorgehens- /Systemziele*, *Projektorganisation*, *Produkt* und *Produktdaten* zusammen. Vom selben abstrakten System abgeleitete Systeme sind naturgemäss homolog. Das konkrete Modell *Bauprojektsystem* wird dabei als Ausprägung des Referenzmodells *Projektsystem* aufgefasst.

Die Vorgehens- und Systemziele werden je für die Projektorganisation, das Produkt und die Produktdaten definiert. Die Projektorganisation kann weiter in ein Personal-, Sachmittel- und Aufgabensystem gegliedert werden. Projektorganisationen setzen sich aus Stellen mit definierten Aufgaben und Aktivitäten sowie zugeordneten Personen und Hilfsmitteln zusammen. Projektorganisationen können insgesamt als *sozio-technische Systeme* [Häusler 1970 p.41] aufgefasst werden.

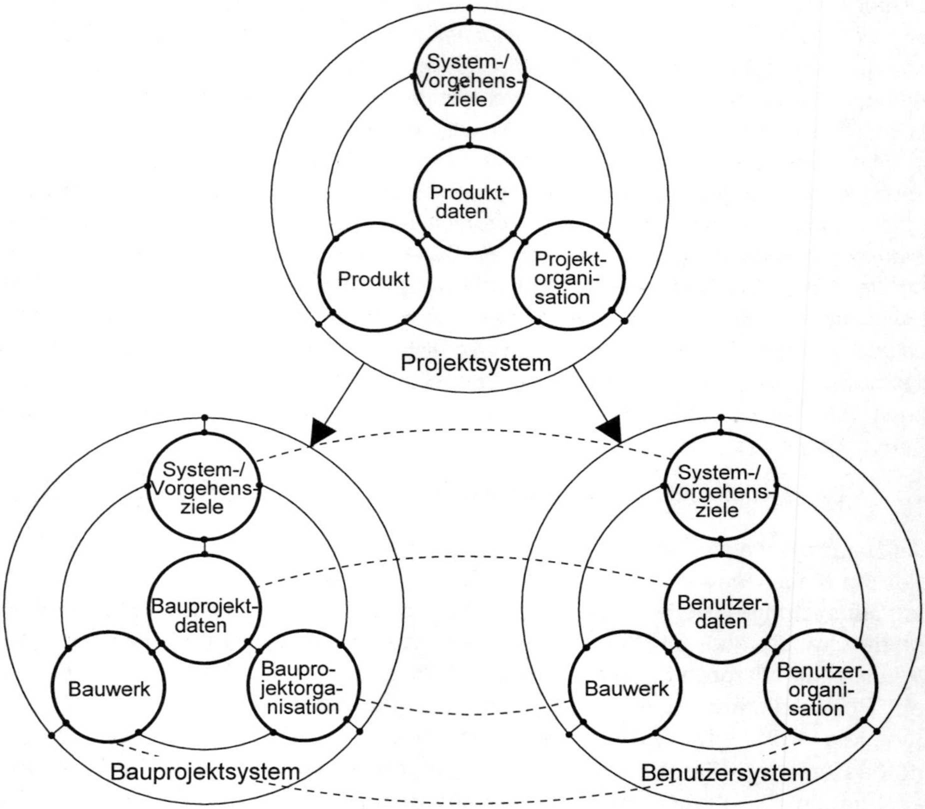

Figur 3: Projektsystem, Bauprojekt- und Benutzersystem

Das Kommunikationssystem ist Bestandteil des Sachmittelsystems. Das Kommunikationssystem von Organisationen besteht aus den beiden *Strukturelementen*[29] Kommunikationszentrum und aktiver Kommunikationsbeziehung. Das Kommunikationssystem der Bauprojekt- und Benutzerorganisation repräsentiert nur einen bestimmten *Aspekt*[30] in der Betrachtung von Bauprojekt- und Benutzersystemen.

29 *vgl.* Kommunikationszentrum, Kommunikationsbeziehung. *Kapitel: Glossar, p.269ff*

30 *vgl.* Aspekt-System. *Kapitel: Glossar, p.280ff*

Die Bauwerksnutzung kann ebenfalls als Aufgabe interpretiert werden. Entsprechend lässt sich ein Benutzersystem definieren, verstanden als Modell einer Organisation mit dem Zweck der Nutzung und der Betreuung eines Bauwerks. Aus dem Projektsystem lässt sich wiederum ein Zielsystem, ein nutzendes System (Benutzer) und ein genutztes System (Bauwerk) erkennen.

Sowohl das Benutzer- als auch das Bauprojektsystem wurden ausgehend vom Projektsystem durch Spezialisierung erzeugt. Das Bauprojekt- und Benutzersystem sind nicht nur homolog, sondern weisen an der Schnittstelle zwischen Bauwerkserstellung und -nutzung folgende Beziehungen auf:

- Das physische System Bauwerk ist in beiden Systemen trivialerweise das gleiche.
- Ziele hinsichtlich der Bauwerksnutzung sind im wesentlichen schon bei der Projektierung vorhanden und werden übernommen. Daneben kommen bei der Benutzerorganisation neue Systemziele für das genutzte (Anpassung, Umbau) und nutzende System (Reorganisation Benutzerorganisation, Verkauf Bauwerk) dazu.
- Die temporäre Bauprojektorganisation wird an der Schnittstelle zwischen Systemrealisierung und -nutzung aufgelöst. In der Benutzerorganisation können Stellen mit Personen besetzt werden, die vorher in der Bauprojektorganisation tätig waren und daher über ein entsprechend grosses Wissen bezüglich des Bauwerks verfügen.
- Teile der Bauprojektdaten werden aufgearbeitet oder direkt in das Benutzerdatensystem in Form eines Dokumentationssystems zur Gebäudebewirtschaftung übernommen.

Zur Umwelt der Bauprojekt- und Benutzersysteme zählen die Umweltsegmente *ökologische*, *technologische*, *ökonomische*, *soziale*, *politische* und *rechtliche* Bedingungen [Probst 1992 p.28].

Der Zweck des Informationsfluss-Modells liegt in der Beschreibung von Informationsflüssen zwischen den Stellen von Bauprojekt- und Benutzerorganisationen auf der logischen Ebene und der Erarbeitung von Methoden zur Modellintegration innerhalb von komplexen Organisationen. Neben der Beschreibung möglicher Methoden und Techniken zur Modellintegration im Bauwesen besteht die Frage nach der durchgängigen Unterstützung der notwendigen Arbeitsschritte durch geeignete Werkzeuge. Ein auf den Konzepten der Modellintegration funktionierendes übergreifendes Kommunikationssystem wird im Betrieb laufend angepasst und erweitert werden müssen. Die Veränderung von Informationssystemen ist auf der logischen Ebene mit einer Anpassung von *Datenmodellen*[31] verbunden.

---

31 *vgl.* Datenmodell. *Kapitel: 3.3.3. Das Datenmodell, p.40*

3.2. Bekannte Modelle, Methoden und Techniken zur CIM-System Integration

Im Gegensatz zum Bauwesen sind zur Unterstützung kooperierender Informationsverarbeitungsprozesse innerhalb stationärer Produktionsbetriebe seit Jahren Forschungsbemühungen im Gang. Besonders die Fragen nach den Ansätzen zur Integration, den angestrebten Kommunikationsmodellen, der Beschreibung von Produkten und der dynamischen Anpassung und Ergänzung der Beschreibung derselben sind auch für das Bauwesen von Interesse, obwohl weder die Randbedingungen für die Anwendung von Systemen zur Unterstützung der kooperierenden Informationsverarbeitung noch die resultierenden Produkte vergleichbar sind.

CIM-OSA

Unter dem unternehmensorientierten Aspekt wurden Ansätze zur Planung und Implementierung von CIM-Systemen untersucht und im Rahmen des ESPRIT-Programmes[32] im Projekt AMICE[33] (vgl. [AMICE 1989]) ein Modell mit dem Namen CIM-OSA[34] (vgl. [Jorysz et al. 1991]) für eine offene Systemarchitektur erarbeitet. In CIM-OSA ist nicht nur die Implementierung von CIM-Systemen von Bedeutung, sondern auch der Weg zu deren Entwicklung. Dabei wird das Problem mit den drei orthogonalen Konzepten *Instanziierung*, *Ableitung* sowie *Sichten* in einzelne Module unterteilt [AMICE 1989 p.44ff].

- *Instanziierung:* Abhängig von der Abstraktion in der Betrachtung von Unternehmungen werden die drei Ebenen *generell*, *allgemein* und *speziell*[35] unterschieden. Referenzmodelle zur Modellierung von Prozessen innerhalb von Unternehmungen sind auf der generellen Ebene und Referenzmodelle zur Modellierung von Produkten auf der allgemeinen Ebene definiert.
- *Ableitung:* Entsprechend dem *Wasserfallmodell* (vgl. [Royce 1970]) in der Entwicklung von Software werden von der Ermittlung von Bedürfnissen bis zur Implementierung die Phasen *Anforderungsanalyse*, *Spezifikation* und *Implementierung*[36] mit definierten Arbeitsschritten unterschieden.
- *Sichten:* Die Unternehmung kann unter den Aspekten Funktion, Information, Ressource und Organisation[37] betrachtet werden. Unter der funktionalen Sicht werden die Aktivitäten der Unternehmung und die Software Funktionen untersucht. Mit der Sicht auf die Informationen erfolgt die Analyse der Daten. Die Sicht auf die Ressourcen und Organisation bildet die Grundlage für die

---

32 *ESPRIT: European Strategic Programme for Research and Development of Information Technology*

33 *AMICE: European Computer Integrated Manufacturing Architecture*

34 *CIM-OSA: Computer Integrated Manufacturing - Open System Architecture*

35 *Instantiation:* generic, partial, particular *in CIM-OSA*

36 *Derivation:* requirement, specification, implementation *in CIM-OSA*

37 *Views:* function, information, resource, organisation *in CIM-OSA*

Implementierung und die organisatorischen Veränderungen aufgrund der Einführung eines CIM-Systems.

In CIM-OSA wird das Unternehmen in der Dimension Ableitung auf zwei verschiedenen Integrationsebenen beschrieben. Das Modell der Anforderungen beschreibt die Ebene der Integration der Unternehmensprozesse und -systemziele, während das Modell der Implementierung den praktischen Betrieb beschreibt. Das Modell der Spezifikation dient als Umsetzungsebene des Anforderungsmodells in das Implementierungsmodell. Jedes Modell enthält in der Dimension Basisbausteine, die als Sichten bezeichnet Betrachtungsaspekte der Organisation, Ressource, Information und Funktion repräsentieren.

Das Anforderungsmodell setzt sich aus dem Baustein Unternehmensprozess zusammen, zu dessen Beschreibung Funktionen, Aufgaben, Regeln und Ereignisse zur Lenkung von Prozessen sowie die erzielten Ergebnisse gehören. Die einzelnen Prozesse werden bis hin zu den einzelnen Aktivitäten mit den ein- und ausgehenden Informationen, der Lenkung und Informationen über benötigte Hilfsmittel beschrieben.

Die offene Systemarchitektur von CIM-OSA erlaubt mit der Verwendung vordefinierter Bausteine, spezifische Modelle der Anforderung sowie Implementierung zu entwickeln.

IMPPACT

Im ESPRIT Projekt 2165 wurde das IMPPACT[38] Referenzmodell zur integrierten Produktmodellierung, Prozessplanung und Steuerung von Maschinen für stationäre Produktionsbetriebe im Bereich des DPM[39] entwickelt [Gielingh et al. 1991a p.2].

Hinsichtlich der prinzipiellen Gliederung des Problems in die drei orthogonalen Konzepte *Instanziierung*, *Ableitung* und *Sichten* stützt sich das IMPPACT Projekt auf CIM-OSA ab.

Als Hilfsmittel zu Modellierung von typischen Unternehmen im Bereich des DPM wird die $IDEF_0$ Methode verwendet (vgl. [SofTech 1981]). Damit können die Informations- und Materialverarbeitungsprozesse strukturiert und mit graphischen Mitteln beschrieben sowie deren gegenseitige Beziehungen in Form von Daten- und Materialflüssen[40] dargestellt werden. Zur Datenanalyse kommt die NIAM Methode[41] zur Anwendung (vgl. [Wintraecken 1990]). Subtyp/Supertyp Konstrukte werden in NIAM direkt unterstützt und erlauben die Modellierung von ver-

38 *IMPPACT: Integrated Modelling of Product and Processes using Advanced Computer Technology*

39 *DPM: Discrete Parts Manufacturing*

40 *Die $IDEF_0$ Methode wurde im US Air Force Programm Integrated Computer Manufacturing (ICAM) zur strukturierten und effizienten Entwicklung von Informationssystemen für produzierende Unternehmungen entwickelt. Die $IDEF_0$ Methode entstand aus der SADT.*

41 *NIAM: Nijssen´s Information Analysis Method*

schiedenen Abstraktionsebenen. Mit der formalen Datenmodellierungssprache EXPRESS (vgl. [ISO/TC184 1992a]) kann die graphische Modellierung der Daten aus der NIAM Methode in eine computerlesbare Form überführt werden.

3.3. Die Partialmodelle des Informationsfluss-Modells

Die Unterteilung von Aktivitäten und Informationen zur Gestaltung von komplizierten Kommunikationssystemen auf der Basis des Systems Engineerings ist nicht neu (vgl. [Jackson 1991]). Die Funktionsanalyse der Kommunikationsprozesse liefert die Beziehungen zwischen Aktivitäten und Informationen im Bauprozess. Die Analyse der Daten liefert die Beziehungen zwischen Daten, welche in Form von einzelnen Datenmodellen beschrieben werden können. Diese müssen in ein konsolidiertes Datenmodell überführt werden, wobei die ursprünglichen Datenmodelle als Sichten auf Teile des konsolidierten Modells interpretiert werden können. Das konsolidierte Datenmodell zusammen mit den entsprechenden Sichten bildet das Informationsmodell [Pätzold 1991 p.54]. Ein konsolidiertes Datenmodell mit den zugehörigen Sichten bezieht sich auf die Bedeutung der einzelnen Daten für unterschiedliche Anwendungen und hat mit der Verteilung von Daten selbst nichts zu tun[42].

Die Funktionsanalyse der Kommunikationsfunktionen und die Datenanalyse reichen zur vollständigen Spezifikation von Kommunikationssystemen auf der Basis von Bauwerkmodellen nicht aus. Datenmodelle stellen indes nur eine statische Betrachtung dar. Datenmodelle werden durch *Modellobjekte* als Beschreibung von *Benutzerobjekten* spezifiziert[43]. Das Verhalten der Benutzerobjekte kann mit Datenmodellen nicht beschrieben werden. Werden zusätzlich Datenbankmodelle mit der statischen und dynamischen Beschreibung der Objekte als Ergebnis der Systemgestaltung angestrebt, sind weiterführende Analysen notwendig. Die vollständige Beschreibung der statischen und dynamischen Beziehungen zwischen den Objekten eines Bauwerks kann unter Anwendung der Konzepte des objektorientierten Entwurfs durchgeführt werden. Entsprechend werden innerhalb des Informationsfluss-Modells funktions- und objektorientierte Ansätze zur Systemanalyse und -gestaltung angewendet.

Die Ansätze zur Beschreibung des Zusammenhangs zwischen Aktivitäten, Informationen und der Struktur von Daten zeigen, dass die angestrebten Resultate in Form von Datenmodellen oder Datenbankmodellen nur in mehreren Zwischenschritten erreicht werden können. In den notwendigen Schritten werden unterschiedliche Partialmodelle[44] des Informationsfluss-Modells bearbeitet. Das Informationsfluss-Modell besteht aus dem *Aktivitäten-*, *Produkt-* und *Datenmodell.*

42 *vgl.* integriertes Produktmodell. *Kapitel: 3.3.3. Das Datenmodell, p.40*

43 *vgl.* Benutzerobjekte, Modellobjekte. *Kapitel: 3.3.2. Das Produktmodell, p.36ff*

44 *vgl.* Partialmodell. *Kapitel: Glossar, p.276ff*
Im vorliegenden Zusammenhang beschreibt ein Partialmodell einen Aspekt in der Beschreibung von Informationsflüssen.

Die Figur 4 zeigt die einzelnen Partialmodelle des Informationsfluss-Modells und deren gegenseitige Beziehungen. Die Analyse der Ziele, Stellen und Aufgaben der Bauprojekt- und Benutzerorganisation erfolgt im *Aktivitätenmodell.* Im *Produktmodell* wird das Bauwerk als System modelliert. Im *Datenmodell* wird das Produktmodell je nach Zielsetzung in der Modellierung durch ein einfaches Datenmodell oder Datenbankmodell spezifiziert.

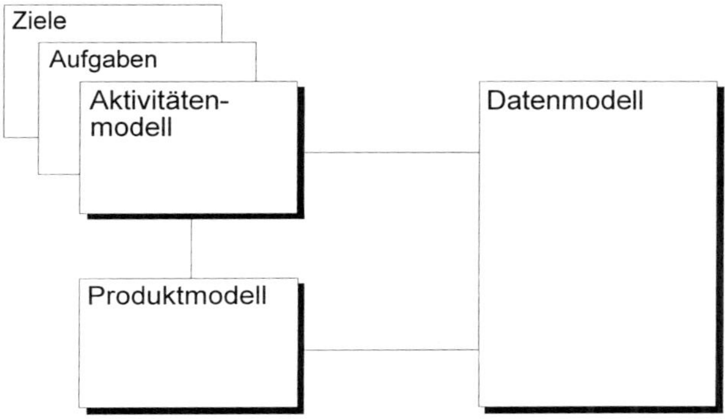

Figur 4: Partialmodelle des Informationsfluss-Modells

Das Informationsfluss-Modell ist aus dem Projektsystem[45] abgeleitet. Das Aktivitätenmodell enthält die Vorgehensziele aus dem Zielsystem sowie die Aufgaben und Stellen des Systems der Bauprojekt- und Benutzerorganisation. Das Datensystem wird durch das Datenmodell repräsentiert. Das Produktmodell beschreibt das Bauwerk in seinen Lebensphasen. Das aus dem Informationsfluss-Modell resultierende Informationssystem ist eine Ressource und damit ein Bestandteil des Sachmittelsystems des Projektsystems.

3.3.1. Das Aktivitätenmodell

Das *Aktivitätenmodell* beschreibt sämtliche Aktivitäten in Form von Tätigkeiten in einer hierarchischen Gliederung zur Projektierung, Realisierung und Nutzung von Bauwerken. Zur Erreichung bestimmter Zielsetzungen haben Stellen von Organisationen unter Berücksichtigung von verschiedenen Randbedingungen Aufgaben zu erfüllen. Zur Aufgabenerfüllung sind Aktivitäten notwendig, die ihrerseits einen bestimmten Informationsbedarf hervorrufen, damit diese Aktivitäten vollständig ablaufen können [Levitt 1993 p.8]. Die Aktivitäten zur Aufgabenerfüllung lassen sich streng hierarchisch in Unteraktivitäten auf einer beliebigen Anzahl von Ebenen gliedern.

Der Informationsbedarf wird durch einen gerichteten Informationsfluss von einer Funktionseinheit zu einer anderen befriedigt. Der Informationsfluss ist hinsichtlich seines Zwecks zu beurteilen. Ein Informationsfluss kann zur Vermittlung von Ar-

---

45 *vgl.* Projektsystem. *Kapitel: 3.1. Das Bauprojekt- und Benutzersystem, p.30*

beitsgrundlagen zur Aufgabenerfüllung einer Funktionseinheit führen oder eine Vorschrift enthalten, wie eine Aufgabe erfüllt werden soll, und damit eine Lenkungsinformation[46] für den Empfänger darstellen.

3.3.2. Das Produktmodell

Das Bauwerk oder Teile davon stellen *Benutzerobjekte*[47] der Stellen der Bauprojekt- und Benutzerorganisation dar. Das Bauwerk als Gegenstand der realen Welt wird separat im Bauwerkmodell in Form eines *Produktmodells* beschrieben. In diesem Zusammenhang wird das Bauwerk als Produkt der Bauprojektorganisation aufgefasst und somit das Produktmodell als *Bauwerkmodell* bezeichnet. Das Bauwerkmodell stellt damit nur eine mögliche Ausprägung eines Produktmodells dar.

Definitionsgemäss enthalten Produktmodelle die Gesamtheit aller Informationen über technische Systeme, die im Laufe eines Produktlebenszyklus von verschiedenen Funktionseinheiten benötigt werden. Dabei wird keine Aussage darüber gemacht, welcher Anteil der Produktdaten anschliessend tatsächlich mit einem gemeinsamen Datenbankmodell bezüglich der Semantik von Klassen integriert wird.

Die Beziehungen zwischen dem Produkt an sich, dessen Beschreibung mit einem Produktmodell und der Beschreibung des Produktmodells beziehungsweise Beschreibung durch ein Datenmodell oder Datenbankmodell ist für die Gestaltung von Kommunikationssystemen von Bedeutung.

Es muss zwischen den *Objekten der realen Welt*, deren Modellierung mit *Modellobjekten* und einem *Datenmodell*[48] unterschieden werden [Petry 1988 p.19]. Die Implementierung von Datenmodellen erlaubt es einem *Datenbanksystem*, Daten zu speichern und zu verwalten.

Ein *Benutzerobjekt* kommt direkt in der realen oder der Vorstellungswelt eines Anwenders vor und ist demzufolge auf der Ebene der realen Welt einzuordnen. Im Gegensatz dazu ist ein *Modellobjekt* Bestandteil eines Datenmodells, das dazu dient, der Datenbank die statischen und dynamischen Eigenschaften der zu verwaltenden Daten über die Teile der realen Welt mitzuteilen [Petry 1988 p.19].

Zwischen den Teilen der realen Welt, den Informationen über diese Objekte und deren Abbildung in ein Datenmodell besteht in Anlehnung an Zehnder der in Figur 5 gezeigte Zusammenhang [Zehnder 1987 p.15]. Ein individuelles Exemplar

---

46 *vgl.* Lenkung. *Kapitel: 2.2.1. Grundbegriffe des Systems und der Systemgestaltung, p.272*

47 *vgl.* Benutzerobjekt. *Kapitel: 3.3.2. Das Produktmodell, p.36*

48 *Das Datenmodell beschreibt nur die statischen und dynamischen Eigenschaften der durch ein Datenbanksystem zu verwaltenden Daten. Dabei können keine Aussagen über die dynamischen Integritätsbedingungen gemacht werden. Zur vollständigen Beschreibung von Datenbanksystemen sind Datenbankmodelle notwendig.*
vgl. Datenbankmodell. *Kapitel: 3.3.3. Das Datenmodell, p.40*

von Dingen, Personen oder Begriffen der realen oder abstrakten Vorstellungswelt wird in der Folge als *Entität* oder synonym als *Informationsobjekt* bezeichnet [Zehnder 1987 p.42].

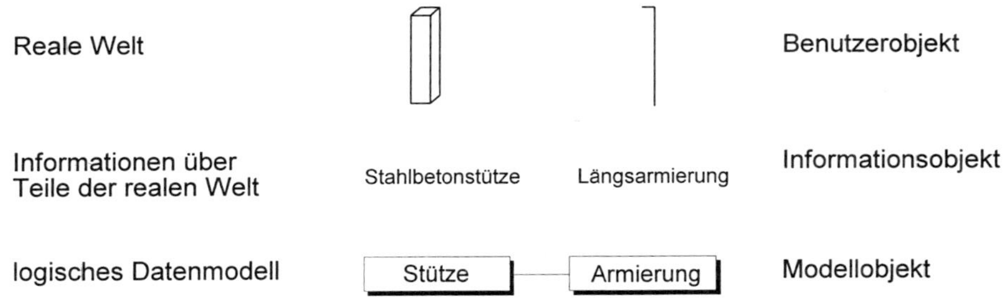

Figur 5: Ebene der realen Welt und Ebene des Datenmodells

Die Benutzer- und die Modellobjekte können noch in einen weiteren Zusammenhang gestellt werden. Jedes Informationsobjekt stellt einen *Begriff*[49] mit einer spezifischen Bedeutung, das heisst Semantik dar. Zusammen mit der Syntax zur Strukturierung von Begriffen bildet die Semantik die Grundlage für unsere Kommunikation auf einem intelligenten Niveau. Im Bedeutungsdreieck in Figur 6 können die Beziehungen zwischen den *Begriffen*, den *Objekten der realen Welt* und der *Sprache* einfach dargestellt werden (vgl. [Odgen 1969]).

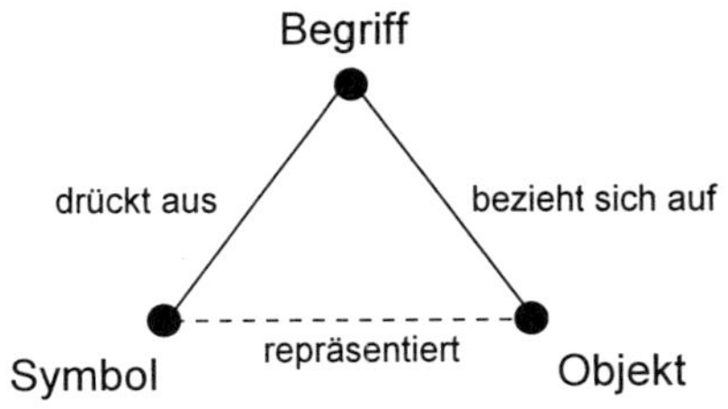

Figur 6: Das Bedeutungsdreieck

Zum Finden von abstrakten Konzepten[50] ist es sehr hilfreich, von zwei Beispielen eines bestimmten Typs auszugehen und deren gemeinsame Merkmale herauszukristallisieren [Dörner 1989 p.137]. Zur Definition und gegenseitigen Abgrenzung von Begriffen werden die Prinzipien der *Spezialisierung*, *Abgrenzung* und *Orthogonalisierung* angewendet.

---

49 *vgl.* Begriffe. *Kapitel: Glossar, p.258ff*

50 *vgl.* Probleme beim objektorientierten Entwurf. *Kapitel: 3.7.4. Das Vorgehen beim objektorientierten Entwurf, p.90*

- *Spezialisierung:* Definition von weiteren Begriffen aus bereits bekannten. Die Spezialisierung bedeutet, dass ein Objekt zwei Begriffen zugeordnet werden kann, wobei der eine spezieller ist als der andere[51].
- *Abgrenzung:* Strikte gegenseitige Abgrenzung von Begriffen untereinander. Die Unterscheidung bedeutet, dass ein Objekt entweder dem einen oder dem anderen Begriff zugeordnet wird[52].
- *Orthogonalisierung:* Anwendung von mehreren unabhängigen Dimensionen zur Definition von Begriffen, das heisst, ein Begriff wird unter mehreren Aspekten definiert.

Durch die Anwendung von zusätzlichen Kriterien mit den genannten Prinzipen können Begriffe mit anderen Begriffen definiert werden. Das Kriterium zur Unterscheidung eines Begriffs von einem anderen wird als *Dimension* bezeichnet [Gielingh et al. 1991a p.57]. Die Menge von Abschnitten auf einer Dimension ist häufig begrenzt. Einige Begriffe sind jedoch nicht durch andere definierbar und bilden demnach die *Wurzel des Spezialisierungsbaumes*. Begriffe, die nicht mehr weiter spezialisiert werden können stellen die *Blätter des Spezialisierungsbaumes* dar [Gielingh et al. 1991a p.52ff].

Die aufgeführten Prinzipen dienen zur Definition von Begriffen und der Bezeichung von Objekten der realen Welt und müssen durch die Technik der Spezifikation von Daten- und Datenbankmodellen repräsentiert werden können. Die Begriffe zur Beschreibung von Bauwerken in Daten- und Datenbankmodellen werden durch *Klassen*, *Objekte* und Integritätsbedingungen wie *Disjunktheitsbedingungen oder Überdeckungsbedingungen*[53] detailliert spezifiziert.

Die Unterscheidung zwischen Objekten, Begriffen, Symbolen sowie die Definition von Begriffen zur Beschreibung des Bauwerks ist im Hinblick auf die Integration kooperierender Informationsverarbeitungsprozesse im Bauprozess von grosser Bedeutung. Im IMPPACT Referenzmodell stellt die Spezialisierung den bedeutenden Mechanismus dar, mit dem ausgehend von generellen Begriffen für verschiedene Anwendungsgebiete spezielle Begriffe auf einer Dimension hergeleitet werden können und so in einem Kontext zu übergeordneten Begriffen stehen [Gielingh et al. 1991a p.57ff]. Generelle Begriffe sind abstrakt und haben ein breites Anwendungsgebiet, dagegen haben spezielle Begriffe dank ihres Kontexts eine spezifische Bedeutung für eine bestimmte Anwendung. Können einheitliche, fachübergreifende *Strukturhierarchien*[54] zwischen den unterschiedlichen Stellen im Bauprozess gefunden werden, ist die Grundlage für die Integration im

---

51 *vgl.* Spezialisierung *(Anzahl Objekte in Objektmenge einer Klasse, Erweiterung Zustandstyp Klasse). Kapitel: 3.3.3.1. Semantische Datenbankmodelle, p.46*

52 *vgl.* Klassifikation *(Zuordnung von Objekten zu bestimmten Klassen). Kapitel: 3.3.3.1. Semantische Datenbankmodelle, p.46*

53 *vgl.* Semantische Datenbankmodelle. *Kapitel: 3.3.3.1. Semantische Datenbankmodelle, p.41*

54 *vgl.* Strukturhierarchie. *Kapitel: 3.3.3.1. Semantische Datenbankmodelle, p.47*

Bauprozess gelöst. Es kann fachübergreifend auf einem semantisch hohen Niveau kommuniziert werden.

Zur fachübergreifenden Verständigung müssen nicht in erster Linie die statischen und die dynamischen Eigenschaften der Anwendungswelt realitätsgetreu in einem logischen *Datenbankmodell*[55] abgebildet, sondern die Begriffe definiert und gegeneinander abgegrenzt werden. Die fachübergreifende Definition von Begriffen zur Beschreibung eines gemeinsamen Produkts unter den verschiedenen aufgabenorientierten Aspekten kann zur Definition von fachübergreifenden Strukturhierarchien verwendet werden. Die kohärente Zusammenfassung von unterschiedlichen Modellen aus der Sicht von spezifischen Anwendungen von demselben Gegenstand der Realität nach einheitlichen Regeln wird als *Modellintegration* bezeichnet.

Beim Aufbau von Strukturhierarchien muss von der Realität abstrahiert werden. Unter *Abstraktion* wird generell die mentale Fähigkeit verstanden, welche es entsprechend dem Kontext des Problems erlaubt, die in der realen Welt existierenden Probleme mit einem variierenden Grad an Details zu betrachten [Wilkie 1993 p.383]. Aus dem Abstraktionsprinzip resultieren logisch einwandfreie Lösungen, die unabhängig von hard- und softwarespezifischen Überlegungen sind. Die Beschreibung von logischen (konzeptionellen) Datenmodellen erfolgt auf der logischen Ebene anhand der Abstraktionskonzepte *Klassifikation*, *Generalisierung*, *Aggregation* und *Assoziation*:

- *Klassifikation:* Instanz-Typ Beziehung, Schema-Ausprägung
- *Generalisierung:* Spezielles-Allgemeines-Beziehung, auch Spezialisierung
- *Aggregation:* Teil-Ganzes-Beziehung, Tupel-Bildung
- *Assoziation:* Element-Mengen Beziehung, Mengen-Bildung

In der relationalen Datenmodellierung werden *Entitäten* als Informationsobjekte verwendet, verstanden als ein individuelles Exemplar von Dingen, Personen oder Begriffen der realen oder abstrakten Vorstellungswelt [Wilkie 1993 p.383]. Die Beschreibung von Informationsobjekten erfolgt dabei durch Merkmale mit zugehörigen Werten, das heisst *Attributen*[56]. Die Zuordnung von Werten zu einem Objekt stellt eine Behauptung, das heisst ein *Faktum* dar, zufolge dieses eine bestimmte Eigenschaft besitzt. Merkmale charakterisieren Objekte und können diese in der relationalen Modellierung im Falle von Schlüsseleigenschaften identifizieren. Redundanz kommt durch das mehrmalige Festhalten desselben Faktums zustande.

Die Strukturierung der Abbildungen der in der realen Welt vorkommenden Gegenstände, deren Beschreibung sowie der Darstellung von deren Beziehungen

---

55 *vgl.* Anforderungen an Datenbankmodelle. *Kapitel: 3.3.3.1. Semantische Datenbankmodelle, p.42*

56 Eigenschaft *und* Attribut *werden synonym verwendet.*

untereinander, beruht auf der *Allgemeinen Systemtheorie*[57]. Durch die *Klassifikation* entstehen Mengen von Objekten des gleichen Typs, die durch die gleichen Merkmale beschrieben werden. Unabhängige Objekte können unabhängig von der Existenz anderer Objekte dargestellt werden. Demgegenüber sind abhängige Objekte nur im Zusammenhang mit anderen Objekten darstellbar. Analog zur Systemauflösung können Objekte je nach Betrachtungsstandpunkt und Zielvorstellungen beliebig tief und nach beliebigen Kriterien mit dem Abstraktionsprinzip der *Spezialisierung* gegliedert werden. Kriterien zur Bildung von hierarchisch höherwertigen Objekten können beispielsweise gemeinsame wesentliche Merkmale einer Menge von Objekten sein. Die *Generalisierung* beziehungsweise *Spezialisierung* lässt die Definition von höherwertigen Objekten zu, die ihrerseits eine Menge von Objekten des gleichen Typs umfassen. Durch die *Aggregation* beziehungsweise *Dekomposition* von Objekten wird deren Aufbau aus Subobjekten beschrieben. Unter *Assoziationen* sind Beziehungen zwischen Objekten zu verstehen, welche beschreiben, dass ein Objekt eine bestimmte Eigenschaft besitzt. Die Aggregation oder Dekomposition beschreibt im Gegensatz zur Assoziation, welche allgemein irgendwelche Beziehungen zwischen Objekten definiert, nur die Teil-Ganzes-Beziehung zwischen Objekten. Entsprechend kann die Aggregation/Dekomposition auch als Spezialfall der Assoziation aufgefasst werden.

3.3.3. Das Datenmodell

Das *Datenmodell* ist eine formale Beschreibung aller für unterschiedliche Anwendungen notwendigen Daten und Beziehungen untereinander[58]. Ein Datenmodell ist unabhängig von den eingesetzten Mitteln wie beispielsweise einer Datenbank. Zur Integration von Anwendungen müssen für diese entsprechend der Modellintegration ein gemeinsames Modell der Daten und gegenseitigen Beziehungen gefunden werden. Ein Datenmodell stellt demnach eine Beschreibung sämtlicher relevanter Informationen in Form von Daten dar, welche von Stellen zur Ausführung ihrer Aktivitäten benötigt werden.

Zwischen den Begriffen Datenmodell und Datenbankmodell sowie Produktmodell und integriertes Produktmodell besteht der folgende Zusammenhang:

- *Datenbankmodell:* Ist die Beschreibung einer Datenbank mit der Gesamtheit aller Modellobjekte eines Datenmodells einschliesslich der Spezifikation der statischen und dynamischen Eigenschaften der Anwendungswelt mit den anwendbaren Methoden und den Integritätsbedingungen.
- *Integriertes Produktmodell:* Ist die fachübergreifende Beschreibung sämtlicher in den einzelnen Lebensphasen relevanten Produktmerkmale. Ein *Produktmodell* beschreibt alle Informationen der realen Welt oder Vorstellungswelt in Form von Modellobjekten, die für bestimmte Stellen oder Gruppen von Stellen

57 *vgl.* Allgemeine Systemtheorie. *Kapitel: 2.2. Der Systemansatz und die Kommunikationstheorie, p.20*

58 *vgl.* Datenmodell. *Kapitel: Glossar, p.272ff*

einer Bauprojekt- und Benutzerorganisation in den verschiedenen Produktlebensphasen relevant sind. Ein Produktmodell ist kohärent über den gesamten Lebenszyklus von Bauwerken.
Integrierte Produktmodelle können durch Datenbankmodelle spezifiziert werden.

Datenmodelle auf der logischen Ebene müssen zur Implementierung auf die physische Ebene transformiert werden. Beim Einsatz von Datenbanken zur Datenverwaltung kann mit Datenbankmodellen das Datenmodell weiter spezifiziert werden.

Unter einem integrierten Produktmodell wird nicht nur die Vereinigung seiner Partialmodelle und den zugehörigen Produktmodellsichten verstanden [Pätzold 1991 p.90ff], sondern auch der Einbezug von statischen und dynamischen Eigenschaften der Anwendungswelt mit anwendbaren Methoden und Integritätsbedingungen. Durch den Einbezug der Konzepte von Datenbanken zur Spezifikation von integrierten Produktmodellen ist die Notwendigkeit der Definition von Produktmodellsichten bereits enthalten. Der Aspekt der Strukturierung der datenmässigen Beschreibung von relevanten Produktmerkmalen und des kohärenten Modellansatzes bleibt derselbe. Das mit dem Informationsfluss-Modell vorgeschlagene Vorgehen mit dem objektorientierten Entwurf eines Informationssystems weist damit einen engeren Bezug zur Definition eines Produktmodells auf, als bei der auf dem funktionsorientierten Ansatz beruhenden Betrachtung von Produktmodellsichten.

Der Grund für den Einbezug von Datenbankkonzepten durch Datenbankmodelle zur Beschreibung von integrierten Produktmodellen liegt in der Unterscheidung zwischen der modellseitigen und der datenseitigen Integration. *Integrale Produktmodelle* enthalten die generelle Beschreibung von Produkten auf einem abstrakten Niveau. *Integrierte Produktmodelle*[59] dagegen sind modellintegriert und können entsprechend fachübergreifend als Grundlage der Kommunikation genutzt werden. Das Kommunikationsmodell des integrierten Produktmodells entsteht durch die datenseitige Integration hinsichtlich der Verwaltung des Inhalts von Produktmodellen. Die Verwaltung von Daten und die Beschreibung des dynamischen Verhaltens von Informationssystemen ist mit dem Einbezug von Datenbankmodellen gegeben. Dies bedeutet jedoch nicht, dass Integration im Bauprozess nur durch den Einsatz von Datenbanken allein möglich ist.

3.3.3.1. Semantische Datenbankmodelle

Mit Datenmodellen können Benutzerobjekte und ihre gegenseitigen Beziehungen einfach definiert werden. Datenmodelle sind ausgezeichnete Werkzeuge, wenn auf der logischen Ebene Systeme wie beispielsweise Bauwerke beschrieben

59 *vgl.* integrales Bauwerkmodell. *Kapitel: 4.3.3.1. Systemstruktur des integralen Bauwerkmodells, p.141ff*

werden sollen. Die Semantik von Datenmodellen ist jedoch beschränkt, weil sie für andere Zwecke als die exakte Beschreibung des dynamischen Verhaltens und der Integritätsbedingungen zwischen Objekten verwendet werden. Semantische Datenmodelle zeichnen sich dadurch aus, dass die Beschreibung der Beziehungen zwischen Objekten und die Beschreibung der Attribute von Objekten getrennt voneinander durchgeführt werden. In semantischen Datenmodellen sind keinerlei Konzepte zur Beschreibung von möglichen Operationen auf die Datenbank vorhanden. Bekanntes Beispiel eines semantischen Datenmodells ist das Entity-Relationship-Modell (ER-Modell) (vgl. [Chen 1976]).

Zur Beschreibung der möglichen Operationen auf die Datenbank ist eine Erweiterung des Datenbankmodells notwendig. Sollen die Gegenstände der realen Welt in einem Datenbankmodell abgebildet werden, sind nach Brodie eine Menge mathematisch wohldefinierter Konzepte notwendig, die alle statischen und dynamischen Eigenschaften der Anwendungswelt erfassen [Brodie 1984 p.20ff]:

- Statische Eigenschaften wie Objekte, Eigenschaften von Objekten und Beziehungen zwischen Objekten
- dynamische Eigenschaften wie Operationen auf Objekten, Eigenschaften dieser Operationen und Beziehungen zwischen Operationen und
- Integritätsbedingungen über Objekten (statische Integritätsbedingungen) und über Operationen (dynamische Integritätsbedingungen).

DEFINITIONEN

Datenbankmodelle bestehen aus den Strukturelementen Klassen, abstrakten Klassen, Objektmengen, Zustandstypen, Komponentenklassen, Zustandsfunktionen und Zuständen [Heuer 1992 p.305ff].

Objekte sind definiert durch Domänen, Zustandstyp und Zustandsfunktion. Eine abstrakte Domäne ist ein Element aus der übergeordneten Menge disjunkter, unendlicher Mengen. Jedes Element der abstrakten Domäne ist ein abstraktes Objekt. Jedem abstrakten Objekt wird ein komplexer Typ T als Zustandstyp funktional zugeordnet. Der Zustand eines Objekts ist dann eine Instanz seines Zustandstyps.

Ein gegebener Anwendungs-Objekttyp wird durch eine Klasse K aus der Menge aller Klassen repräsentiert. Jede Klasse wird durch eine Domäne, Objektmenge, einen Zustandstyp und eine Zustandsfunktion definiert. K ist eine abstrakte Klasse, falls ihr eine *abstrakte Domäne*[60] zugeordnet ist. Die aktuelle Instanz einer Klasse o(K) ist eine Teilmenge von dom(K) und wird als Objektmenge von K bezeichnet. Wird K keine abstrakte Domäne zugeordnet, heisst K freie Klasse.

Jeder Klasse K wird ein Zustandstyp Tk funktional zugeordnet, der ein Standarddatentyp, ein komplexer Typ oder wiederum eine Klasse ist und dann als Komponentenklasse von K bezeichnet wird. Mit anderen Worten wird jedem Objekt aus

---

60 *Die abstrakte Domäne wird auch Extension einer Klasse genannt. Mit Extension kann aber auch die aktuelle Objektmenge bezeichnet werden.*

der Objektmenge o(K) mittels einer Zustandsfunktion ZUSTAND ein Element w von Tk zugeordnet (ZUSTAND(o) = w). Das Element von Tk ist bei Standard- und komplexen Typen aus der Domäne des Typs definiert und bei Komponentenklassen aus der Objektmenge der Klasse. w wird als Zustand des Objekts bezeichnet.

Zwischen Objekten und Werten ist strikt zu unterscheiden (vgl. [Beeri 1990]). Objekte werden als Elemente einer unstrukturierten, abstrakten Menge aufgefasst, die von Werten unterschieden werden als Elemente unstrukturierter, konkreter Mengen (Standard Datentypen) oder Elementen von strukturierten Mengen, die mittels TUPLE OF, SET OF, LIST OF oder anderen Typkonstruktoren erzeugt worden sind[61]. Entsprechend können zwei Objekte identisch oder gleich sein, das heisst dieselbe Objektidentität oder denselben Wert besitzen. Durch die Objektidentifikation können zusammengesetzte Objekte beliebig mit gemeinsamen Komponentenobjekten aufgebaut werden. Auf Objekte können Operationen wie flaches, tiefes Kopieren oder Gleichsetzen ausgeführt werden.

STRUKTURBESCHREIBUNG OBJEKTORENTIERTER DATENBANKMODELLE

Zur Beschreibung von Datenbankmodellen werden die in Anhang B[62] erläuterten Symbole verwendet (vgl. [Hull et al. 1987], [Heuer 1992 p.304]).

TYPKONSTRUKTOREN UND KOMPLIZIERTE OBJEKTE

Standard Datentypen wie INTEGER, STRING, REAL, BOOLEAN, CHARACTER usw. bilden die Basis des Datenbankmodells. Jedem Standard Datentyp wird eine unstrukturierte Menge dom(T) Domäne oder ein konstruierter Typ zugeordnet. Die Instanz eines Typs T ist ein Element von dom(T). Im Falle eines konstruierten Typs wird dom(T) als komplexe Domäne bezeichnet.

Aus den verschiedenen Typkonstruktoren wie TUPLE OF, SET OF, BAG OF, LIST OF und ARRAYS sollen mindestens drei, nämlich *Tupel-*, *Mengen-* und *Listenkonstruktor* vorhanden sein [MANIFESTO 1989 p.5]. Komplizierte Objekte können durch beliebig häufiges Anwenden der Typkonstruktoren aufgebaut werden.

- T = TUPLE OF (A_1:T_1, ... , A_n:T_n), mit T_1, ... ,T_n Typen und dom(T) = dom(T_1) x ... x dom(T_n) (kartesisches Produkt). Mit dem Tupelkonstruktor werden durch Aggregation unterschiedliche Komponententypen zu einem neuen Typ zusammengefasst. Instanz dieses neuen Typs ist ein Tupel aus den Instanzen der zugrundeliegenden Typen.
- T = SET OF (A_1:T_1), mit T_1 Typ und dom(T) = P(dom(T_1)) (Potenzmenge). Mit dem Mengenkonstruktor wird aus mehreren Elementen eines zugrundeliegenden Typs ein neuer Typ erzeugt. Instanz des neuen Typs ist eine Menge

61 *Das Objekt wird auch als* Instanz einer Klasse *und der Wert als* Instanz eines Objektes *bezeichnet.*

62 *vgl. Anhang B, Datenbankschemata*

(ungeordnet und Elemente nur einfach vorhanden) bestehend aus mehreren Instanzen des zugrundeliegenden Typs.

- T = LIST OF (A_1:T_1), mit T_1 Typ und dom(T) = T_1^* (Kleene´sche Hülle). Mit dem Listenkonstruktor wird aus mehreren Elementen eines zugrundeliegenden Typs ein neuer Typ erzeugt. Instanz des neuen Typs ist eine Liste (geordnet aber Elemente mehrfach vorhanden), bestehend aus mehreren Instanzen des zugrundeliegenden Typs.

Die Typkonstruktoren sollen orthogonal angewendet werden können. Rekursive Typdefinitionen sind nicht möglich.

KLASSEN UND TYPEN

Zur Spezifikation von Objektschemata ist gemäss MANIFESTO die typen- und klassenbasierte Version der Spezifikation von Datenbankschemata zugelassen.

Mit der typen-basierten Definition von Klassen werden mit einem komplexen Typ die möglichen Instanzen festgelegt. Der Typ legt in der Regel eine Menge von Tupeln fest. Vom Typ ist nur das Interface sichtbar, die Implementierungen bleiben verborgen. Die Identifikation des Typs geschieht über eine abstrakte Komponente.

Die klassen-basierte Definition von Klassen unterscheidet sich von der typen-basierten dadurch, dass primär nur der Sammelbehälter *von Interesse ist und die Zuord*nung von Werten zu den Objekten ohne Angabe eines Typs erfolgt, das heisst beliebig ist.

Ferner kann wie in Figur 7 dargestellt eine Hybridlösung angestrebt werden, indem die Elemente einer abstrakten Domäne (zusammengehörige Objekte) in einer Objektmenge gesammelt und ihnen eine Instanz eines Typs zugeordnet wird. Die Schemadefinition besteht aus einer Objektfabrik und einem Sammelbehälter. Mit der Objektfabrik können neue Objekte erzeugt werden, während die Elemente des Sammelbehälters vom Benützer manipuliert werden können.

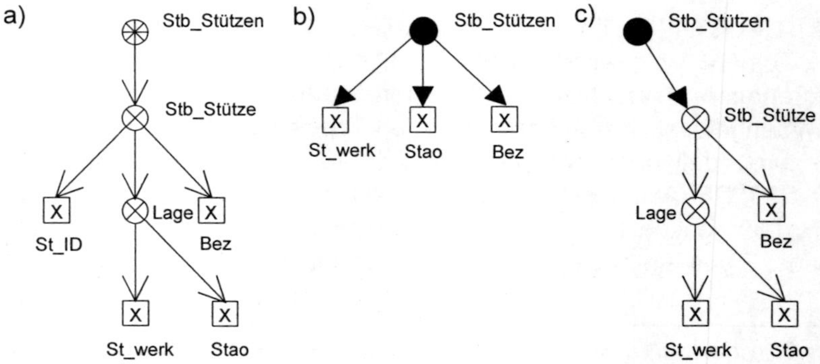

Figur 7: Darstellung eines Objekttyps typen-, klassen- und klassen-typen-basiert

Zur Vereinfachung kann eine Verallgemeinerung des Zustands von Objekten angenommen werden, indem jedem Objekt nicht mehr nur mit einer Zustandsfunktion, sondern mit einer Menge von Zustandsfunktionen ein Wert zugewiesen wird (Figur 8) [Heuer 1992 p.307]. Wenn der Zustandstyp, wie häufig in Datenbankmodellen, durch einen TUPLE OF Konstruktor eingeleitet wird, können auf die einzelnen Tupel des Zustandtyps einzelne Zustandsfunktionen ausgeführt werden.

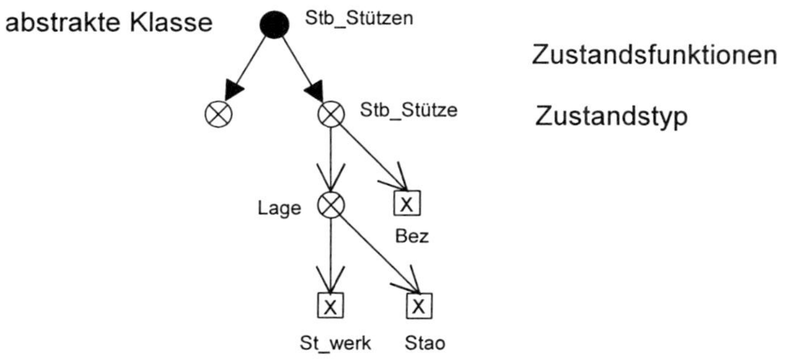

Figur 8: Wertzuordnung an Objekt durch eine Menge von Zustandsfunktionen

BEZIEHUNGEN ZWISCHEN KLASSEN

Beziehungen zwischen Klassen können in verschiedenen Kategorien auftreten wie Klasse-Unterklasse-, Klasse-Komponentenklasse- und Klasse-Instanz-Beziehung. Die Klasse-Unterklasse-Beziehung spezifiziert, wie Objekte in speziellen oder allgemeinen Rollen betrachtet werden können (IS-A). Die Klasse-Unterklasse bezeichnet, wie Objekte und ihre Komponentenobjekte verbunden werden können (IS-PART-OF). Die Klasse-Instanz-Beziehung spezifiziert, welche Objekte Instanzen welcher Klassen sind (IS-INSTANCE-OF).

Ein Objekt aus der Objektmenge o(K) wird als zusammengesetzt bezeichnet, wenn innerhalb der Klasse K Komponentenklassen existieren. Zusammengesetzte Objekte und Komponentenobjekte gehören immer Objektmengen bestimmter Klassen an.

Gemeinsame Komponentenobjekte können Komponenten von Objekten unterschiedlicher Klassen sein. Die Instanzen solcher Objekte sind azyklische Graphen im Gegensatz zu privaten Komponentenobjekten, deren Struktur durch Bäume dargestellt ist.

Abhängige Komponentenobjekte existieren nur im Zusammenhang mit den ihnen übergeordneten Objekten. Die Komponentenobjekte werden mit dem zusammengesetzten Objekt erzeugt und gelöscht oder können als unabhängige Komponentenobjekte unabhängig gelöscht werden.

Auf eingekapselte Komponentenobjekte kann nur über das zusammengesetzte Objekt zugegriffen werden.

Folgende Spezialfälle der Beziehungen zwischen Klassen und Komponentenklassen sind von besonderem Interesse:

- Eine Klasse-Komponentenklasse wird *Referenz* genannt, wenn jedem zusammengesetzten Objekt der Klasse K ein Objekt K´ der Komponentenklasse zugeordnet wird.
- Eine zur n:m Beziehung im ER Modell äquivalente Relation zwischen einer Klasse und einer Komponentenklasse wird als *Beziehung* bezeichnet. Beziehungen sind symmetrisch, das heisst, jedem Objekt der Klasse K wird eine Menge von Objekten der Klasse K´ zugeordnet und umgekehrt.
- Zusammengesetzte Objekte sind strukturiert, wenn die Komponentenobjekte privat, abhängig und eingekapselt sind. Technische Objekte sind strukturiert, denn ein bestimmtes Komponentenobjekt kommt nur gerade in einem zusammengesetzten Objekt vor (privat) und die Existenz einer Komponente hängt nur vom übergeordneten Objekt ab (abhängig).

Erfolgt die Darstellung strukturierter Objekte durch komplexe Werte, sind die Komponentenobjekte abhängig, privat und eingekapselt.

Zwischen Klassen sind unterschiedliche Vererbungen von Attributen definiert [MANIFESTO 1989 p.10]. Es ist zwischen einer Typ- und Klassenhierarchie sowie als Spezialfall die IS-A Hierarchie zu unterscheiden.

In der *Typhierarchie* wird ein Typ T spezieller als ein Typ T' bezeichnet, wenn dom(T) und dom(T') unstrukturierte Mengen sind und dom(T) Teilmenge von dom(T') ist. Ein Typ T ist spezieller als T', wenn T und T' beide Tupeltypen sind und T mindestens die Komponenten von T' besitzt oder T und T' beide Mengen- oder Listentypen $T = \{T_1\}$ und $T' = \{T_1'\}$ sind und T_1 spezieller als T_1' ist.

In der *Klassenhierarchie* wird eine Klasse K spezieller als eine Klasse K' bezeichnet, wenn die Objektmenge von K Teilmenge der Objektmenge von K' ist.

In der Typhierarchie besitzt eine speziellere Klasse mehr Komponenten als eine allgemeinere. Die speziellere Klasse stellt eine Erweiterung der Ursprungsklasse dar, während in der Klassenhierarchie eine speziellere Klasse weniger Objekte als die allgemeinere Klasse besitzt und damit eine Einschränkung derselben darstellt. Im Spezialfall der IS-A Hierarchie fallen Typ- und Klassenhierarchie zusammen, das heisst, die Klasse K ist spezieller als K', und der Zustandstyp von K ist spezieller als K'.

An die Strukturhierarchie können Integritätsbedingungen wie *Disjunktheitsbedingungen* und *Überdeckungsbedingungen* gestellt werden. Eine explizite Disjunktheitsbedingung ist nicht notwendig, wenn eine Trennung zwischen Generalisierungen und Spezialisierungen sowie freien und abstrakten Klassen vorgenommen wird. Disjunkte Objektmengen sind als abstrakte Klassen zu definieren.

Die Überdeckungsbedingung sichert zu, dass die zu den Unterklassen gehörenden Objektmengen mit denjenigen der Oberklasse übereinstimmen. Bei Spezialisierungen spielen die Objekte der Oberklasse mindestens eine weitere Rolle in den Unterklassen, während bei Generalisierungen jedes Objekt der Unterklasse mindestens auch in der Objektmenge der Oberklasse vorkommen muss.

BESCHREIBUNG DER OPERATOREN

Zur vollständigen Beschreibung objektorientierter Datenbankmodelle ist die Spezifikation der möglichen Operationen auf die Datenbank notwendig. Entsprechend repräsentieren die gespeicherten Daten der Datenbank nicht das vollständig vorhandene Wissen, sondern dieses umfasst auch den Teil des ableitbaren Wissens aus den explizit gespeicherten Daten.

Methoden sollen nicht objektspezifisch sein, sondern fest zum Datenbankmodell gehören und auf alle Datenbankobjekte angewendet werden können.

Das Schwergewicht liegt in der Beschreibung von objekterhaltenden generischen Operationen und der Einordnung des Abfrageergebnisses in die Strukturhierarchie des Datenbankmodells.

GENERISCHE ANFRAGEOPERATOREN

Generische Operationen extrahieren Werte aus Zuständen von Objekten und sammeln diese in einer Ergebnisinstanz, erzeugen neue Zustandstypen, ermitteln Objektmengen zu bestehenden Klassen oder generieren neue Klassen.

Die Menge der generischen Operationen soll die folgenden drei Kriterien erfüllen [MANIFESTO 1989 p.14]:

- Generische Operationen sollen deklarativ, das heisst bei Abfragen sich auf das *Was* und nicht das *Wie* ausrichten
- effizient und optimierbar sowie
- anwendungsunabhängig sein.

Zusätzlich soll die Menge der generischen Operatoren *abgeschlossen* und *adäquat* sein [Heuer 1992 p.345ff]. Unter Abgeschlossenheit ist die konsistente Darstellung des Anfrageergebnisses in der Strukturhierarchie des Datenbankmodells zu verstehen. Die Adäquatheit des Datenbankmodells bedeutet, dass alle Datenmodellkonstrukte wie Attribute und Methoden auf die Ergebnisklassen vererbt und konsistent in das Datenbankmodell eingeordnet werden.

Eine Konsequenz dieser Forderungen auf das Datenbankmodell ist, dass bei der Verwendung generischer Anfrageoperationen in der *Strukturhierarchie* eine Unterscheidung zwischen Typ- und Klassenhierarchie gemacht werden muss. Das Ergebnis der Selektion einer Objektmenge o(K) aufgrund einer bestimmten Eigenschaft liefert eine kleinere Objektmenge, das heisst, die Ergebnisklasse eK_1 ist in der Klassenhierarchie unterhalb der Ursprungsklasse K einzuordnen, während die Lage des zugehörigen Zustandstyps TeK in der Typhierarchie dieselbe bleibt. Erfolgt nun zusätzlich eine Projektion der Objektmenge der Ergebnisklasse o(eK_1) auf bestimmte Attribute, bleibt die Lage der Ergebnisklasse eK_2 in der Klassenhierarchie an der selben Stelle. In der Typhierarchie hingegen ist der Zustandstyp der Ergebnisklasse TeK_2 über demjenigen der Ursprungsklasse K anzuordnen.

Die Konsequenzen verschiedener objekterhaltender Operationen auf die Einordnung des Abfrageergebnisses in die Typ- und Klassenhierarchie sind kurz zusammengestellt.

- Die *Differenz* arbeitet analog zur Selektion, indem sie Objekte aus einer Objektmenge entnimmt, die auch in einer anderen vorkommen.
- Der *Durchschnitt* zweier Objektmengen liefert die gemeinsamen Objekte, wobei in der Klassenhierarchie eine gemeinsame Unterklasse erzeugt wird.
- Der *Verbund* oder die *Erweiterung* vergrössert die Anzahl der verfügbaren Attribute einer Klasse um diejenigen einer anderen Klasse durch gerichtete Verknüpfung dieser Klassen. Entsprechend ändert sich die Position innerhalb der Klassenhierarchie nicht. Die Position der Ergebnisklasse wird in der Typhierarchie verändert, weil der neue Zustandstyp zu einem Untertyp des Ursprungstyps wird.
- Die *Vereinigung* zweier Objektmengen liefert eine gemeinsame Oberklasse der Ursprungsklassen.

Im Gegensatz zur Einordnung des Abfrageergebnisses in die Typhierarchie ist die Einordnung in die Klassenhierarchie nicht immer möglich. Einerseits muss der Algorithmus zur Einordnung des Abfrageergebnisses äquivalente Abfragen erkennen können, andererseits kann die korrekte Einordnung prinzipiell verunmöglicht werden, wenn innerhalb von Selektionsbedingungen Methodenaufrufe zugelassen sind.

Ohne die Unterscheidung zwischen Klassen und Typhierarchie können keine objekterhaltenden, das heisst abgeschlossene und adäquate generische Operationen, ausgeführt werden. Die Schwierigkeiten der Einordnung der Ergebnisklasse in die Strukturhierarchie lassen sich umgehen, wenn mit der Anfrageoperation ausserhalb der Strukturhierarchie neue Objekte mit neuen Objektidentitäten erzeugt werden. Definitionsgemäss ist dann die Objektmenge der Ergebnisklasse o(eK) disjunkt zu allen anderen Objektmengen der Datenbank. Eine solche objekterzeugende generische Anfrageoperation ist abgeschlossen, aber nicht adäquat. In die Gruppe der nicht abgeschlossenen und nicht adäquaten generischen Operationen gehören die relationalen Operatoren, die auf die Werte geschachtelter Relationen zugreifen, ohne Berücksichtigung des Klassenkonzepts, der Objektidentität oder der Strukturhierarchie.

Generische Update Operationen

Analog der Unterscheidung zwischen Typ- und Klassenhierarchie ist auch bei den generischen Update Operationen zwischen Operationen auf Zustände und Klassen zu unterscheiden.

Durch Updates auf Klassen in Form von Erzeugen und Löschen können Objekte in Klassen manipuliert werden und durch Einfügen und Herausnehmen von Objekten verschiedener Klassen können Objektmengen manipuliert werden.

Durch Updates auf Typen kann der Zustand erzeugter Objekte angepasst werden. Diese Veränderung von Zuständen geschieht durch direktes Verändern von Tupeln, durch Verändern von Mengen, wie Einfügen und Löschen von Elementen oder Vereinigung, Durchschnitt und Differenz, sowie durch Verändern von Listen, wie Einfügen und Löschen von Elementen oder Konkatenation und anderen Listenoperationen.

Höhere Konstrukte

Metaklassen

Neben der *Instanzen-* und der *Schemaebene* wird in objektorientierten Datenbankmodellen über der Schemaebene die *Metaebene* angeordnet. Die *Objekte der Metaebene*[63] sind Klassen in der Rolle von Objekten, das heisst, eine Menge von Objekten wird wiederum als Objekt aufgefasst, indem einer Menge, verstanden als komplexer Wert, ein Objektidentifier zugeordnet wird. Die Menge von Objekten wird zum Zustand eines Objekts auf einer Ebene über der Schemaebene. Wie bereits bei den Beziehungen zwischen Klassen erwähnt, bezeichnet die IS-INSTANCE-OF Beziehung, welche Objekte Instanzen welcher Objekte sind.

Durch die Verwendung von Metaklassen können in Erweiterung zu den Instanzattributen Klassenattribute wie beispielsweise Implementierungen von Methoden definiert werden, die dann für alle Objekte der Metaklasse anwendbar sind.

Definition und Vererbung von Methoden

Die Implementierung von Methoden kann auf der Metaebene als Attribut der Metaklasse mit den zugehörigen Parameterlisten und Methodenimplementierungen definiert werden. Analog der Vererbung von Attributen entlang der Klassenhierarchie erfolgt die Vererbung von Methoden (Overriding, Mehrfachvererbung).

---

63 *Objekte der Metaebene werden in der Folge als Metaobjekte bezeichnet.*

EINKAPSELUNG IN OBJEKTORIENTIERTEN DATENBANKMODELLEN

Es muss unterschieden werden zwischen den Sichten objektorientierter Programmiersprachen und objektorientierter Datenbanken bezüglich der Einkapselung von Daten und Methodenimplementierungen [MANIFESTO 1989 p.7]. In OOPs sind die Daten und Methoden eingekapselt, in OODMs dagegen in der Regel nur die Methoden. Die Offenlegung der Attribute und ihrer Struktur in OODMs ist notwendig, wenn deskriptive Anfragen an die Strukturen gestellt werden sollen. Müssen in objektorientierten Datenbankmodellen unkontrollierte Updates ausgeschlossen werden, können bestimmte Strukturen der Datenbank eingekapselt werden, indem sie als abstrakte Datentypen definiert werden.

SPEZIFIKATION VON PRODUKTMODELLEN AUS DER SICHT VON DATENBANKEN

In Bezug auf das Bedeutungsdreieck[64] entsprechen die in Datenbankmodellen definierten Klassen indirekt den Begriffen. Die Objekte der Klassen sind Objekte eines Produkts und dabei nicht identisch mit den Objekten im Bedeutungsdreieck, welche als Hilfe zur Definition der Klassen geführt haben. Tatsächlich sind es die Namen von Klassen, welche den Begriffen entsprechen [Gielingh et al. 1991a p.58]. Die Verwendung von Datenbankmodellen, welche Benutzerobjekte direkt in Modellobjekte abbildet, hat mit der Bezeichnung von Klassen durch Begriffe nichts zu tun.

Weil zur Spezifikation von Kommunikationssystemen auf der Basis von integrierten Bauwerkmodellen von objektorientierten Datenbanksystemen ausgegangen wird, können Benutzerobjekte direkt in Modellobjekte abgebildet werden. In relationalen Systemen liegt die Grenze der datenmässigen Modellierung von Benutzerobjekten darin begründet, dass diese sich oft nicht direkt in Modellobjekte abbilden lassen. Dabei ist es notwendig, ein Benutzerobjekt in mehrere Modellobjekte und Beziehungen zwischen diesen Modellobjekten abzubilden. Sollen hochstrukturierte Objekte beschrieben werden, müssen diese durch eine Menge von Relationen, Tupel und Attributwerten aufgebaut werden. Will ein Anwender ein Objekt löschen, müssen unter Umständen viele Modellobjekte mit vielen Beziehungen entfernt werden, was nicht nur einen hohen Verwaltungsaufwand, sondern auch Konsistenzprobleme bewirkt. Besonders aufwendig sind referentielle Beziehungen zwischen Objekten, da gewissermassen beide Enden verwaltet werden müssen. Entsprechend aufwendig wird die Verwaltung von mehreren Modellobjekten zu einem Benutzerobjekt.

Die Anwendung von semantischen Datenbankmodellen zur Spezifikation von Informationssystemen führt zu einer Menge von zusätzlichen Spezifikationen, welche im Vergleich zu einfachen Datenmodellen ausgeführt werden müssen. Aus der Sicht der datenseitigen Integration mit der Speicherung und Verwaltung von Daten sind die Anforderungen an die Spezifikation der Modellobjekte zur Be-

---

64 *vgl.* Bedeutungsdreieck. *Kapitel: 3.3.2. Das Produktmodell, p.37*

schreibung von Benutzerobjekten einfacher zu bestimmen, als aus der Sicht von datenverarbeitenden Anwendungssystemen.

Ausgehend von Begriffen, welche entsprechend einer zu wählenden Anzahl von Dimensionen orthogonal zueinander definiert werden können, werden Klassen als Behälter einer Menge von Objekten bezeichnet. In der Tabelle 3 sind die Schritte in der Modellierung und der Spezifikation von Bauwerkmodellen und die Möglichkeiten der Beschreibung der Resultate durch einfache *Datenmodelle* oder durch *Datenbankmodelle* angegeben.

Nr.	***Schritt Modellierung***	***Datenmodell***	***Datenbankmodell***
1.	Bildung Begriffe	Bezeichnung Klassen	Bezeichnung Klassen
2.	Ordnung von Begriffen, Abgrenzung	IS-A Hierarchie	Klassen und Typhierarchie
3.	Beziehungen zwischen Objekten	Beziehungstypen definieren	Typen und Methoden definieren
4.	Spezifikation Klassen	Attribute definieren	Attribute, detaillierte Zustandstypen definieren, Methoden, Integritätsbedingungen (statische/dynamische)

Tabelle 3: Modellierung Bauwerk und Spezifikation Datenmodell beziehungsweise Datenbankmodell

Der Vergleich zeigt, dass mit Datenbankmodellen das Bauwerkmodell mit einem entsprechenden Aufwand auch bezüglich der datenseitigen Integration beschrieben werden kann. Mit einfachen Datenmodellen kann nur die modellseitige Integration mit der Bildung von fachübergreifenden Begriffen abgeschlossen werden. Die Detaillierung in der Spezifikation der Benutzerobjekte hängt vom Modellierungsziel ab. Soll ein Datenbankschema als Basis für ein Informationssystem im Bauprozess definiert werden, ist ein Datenbankmodell sinnvoll. Sollen nur die wesentlichen Beziehungen zwischen den Benutzerobjekten spezifiziert und die Modellintegration abgeschlossen werden, weil nach dem geeigneten Integrationskonzept für das Bauwesen gesucht werden soll, ist ein Datenmodell genügend detailliert.

3.3.4. Beziehungen zwischen den Partialmodellen des Informationsfluss-Modells

Die Partialmodelle des Informationsfluss-Modells weisen untereinander Beziehungen auf. Beziehungen kommen dadurch zustande, dass ein Partialmodell nicht vollständig allein bearbeitet werden kann. Bei der Bearbeitung eines Partialmodells (Modellierung des Bauwerks als System: Produktmodell) muss ein anderes Partialmodell verwendet werden (Spezifikation des Produktmodells in einem einfachen Datenmodell: Datenmodell).

- *Aktivitätenmodell-Produktmodell*

Die im Aktivitätenmodell beschriebenen Aktivitäten können nicht vollständig spezifiziert werden, wenn nicht die Bearbeitungsobjekte ebenfalls angegeben werden. Die Bearbeitungsobjekte von Aktivitäten werden durch das Produktmodell als Beschreibung des technischen Systems Bauwerk beschrieben.

- *Produktmodell-Datenmodell*

Die im Produktmodell gefundenen Benutzerobjekte müssen durch ein Datenmodell oder Datenbankmodell spezifiziert werden. Die Beschreibung der Modellobjekte erfolgt im Datenmodell.

- *Aktivitätenmodell-Datenmodell*

Die notwendigen Informationsbezüge des formalen Kommunikationssystems werden zum vollständigen Ablauf der Aktivitäten zu einem Teil durch den Bezug von Daten als Träger der Informationen sichergestellt. Die Beschreibung von Aktivitäten ohne Beschreibung der dem Informationsbezug zugrundeliegenden Daten ist nicht vollständig.

Die Partialmodelle des Informationsfluss-Modells weisen zu ihrer Umwelt Beziehungen auf. Beziehungen entstehen durch die Abbildung der Objekte der realen Welt auf eine logische Ebene. Ein Produktmodell repräsentiert ein Produkt, entsprechend entsteht eine Beziehung Produkt-Produktmodell zwischen der Ebene der realen Welt und der logischen Ebene. Die Elemente *Bauprojekt- und Benutzerorganisation*, *Bauprojektablauf*, *Bauwerk* und *Datenbanksystem* werden durch das Informationsfluss-Modell auf einer logischen Ebene beschrieben und als dessen äussere Faktoren bezeichnet.

- *Bauprojekt- und Benutzerorganisation-Aktivitätenmodell, Bauprojektablauf-Aktivitätenmodell*

Das Aktivitätenmodell weist durch den engen Zusammenhang zwischen den System- und Vorgehenszielen des Bauprojekts, den daraus resultierenden Aufgaben und notwendigen Aktivitäten, eine enge Beziehung zu den Stellen der Bauprojekt- und Benutzerorganisation auf. Die Gliederung von Aufgaben und deren Abfolge richtet sich nach den im Bauprojektablauf zu erreichenden Vorgehenszielen.

- *Bauwerk-Produktmodell*

Das Produktmodell, verstanden als formale Beschreibung technischer Systeme in all deren Lebensphasen, stellt die Abbildung der Objekte der realen Welt dar. Umgekehrt müssen die Objekte der realen Welt im Produktmodell beschrieben werden.

- *Datenbanksystem-Datenmodell*

Das Datenmodell und damit die Spezifikation des Produktmodells stellt die Beschreibung der Modellobjekte zur Modellintegration dar. Die Spezifikation der Detaillierung der Benutzerobjekte im Datenmodell erfolgt auf der logischen Ebene unabhängig von möglichen Datenbanksystemen. Erst mit der Verwendung von Datenbankmodellen entsteht eine Abhängigkeit zwischen der Modellierung von Daten und den auf der physischen Ebene verwendeten Datenverwaltungssystemen.

3.4. Ebenen der Untersuchung der Informationsflüsse

Die Untersuchung der Kommunikationsfunktionen der Stellen einer Bauprojekt- und Benutzerorganisation erfassen den Ist- als auch den Soll-Zustand der Kommunikation im Bauprozess auf der logischen und physischen Ebene [DeMarco 1979 p.27]. Die Figur 9 zeigt die möglichen Modelle des Kommunikationssystems der Bauprojekt- und Benutzerorganisation auf den Ebenen: A) *Modellierung des Ist-Zustands auf der physischen Ebene*, B) *Modellierung des Ist-Zustands auf der logischen Ebene*, C) *Modellierung des Soll-Zustands auf der logischen Ebene* und D) *Modellierung des Soll-Zustands auf der physischen Ebene.*

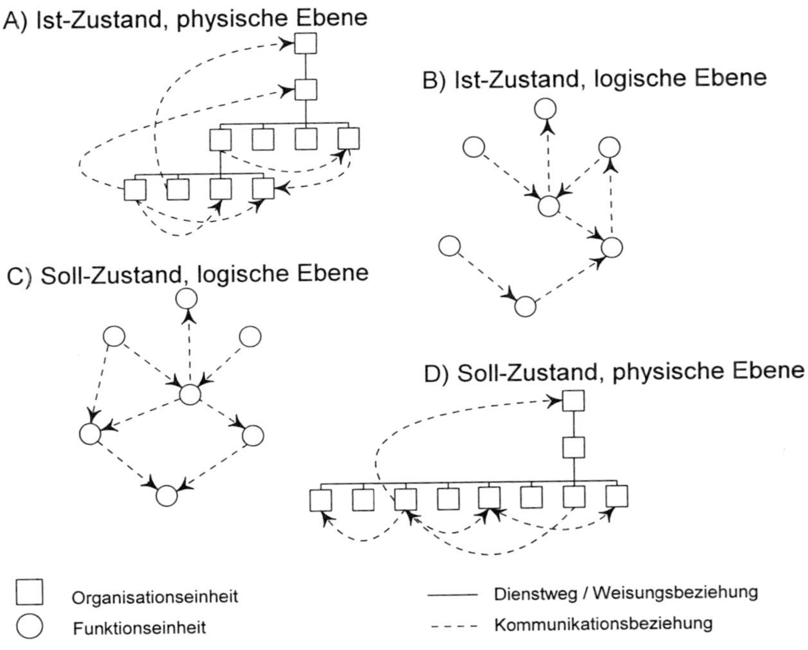

Figur 9: Ist- und Soll-Zustände und Ebenen der Modellierung

Für die Analyse des Kommunikationssystems der Bauprojekt- und Benutzerorganisation und die Gestaltung eines Informationssystems ergeben sich folgende Konsequenzen:

- Das Kommunikationssystem der Bauprojekt- und Benutzerorganisation muss auf allen Ebenen A), B), C) und D) untersucht werden.

- Die Gestaltung von Kommunikationssystemen berücksichtigt sämtliche Kommunikationsprozesse des Ist-Zustands. Informationssysteme werden ausgehend von den formalisierbaren Kommunikationsprozessen auf der logischen Ebene zur Beschreibung des Ist-Zustands gestaltet.

A) Modellierung des Ist-Zustands auf der physischen Ebene

Der Ist-Zustand der Kommunikationsprozesse in Bauprojekt- und Benutzerorganisationen kann in Form der ausgetauschten Dokumente zwischen verschiedenen beteiligten Stammorganisationen festgehalten werden. Dabei können keine Aussagen bezüglich der ablaufenden Kommunikationsfunktionen wie der Nachrichtenbeschaffung, -verarbeitung, -verwertung, -speicherung und -übermittlung gemacht werden, weil die Kommunikation verursachenden Faktoren wie Erreichung von System- und Vorgehenszielen, Erfüllung von Aufgaben und Ablauf von Aktivitäten vollständig unberücksichtigt bleiben. Auf der logischen Ebene werden die Kommunikationszentren in der Regel als Organisationseinheiten in Form von beispielsweise Stammorganisationen angenommen.

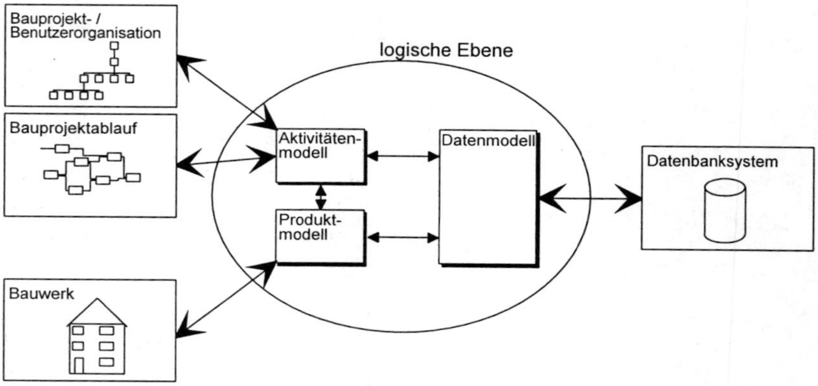

Figur 10: Abstraktion zum Informationsfluss-Modell

B) Modellierung des Ist-Zustands auf der logischen Ebene

Zentral auf der logischen Ebene ist die Definition des Kommunikationszentrums als Funktionseinheit. Ein logisches Modell ist grundsätzlich frei von irgendwelchen Firmenbezeichnungen, bestimmten Personen oder einer speziellen Bauprojektorganisation zur Verwirklichung eines bestimmten Bauvorhabens. Die äusseren Faktoren des Informationsfluss-Modells[65] wie System- und Vorgehensziele, Bauprojekt- und Benutzerorganisation sowie der Projektablauf werden im Aktivitätenmodell zusammengefasst. Das konkret zu erstellende Bauwerk kommt eben-

65 *vgl.* äussere Faktoren Informationsfluss-Modell. *Kapitel: 3.3.4. Beziehungen zwischen den Partialmodellen des Informationsfluss-Modells, p.52*

sowenig vor, wie die möglicherweise vorhandenen Systeme zur Datenverwaltung, sondern diese werden, wie in Figur 10 ersichtlich, durch ein Produkt- beziehungsweise Datenmodell auf die logische Ebene abgebildet.

Durch die Anwendung des Aktivitätenmodells wird von der tatsächlichen Situation in Bauprojekt- und Benutzerorganisationen abstrahiert und dabei ein Modell geschaffen, das von den zur Aufgabenerfüllung notwendigen Informationsbedürfnissen infolge des Ablaufs von Aktivitäten ausgeht und nicht mehr auf den spezifischen Organisationsformen[66] im Bauwesen basiert. Die Anzahl und Art der vorhandenen Funktionseinheiten hängt vom zu verwirklichenden Bauwerktyp und damit dem dazu notwendigen Wissen und nicht von der jeweiligen Organisationsform ab. Die bezogenen Informationen werden in einem ersten Schritt als Benutzerobjekte beschrieben und in einem speziellen Verzeichnis abgelegt. Dabei können und sollen in einem ersten Schritt keine Aussagen bezüglich der Struktur der Benutzerobjekte gemacht werden.

c) Modellierung des Soll-Zustands auf der logischen Ebene

Der Informationsbedarf der Funktionseinheiten der Bauprojekt- und Benutzerorganisation wird hinsichtlich des gewünschten Soll-Zustands bezüglich der *Typen der Integration*[67] wie der Phasen-, Funktions- und Methodenintegration definiert.

Hierzu ist die Ausübung der Kommunikationsfunktionen der Stellen der Bauprojekt- und Benutzerorganisation in den verschiedenen *Kommunikationsmodellen*[68] zu bewerten. Die Kommunikationsmodelle stellen unterschiedliche Anforderungen an die Strukturiertheit der Information. Unter der *Strukturiertheit der Informationen* ist deren Detaillierungsgrad bezüglich der Beschreibung der Bearbeitungsergebnisse von Funktionseinheiten zu verstehen. Informationen können in Form von *Dokumenten*, *Sichten* oder *Benutzerobjekten* verfügbar sein.

Ohne bereits die Hardware Komponenten eines künftigen Informationssystems festzulegen, werden in einem ersten Schritt die möglichen Beziehungen zwischen *Mensch und Maschine* bestimmt, indem angegeben wird, welche Aktivitäten von Funktionseinheiten durch ein Informationssystem unterstützt werden sollen und welche nicht [DeMarco 1979 p.30].

Mit der Definition des Soll-Zustands der Kommunikation im Bauprozess wird die Grundlage für eine verbesserte Beziehungs- und Prozessstruktur der Bauprojekt- und Benutzerorganisation auf der physischen Ebene gelegt.

---

66 *Im logischen Modell des Kommunikationssystems auf der Basis von Funktionseinheiten kann kein Unterschied zwischen Einzelleistungsträgern, Generalplanern, Generalunternehmer und Totalunternehmer gemacht werden.*

67 *vgl.* Typen der Integration. *Kapitel: Glossar, p.267ff*

68 *vgl.* Kommunikationsmodelle. *Kapitel: 5.1. Kommunikationsmodelle im Bauprozess, p.188*

D) MODELLIERUNG DES SOLL-ZUSTANDS AUF DER PHYSISCHEN EBENE

Aufgrund der im Soll-Zustand beschriebenen Vorgänge der Kommunikation können teils Abläufe formalisiert und die Bearbeitungsergebnisse standardisiert und somit der Soll-Zustand der Kommunikation im Bauprozess implementiert werden. Die physische Ebene umfasst die Bestimmung der notwendigen Hard- und Software sowie die Definition der effektiven Beziehungs- und Prozessstruktur einer bestimmten Bauprojekt- und Benutzerorganisation.

Beim Übergang von der logischen zur physischen Ebene werden die Elemente des Informationsfluss-Modells in die Elemente der physischen Ebene wie Bauprojekt- und Benutzerorganisation, Bauprojektablauf, Bauwerk und Datenverwaltungssystem überführt.

Die Partialmodelle des Informationsfluss-Modells wie Aktivitäten-, Produkt- und Datenmodell können als Beschreibungen der physischen Systeme Bauprojekt- und Benutzerorganisation sowie dem Bauprojektablauf, Bauwerk und Datenverwaltungssystem auf der logischen Ebene aufgefasst werden.

Bezüglich der physischen und logischen Ebenen der Untersuchungen geht hervor, dass die Partialmodelle des Informationsfluss-Modells als Abbildungen der physischen Systeme Bauprojekt- und Benutzerorganisation sowie dem Bauprojektablauf, Bauwerk und Datenbanksystem aufgefasst werden können.

Die Betrachtung der Bauprojekt- und Benutzerorganisation hinsichtlich ihrer Organisation, Ressourcen, Information und Funktion ist nicht neu, sondern wurde im Rahmen der Gestaltung von CIM-Systemen in CIM-OSA als unabhängige Untersuchungsgegenstände vorgeschlagen [Jorysz et al. 1991 p.723ff]. Entsprechend den stationär produzierenden Unternehmungen in der CIM-Umgebung können die Stammorganisationen des Bauprojekt- und Benutzersystems analog betrachtet werden. Die Partialmodelle des Informationsfluss-Modells beschreiben die Bauprojekt- und Benutzerorganisation unter den Aspekten *Organisation*, *Ressourcen*, *Information* und *Funktion*.

Die *Funktionen* und *Informationen* werden mit den Aktivitäten und dem Datenmodell beschrieben. Der Aspekt der *Organisation* findet sich mit der Gliederung in spezifische Aufgabenbereiche bei den Funktionseinheiten und der Aspekt der *Ressourcen* als Bestandteil der Aktivitätenbeschreibung wieder.

ANWENDUNG

Bezüglich der Anwendung der vier Schritte A), B), C) und D) zur Untersuchung der Kommunikation im Bauprozess auf der physischen beziehungsweise logischen Ebene sowie der Beschreibung des Soll- beziehungsweise Ist-Zustands gelten im Bauwesen Einschränkungen bezüglich der *Beschreibung des Ist-Zustands* auf der physischen Ebene und dem *Übergang vom Soll-Zustand von der logischen auf die physische Ebene*.

Beschreibung des Ist-Zustands:

Die Definition des Ist-Zustands auf der physischen Ebene ist im Bauwesen stark projektspezifisch[69]. Dabei ist es durchaus möglich, eine Vielzahl von Kommunikationssystemen von Bauprojektorganisationen zu untersuchen, doch gibt es nicht *die Bauprojekt- und Benutzerorganisation* und nicht *den Bauprojektablauf* auf deren Grundlagen das Kommunikationssystem als physischer Ist-Zustand beschrieben werden kann.

Zur Beschreibung des Kommunikationssystems von Bauprojekt- und Benutzerorganisationen im Zusammenhang mit der Projektierung, Erstellung und Nutzung von Hochbauten muss von der Realität abstrahiert werden, das heisst auf der logischen Ebene gearbeitet werden.

Übergang vom Soll-Zustand von der logischen auf die physische Ebene:

Der Übergang vom Soll-Zustand von der logischen auf die physische Ebene ist wegen der starken Abhängigkeit des Kommunikationssystems vom jeweiligen Bauprojekt nicht immer direkt möglich.

Die Funktionseinheiten des logischen Modells müssen in Organisationseinheiten überführt werden und das logische Kommunikationssystem entsprechend den spezifischen Organisationsformen angepasst werden.

3.5. Das Kommunikationssystem der Bauprojekt- und Benutzerorganisation

Den Gegenstand der Untersuchung bildet das Kommunikationssystem der Bauprojekt- und Benutzerorganisation, verstanden als Mittel zur Verwirklichung eines Bauvorhabens. Definitionsgemäss sind in der Bauprojekt- und Benutzerorganisation sämtliche Stellen enthalten, welche in allen Lebensphasen des Bauwerks Aufgaben erfüllen. Die Abbildung der Kommunikationsprozesse der Bauprojekt- und Benutzerorganisation in einem logischen Modell zwingt zu einer systematischen Strukturierung des Planungs-, Realisierungs- und Nutzungsprozesses von Bauwerken im *Aktivitätenmodell*[70] als Beschreibung des Bauprojektablaufs und der Bauprojektorganisation. Zur Modellierung des Bauprojektablaufs gehören:

- Definition von Projektphasen aufgrund von einheitlichen Zielsetzungen für verschiedene Stellen an der Projektierung und Nutzung von Bauwerken in allen Lebensphasen
- Zusammenfassung verschiedener Aufgaben aufgrund bestimmter Zielsetzungen zu Arbeitspaketen und
- die Ausrichtung der Bearbeitungsergebnisse dieser Arbeitspakete auf den Entscheidungsablauf des Bauherrn im Bauprozess.

69 *vgl.* Besonderheiten des Bauwesens. *Kapitel: 2.1. Die Besonderheiten des Bauwesens innerhalb der Güterproduktion, p.15ff*

70 *vgl.* Herleitung des Informationsfluss-Modells. *Kapitel: 3.3.1. Das Aktivitätenmodell, p.35*

Zur Modellierung der Bauprojekt- und Benutzerorganisation gehören[71]:

- Die Strukturierung der Stellen des Systems der Bauprojekt- und Benutzerorganisation mit ihren zugeordneten Aufgaben
- Strukturierung der zur Aufgabenerfüllung der Stellen notwendigen Aktivitäten und
- der Bestimmung der zum Ablauf der Aktivitäten notwendigen Informationen.

3.5.1. Modell des Bauprojektablaufs

Aufgrund der Vorgehens- und Systemziele für das zu erstellende Bauwerk sind die zur Zielerreichung erforderlichen Aufgaben zu ermitteln. Die Gliederung der Aufgaben in zeitlicher Hinsicht und deren Zuordnung zu Stellen der Bauprojekt- und Benutzerorganisation führt zu einer Strukturierung des gesamten Projektablaufes ausgehend von fachübergreifenden Zielsetzungen und nicht durch ein Aneinanderreihen einer Anzahl von mutmasslichen Aktivitäten.

Für die Untersuchung der Funktionseinheit Tragwerkplanung wird von den Zielsetzungen und Aufgaben des in Figur 11 dargestellten *Projektphasenplans* ausgegangen[72].

71 *vgl.* Organisieren im instrumentalen Sinn. *Kapitel: Glossar, p.274ff*
72 *vgl. Anhang C,* Projektphasenplan

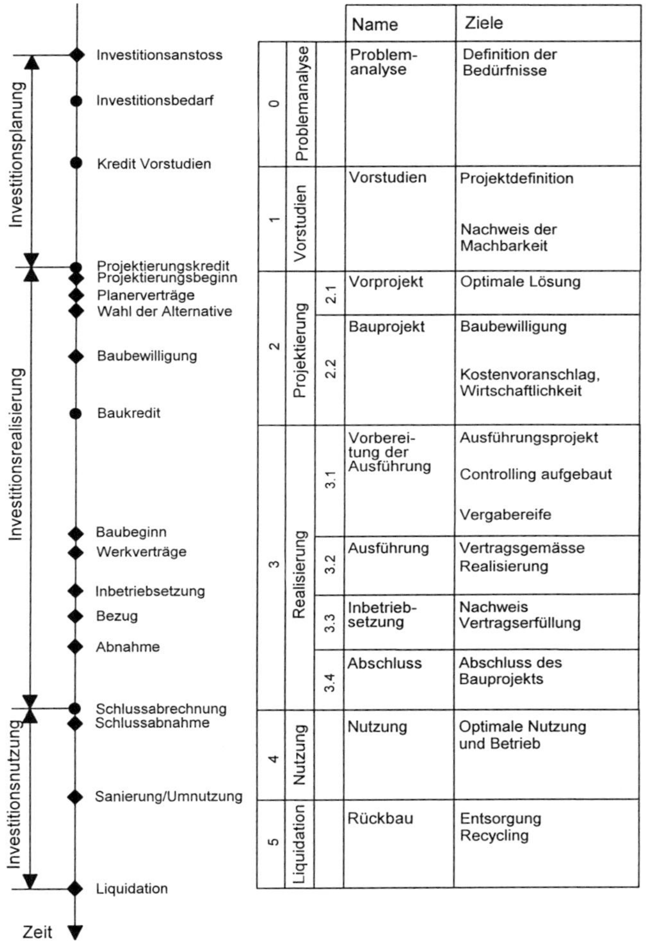

Figur 11: Projektphasenplan

Die Zuordnung von Aktivitäten zu den Stellen der Bauprojekt- und Benutzerorganisation definiert einen zum reibungslosen Ablauf der Aktivität notwendigen Informationsbedarf. Je nach dem gewählten Betrachtungsstandpunkt können der Informationsbedarf der Kommunikationszentren pro Organisations- oder Funktionseinheit bestimmt werden.

3.5.2. Modell der Bauprojekt- und Benutzerorganisation

Aufgrund der Systemziele für das zu erstellende Bauwerk sind die zur Zielerreichung erforderlichen Stellen mit ihren Aufgaben sowie den zur Aufgabenerfüllung notwendigen Aktivitäten zu ermitteln.

Die Elemente der Bauprojekt- und Benutzerorganisation in Form von einzelnen Stellen, deren Bezeichnung und gegenseitigen Beziehungen untereinander sollen in der Folge erarbeitet werden.

Die Figur 12 stellt eine mögliche Bauprojektorganisation aus der Sicht eines Bauherrn dar, welche die wesentlichen Stellen mitsamt ihren gegenseitigen Beziehungen in Form von Dienstwegen zur Realisierung von Bauwerken des Hochbaus enthält. Zur Untersuchung von Kommunikationsbeziehungen geht es vielmehr um die Beschreibung von einzelnen Stellen, als um die dargestellten Beziehungen untereinander. Die Organisationsformen der Einzelleistungsträger im Bauwesen dient hierzu als Grundlage. Organisationsformen wie Generalplaner, Generalunternehmer oder Totalunternehmer können aus den einzelnen definierten Stellen aggregiert werden.

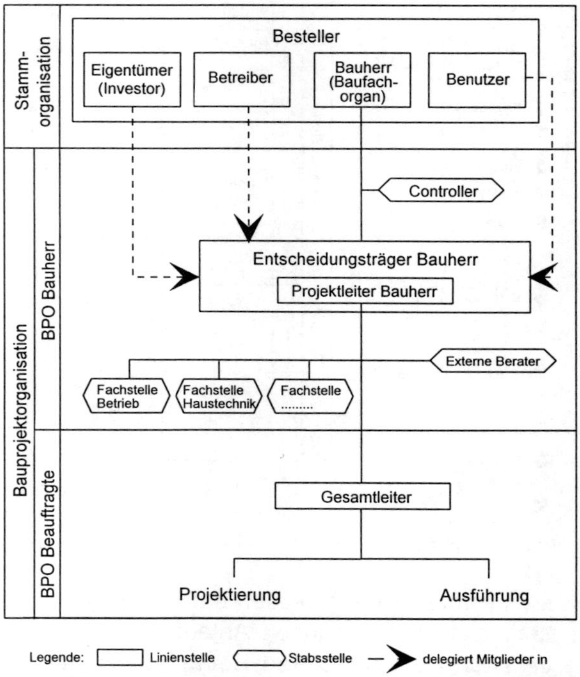

Figur 12: Bauprojektorganisation aus der Sicht des Bauherrn [Meier 1994 p.3]

Die Struktur der Bauprojekt- und Benutzerorganisation kann durch das Datenmodell in Figur 13 mit den Klassen *Stelle*[73]; *Aufgabe*[74], *Funktion*[75], *Funktionsträger*[76] *und Stammorganisation*[77] beschrieben werden. *Mensch und Mittel* beschreiben

73 *vgl.* Stelle. *Kapitel: Glossar, p.281ff*
74 *vgl.* Aufgabe. *Kapitel: Glossar, p.257ff*
75 *vgl.* Funktion. *Kapitel: Glossar, p.264ff*
76 *vgl.* Funktion. *Kapitel: Glossar, p.264ff*
77 *vgl.* Stammorganisation. *Kapitel: Glossar, p.281ff*

die Elemente des sozio-technischen Systems der Bauprojekt- und Benutzerorganisation und sind damit Träger von Aufgaben und Ausführende von Aktivitäten. Der *Wissensbereich* kann als Gesamtheit der Kenntnisse eines Menschen auf einem bestimmten Gebiet aufgefasst werden. Die Beziehungen zwischen den einzelnen Informationsobjekten werden durch Beziehungsmengen wie *Funktions-*, *Mittel-*, *Menschen-* und *Wissensbereichszuordnung* sowie *Dienstweg* erarbeitet.

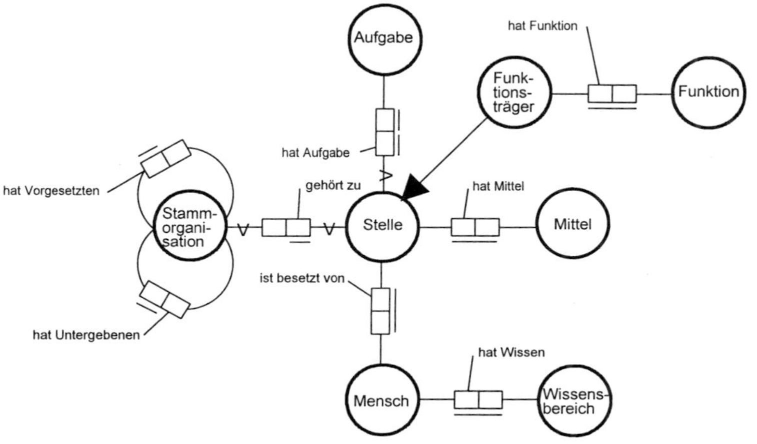

Figur 13: Struktur Bauprojekt- und Benutzerorganisation

Einer *Stelle* sind in der Regel mehrere *Aufgaben*, *Menschen* und *Mittel* zu ihrer Aufgabenerfüllung zugeordnet. Umgekehrt kann eine *Aufgabe* nur einer *Stelle*, aber ein *Mensch* und ein *Mittel* mehreren *Stellen* zugeordnet werden. Ein *Mensch* verfügt in der Regel über mehrere *Wissensbereiche,* die er sich durch seine Ausbildung und/oder seine Erfahrungen aneignet und umgekehrt. Ebenso können einem *Funktionsträger* mehrere *Funktionen* und eine *Funktion* mehreren *Funktionsträgern* zugeordnet werden. *Stammorganisationen* setzen sich aus mehreren *Stellen* zusammen, aber eine *Stelle* kann nur Element einer *Stammorganisation* sein. Organigramme[78] sind eine graphische Darstellung der Beziehungsstruktur aller Stellen oder Gruppen von Stellen einer Organisation in Form von Stammorganisationen in ihrer streng hierarchischen Ordnung[79] bezüglich der Weisungsbeziehungen[80]. Die in einem Organigramm dargestellten Beziehungen zwischen den Stammorganisationen einer Bauprojektorganisation entsprechen in der Regel den *Dienstwegen.*

78 *vgl.* Organigramm. *Kapitel: Glossar, p.274ff*

79 *Die* streng hierarchische Ordnung *kommt dadurch zum Ausdruck, dass eine Stammorganisation nur mit einer vorgesetzten (mit Ausnahme der obersten Stammorganisation, die keinen Vorgesetzten hat) aber mit einer oder mehreren untergebenen Stammorganisationen in Beziehung steht.*

80 *In der Folge auch als* Befehls- *oder* Dienstweg *bezeichnet.*

Die *Funktionsträger* sind als Spezialisierung der *Stellen* modelliert, das heisst als Aufgabenträger mit festgelegten Aktivitäten zur Erfüllung ihrer Aufgaben.

Aufgrund der erarbeiteten Beschreibung der Stelle können die Stellen zu Funktions- oder Organisationseinheiten zusammengefasst werden. Die Element-Ebene der organisatorischen Gliederung der Bauprojekt- und Benutzerorganisation wird als *Organisationseinheit* und diejenige der funktionalen Gliederung als *Funktionseinheit* bezeichnet.

Eine *Organisationseinheit* ist diejenige organisatorische, produktive Einheit der Bauprojekt- und Benutzerorganisation, die sich aus einer Menge von Stellen zusammensetzt, welche aufgrund von Bindungen zur Aufgabenerfüllung zusammengehören.

Eine *Funktionseinheit* ist diejenige funktionale, produktive Einheit der Bauprojekt- oder Benutzerorganisation, die sich aus einer Menge von Stellen zusammensetzt, welche aufgrund ihrer Tätigkeit hinsichtlich des Bearbeitungsergebnisses Ähnlichkeiten aufweisen und unter einer bestimmten Betrachtung nicht mehr weiter aufgegliedert wird.

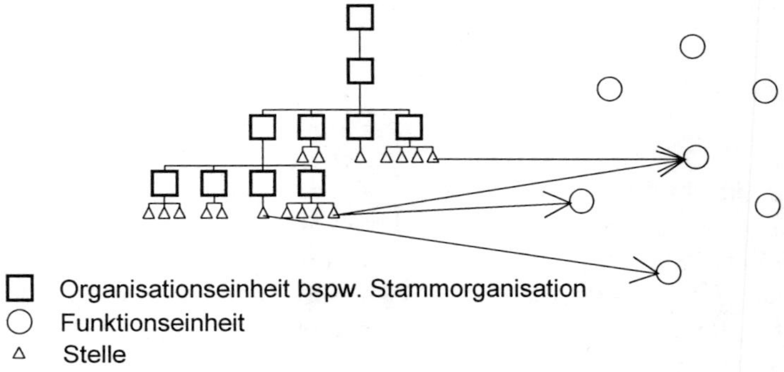

Figur 14: Stellen, Organisations- und Funktionseinheiten

Bei der funktionalen Gliederung der Bauprojekt- und Benutzerorganisation kann beispielsweise in einer spezifischen Organisation die Stelle Architekt Aufgaben bezüglich der Gestaltung einer Gebäudehülle und der Koordination verschiedener Ingenieure enthalten. In der funktionalen Gliederung werden diese beiden, grundsätzlich verschiedenen Aufgaben voneinander getrennt und den eigens dafür definierten Funktionseinheiten *Architektur* und *Leitung der Projektierung* zugeordnet.

Die Bildung von Funktionseinheiten hat nichts mit der Zuordnung von Personen zu Aufgaben zu tun. Genauso wie Personen Stellen mehrfach zugeordnet werden können sind diese auch in Funktionseinheiten mehrfach vertreten. Ein physisch existierender Bauherr kann die Stelle Bauherr und die Stelle Projektleiter Bauherr besetzen. Entsprechend kommt er in der Funktionseinheit *Bauherr* und *Projektleitung Bauherr* vor.

In der funktionalen Gliederung der Bauprojekt- und Benutzerorganisation kommt die Funktion HLK-Planung nur einmal vor, auch wenn mehrere HLK-Planungsbüros in Form von Stammorganisationen auf der physischen Ebene vorhanden sind. Die Figur 14 zeigt den Zusammenhang zwischen der organisatorischen Gliederung von Stellen zu Stammorganisationen und deren Darstellung in einem Organigramm sowie der funktionalen Gliederung der Stellen zu Funktionseinheiten.

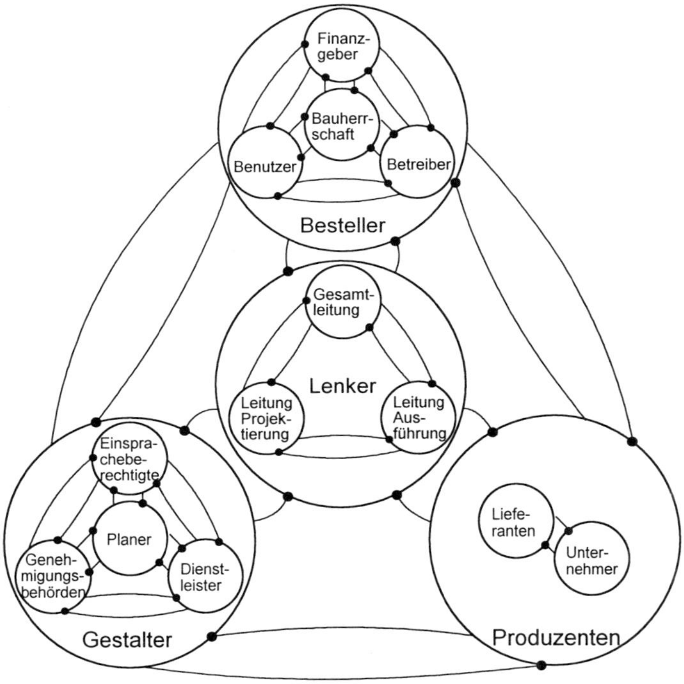

Figur 15: Funktionale Gliederung Bauprojekt- und Benutzerorganisation

Hinweise auf die Gliederungstiefe der Bauprojekt- und Benutzerorganisation und damit die Definition der Funktionseinheiten für die Untersuchung der Kommunikation im Bauprozess liefert die im Bauwesen übliche Organisationsform von Einzelleistungsträgern. Diese besteht aus einzelnen Leistungsträgern in Form von Stammorganisationen wie Architekturbüro, Bauingenieurbüro, HLK-Büro usw.. Stammorganisationen bilden hinsichtlich ihres Wissens und ihrer Tätigkeiten eine Einheit. Sinnvoll ist es, diese Einheiten zu bewahren und in Form von *Architektur*, *Tragwerkplanung*, *HLK-Planung* als Funktionseinheiten in die funktionale Gliederung der Bauprojekt- und Benutzerorganisation zu übernehmen.

Die Figur 15 zeigt die funktionale Gliederung der Bauprojekt- und Benutzerorganisation in *Besteller*, *Gestalter*, *Produzenten* und *Lenker*. Die Beziehungen zwischen diesen Gruppen von Funktionseinheiten stellen beliebige Kommunikationsbeziehungen dar. Kommunikationsbeziehungen zwischen Funktionseinheiten werden in einem Organigramm nicht dargestellt.

Bei der weiteren Gliederung der Bauprojekt- und Benutzerorganisation können die Besteller, Gestalter, Produzenten und Lenker als Gruppen von Funktionseinheiten in weitere Gruppen von Funktionseinheiten gegliedert werden. Die Funktionseinheit der *Architektur*, *HLK-Installationsplanung* und *Tragwerkplanung* sind Elemente der Planer und die *Gesamtleitung* ist Element der Lenker.

Zwischen den Kommunikationszentren der Bauprojekt- und Benutzerorganisation, dem Projektablauf und den Daten sind die folgenden Beziehungen von Interesse.

- Beziehungen zwischen den Aktivitäten und der zu ihrem vollständigen Ablauf notwendige Informationsbedarf in Form von Daten.
- Beziehungen zwischen Aktivitäten in zeitlicher Hinsicht aufgrund der Informationsbedürfnisse verschiedener Kommunikationszentren.
- Beziehungen zwischen den ausgetauschten Informationen in Form von Daten.
- Beziehungen zwischen den Kommunikationszentren der Bauprojekt- und Benutzerorganisation in Form der Kommunikationskanäle.

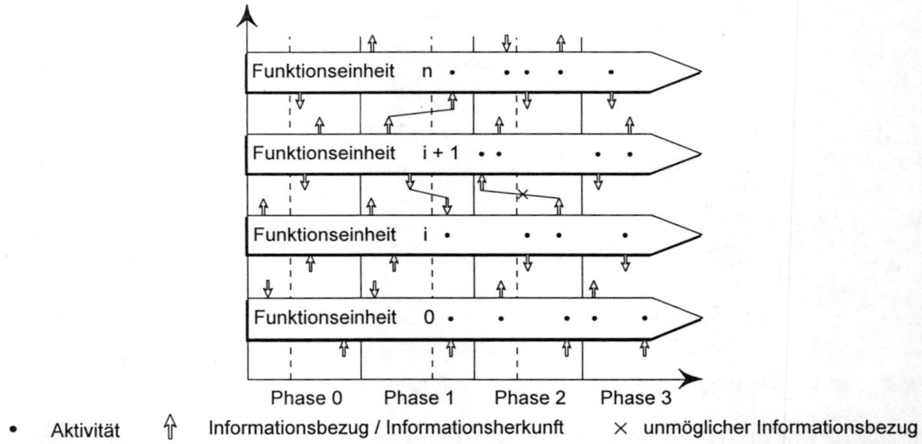

Figur 16: Beziehungen zwischen Funktionseinheiten, Aktivitäten, Informationsflüssen und der Zeit

Die Figur 16 zeigt den Zusammenhang zwischen *Funktionseinheiten* einer Bauprojekt- und Benutzerorganisation, ihren *Aktivitäten* bezüglich der Projektphasen infolge der zu erfüllenden Aufgaben zur Zielerreichung und dem zum vollständigen Ablauf der Aktivitäten notwendigen *Informationsbedarf*.

Der mit X bezeichnete Informationsbezug ist unmöglich, so dass diejenige Funktionseinheit, welche die entsprechende Information benötigt, ihre Aktivität nicht oder nur unvollständig ausführen kann. Mit organisatorischen Massnahmen wie beispielsweise Verschieben von Aufgaben auf der Zeitachse kann der Informationsbedarf verschiedener Funktionseinheiten zur Ausführung ihrer Aktivitäten gedeckt werden.

Aus der Kommunikationstheorie ist bekannt, dass das Kommunikationssystem der Bauprojekt- und Benutzerorganisation in einem einfachen Modell als aus den Elementen aktiver Sender, aktiver Empfänger und aktiver Kommunikationsbeziehung bestehend betrachtet werden kann. Auf der logischen Ebene bleibt die Tatsache unberücksichtigt, dass zur Nachrichtenübertragung die Nachricht gegebenenfalls beim Sender codiert und Empfänger decodiert werden muss. Vom aktiven Kommunikationssystem aus betrachtet besteht dieses nur noch aus zwei Strukturelementen, den Kommunikationszentren und der potentiellen Kommunikationsbeziehung. Zur vollständigen Beschreibung eines Kommunikationsvorgangs innerhalb einer Bauprojekt- und Benutzerorganisation sind die Elemente *Kommunikationszentren*, *Kommunikationskanäle*, *Funktion des Kommunikationszentrums* (Empfänger oder Sender), *Inhalt des Kommunikationsprozesses* (Nachrichten oder Informationen) und *Träger von Nachrichten oder Informationen* zu definieren.

MÖGLICHE BETRACHTUNGSASPEKTE

Dabei sind verschiedene Betrachtungsstandpunkte denkbar, die entsprechend zu unterschiedlichen Modellen des Kommunikationssystems im Bauprozess führen. Das Kommunikationszentrum kann in einer unternehmensorientierten oder funktionsorientierten Betrachtung definiert werden.

- *Unternehmensorientierte Betrachtung:* Elemente des Kommunikationssystems sind Stammorganisationen, das heisst *Organisationseinheiten*, deren Stellen durch Anstellungsverträge aneinander gebunden sind.
- *Funktionsorientierte Betrachtung*: Elemente des Kommunikationssystems sind *Funktionseinheiten*, das heisst Mengen von Stellen, die Ähnlichkeiten bezüglich der auszuführenden Funktionen aufweisen.

Der gemeinsame Nenner der unternehmens- und der systemorientierten Betrachtungsweise bildet die Stelle als abstrakt gedachte Organisationseinheit.

Die *Kommunikationszentren* sind als Stellen oder Gruppen von Stellen definiert, die nach organisatorischen oder funktionalen Kriterien, das heisst nach dem unternehmensorientierten beziehungsweise dem systemorientierten Aspekt, gegliedert werden können.

- *Organisationseinheit:* Kriterium zur Definition der Kommunikationszentren bilden die Bindungen zur Aufgabenerfüllung zwischen den Stellen der Bauprojekt- und Benutzerorganisation.
- *Funktionseinheit:* Kriterium zur Definition der Kommunikationszentren bildet die Ähnlichkeit der Funktionen der Stellen der Bauprojekt- und Benutzerorganisation.

Der *Inhalt eines Kommunikationsvorgangs* kann bezüglich des Wissensaustauschs zwischen den Kommunikationszentren der Bauprojekt- und Benutzerorganisation unterschiedlich festgelegt werden.

- *Nachrichten:* Alle auftretenden Übermittlungsvorgänge werden bei der Kommunikation betrachtet, unabhängig davon, ob der Austausch von Nachrichten beim Empfänger einen Zuwachs an Wissen bewirkt, das heisst, für ihn eine Information[81] darstellt.
- *Informationen:* Es werden nur diejenigen Kommunikationsvorgänge untersucht, welche Informationen zum Inhalt haben.

Die *Kommunikationszentren* können bezüglich ihrer *Funktion* als Sender- und/oder Empfänger untersucht werden, entsprechend wechselt der Betrachtungsstandpunkt zwischen dem Sender oder Empfänger.

- *Sender- /Empfängerfunktion:* Untersuchung der Kommunikationszentren als Sender und Empfänger.
- *Empfängerfunktion:* Beschränkung auf die Untersuchung der Empfängerfunktion der Kommunikationszentren.

Die *Kommunikationskanäle* werden als ideal vorausgesetzt, das heisst zwischen Sender und Empfänger treten keine Störungen auf.

Die Deckung von Informationsbedarf verschiedener Funktionsträger auf der logischen Ebene kann unabhängig der verwendeten *Nachrichten-* oder *Informationsträger* abgeklärt werden.

Die Funktion der Kommunikationszentren und der Inhalt des Kommunikationsvorgangs stehen in einem Zusammenhang. So kann eine Untersuchung bezüglich des Austauschs von Informationen nicht losgelöst vom Empfänger vorgenommen werden, da eine übermittelte Nachricht nur bezüglich des Empfängers zu einer Information wird. Eine Kombination *Senderfunktion-Information* ist demnach nicht sinnvoll.

Die Betrachtungen bezüglich der Kommunikationszentren, des Inhalts des Kommunikationsvorgangs und der Funktion des Kommunikationszentrums führt zu den 8 in Figur 17 dargestellten möglichen und gleichzeitig sinnvollen Kombinationen zur Untersuchung des Kommunikationssystems von Bauprojekt- und Benutzerorganisationen.

---

81 *vgl.* Nachricht, Information. *Kapitel: Glossar, p.274ff, p.267ff*

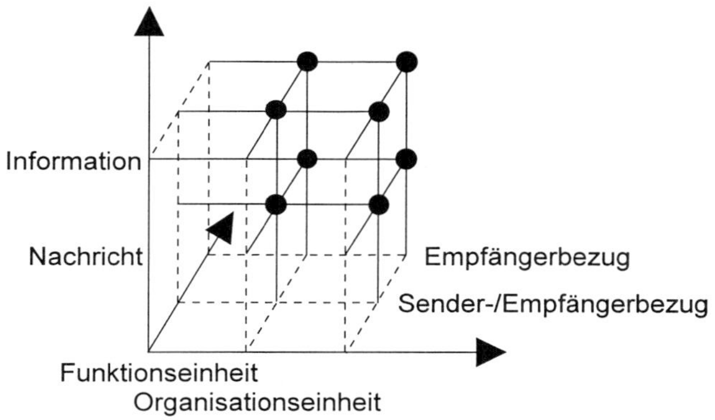

Figur 17: Sinnvolle Kombinationen "Typ Kommunikationszentren - Inhalt Übertragungsvorgang - Betrachtungsstandpunkt"

GEWÄHLTER ASPEKT IN DER BETRACHTUNG

Die Aspekte der Untersuchungen auf der logischen Ebene stehen mit dem Untersuchungsgegenstand, dem Kommunikationssystem der Bauprojekt- und Benutzerorganisation zur Verwirklichung eines Hochbauvorhabens, in einem Zusammenhang. Die Beziehungen zwischen der Wahl des Aspekts und dem Untersuchungsgegenstand sollen anschliessend zusammengestellt werden.

- Das Kommunikationssystem soll system- und nicht unternehmensorientiert untersucht werden, das heisst die effektiv vorhandenen Organisationseinheiten werden zu Funktionseinheiten abstrahiert. Dabei wird die Kommunikation zwischen den Stellen untersucht, die zur Verwirklichung eines Hochbauvorhabens notwendig sind. Damit ist der Übergang von Organisationseinheiten in Funktionseinheiten keine Einschränkung des Untersuchungsgegenstands, sondern eine Verallgemeinerung.
- Das Kommunikationssystem wird bezüglich des Bezugs von Informationen und nicht des Austauschs von Nachrichten betrachtet. Auf der logischen Ebene zur Beschreibung des Ist-Zustands werden nur die Kommunikationsprozesse des formalen Kommunikationssystems[82] untersucht. Entsprechend stellt die Betrachtung nur derjenigen Kommunikationsvorgänge, die beim Empfänger einen Zuwachs an Wissen bewirken, das heisst für ihn eine Information darstellen, keine wesentliche Einschränkungen dar.
- Das Kommunikationssystem wird empfänger- und nicht sender-/empfängerbezogen untersucht. Da Informationen nur bezüglich von Empfängern als solche überhaupt auftreten ist es ausreichend, die Kommunikationsfunktionen aus der Sicht der Empfänger zu beschreiben. Der Empfänger muss selbst aktiv werden, wenn er seinen Informationsbedarf decken will. Ein Kommunikationsvorgang auf der Basis eines integrierten Bauwerkmodells

82 *vgl.* Kommunikationssystem, formales. *Kapitel: Glossar, p.269ff*

beschreibt den Bezug von Informationen eines Benutzers von einem Datenbanksystem.

Die Annahme idealer Kommunikationskanäle stellt auf der logischen Ebene keine Einschränkung dar. Auf der physischen Ebene bei der Umsetzung von Kommunikationssystemen müssen Informationen semantisch korrekt empfangen werden können. Die Übertragung von Daten auf einem semantisch hohen Niveau kann durch Modellintegration erreicht werden.

Die in Bauprojekt- und Benutzersystemen ablaufenden Vorgänge der Kommunikation sind äusserst komplex, können aber im Sinne der eingangs definierten Zielsetzungen eines einfachen und verständlichen Modells durch die Wahl geeigneter Aspekte in der Untersuchung erheblich vereinfacht werden.

GEWÄHLTER ASPEKT UND AUSWIRKUNG AUF DIE MODELLBILDUNG

In der Folge sollen die Auswirkungen des gewählten Aspekt-Systems auf die Modellbildung systematisch zusammengestellt werden.

Die Wahl der Kommunikationszentren in Form von Funktionseinheiten ergibt gegenüber der effektiv vorhandenen, organisatorischen Gliederung von Stellen in Organisationseinheiten sowohl eine Vereinfachung als auch eine Verallgemeinerung. Aus dem Modell der Organisation der Bauprojekt- und Benutzerorganisation sowie dem gewählten Standpunkt der Untersuchungen sind Vereinfachungen möglich.

Die Analyse des Kommunikationssystems auf der Basis von Funktionseinheiten als Kommunikationszentren an Stelle von Organisationseinheiten ist unabhängig davon, ob beispielsweise auf der physischen Ebene für die Bauprojektorganisation die Form eines Generalplaners oder Einzelleistungsträgers gewählt wird, weil die Art und die spezifischen Aufgaben der Stellen nur vom Bauwerktyp und nicht von der Organisation der Stellen in Organisationseinheiten abhängt.

Die Abbildung a) in Figur 18 zeigt einen Ausschnitt aus dem formalen Kommunikationssystem zwischen Organisationseinheiten (z.B. Stammorganisationen) und den zur Lösung einer bestimmten Aufgabe auftretenden Beziehungen in Form von Nachrichtenaustausch, während in b) nur noch die absolut notwendigen Beziehungen in Form von Informationsaustausch eingetragen sind. Die Kommunikationszentren liegen alle auf der selben Gliederungsebene, das heisst auf der Element-Ebene der organisatorischen Gliederung der Bauprojekt- und der Benutzerorganisation.

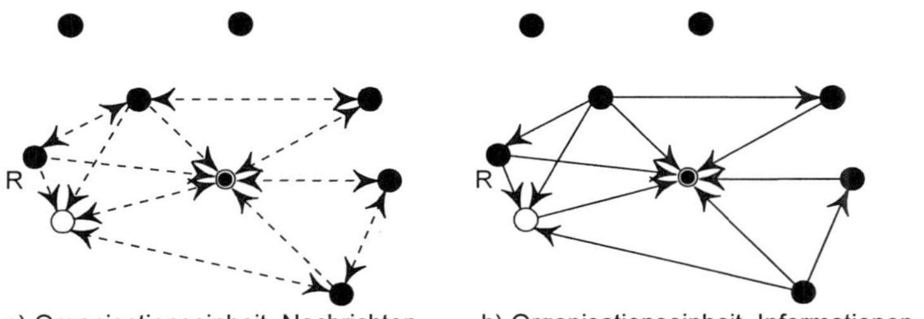

a) Organisationseinheit, Nachrichten b) Organisationseinheit, Informationen

● Organisationseinheit (S)
◉ Bezugs-Organisationseinheit (BS)
○ S mit gleicher Funktion wie BS
←- - - - Nachrichtenaustausch zwischen Organisationseinheiten zur Erfüllung einer Aufgabe der BS
←—— Informationsaustausch zwischen Organisationseinheiten zur Erfüllung einer Aufgabe der BS
R Relais

Figur 18: Modelle a) und b) zur Analyse von Kommunikationsbeziehungen

In c) hingegen sind unter den Kommunikationszentren Funktionseinheiten zu verstehen, während die Beziehungen Informationsbezüge zur Lösung immer noch der selben Aufgabe wie in den Modellen a) und b) darstellen. Das Kommunikationszentrum R stellt ein Relais bezüglich des Nachrichten- und Informationsaustauschs dar, da es in bezug auf die Erfüllung einer Aufgabe nur die Kommunikationsfunktionen Nachrichten/Informationen empfangen und Nachrichten senden, selbst aber keine Informationsverarbeitung vornehmen kann. Unter einer Bezugs-Funktionseinheit ist diejenige Funktionseinheit einer Organisation zu verstehen, deren Kommunikationsfunktionen zur Erfüllung ihrer Aufgaben untersucht werden.

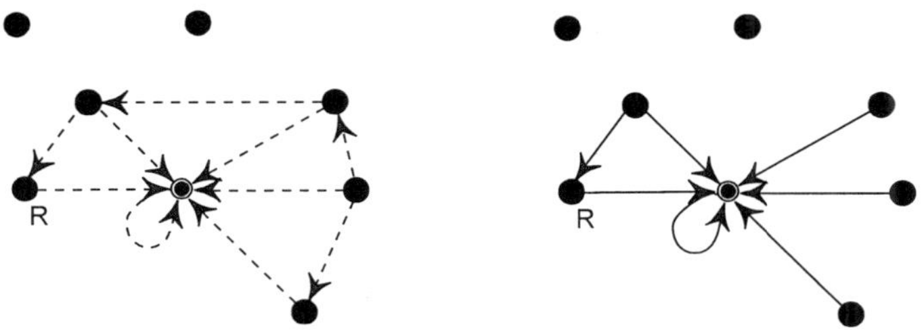

c) Funktionseinheiten, Nachrichten d) Funktionseinheiten, Informationen

● Funktionseinheit (F)
◉ Bezugs-Funktionseinheit (BF)
←- - - - Informationsflüsse zur Erfüllung einer Aufgabe einer BFs
←—— Empfängerbezogene Informationsflüsse zur Erfüllung einer Aufgabe einer BFs
R Relais

Figur 19: Vereinfachtes Modell c) und d) zur Analyse von Kommunikationsbeziehungen

Die Abbildung d) in Figur 19 repräsentiert den selben Sachverhalt wie c), jedoch unter einem empfängerbezogenen Standpunkt[83]. Das vollständige System der Kommunikationsbeziehungen innerhalb der Bauprojekt- und Benutzerorganisation ergibt sich unter Berücksichtigung aller bezüglich von bestimmten Aufgaben relevanten Standpunkten in Form von Bezugs-Funktionseinheiten.

3.6. Die Systemanalyse

Die Untersuchung der Kommunikationsprozesse innerhalb von äusserst komplexen Organisationen zwingt, von der Realität zu abstrahieren und die Bauprojekt- und Benutzerorganisation sowie den Bauprojektablauf zu modellieren.

Bei diesem Zerlegungsprozess von Aufgaben entstehen eine Reihe von hierarchisch geordneten Aktivitäten. Die bei der Modellierung benutzten *Abstraktionskonzepte* können unter anderen prozess- oder objektorientiert sein, das heisst, sich auf die Untersuchung von Aktivitäten und Tätigkeiten beziehungsweise Klassen und Objekte konzentrieren [Booch 1991 p.38]. Die Untersuchung der formalen Kommunikationsprozesse innerhalb von Projektorganisationen darf nicht mit den Funktionen oder Algorithmen beispielsweise eines Informationssystems zur Unterstützung der Kommunikation zwischen einzelnen Stellen verwechselt werden.

3.6.1. Bekannte Modelle zur Funktionsanalyse innerhalb von Bauprojekt- und Benutzerorganisationen und Anforderungen an das Modell zur Systemanalyse

Die Methoden und Modelle des PArtitioned eNgineering DAta flow model (PANDA) (vgl. [Phan et al. 1992]) lehnen sich an Datenflussdiagramme an, indem ausgehend von Prozessen die notwendigen Material- und Datenflüsse bestimmt sowie diese spezifiziert werden. PANDA unterteilt die Analyse von Daten- und Materialflüssen in die Ebenen der *Beteiligten*, *Prozesse* und *Daten*. Die graphische Beschreibung der Beziehungen zwischen diesen Ebenen ist reich an Symbolen.

Die $IDEF_0$ Methode ist eng verwandt mit der SADT/SA und eignet sich, wie im CIM-Bereich verwendet, zur Analyse von Beziehungen zwischen Prozessen wie beispielsweise in Unternehmungen. Die Modellierung der Prozesse und den zugehörigen Datenflüssen kommt mit wenigen Symbolen und wenigen semantischen Regeln sowie Modellierungsbedingungen aus [Pätzold 1991 p.50ff].

Die Modellierung von Methoden, Techniken und Werkzeugen zur Untersuchung zur Analyse von Prozessen innerhalb Organisationen stellt ein eigenständiges Forschungsgebiet dar. Durch Simulationen sollen mit dem *Virtual Design Team*

---

83 *Bei einem empfängerbezogenen Standpunkt sind nur die Kommunikationsfunktionen des Empfängers von Interesse.*

(VDT) Werkzeuge zur Analyse von Projektorganisationen und der Gestaltung organisatorischer Strukturen geschaffen werden [Levitt 1993 p.3].

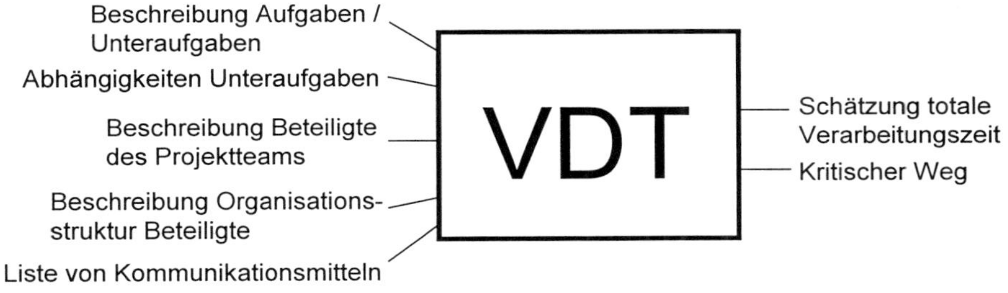

Figur 20: Input- und Output-Grössen des VDT als Black-Box

Die Figur 20 zeigt, mit welchen Parametern in VDT die Grösse der Verarbeitungszeit als Messwert für die Kosten sowie der kritische Weg mit den entsprechenden Teilaufgaben bestimmt werden. Zur Bestimmung der Output Grössen wird ein Modell der Organisation definiert und durch Simulation und der Anwendung von Regeln die totale Verarbeitungszeit und der kritische Weg bestimmt.

Mit den verwendeten Methoden und Techniken zur Systemanalyse muss es möglich sein, die Aktivitäten der verschiedenen Kommunikationszentren in allen Lebensphasen des Bauwerks zu strukturieren sowie die empfängerbezogenen Informationsflüsse in Form von Datenflüssen zu erfassen. Bewertungen der verschiedenen Methoden zur Funktionsanalyse von Systemen lassen sich bei verschiedenen Autoren finden (vgl. [Mertiens et al. 1991 p.21ff], [Warsch 1991 p.83ff], [Phan et al. 1992 p.21ff]). Durch die graphische Darstellung erleichtern die Datenflussdiagramme die Verständlichkeit der Beziehungen zwischen Prozessen und Datenflüssen [Phan et al. 1992 p.25].

In der Systemanalyse von komplexen Organisationen ist die hierarchische Strukturierung der Aktivitäten und die Darstellung der gegenseitigen Beziehungen höher zu bewerten als die Modellierung der Datenstrukturen. Ausgehend von den Projektphasen mit Phasenzielen, Aufgaben und Aktivitäten sollen die notwendigen Informationsflüsse in Form von Daten ermittelt werden. Das Modell zur Systemanalyse von Kommunikationssystemen muss folgende grundlegende Anforderungen erfüllen:

- Bestehende Methoden und Techniken weitgehend nutzen
- einen formalen Ansatz aufweisen
- die hierarchische Gliederung der verschiedenen Aktivitäten unterstützen
- die Modellierung der Informationsflüsse in Form von Datenflüssen zwischen den Kommunikationszentren unterstützen
- die Modellierung der Datenstrukturen unterstützen und
- einfach und verständlich sein, das heisst die Ergebnisse der Analyse müssen graphisch dargestellt werden können.

3.6.2. Techniken und Methoden des Computer Aided Software Engineering (CASE) zur Systemanalyse

Die Betrachtung von Methoden und Techniken zur Analyse von Software-Systemen soll helfen, Werkzeuge zur Analyse des Kommunikationssystems im Bauprozess zu finden.

Die Entwicklung von Software Systemen ist ein komplexer Prozess. Zur effizienten, strukturierten und wiederverwendbaren Erstellung von Software, wurden im Zuge der Entwicklung des Software-Engineering verschiedene integrative Techniken und *Methoden*[84] entwickelt [Sommerville 1989 p.233ff]. Im Zusammenhang mit der Analyse von Kommunikationssystemen und dem Entwurf, der Implementierung und Optimierung von Informationssystemen ist es sinnvoll, sich der Methoden des Software-Engineerings zu bedienen. Damit gelangt man zu einer übergreifenden, ganzheitlichen Betrachtungsweise und ist in der Lage, losgelöst von der technischen Realisierung, ein logisches Modell des Kommunikationssystems im Bauprozess zu erarbeiten.

Für Methoden zur Systemanalyse, welche auf dem *strukturierten Top-Down Ansatz* beruhen, stehen folgende Techniken zur Verfügung.

- *Data-Flow-Diagramm:* Das Datenflussdiagramm beschreibt, wie die Daten von einem Prozess zu einem anderen fliessen und damit wie Input in Output umgewandelt wird. In der Phase der Analyse werden keine Angaben über den notwendigen Algorithmus der Transformation gemacht. Beim Datenflussdiagramm werden die ablaufenden Prozesse von den Daten aus betrachtet und nicht von den Prozessen. Daten können nie in Form eines zyklischen Graphen fliessen, weil bei einer datenorientierten Betrachtung die Daten auf einer Schleife nicht verändert werden und folglich nichts von einem Prozess spüren. Kontrollen und Entscheidungen tauchen nicht in Datenflussdiagrammen auf, sondern nur in Flussdiagrammen, weil in Datenflussdiagrammen die Daten von den Prozessen aus betrachtet werden und nicht umgekehrt [DeMarco 1979 p.40]. Ein *Datenfluss* kann als eine Röhre aufgefasst werden, durch die Daten mit einer bekannten Struktur fliessen [DeMarco 1979 p.52].
- *Data-Dictionary:* Das Datenlexikon beschreibt die einzelnen Informationsobjekte und deren Struktur.
- *Semantische Datenmodelle:* Beschreiben die statischen und dynamischen Eigenschaften sowie die statischen Integritätsbedingungen. Ein Beispiel ist das Entity-Relationship-Modell (ER-Modell) (vgl. [Chen 1976]).
- *Decision Tables:* Entscheidungstabellen beschreiben den Zusammenhang zwischen Aktivitäten und den Bedingungen zu deren Auslösung. Regeln legen fest, für welche Bedingungen in welcher Kombination bestimmte Aktivitäten ausgelöst werden [DeMarco 1979 p.44].

---

84 *vgl.* Methode. *Kapitel: Glossar, p.272ff*

- *Decision Trees:* Entscheidungsbäume beschreiben den selben Sachverhalt wie Entscheidungstabellen, indem man zur auszulösenden Aktion über einen Baum von Regeln gelangt [DeMarco 1979 p.44].
- *State-Transition-Diagramm:* Zustands-Übergangs-Diagramm beschreibt graphisch die Beziehungen zwischen Zuständen des Systems und den notwendigen Ereignissen zu deren Übergängen [Booch 1991 p.169ff][85]. Übergangslinien beschreiben, wie der Zustand des Systems in einen anderen Zustand überführt wird.
- *Data-Structure-Diagramm:* Das Datenstruktur-Diagramm zeigt, wie die Elemente des Datenflussdiagramms in einem Baum hierarchisch in Programmeinheiten organisiert sind. Von einem Datenflussdiagramm können verschiedene Datenstruktur-Diagramme abgeleitet werden. Das Datenstruktur-Diagramm enthält keine Informationen über die Kontrolle der Datenflüsse.

Zur Systemanalyse von Kommunikationsystemen im Bauprozess sind vor allem das Datenflussdiagramm und Datenlexikon von Interesse. Die Informationsobjekte des Datenlexikons werden als Grundlage für die Erzeugung von semantischen Datenmodellen verwendet.

Entscheidungstabellen und *-bäume*, *Zustands-Übergangs-Diagramme* und *Datenstruktur-Diagramme* haben bezüglich der Systemanalyse von Kommunikationssystemen im Bauprozess keine Bedeutung.

Um die Schwächen einzelner Methoden aufzufangen, werden diese häufig kombiniert verwendet wie beispielsweise:

- *Structured Analysis and Design Technique (SADT[86]):* Technik zur Analyse und Gestaltung von Informationssystemen, auf der Basis einer funktionsorientierten, hierarchischen Zerlegung von Systemprozessen in Teilprozesse, das heisst der Methode der Strukturierten Analyse. Die Mechanismen beschreiben die verwendeten Algorithmen der einzelnen Systemaktivitäten. Die SADT Methode war die erste Methode, die sich graphischer Mittel zur Darstellung von Datenflüssen bediente.
- *Structured Analysis (SA):* Bei der Strukturierten Analyse werden folgende Techniken angewendet: *Data-Flow-Diagramm*, *Data-Dictionary*, *Structured English*, *Decision Table* und *Decision Trees* [DeMarco 1979 p.48]. Der gemeinsame Bezug zwischen SA und SADT besteht in der Verwendung der selben Methode und ähnlichen Technik zur Darstellung von Datenflüssen. In der SADT werden die Datenflüsse des Data-Flow-Diagramms der SA beschrieben mit dem wesentlichen Unterschied, dass zur Darstellung von Pro-

---

85 *vgl. teamwork/SA® teamwork/RT® User`s Guide, Release 4.0, Cadre Technologies Inc., 1990, p.2-21ff*
teamwork® ist ein registriertes Warenzeichen der Cadre Technologies Inc.

86 *SADT ist ein von der Firma SofTech im Jahre 1974/75 entwickeltes graphisches Hilfsmittel zur Beschreibung und hierarchischen Darstellung von Aktivitäten ähnlich der von Datenflussdiagrammen.*

zessen Rechtecke anstelle von Kreisen verwendet werden [DeMarco 1979 p.48].

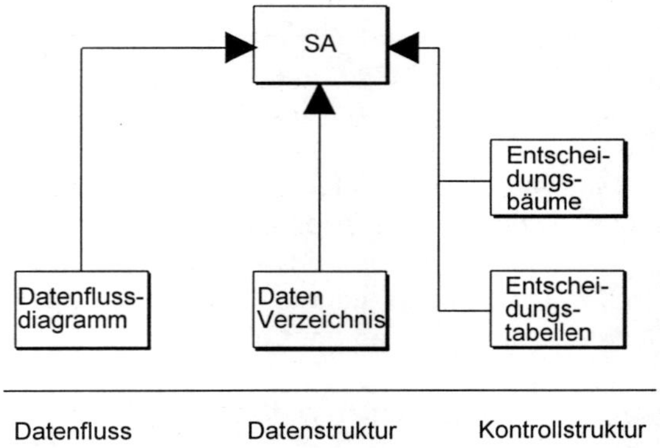

Figur 21: Struktur der SA

Die Figur 21 zeigt den Aufbau der SA. Die Beschreibung von Datenflüssen mit der SADT in graphischer Form entspricht dem Datenflussdiagramm der SA.

Die Auswahl und Kombinationen der verfügbaren Methoden und Techniken bei der Analyse des Kommunikationssystems von Bauprojekt- und Benutzerorganisationen hängt dabei im wesentlichen ab vom *Anwendungsumfeld* und vom *Modellierungsziel*.

- *Anwendungsumfeld:* Zur Analyse von Kommunikationssystemen im Bauprozess sind nur solche Methoden notwendig, welche die Beschreibung der Beziehungen zwischen Prozessen, Datenflüssen und Daten erlauben.
- *Modellierungsziel:* Mit den aufgeführten Methoden soll nur eine Analyse des Kommunikationssystems vorgenommen jedoch keine Spezifikation eines Informationssystems durchgeführt werden.

Wenn zur Analyse der Kommunikation im Bauprozess mehrere Personen beteiligt sind, ist die Verwendung eines einheitlichen *Werkzeugs*[87] ein geeignetes Mittel, das Vorgehen in der Analyse und deren Bearbeitungsergebnisse zu vereinheitlichen und geschlossen zu verwalten.

3.6.3. VERWENDETE METHODEN ZUR SYSTEMANALYSE

Die Methoden zur Systemanalyse haben nicht zum Ziel, Algorithmen irgend eines denkbaren Informationssystems zu definieren, sondern beschränken sich darauf, die Kommunikation innerhalb von Projektorganisationen zu erfassen. Dies im

87 *vgl.* Werkzeug. *Kapitel: Glossar, p.285ff*

Hinblick auf die zu speichernden Daten und die Informationsbedürfnisse verschiedener Funktionseinheiten.

Zur Analyse des formalen Kommunikationssystems im Bauprozess ist eine funktionsorientierte Betrachtung im Vergleich zu einer objektorientierten vorzuziehen. Dabei wird von den Prozessen und den damit verbundenen Informationsbedürfnissen der Kommunikationszentren im Bauprozess ausgegangen und nicht umgekehrt. Eine objektorientierte Betrachtung erweist sich bei der Untersuchung von Prozessen innerhalb von äusserst komplexen Organisationen[88] als zu abstrakt und nicht praktikabel, weil die Aktivitäten aufgrund von Beziehungen zwischen Objekten abstrakt hergestellt werden müssen[89].

Mit der Strukturierten Analyse der Kommunikationsprozesse im Bauprozess wird eine funktionsorientierte Betrachtung vorgenommen. Dabei werden die Kommunikationsprozesse innerhalb der Bauprojekt- und Benutzerorganisation hierarchisch auf dem Top-Down Ansatz basierend zerlegt und die Aktivitäten, die Beziehungen zwischen den Aktivitäten in Form von Informationsflüssen und die Daten als Träger von Informationen beschrieben.

3.6.3.1. Technik zur Beschreibung des Aktivitätenmodells

Beim funktionsorientierten Ansatz ist die grundlegende Komponente der Untersuchung die Funktion, verstanden als Tätigkeit oder Aktivität von Kommunikationszentren zur Projektierung, Realisierung oder Nutzung eines Bauwerks. Unter einer *Funktionsanalyse* wird eine umfassende Analyse der Aktivitäten und die daraus resultierenden Informationsbedürfnisse von Stellen einer Organisation in Form von Kommunikationszentren verstanden.

Die zu untersuchenden Aktivitäten sind nicht mit den Funktionen des Informationssystems zu verwechseln und weisen demnach keinen direkten Bezug zu den zu implementierenden Algorithmen auf. Demnach wird kein funktionsorientierter Entwurf eines Informationssystems betrieben, sondern in einer ersten Phase nur eine funktionsorientierte Betrachtung von Kommunikationsprozessen im Bauprozess. Die untersuchten Funktionen auf der logischen Ebene sind Bestandteil des formalen Kommunikationssystems, das heisst, diese sind nicht gezwungenermassen formalisierbar und damit auch nicht algorithmisierbar.

Datenflussdiagramme als wesentliches Strukturelement der SA lehnen sich an die in Figur 22 dargestellte grundlegende Definition und Darstellung von technischen Prozessen an (vgl. [Hubka 1980 p.4]).

Die Beschreibung von Mechanismen tritt in den Hintergrund, weil in der Phase der Systemanalyse bei der Untersuchung der Aktivitäten von Funktionseinheiten keine Aussagen über die Algorithmen gemacht werden können und sollen.

---

88 *vgl.* komplexe Organisationen. *Kapitel: 1.2. Gegenstand der Untersuchung, p.5*

89 *vgl.* Ansatz der Untersuchung. *Kapitel: 1.4. Abgrenzung der Untersuchung, p.7ff*

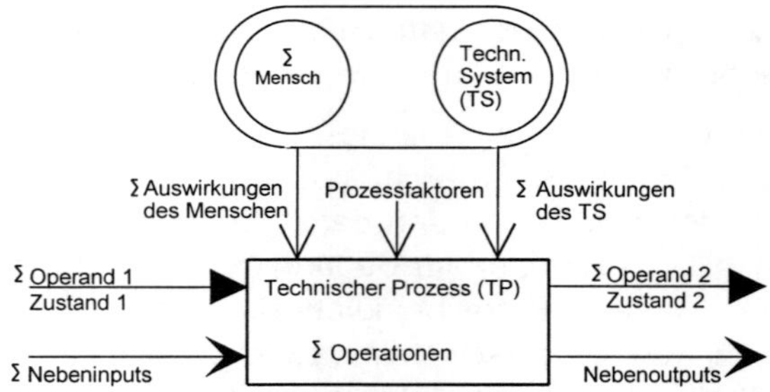

Figur 22: Definition und Darstellung von technischen Prozessen [Hubka 1980 p.4]

Die SA erlaubt die Darstellung der Datenflüsse zwischen hierarchisch gegliederten Aktivitäten und damit eine umfassende Beschreibung der Kommunikationsprozesse im Bauprozess auf der logischen Ebene. Bei der hierarchischen Detaillierung der Aktivitäten müssen die Relationen zwischen verschiedenen Ebenen als Informationsflüsse eine Fortsetzung finden (balancing[90]) [DeMarco 1979 p.78].

MODELLIERUNG DER AKTIVITÄTEN MIT SA

Zur Kennzeichnung von Aktivitäten in Form von Kommunikationsprozessen werden Kreise verwendet. Das Datenflussdiagramm stellt das Netzwerk der gesamten Analyse zwischen den einzelnen Prozessen und den Datenflüssen zwischen diesen Prozessen dar. Im Datenflussdiagramm wird der Fluss der Daten betont, Kontrollflüsse dagegen unterbetont. Nicht die Untersuchung der Aktivitäten eines Kommunikationszentrums ist von Interesse, sondern der Fluss von Daten und deren Veränderung durch die verschiedenen Prozesse [DeMarco 1979 p.48ff]. Dabei nimmt die SA eine datenorientierte Betrachtung innerhalb der funktionsorientierten Untersuchung ein[91].

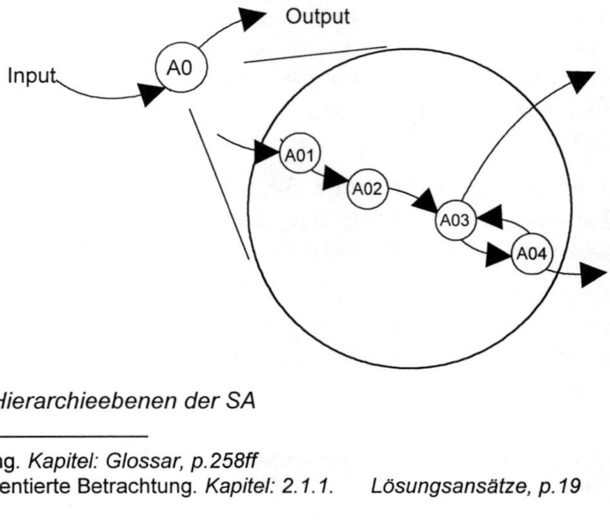

Figur 23: Hierarchieebenen der SA

90 *vgl.* Balancing. *Kapitel: Glossar, p.258ff*

91 *vgl.* datenorientierte Betrachtung. *Kapitel: 2.1.1. Lösungsansätze, p.19*

Die Figur 23 zeigt die Zerlegung von Aktivitäten in Teilaktivitäten und die Weiterführung von Informationsflüssen auf der unteren Hierarchieebene.

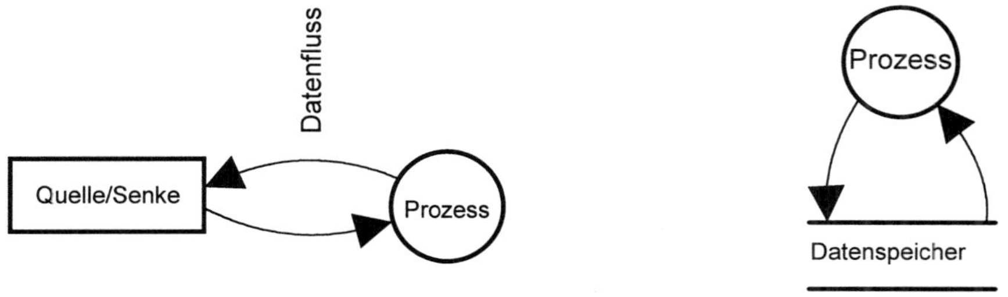

Figur 24: Basisstruktur des Datenflussdiagramms SA

Zusätzlich zu den Strukturelementen Datenfluss und Aktivität der SADT oder von $IDEF_0$ zeigt die Figur 24, dass im Datenflussdiagramm der SA noch Quellen und Senken sowie Datenspeicher als Hilfsmittel zur Beschreibung von Datenflüssen dazukommen. Quellen und Senken treten nur in der obersten Hierarchieebene in der Funktionsanalyse auf und stellen die Start- beziehungsweise Endpunkte von Datenflüssen dar. In Datenspeichern können Daten auf verschiedenen Ebenen zwischengelagert werden.

ABBRUCHKRITERIUM FÜR DIE FUNKTIONSANALYSE

Für die Analyse wichtig ist die Frage des Abbruchkriteriums für die Zerlegung der Aktivitäten verschiedener Kommunikationszentren im Bauprozess. Folgende Abbruchkriterien oder Kombinationen können sinnvoll sein.

Die Zerlegung der Aktivitäten einer *Bezugs-Funktionseinheit*[92] aufgrund ihrer Aufgaben wird dann abgebrochen, wenn keine Informationsbezüge von anderen Funktionseinheiten der Bauprojekt- und Benutzerorganisation mehr notwendig sind, die Anwendung eines Algorithmus zur Unterstützung der Aktivität bekannt ist oder wenn die zum Ablauf der Aktivität notwendigen Informationsobjekte identifiziert sind.

Die beiden letzten Abbruchkriterien kommen bei einer funktionsorientierten Gestaltung von Informationssystemen zur Anwendung und haben keine direkte Verwendung bei der Funktionsanalyse zur Beschreibung des Ist-Zustands des Kommunikationssystems im Bauprozess auf der logischen Ebene.

92 *vgl.* Bezugs-Funktionseinheit. *Kapitel: 3.5.2. Modell der Bauprojekt- und Benutzerorganisation, p.69*

3.6.3.2. Technik zur Beschreibung des Datenmodells

Die reine Darstellung der Zusammenhänge zwischen Prozessen und Daten im Datenflussdiagramm ist unvollständig, weil die Untersuchung der Informationsflüsse selbst unberücksichtigt bleibt.

Im Vordergrund stehen nicht mehr die Aktivitäten einzelner Kommunikationszentren, sondern die Menge der Informationen und deren gegenseitige Beziehungen. Definitionsgemäss handelt es sich bei den Trägern der Informationen um Daten, so dass die Betrachtung der Daten in der Systemanalyse als Datenanalyse bezeichnet wird. Die umfassende Analyse der Informationen und deren Struktur in Form von Daten, wie sie innerhalb von Bauprojekt- und Benutzerorganisation ausgetauscht werden, wird als *Datenanalyse* bezeichnet.

Modellierung der Daten

Die Spezifikation des Inhalts der Datenflüsse und Datenspeicher wird in der datenorientierten Betrachtungsweise strukturiert zusammengefasst und in einem Datenlexikon abgelegt. Das Datenlexikon beschreibt die Benutzerobjekte mit Informationsobjekten bezüglich der Informationen, die ihnen ein Empfänger entnehmen kann. Die im Datenlexikon beschriebenen Informationsobjekte dienen in der Folge als Grundlage für die Definition von Datenmodellen. Sollen im besonderen Benutzerobjekte von technischen Systemen in einem Datenmodell organisiert werden, können Produktmodelle helfen, die Benutzerobjekte zu strukturieren.

Ein Datenlexikon muss grundsätzlich redundanzfrei gehalten werden, das heisst ein Daten-Element darf nur einmal vorkommen. Ein Data-Dictionary ist ein Verzeichnis von Daten über Daten, welches die Datennamen, -formate, -zusammenhänge und Datenverantwortlichkeiten enthält.

Ein Datenlexikon besteht aus folgenden Strukturelementen:

- *Datenelement:* Ein Datenelement stellt ein elementares Teil von Daten auf einer bestimmten Betrachtungsebene dar. Datenelemente werden durch Informationsobjekte beschrieben.
- *Datenstruktur:* Die Datenstruktur beschreibt den Aufbau und die Zusammensetzung der einzelnen Datenflüsse zwischen Prozessen. Ein Datenfluss wird dabei bestehend aus Datenelementen in Form von Informationsobjekten und ihren gegenseitigen Beziehungen beschrieben.

Mit dem Datenlexikon können die Datenflüsse zwischen den einzelnen Aktivitäten beschrieben werden, indem die den Informationsflüssen zugrundeliegenden elementaren Benutzerobjekte als Informationsobjekte beschrieben und deren Struktur erfasst wird. Die einzelnen Informationsobjekte können im Systementwurf als Kandidaten für die Definition von Objekten[93] und damit die Gestaltung von Datenmodellen verwendet werden.

---

93 *vgl.* Typ. *Kapitel: 3.7.3. Elemente zur Modellierung von Objekten, p.83*

Ein Datenfluss wird durch eine Menge von Datenelementen in der Regel bestehend aus verschiedenen Teilflüssen beschrieben. Zur Spezifikation der Struktur von Datenflüssen können deren Bestandteile und Zusammensetzung angegeben werden [Teamwork 1990a p.10-8ff].

Die Beschreibung von Informationen im Datenverzeichnis, ausgehend von den einzelnen Teilprozessen im Bauprozess, entspricht dem ganzheitlichen Ansatz in der Erarbeitung von Grundlagen zur Gestaltung von Kommunikationssystemen im Bauprozess[94].

- Aus der Funktionsanalyse des Kommunikationssystems im Bauprozess werden die einzelnen Informationsobjekte, verstanden als Beschreibungen oder Bezeichnungen der Benutzerobjekte, in einem ersten Schritt aufgenommen.
- In der Datenanalyse wird die Zusammensetzung und der Aufbau der Informationsobjekte analysiert. Die Informationsobjekte können bezüglich ihrer Beschreibung durch Modellobjekte entsprechend der Grobstruktur von Bauwerkmodellen in Form eines Datenmodells beschrieben werden.

Abbruchkriterien für die Datenanalyse

Die Terminale, verstanden als das kleinste beschriebene Datenelement im Datenverzeichnis, kann je nach Betrachtungsstandpunkt und Ziel der Untersuchungen[95] verschieden tief angesetzt werden. Entscheidend bei der Datenanalyse ist wie auch bei der Funktionsanalyse die Festlegung der Abbruchkriterien in bezug auf die Datenstrukturierung. Die Wahl der Element-Ebene und damit die Festlegung des Abbruchkriteriums der Datenanalyse hängt wesentlich ab vom Integrationskonzept, welches als Basis für eine kooperierende Informationsverarbeitung angestrebt wird. Das gewählte Integrationskonzept bestimmt den Grad der Feinheit der Datenstrukturierung und damit die Verfügbarkeit von Informationen. Soll die Kommunikation im Bauprozess auf der Basis von Dokumenten verbessert werden, ist der Grad der Strukturierung von Daten sehr grob im Vergleich zu einer Modellintegration im Bauprozess.

Als eine erste Anwendung kann das Informationsfluss-Modell zur Definition von Projektphasen mit deren Phasenzielen, Aufgaben und Aktivitäten definiert werden. Zur Strukturierung der Aufgaben und Aktivitäten im Lebenszyklus eines Bauwerks sowie der Definition von Kommunikationszentren ist es sinnvoll, die Element-Ebene der Datenstrukturierung auf der Ebene der ausgetauschten Dokumente festzulegen.

Nach der Festlegung der Aufgaben und Aktivitäten von Kommunikationszentren im Bauprozess reichen Dokumente als Element-Ebene nicht mehr aus. Entsprechend besteht das Abbruchkriterium in der Datenanalyse im Erreichen der Ebene der Benutzerobjekte.

---

94 *vgl.* Ansatz der Untersuchung. *Kapitel: 2. Ansatz der Untersuchung, p.15ff*

95 *vgl.* Element-Ebene Datenanalyse. *Kapitel: 3.6.3.2. Technik zur Beschreibung des Datenmodells, p.78*

Die Beschreibung der Datenflüsse zeigt den Vorteil der logischen Ebene in der Untersuchung der Kommunikation im Bauprozess. Die Modellierung der Informationsflüsse ist solange unabhängig von der Wahl der Mittel im Organisationsproblem der Gestaltung von Kommunikationssystemen in komplexen Organisationen, wie zur datenmässigen Beschreibung von Bauwerken Datenmodelle verwendet werden.

ÜBERGANG ZUM SYSTEMENTWURF

Die Datenflussdiagramme und die Beschreibung von Daten im Datenlexikon stellen die Grundlagen für die Gestaltung von Kommunikationssystemen dar. Wichtigster Schritt beim Übergang zur Gestaltung von Informationssystemen ist die Frage nach den durch ein technisches System unterstützbaren Aktivitäten. Nicht jeder im Informationsfluss-Modell als Aktivität definierter Kommunikationsprozess kann vollständig unterstützt werden. Oft können pro Aktivität nur die einzelnen Kommunikationsfunktionen wie beispielsweise die Informationsbeschaffung unterstützt werden. Das Datenlexikon beschreibt den Inhalt der Daten in Form von Informationsobjekten. Die Systemgestaltung des Informationssystems geht von den Daten dieser unterstützbaren Prozesse aus.

Das Datenlexikon dient als Grundlage für die Definition von Datenmodellen und damit der Gestaltung von Kommunikationssystemen im Bauprozess. Die im Datenlexikon spezifizierten Benutzerobjekte müssen durch entsprechende Modellobjekte beschrieben werden. Die Modellobjekte ihrerseits sowie ihre gegenseitigen Beziehungen werden durch Datenmodelle beschrieben. Mit der Erweiterung von Datenmodellen um die dynamischen Integritätsbedingungen können Datenbankmodelle definiert werden, welche Informationssysteme als Bestandteil von Kommunikationssystemen im Bauprozess spezifizieren.

Entsprechend sind auf der Basis der Informationsobjekte im Datenlexikon zur Definition von Datenmodellen oder Datenbankmodellen weiterführende Betrachtungen notwendig. Dabei wechselt der Ansatz der Betrachtung von einer funktionsorientierten zu einer objektorientierten Betrachtung. Die Methoden und Modelle zum Systementwurf werden anschliessend aufgeführt.

3.7. DER SYSTEMENTWURF

Zum Systementwurf von Informationssystemen als mögliche Bestandteile von Kommunikationssystemen im Bauprozess muss eine *objektorientierte Betrachtungsweise*[96] vorgenommen werden. Die objektorientierte Analyse und Design (OOA und OOD) sind Gegenstände der aktuellen Forschung. Demzufolge sind weder Standardmethoden (Coad/Yourdan (vgl. [Coad et al. 1991a], [Coad et al. 1991b]), Booch (vgl. [Booch 1991]), OOSE (vgl. [Jacobson et al. 1992]), Shlaer/Mellor (vgl. [Shlaer et al. 1988], [Shlaer et al. 1992]), OMT (vgl.

96 *vgl.* objektorientierte Betrachtung. *Kapitel: 2. Ansatz der Untersuchung, p.19*

[Rumbaugh et al. 1991]), RDD (vgl. [Wirfs et al. 1990])) noch ausgereifte CASE-Tools verfügbar. In der objektorientierten Systemgestaltung verfliessen die Grenzen zwischen der Phase der Analyse und des Designs, obwohl in den zur Verfügung stehenden Methoden oftmals eine Grenze gezogen wird. Andererseits ist aus der Untersuchung des *Problemlösungszyklus*[97] bekannt, dass optimale Ergebnisse nur über eine Reihe von Iterationsschritten erreicht werden können. In dieser Hinsicht müssen solche Modelle der Systemgestaltung verwendet werden, die das iterative Erarbeiten von Informationssystemen entgegen dem *Wasserfallmodell*[98] unterstützen und dabei den Übergang zwischen Analyse und Design zulassen. Die objektorientierten Methoden und Techniken werden unter der Bezeichung OOAD unter dem Kapitel zum Systementwurf zusammengestellt.

3.7.1. ANFORDERUNGEN AN DAS LOGISCHE MODELL ZUM SYSTEMENTWURF

Methoden zum Systementwurf von Informationssystemen orientieren sich an deren Systemzielen und damit am angestrebten Kommunikationsmodell. Ein Informationssystem, das den Bezug von ganzen Dokumenten im Bauprozess erlaubt, kann mit anderen Methoden entworfen werden als ein auf der Idee eines integrierten Produktmodells basierenden Kommunikationssystems. Für auf Dokumenten basierende Kommunikationssysteme müssen neben der eindeutigen Spezifizierung bezüglich des Inhalts von Dokumenten keine weiteren Analysen durchgeführt werden, weil Dokumente an sich abgeschlossene Arbeitspakete darstellen und nicht weiter gegliedert werden müssen.

Das Kommunikationsmodell des integrierten Produktmodells stellt die höchsten Anforderungen an die Feinheit der *Datenanalyse*[99]. Ausgehend vom Konzept des integrierten Produktmodells kann dessen Beschreibung mit einem Datenbankmodell gefordert werden.

Mit den Methoden und Modellen des Systementwurfs sollen Modellobjekte als Beschreibung der Informationsobjekte spezifiziert sowie ihre gegenseitigen Beziehungen definiert werden.

Im wesentlichen werden die OOAD Methoden von Booch verwendet, weil diese in ihrer Gesamtheit mehr eine Menge von Techniken als ein starr vordefiniertes Vorgehensmodell darstellen (vgl. [Booch 1991]). Dies kommt der Forderung nach einem iterativen Vorgehen in der Analyse und dem Entwurf entgegen. Dabei ist zu zeigen, wie Datenmodelle und Datenbankmodelle durch objektorientierten Entwurf definiert werden können.

---

97 *vgl.* Problemlösungszyklus. *Kapitel: Glossar, p.276ff*

98 *vgl.* Wasserfall-Modell. *Kapitel: Glossar, p.285ff*

99 *vgl.* Abbruchkriterien Datenanalyse. *Kapitel: 3.6.3.2. Technik zur Beschreibung des Datenmodells, p.79*

3.7.2. Funktions- und objektorientierte Ansätze zum Systementwurf

Die algorithmische Zerlegung ist das Resultat einer funktionsorientierten Analyse eines Systems und führt zu einer starken Bindung zwischen den untersuchten Funktionen und dem zu implementierenden Algorithmus. Die Vorwegnahme von Entscheidungen hinsichtlich der Implementierung in der Systemanalyse erfüllt demnach nicht die grundlegenden Systemziele der Methoden zum Systementwurf bezüglich des iterativen Ansatzes in der Systemgestaltung.

Grundidee des objektorientierten Entwurfs von Informationssystemen ist es, ohne vollständige Anforderungsspezifikation auf der Basis eines iterativen Prozesses das zu implementierende System zu entwickeln. Im Gegensatz zum funktionsorientierten Ansatz findet beim objektorientierten Ansatz die Systemgestaltung nicht auf der Basis einzelner Funktionen, sondern einzelner abstrakter Objekte statt. Beim objektorientierten Entwurf wird eine Menge von kommunizierenden Objekten betrachtet und nicht eine Menge von Funktionen [Sommerville 1989 p.204].

Objekte[100] im datenbanktechnischen Sinn sind Modellobjekte mit einem bestimmten Zustand und einer Menge von definierten Operationen zur Abfrage und Veränderung von Objektzuständen. Die Gestaltung des Informationssystems kann ohne eine vollständige Anforderungsspezifikation beginnen, denn der Gestaltungsprozess muss in allen Phasen die Änderung von Systemzielen berücksichtigen können.

Die Eigenschaften des objektorientierten Entwurfs sind [Sommerville 1989 p.204ff]:

- Alle Daten sind einem Objekt zugeordnet und können nicht über ein anderes Objekt verändert werden
- Objekte sind unabhängige Entitäten, deren Zustände unabhängig von anderen Objekten verändert werden können und
- Objekte können parallel oder sequentiell verändert werden.

Der objektorientierte Entwurf weist hinsichtlich der Anpassung an neue Systemziele der Benutzer, Wiederverwendbarkeit von Systemelementen und der schrittweisen Entwicklung ausgehend von kleinen Teilsystemen Vorteile gegenüber einem funktionsorientierten Entwurf auf.

3.7.3. Elemente zur Modellierung von Objekten

Das allgemeine Modell zur Beschreibung von Objekten besteht mindestens aus den vier Hauptelementen *Abstraktion*, *Einkapselung*, *Modularität* und *Hierarchie* [Booch 1991 p.38ff]:

---

100 *Die Objekte im datenbanktechnischen Sinn entsprechen den Modellobjekten aus der Sicht der Systemanalyse des Kommunikationssystems.*

- *Abstraktion:* Vereinfachte Beschreibung von Systemen der realen Welt, wobei relevante Systemeigenschaften hervorgehoben und nicht-relevante vernachlässigt werden.
- *Einkapselung:* Ist das Verstecken aller Details eines Objekts, die vom Benutzer nicht notwendigerweise eingesehen werden müssen. Entsprechend besteht jede Klasse aus einem User-Interface und der eingekapselten Implementierung, die in komplexen Systemen unabhängig der Implementierung anderer Klassen geändert werden können.
- *Modularität:* Die Zerlegung eines Systems in Subsysteme bis auf die Stufe von unteilbaren Software Einheiten und deren separate Behandlung bei der Systemgestaltung.
- *Hierarchie:* Dient der Ordnung der durch die Abstraktion gefundenen Objekte in Form von Spezielles-Allgemeines- und Teil-Ganzes-Hierarchien.

Die Abstraktion, Einkapselung, Modularität und Hierarchie können durch die drei Konzepte *Typen*, *Konkurrenz* und *Persistenz* ergänzt werden:

- *Typen:* Ist die präzise Beschreibung von struktur- oder verhaltensmässigen Eigenschaften, die eine Menge von Objekte gemeinsam haben.
- *Konkurrenz:* Erlaubt es mehreren Objekten gleichzeitig aktiv zu werden.
- *Persistenz:* Bewahrt den Zustand und die Klasse des Objekts in Raum und Zeit.

Die Methode nach Booch zur OOAD unterstützt die objektorientierten Konzepte zur Systemgestaltung. Zur Spezifikation von technischen Systemen stellt der objektorientierte Entwurf ein Hilfsmittel dar. Die Anwendung und die Modellierung von Bauwerken erfolgt nach den Regeln des objektorientierten Entwurfs, unabhängig von der Implementierung. Soll beispielsweise ein Bauwerkmodell so spezifiziert werden, dass es auf einem Datenbanksystem implementiert werden kann, beeinflusst das zur Verfügung stehende Datenbanksystem das Datenbankmodell. So kann in OODBMS[101] das Konzept der Einkapselung nicht immer konsequent angewendet werden. Sobald an objektorientierte Datenbanken deskriptive Anfragen gestellt und dazu nicht fest definierte Methoden angewendet werden sollen, darf die Objektstruktur nicht eingekapselt werden [Heuer 1992 p.383][102]. Im Gegensatz dazu können Datenmodelle unabhängig von der Implementierung spezifiziert werden.

3.7.4. Das Vorgehen beim objektorientierten Entwurf

Von besonderem Interesse beim objektorientierten Entwurf sind die Techniken zur Darstellung und Dokumentation der Resultate zur Beschreibung von Daten-

---

101 *OODMS: Object-oriented Database Management System*

102 *Voraussetzung für die Existenz von Optimierungsverfahren bei Abfragen ist die Offenlegung der Struktur der Objekte.*

modellen und Datenbankmodellen. Die Ergebnisse der OOAD werden dabei auf die Erzeugung von Datenmodellen ausgerichtet.

Der objektorientierte Entwurf ist ein schrittweiser Vorgang innerhalb einer spiralförmigen Entwicklung [Booch 1991 p.190ff]. Die Schritte in jedem Umlauf der Spirale sind:

1. Identifizieren der Klassen und Objekte auf einem definierten Abstraktionsgrad
2. Identifizieren der Semantik dieser Klassen und Objekte
3. Identifizieren der Beziehungen zwischen Klassen und Objekten
4. Implementierung der Klassen und Objekte

Entsprechend der ANSI/SPARC Architektur (vgl. [Tsichritzis et al. 1977]) ist zwischen einem Design auf der logischen Ebene mit der Spezifikation von Klassen und Objektstrukturen und einem Design auf der physischen Ebene mit Design-, Modul- und Prozessdiagrammen als Resultaten zu unterscheiden.

Die Schritte 1 bis 3 sind Bestandteile der Untersuchungen auf der logischen Ebene. Dabei sind Fragen bezüglich der Definition von Klassen und deren Beziehungen sowie der Beziehungen zwischen den Objekten von Interesse. Die Resultate der Schritte auf der logischen Ebene dienen als Grundlage für die Implementierung.

Zur Spezifikation von Objekten und Klassen in der OOAD werden die Objekt- und Klassendiagramme von Booch verwendet. Die Klassendefinitionen erfolgen in der Syntax der Programmiersprache C++. Dies ist sinnvoll, weil der Grossteil der kommerziell verfügbaren objektorientierten Datenbanksysteme ein C++ *Language Interface* anbieten [Wilkie 1993 p.375][103] . *Klassen* werden in C++ Syntax als abstrakte Datentypen spezifiziert, deren Operationen nicht vollständig beschrieben sein müssen [Lippman 1993 p.48ff][104].

SCHRITT 1

Das Ziel des ersten Schritts ist es, durch Abstrahieren Ansätze für die Definition von Klassen und Objekten zu finden. Dabei können aus der funktionalen Systemanalyse eine Menge von Dingen vorhanden sein, von denen noch nicht sicher ist, ob es sich später um Klassen, Objekte oder Attribute von Klassen handelt. Anschliessend werden Mechanismen definiert. *Mechanismen* sind irgendwelche Strukturen, wobei Objekte so zusammenarbeiten, dass sie ein Verhalten erreichen, das bestimmte Anforderungen des zu lösenden Problems erfüllt [Booch 1991 p.148].

Der Gegenstand der Modellierung ist das technische System Bauwerk. Das Bauwerk kann in eine Reihe von Subsystemen gegliedert werden, die selbst wiederum aus Subsystemen aufgebaut sind[105]. Die Tatsache, dass sich Systeme hierar-

103 *Gemstone, Ontos, O2, ObjectStore, Versant, Objectivity*

104 *vgl.* abstrakte Datentypen und Datentypen. *Kapitel: Glossar, p.262ff*

105 *vgl.* Systemauflösung. *Kapitel: 3.3.3.1. Semantische Datenbankmodelle, p.22*

chisch in eine Reihe von Subsysteme auflösen lassen, stellt für die Untersuchung, das Verstehen und die Beschreibung solcher Systeme eine erhebliche Erleichterung dar.

Die gefundenen Objekte werden nach den Abstraktionskonzepten Generalisierung/Spezialisierung und Aggregation geordnet. Entsprechend resultieren Entwürfe zweier orthogonaler Hierarchien, die *Spezielles-Allgemeines-* und die *Teil-Ganzes-Hierarchie*.

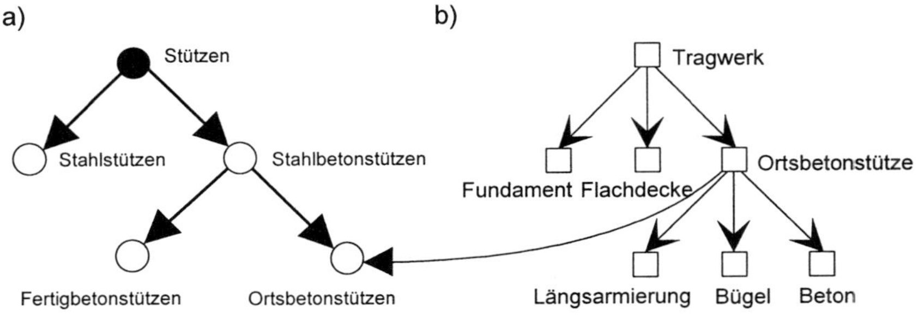

Figur 25: Beispiel a) Spezielles-Allgemeines-Hierarchie und b) Teil-Ganzes-Hierarchie

Die Figur 25 zeigt, wie Objekte des Bauwerks entsprechend diesen Hierarchien geordnet werden. So besteht eine *Ortsbetonstütze* aus den Teilen *Längsarmierung*, *Bügel* und *Beton* während die Klasse der *Ortsbetonstützen* der Klasse der *Betonstützen* und diese der Klasse der *Stützen* untergeordnet werden kann. Die Spezielles-Allgemeines-Hierarchie beschreibt die *Klassenstruktur* und die Teil-Ganzes-Hierarchie die *Objektstruktur*.

Zur Beschreibung der Mechanismen müssen Funktionen des Informationssystems bekannt sein. Die notwendigen Funktionen des Informationssystems sind aus der funktionalen Systemanalyse bekannt. Aus der Sicht der Tragwerkplanung muss beispielsweise der Mechanismus, einer Stahlbetonstütze eine Stabarmierung hinzuzufügen, vorhanden sein.

SCHRITT 2

Im zweiten Schritt wird die Semantik der Klassen aus dem ersten Schritt beschrieben. Die Strukturhierarchie wird festgelegt und entschieden, welche Informationsobjekte Klassen, Objekte oder Attribute werden. Dabei können *Inheritance*, *Using*, *Metaclass* und *Instance* Beziehungen zwischen Klassen bestehen [Booch 1991 p.96]. Von besonderem Interesse ist die *Using* Beziehung. Klassen bestehen aus einem Interface und einer Implementierung. Ein Interface kann eine andere Klasse oder die Implementierung einer Klasse kann eine andere Klasse benützen[106].

106 Interface Klasse A nutzt Klasse B: Klasse B ist durch das Interface von A sichtbar

Zwischen Objekten bestehen *Using* und *Containment* Beziehungen [Booch 1991 p.88]. Die *Using* Beziehung impliziert, dass zwei Objekte durch den Empfang von Nachrichten kommunizieren.

Die Beziehung zwischen Objekt und Methode kommt dadurch zustande, dass ein Objekt eine Nachricht empfängt und dabei eine entsprechende Methode ausführt. Die gesandte Nachricht wird als *message* und das empfangende Objekt als *receiver*[107] bezeichnet.

Als Argumente der Methode können nicht nur der *receiver* selbst, sondern zusätzlich noch andere Objekte als *object parameter* oder Werte verwendet werden. Die Methode kann nur mit einer Klasse in Beziehung stehen, das heisst nur auf der Ebene der Klasse definiert werden und nicht auf der Ebene der Objekte. Von der Methode kann an die ihr zugehörige Klasse ein Output in Form eines Objekts oder Werts zurückgegeben werden.

Wichtig ist die Definition des äusseren Verhaltens der Objekte, indem die Objekte aus der Perspektive ihrer Interfaces betrachtet werden [Lippman 1993 p.223][108]. Booch empfiehlt, den Lebenszyklus von Objekten von ihrer Entstehung bis zur Liquidation sowie ihr charakteristisches Verhalten aufzuzeichnen.

Der Lebenslauf des Objekts Stahlbetonstütze im Entwurfsprozess beginnt beispielsweise dann, wenn ein Fundament existiert, auf dem diese abgestellt werden kann. Die Löschung des Objekts erfolgt beispielsweise dann, wenn eine stützenlose Variante für die Realisierung eines Bauwerks gewählt wird. Das Verhalten von Methoden wird spezifiziert, indem Vor- und Nachbedingungen beschrieben werden. So muss zur Ausführung der Methode Stahlbetonstütze verschieben (Stb_Verschieben) zuerst ein Objekt Stahlbetonstütze vorhanden sein.

Die Resultate des zweiten Schritts sind die vollständige Beschreibung der Objekte und Klassen[109], sowie der Beschreibung der statischen und dynamischen Eigenschaften der Objekte.

Die *Anfragemethode* Anzahl der vorhandenen Stahlbetonstützen (Anz_Stb_Stützen) in Figur 26 liefert die Anzahl der erzeugten Stahlbetonstützen als Funktionswert. Die *Updatemethode* verschiebt eine bestehende Stahlbetonstütze an einen neuen Ort, durch Einfügen eines neuen Tupels zur Beschreibung der Lage und Einfügen einer neuen Bezeichnung der Stütze. Das Ergebnis der Updatemethode ist ferner ein boolscher Wert, der angibt, ob die Verschiebung der Stütze erfolgreich war oder gar nicht durchgeführt wurde, weil beispielsweise am neuen Ort kein Fundament vorhanden ist oder schon eine andere Stütze steht.

Implementierung Klasse A nutzt Klasse B: Klasse B ist nicht durch das Interface von A sichtbar

107 *Der receiver kann auch als* object parameter *aufgefasst werden, dass heisst ein Input oder Argument der Methode.*

108 The success or failure of a class depends on the completeness and efficiency of this set of member functions.

109 *vgl.* Beschreibung von Klassen. *Kapitel: 3.3.3.1. Semantische Datenbankmodelle, p.44*

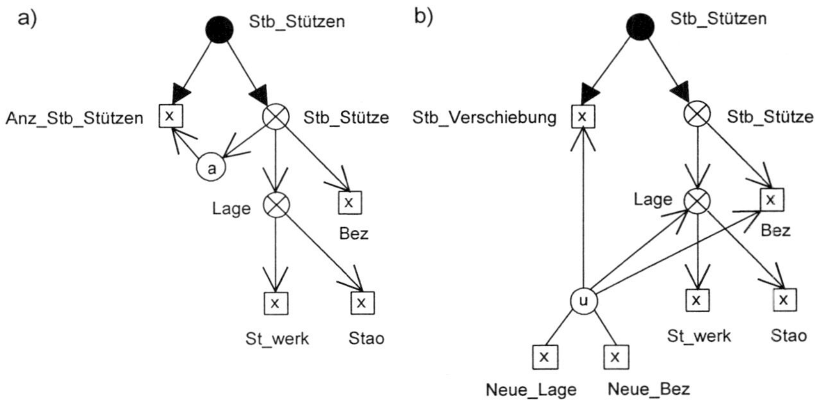

Figur 26: Dynamische Eigenschaften: a) Anfrage Methode und b) Update-Methode

Die Methode der Klasse Stahlbetonstützen (Stb_Stützen) kann auf der Metaebene als Attribut *Methoden* innerhalb der Klasse *Klassen* mit den zugehörigen Parameterlisten aufgefasst werden (Figur 27) [Heuer 1992 p.380].

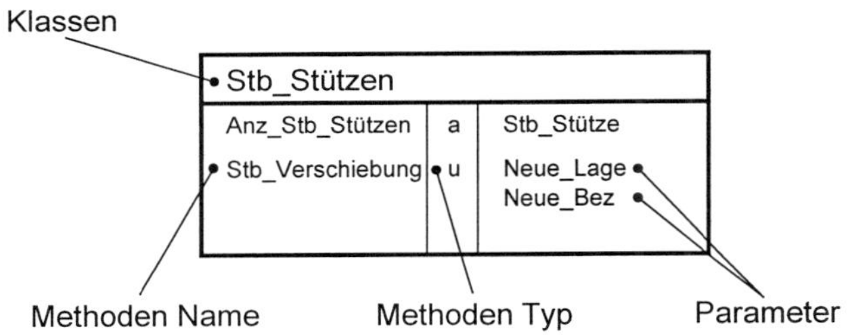

Figur 27: Beschreibung von Methoden als Attribute Methode der Klasse Klassen auf der Metaebene

Methoden können hinsichtlich ihrem Zweck in *Manager-*, *Implementierungs-*, *Hilfs-* und *Zugriffsmethoden* gegliedert werden [Lippman 1993 p.223].

Schritt 3

Im dritten Schritt werden die Beziehungen zwischen Objekten und Klassen vollständig beschrieben sowie die statischen und dynamischen Eigenschaften der angewandten Mechanismen zur Erreichung der Systemfunktionen der Menge von Objekten bestimmt.

Zwischen den definierten Objekten und Klassen sind die Beziehungen zu suchen sowie die Art der zwischen den Objekten gesandten Nachrichten zu bestimmen. Dabei kann es vorkommen, dass bestehende Klassen aufgehoben, neue definiert und die Beziehungen zwischen Klassen und Objekten neu definiert werden. Die zu erfüllenden Aufgaben im Schritt 3 liegen vollständig auf der Ebene des logischen Entwurfs.

Das Resultat wird in Beschreibungen der Objekte und Klassen sowie deren Beziehungen hinsichtlich ihrer statischen und dynamischen Eigenschaften in Objektdiagrammen festgehalten.

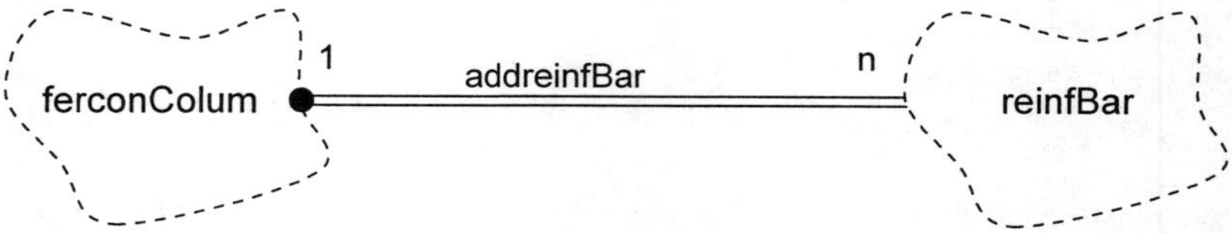

Figur 28: Klassendiagramm

Die Figur 28 spezifiziert mit der Notation nach Booch, wie die Klasse *Stahlbetonstützen (ferconColum)* in ihrer Implementierung die Klasse *Stabarmierungen (reinfBar)* benutzt. Damit wird eine neue *Stabarmierung* erzeugt und der *Stahlbetonstütze* als Teil zugefügt.

```
class ferconColum Column{
public:
//operations performed on ferro concrete columns
      ferconColumn (char *n, char *m, body *s ) {init(n, m, s)};
      addreinfBar (char *n, char *m, bewpos *b);
protected:
void init( char *N, char *M, body *S );
// Constructor of Stabarmierungen (not implemented)
// internal data representation
      char *Name;
      char *Material;
      body *ColumnBody;
      Bar *reinfBar;    //pointer to reinfBar object
};

void ferconColum::addreinfBar (char *n, char *m, bewpos *b) {
      reinfBar rBar(n, m, b);
      //implementation of class ferconColum uses constructor of
      //reinfBar
      reinfBar *tmp = &rBar;
      Bar = tmp;
}

class reinfBar Reinforcement{
public:
//operations performed on reinfBar
reinfBar( char *n, char *m, bewpos *b ) {init(n, m, b)}

protected:
```

```
void init( char *N, char *M, bewpos *B );
// Constructor of reinfBar (not implemented)
// internal data representation
      char *Name;
      char *Material;
      bewpos *Position;
};
```

Die Spezifikation der Klassen Stahlbetonstützen und Stabarmierungen zeigt die interne Struktur der Instanzen sowie die notwendigen Operationen. Die Klassendefinitionen können auf der logischen Ebene in der Spezifikation von Methoden noch unvollständig sein und auch durch einen kurzen Kommentar beschrieben werden. Dagegen sollten die *Strukturhierarchie* nicht umgestossen, keine *Methoden* hinzugefügt, die *Interfaces* nicht mehr verändert und die *interne Datenrepräsentation* nicht mehr angepasst werden müssen. Innerhalb des vorliegenden Forschungsprojekts wird das OOAD mit der datenseitigen Spezifikation von Klassen in beispielsweise C++ Notation auf der logischen Ebene als abgeschlossen angesehen.

Der Schritt 3 im OOAD kann durch die Implementierung eines Prototypen abgeschlossen werden [Booch 1991 p.203].

SCHRITT 4

Ziel der Bearbeitung ist es, die Art und Weise Implementierung von Objekten und deren Klassen sowie der zugehörigen Methoden vollständig zu spezifizieren.

Bei der Klärung der Fragen hinsichtlich der Implementierung werden die Objekte und Klassen erstmals von innen betrachtet und damit wird bestimmt, wie das Verhalten durch das Implementieren von Algorithmen zu erreichen ist.

Die Dokumentation des 4 Schritts ist die vollständige Beschreibung zur Implementierung des Systems. Auf der physischen Ebene muss der Ort der Klassendefinition und die Methodenimplementierung geklärt werden. Die Dokumentation des Bearbeitungsergebnisses erfolgt mit Hilfe von *Modul-* und *Prozess-Diagrammen* [Booch 1991 p.175ff, p.180ff].

Die Darstellung des dynamischen Verhaltens von Objekten und Klassen wird im *State-Transition-* und *Timing-Diagramm* dokumentiert. Das *State-Transition Diagramm* auf der Ebene der Klassen zeigt, wie die Instanzen von Klassen durch Aktionen verändert werden [Booch 1991 p.167ff]. Das Diagramm beschreibt die möglichen Zustände von Objekten, wobei der Startzustand und der Endzustand speziell gekennzeichnet sind. Aktionen führen zu Änderungen des Zustands oder können zum selben Zustand zurückführen.

Das *Timing-Diagramm* zeigt, wie die verschiedenen Nachrichten an Objekte in zeitlicher Hinsicht ablaufen [Booch 1991 p.173ff]. Die von Objekten ausgelösten

Operationen anderer Objekte werden unter Berücksichtigung ihrer Ende-Anfang Beziehungen entlang der Zeitachse aufgetragen.

DATENMODELLE UND DATENBANKMODELLE AUS DEM OOA UND OOAD

Die Schritte zum objektorientierten Entwurf zeigen, dass Datenmodelle bereits im Schritt 1 erzeugt und während des Schritts 2 vervollständigt werden. Mit der Identifikation von Klassen, Strukturhierarchien sowie deren Beziehungen können Datenmodelle spezifiziert werden.

Zur Spezifikation von Datenbankmodellen auf der logischen Ebene sind die Schritte 1 bis 3 auszuführen. Beim Einsatz von Datenbanksystemen als Prototypen ist deren Einfluss auf die Modellierung der Objekte und Klassen zu prüfen.

SCHWIERIGKEITEN BEIM OOA UND OOD

Weil die OOA und die OOD Gegenstände der aktuellen Forschung darstellen, existieren weder Standardmethoden noch entsprechende CASE-Tools.

Ein Streitpunkt besteht in der Abgrenzung zwischen OOA und OOD. Coad/Yourdon (vgl. [Coad et al. 1991a], [Coad et al. 1991b]) empfehlen, dass die Klassenhierarchien in der Phase der Analyse entwickelt werden sollen, während Shlaer/Mellor (vgl. [Shlaer et al. 1988]) die Ansicht vertreten, dass in der OOA durch die Bildung von Klassenhierarchien nicht die OOD vorweggenommen werden soll. Dittrich weist im gleichen Zusammenhang darauf hin, dass die Darstellung von Entwurfsentscheidungen in einem objektorientierten System häufig nicht in der selben Reihenfolge abläuft wie der Erkenntnisprozess, auf denen diese beruhen [Dittrich et al. 1992 p.45]. So wird beispielsweise die Klassenhierarchie nicht ausgehend von Klassen, sondern anhand von konkreten Objekten iterativ erarbeitet. Klassenhierarchien werden nicht durch Spezialisierungen, sondern von unten nach oben durch Generalisierungen erzeugt.

Das Springen vom OOA zum OOD und die Vermischung von Analyse und Design Methoden stellen ein Problem innerhalb von OO Techniken dar. Martin weist darauf hin, dass OOA und OOD nicht durch Phasen getrennt, sondern gleichzeitig durchgeführt werden sollen [Martin 1994 p.23]. Als Resultat der OOAD sollen mindestens Klassen- und Objekt-Diagramme vorhanden sein.

DIE SCHNITTSTELLE ZWISCHEN SYSTEMANALYSE UND SYSTEMENTWURF

Der objektorientierte Entwurf eines Informationssystems kann nicht ohne Spezifikation der formalen Kommunikationsprozesse der Funktionseinheiten und damit der Beschreibung des Anwendungsumfelds der Kommunikation im Bauprozess ausgehen. Der rein objektorientierte Entwurf von Informationssystemen als Bestandteile von Kommunikationssystemen im Bauprozess ohne funktionale Analyse der Kommunikationsfunktionen ist zwar logisch einwandfrei, stellt den Anwender jedoch vor erhebliche Probleme bei der praktischen Durchführung. Dieser muss sämtliche Beziehungen zwischen den einzelnen Objekten abstrakt herstellen, ohne sich auf die ablaufenden Prozesse im Hintergrund zur Gestaltung und Nutzung von Bauwerken beziehen zu können. Zur Lösung des Organisationsproblems der Gestaltung von Kommunikationssystemen muss von den Kommunikationsprozessen innerhalb von Projektorganisationen und der Beschreibung von Bauwerken ausgegangen werden.

Die Gestaltung eines Informationssystems im Bauprozess allein auf dem objektorientierten Ansatz ist von der praktischen Seite her gesehen nicht machbar, weil das Einbringen von Erfahrungen aus der Sicht der Praxis erschwert ist. Die Definition und die Bewertung von Leistungen als Informationsverarbeitungsprozesse im Bauprozess sowie die Optimierung von Beziehungs- und Prozessstrukturen in Projektorganisationen hinsichtlich einer besseren Kommunikation sind durch einen funktionalen Ansatz besser zugänglich[110]. Der objektorientierte Entwurf von Informationssystemen wird dem ganzheitlichen Ansatz in der Gestaltung von Kommunikationssystemen im Bauprozess nicht gerecht, weil die nicht unterstützten Kommunikationsfunktionen nicht erfasst werden. In Bauprojektorganisationen kann ein Grossteil der Aktivitäten von Stellen nicht durch Informationssysteme unterstützt werden. Damit sind Informationssysteme als Kommunikationssysteme im Bauwesen von untergeordneter Bedeutung.

110 *vgl.* Anwendung des Informationsfluss-Modells. *Kapitel: 1.5.* *Aufgaben, p.9*

4. ANWENDUNG DES INFORMATIONSFLUSS-MODELLS IM BAUPROZESS

Am Beispiel der Aufgaben und Aktivitäten der Funktionseinheit Tragwerkplanung zur Gestaltung von Tragwerken soll die Anwendung des Informationsfluss-Modells auf das Kommunikationssystem der Bauprojekt- und Benutzerorganisation gezeigt werden. Neben der Tragwerkplanung sind die Informationsflüsse von und zu der Architektur, der HLK-Installationsplanung, Gesamtleitung und des Bauherrn von Bedeutung. Der Bearbeitungsgegenstand der Funktionseinheit Tragwerkplanung wird in einem Bauwerkmodell Tragwerkplanung beschrieben. Das Bauwerkmodell wird nicht für sich allein stehend und unabhängig von anderen Fachgebieten im Bauprozess definiert, sondern aus einer generellen Systembeschreibung des Bauwerks abgeleitet. Die generelle Beschreibung des Bauwerk erfolgt in einem integralen Bauwerkmodell. Für die Gestaltung von Bauwerkmodellen im Bauprozess werden Regeln definiert.

4.1. INFORMATIONSFLÜSSE ZUR GESTALTUNG VON TRAGWERKEN

Zur Anwendung des Informationsfluss-Modells sind die Aufgaben der untersuchten Funktionseinheiten aufgrund von eindeutigen Zielsetzungen in verschiedenen Lebensphasen des Bauwerks zu definieren und diese auf den Entscheidungsrhythmus des *Bauherrn* auszurichten. Aufgrund der gefundenen Aufgaben werden eine Bauprojekt- und Benutzerorganisation zur Gestaltung, Realisierung und Liquidation von Hochbauten funktional gegliedert und damit auf der logischen Ebene die Kommunikationszentren festgelegt. Unter dem empfängerbezogenen Standpunkt pro Funktionseinheit können die zum vollständigen Ablauf von Aktivitäten notwendigen Informationsbezüge bestimmt werden. Abhängigkeiten zwischen den Aktivitäten von Funktionseinheiten ergeben sich aufgrund von Informationsbezügen, wobei bezüglich des exakten zeitlichen Ablaufs von Aktivitäten auf der physischen Ebene keine Aussagen gemacht werden können.

4.1.1. ERGEBNISSE DER SYSTEMANALYSE DER FUNKTIONSEINHEIT TRAGWERKPLANUNG

Informationsflüsse auf der physischen Ebene des Ist-Zustands bei Gestaltungsprozessen von Bauwerken wurden auch innerhalb des ICM Projekts durchgeführt [Clayton et al. 1994 p.2]. Dabei wurde festgestellt, dass graphische Darstellungen als hauptsächliche Verständigungsmittel zwischen verschiedenen Fachbereichen benutzt werden.

4.1.1.1. Die Aufgaben und Aktivitäten der Funktionseinheit Tragwerkplanung

Die Aufgaben der Funktionseinheit Tragwerkplanung liegen im Entwurf, der Berechnung und dem Konstruieren von Tragwerken[111]. Hauptaufgabengebiet ist die ausführungsreife Beschreibung des Tragwerks ausgehend von den Vorstudien des Bauwerks bis zur Erstellung der Ausschreibungs- beziehungsweise Vertragsunterlagen sowie der definitiven Ausführungspläne. Ferner ist die Dokumentation, Abrechnung und eine periodischen Baukontrolle auszuführen. In der Phase der Nutzung ist das Tragwerk zu kontrollieren, Konzepte zur Instandhaltung des Tragwerks zu erstellen sowie in der Phase der Liquidation der Abbruch des Bauwerks, das Recycling und die Entsorgung der Tragkonstruktion sicherzustellen.

Die Funktionseinheit der *Tragwerkplanung* enthält mit der periodischen Baukontrolle auch Aufgaben, die über die eigentlichen Gestaltungsprozesse von Tragwerken hinausgehen. Dadurch unterscheidet sich der Charakter der zu erfüllenden Aufgaben grundsätzlich von den übrigen Aufgaben der Tragwerkplanung. Der Einfachheit halber wird dieser Aufgabenbereich nicht einer neuen Funktionseinheit zugeordnet, weil die Aufgaben während der Ausführung von Tragwerken im Vergleich zu den planerischen Aufgaben zur Tragwerksgestaltung bezüglich der Kommunikation von untergeordneter Bedeutung sind.

Mit anderen Funktionseinheiten treten im Bauprozess folgende Interaktionen auf: Ausgehend von den Bearbeitungsergebnissen der Architektur, welche das Bauwerk als Ganzes entwirft, zerlegt die Tragwerkplanung das Bauwerk in das Tragwerk und dieses in einzelne, berechenbare Bauteile und überprüft die von der Architektur vorgesehenen Abmessungen der tragenden Teile. Die Funktionseinheiten der Betriebsplanung und der Gebäudetechnik liefern Angaben über die aufzunehmenden Belastungen und über die Anordnung von Durchbrüchen im Tragwerk. Die Bearbeitungsergebnisse der Tragwerkplanung dienen der Architektur und der Betriebsplanung als Arbeitsgrundlage. Zur Herstellung des Tragwerks muss dieses in eine baustellentaugliche Form der Beschreibung wie Konstruktions-, Schalungs- und Bewehrungspläne sowie Stücklisten überführt werden.

Im Anhang C sind die speziellen Aufgaben der Funktionseinheit Tragwerkplanung aus den generellen Aufgaben in allen Lebensphasen des Bauwerks zusammengestellt[112].

4.1.1.2. Das System Tragwerk

Zum *Tragwerk* gehören sämtliche Bauteile, welche für das Gleichgewicht und die Formerhaltung eines Bauwerks notwendig sind [SIA 160 1989 p.3]. Als Tragwerk gelten auch Teile der äusseren Verkleidung, des Ausbaus und der Betriebseinrichtungen sowie deren Befestigungen, sofern deren Versagen Menschenleben gefährdet.

---

111 *vgl.* Tragwerk. *Kapitel: Glossar, p.284ff*

112 *vgl. Anhang C,* Projektphasen und Aktivitäten Tragwerkplanung

Entsprechend sind unter dem *Tragwerk* all diejenigen Teile des Bauwerks zu verstehen, die geeignet sind, innere und äussere Lasten an ihre Systemumgebung so abzuleiten, dass weder einzelne Teile des Tragwerks selbst noch seine Umgebung die wesentlichen Merkmale ihrer Struktur verlieren. Äussere Lasten sind Belastungen in Form von ständigen, veränderlichen, aussergewöhnlichen oder besonderen Einwirkungen wie beispielsweise Eigenlasten, Nutzlasten, Erdbeben oder Abweichungen von vorgesehenen Tragwerksdimensionen. Innere Lasten treten auf infolge Temperatureinwirkungen, Schwinden und Kriechen von Beton und führen entsprechend zu Eigenspannungszuständen des Tragwerks.

Diese funktionale Definition des Tragwerks beruht auf der Gliederung des Bauwerks entsprechend den Funktionen seiner Teile, sagt aber gleichzeitig nichts darüber aus, ob das Abtragen von Lasten die einzige Funktion eines Tragelements ist. Vielmehr zeigt die funktionale Gliederung von Bauwerken, dass verschiedene *materielle Objekte*[113] verschiedene Funktionen wahrnehmen können und entsprechend verschiedenen, nach funktionalen Aspekten definierten Teilsystemen von Bauwerken zugeordnet werden können. Die Hauptaufgabe bei der Gestaltung von Tragwerken besteht gerade darin, sämtliche für Tragwerkteile vorgesehenen Funktionen zu erkennen und das Tragelement entsprechend zu gestalten.

Der Gegenstand der Bearbeitung einer Funktionseinheit wird in der Folge als *Bearbeitungsobjekt* bezeichnet. Bearbeitungsobjekte in der Tragwerkplanung sind beispielsweise die tragenden Teile von Stützen, Decken, Balken usw., vorausgesetzt, dass Stützen, Decken und Balken eben nicht nur aus tragenden Teilen bestehen können.

4.1.1.3. BEARBEITUNGSERGEBNISSE DER TRAGWERKPLANUNG

Die Bearbeitungsergebnisse der Funktionseinheit Tragwerkplanung auf der Ebene des physischen Ist-Zustands liegen in Form von Dokumenten vor. Die wichtigsten Dokumente, die im Verlauf des Bauprozesses im Zusammenhang mit der Gestaltung von Tragwerken erstellt werden, sind neben graphischen Darstellungen Beschreibungen in Form von Sicherheits-, Nutzungs- und Kontrollplänen.

- *Sicherheitsplan* [SIA 160 1989 p.8]: Beschreibt das Konzept der Systemziele bezüglich der Sicherheit des Bauwerks. Ausgehend von Gefährdungsbildern werden denkbare Einwirkungen auf das Tragwerk festgelegt und entsprechende Massnahmen zur Einhaltung der geforderten Sicherheiten definiert.
- *Nutzungsplan* [SIA 160 1989 p.9]: Beschreibt das Konzept der Systemziele bezüglich der Gebrauchstauglichkeit des Bauwerks. Ausgehend von Nutzungszuständen werden denkbare Einwirkungen auf das Tragwerk und entsprechende Massnahmen zur Einhaltung der geforderten Systemziele festgelegt.

---

113 *vgl.* Objekte, materielle. *Kapitel: Glossar, p.274ff*

- *Kontrollplan* [SIA 160 1989 p.9]*:* Beschreibt das Konzept zur Einhaltung der Systemziele bezüglich der Sicherheit und Gebrauchstauglichkeit von Tragwerken in den Phasen der Projektierung, Realisierung und Nutzung des Bauwerks.
- *Bewehrungsplan:* Beschreibung der Lage und Anordnung der Bewehrung in Teilen des Rohbaus aus Stahlbeton.
- *Schalungsplan:* Beschreibung der äusseren Form und Oberflächenbeschaffenheit von Teilen des Rohbaus aus Stahlbeton.
- *Werkstattplan:* Beschreibung der Konstruktion von werkstattgefertigten Tragwerkteilen.
- *Montageplan:* Beschreibung der Montage von vorgefertigten Teilen des Tragwerks.
- *Stückliste:* Beschreibt die Komponenten von Bauwerken und ihre Anzahlen.
- *Kostenschätzung Tragwerk:* Geschätzte Kosten des Tragwerks aufgrund von Erfahrungswerten nach Gebäudetypen.
- *Kostenvoranschlag Tragwerk:* Kostenschätzung auf eine vertraglich festgelegte Genauigkeit. Die Berechnung der Kosten hat als Grundlage die Ausmasse.
- *Devisierung Tragwerk:* Leistungsverzeichnis zur Erstellung des Tragwerks unter Angabe sämtlicher relevanter Arbeitsgattungen und deren mengenmässigen Vorausmassen sowie den besonderen Bedingungen.
- *Definitives Ausmass:* Zusammenstellung der effektiven Mengen der zu den Einheitspreisen erbrachten Leistungen.
- *Abrechung:* Zusammenstellung der erbrachten Leistungen gemäss Auftrag.
- *Bauprogramm:* Zeitliche Abfolge von Produktionsprozessen und deren Abhängigkeiten.

Dokumente[114] sind Beschreibungen von Bauwerken in Papierform, wobei die Beschreibung unter einem bestimmten Aspekt zu einem bestimmten Zeitpunkt erfolgt. Dokumente sind statische Beschreibungen und weisen untereinander keinen Zusammenhang auf. Werden Dokumente hingegen als Sichten auf Daten betrachtet, kann ein Zusammenhang zwischen Dokumenten hergestellt werden.

Ein *Schalungsplan* kann auf der Ebene der Dokumente, Sichten oder Daten betrachtet werden. Daten beschreiben physische Objekte wie *Stützen*, *Wände* und *Decken*. Die geometrische Repräsentation von Objekten erfolgt durch *Körper*, *Flächen*, *Kanten* und *Ecken*. Die Sichten auf diese Daten eines Schalungsplans umfassen die Geometrie, Topologie, Oberflächenbeschaffenheit und Material der physischen Objekte. Sind die Daten zur Beschreibung von Bauwerken unter einem einheitlichen Schema beschrieben, kann das damit definierte Datenmodell als Beschreibung von Bauwerkmodellen verwendet werden.

Sichten auf Daten und *Layer* in einem kommerziell verfügbaren CAD-System haben nichts miteinander zu tun. Sichten werden bezüglich eines Datenmodells de-

---

114 *vgl.* Dokument. *Kapitel: Glossar, p.261ff*

finiert und enthalten eine Menge von Objekten verschiedener Klassen, welche für eine bestimmte Anwendung von Bedeutung sind. Layer dagegen stammen aus der Schichtplantechnik und enthalten die *Präsentation* von Objekten[115] des Bauwerks in einer thematischen Gliederung.

4.1.1.4. Modelle vom Bauwerk zur Tragwerkplanung

Neben dem Inhalt traditioneller Dokumente im Tragwerkgestaltungsprozess sind die Modelle vom Bauwerk zur Tragwerkplanung von Interesse. Nicht die Vereinheitlichung von Dokumenten stellt den Gegenstand der Integration unter dem Produktmodellansatz dar, sondern die unterschiedlichen anwendungsorientierten Modelle vom Bauwerk. Von besonderer Bedeutung ist die Betrachtung der physischen Struktur des Bauwerks unter dem Aspekt Tragwerkplanung. Hierzu werden *Tragwerkmodelle*, *statische Modelle*, *Berechnungs-* und *Konstruktionsmodelle* vom Bauwerk unterschieden.

Tragwerkmodell: Beschreibung der tragenden Elemente eines Bauwerks in ihrer dreidimensionalen Ausdehnung. Beziehungen zwischen den Elementen beschreiben, welche Elemente von welchen getragen werden. Tragende Elemente können nur in Form von materiellen Objekten auftreten.

Statisches Modell: Beschreibung der statischen Modellierung von Tragwerken. Für Hochbauten ist es in der Regel ausreichend, in einer Richtung tragende Elemente wie Stützen und Balken als *Kanten* und in zwei Richtungen tragende Elemente wie Platten als *Flächen* zu modellieren. Die Eigenschaften von dreidimensionalen Elementen, wie deren Querschnittswerte und Materialeigenschaften, werden den Elementen zugeordnet. Der Übergang vom Tragwerkmodell zum statischen Modell erfordert ein hohes Mass an ingenieurmässigen Beurteilungen und ist grundsätzlich nicht algorithmisierbar. Das statische Modell dient als Grundlage für das Berechnungsmodell und weist eine starke Beziehung zum Konstruktionsmodell auf.

Berechnungsmodell: Die im statischen Modell idealisierten dreidimensionalen Elemente können entweder von Hand oder durch FE-Berechungsprogramme berechnet werden, indem Schnittkräfte bestimmt werden. Die Generierung von Maschen zur FE-Berechung kann automatisch erfolgen und durch den Ingenieur angepasst werden.

Konstruktionsmodell: Die Schnittkräfte und Durchbiegungen aus dem Berechnungsmodell werden im Konstruktionsmodell durch ausreichende Bemessung der Tragwerkelemente berücksichtigt. Die Konstruktion findet im dreidimensionalen Raum statt. Unzulänglichkeiten wie zu kleine Querschnittsabmessungen und/oder ungünstige statische Verhältnisse führen zu Veränderungen des gesamten Bauwerks und sind für mehrere Funktionseinheiten von Interesse. Die im statischen

---

115 *vgl.* Präsentation. *Kapitel: Glossar, p.276ff*

Modell gemachten Annahmen müssen bei der Konstruktion berücksichtigt werden.

Im Zyklus der Aufgabenerfüllung der Funktionseinheit Tragwerkplanung und Modellierung des Bauwerks in Form eines Tragwerkmodells, statischen Modells, Berechungsmodells und Konstruktionsmodells ergeben sich erst im Konstruktionsmodell Auswirkungen auf die Gestaltung des Bauwerks als Ganzes.

4.1.2. Kommunikationskanäle im Informationsfluss-Modell

Die Funktionsanalyse des Kommunikationssystems der Bauprojekt- und Benutzerorganisation im Bauprozess erfolgt mit dem Informationsfluss-Modell und der SA als zugehörige Methode. Das Aktivitätenmodell wird mit den Techniken *Data-Flow-Diagramm* und das Datenmodell mit dem *DataDictionary* beschrieben. Ein *Werkzeug*[116] unterstützt die beiden Techniken zur Systemanalyse.

Besondere Bedeutung erhält die Beschreibung des Systems der Kommunikationsbeziehungen innerhalb der *funktional* gegliederten Bauprojekt- und Benutzerorganisation. Dieses hierarchische *Netz von Kommunikationsbeziehungen*[117] dient als Ausgangspunkt für die Funktionsanalyse, damit die Analyse der Aktivitäten einzelner Funktionseinheiten unabhängig voneinander durchgeführt werden kann und ein späterer Abgleich der Informationsbedürfnisse möglich ist.

Bei der Erarbeitung eines Grundsystems besteht das Problem der Verknüpfung des hierarchisch gegliederten *Projektphasenplans* in Projektphasen und Teilphasen und der funktional geordneten *Bauprojekt- und Benutzerorganisation* in Gruppen von Funktionseinheiten und Funktionseinheiten.

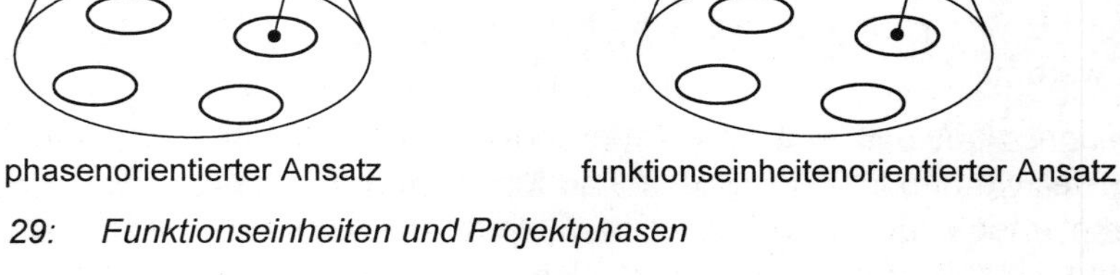

Figur 29: Funktionseinheiten und Projektphasen

---

116 teamwork® *ist ein registriertes Warenzeichen der Cadre Technologies Inc.*

117 *Das hierarchische System von Kommunikationsbeziehungen wird in der Folge als* Grundsystem *der Funktionsanalyse bezeichnet.*

Die Figur 29 zeigt den *phasen-* und den *funktionseinheitenorientierten Ansatz* zur Verbindung der Hierarchie der Projektphasen und der Bauprojekt- und Benutzerorganisation.

- *phasenorientierter Ansatz:* Die Projektphasen dienen als oberstes Gliederungskriterium zur Aufteilung des Prozesses der Projektdatenverwaltung. Ist die Gliederung in Projektphasen abgeschlossen, werden die Aktivitäten der einzelnen Funktionseinheiten eingefügt.
- *funktionseinheitenorientierter Ansatz:* Umgekehrt zur phasenorientierten Gliederung wird zuerst in die Hauptaktivitäten der Funktionseinheiten gegliedert und anschliessend werden die Projektphasen eingefügt.

Die anfängliche Zerlegung in Funktionseinheiten weist den Vorteil eines klaren Aufbaus in bezug auf die Darstellung der Funktionseinheiten und Gruppen von Funktionseinheiten auf. Die im Bauprozess zwischen zwei Funktionseinheiten ausgetauschten Informationen werden in zwei richtungsgetrennten Datenflüssen beschrieben. Eine Funktionseinheit mit ihrem Know-How und ihren Arbeitsgrundlagen muss nur einmal beschrieben werden.

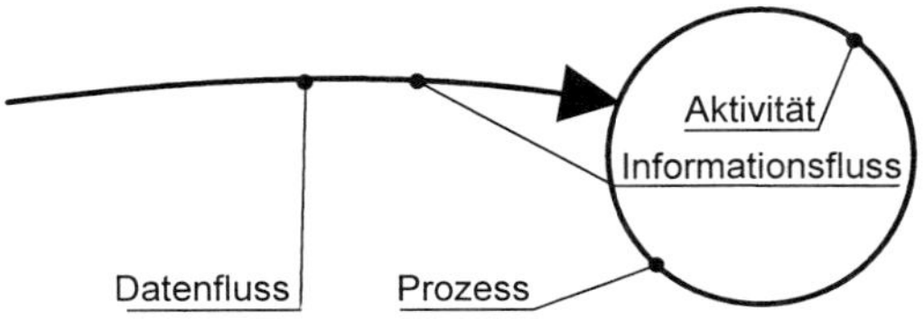

Figur 30: Prozesse, Datenflüsse - Aktivitäten und Informationsflüsse

Die in der SA nach DeMarco verwendeten Begriffe des *Datenflusses* und des *Prozesses* bekommen im Informationsfluss-Modell die Bedeutung der *Aktivität* beziehungsweise des *Informationsflusses*. Die Figur 30 verdeutlicht den Zusammenhang zwischen der Wahl der Begriffe und dem Standpunkt der Betrachtung. Bei einer aussenstehenden Betrachtung äussern sich *Aktivitäten* in Form von *Prozessen* und die bezüglich einer Aktivität definierten *Informationsflüsse* in Form von *Datenflüssen*.

Das Grundsystem zur Funktionsanalyse der Aktivitäten und Informationsflüsse im Bauprozess stellt ein System von Rohrleitungen zwischen den verschiedenen Funktionseinheiten dar, das in allen Lebensphasen des Bauwerks genutzt werden kann. Besteht nur ein Interesse an den Kommunikationsbeziehungen zwischen den einzelnen Funktionseinheiten, kann man sich auf die Untersuchung des Inhalts der Rohrleitungen beschränken.

Pro Hierarchiestufe kommen beim funktionseinheitenorientierten Aufbau des Grundsystems unterschiedliche Kriterien zur Aufgliederung der Funktionen wie auch der Informationsflüsse zur Anwendung. Die Figur 31 zeigt den Aufbau des Grundsystems und den Zusammenhang zwischen der funktionalen Gliederung der Bauprojekt- und Benutzerorganisation und den gewählten Funktionseinheiten. Die Beziehungen zu den Projektphasen und den Aktivitäten der Funktionseinheiten werden anschliessend erläutert.

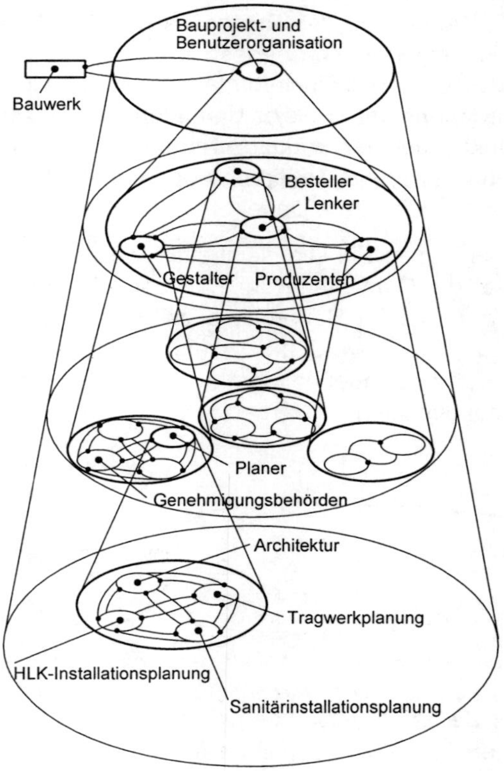

Figur 31: Grundsystem zur Funktionsanalyse

Die verschiedenen Ebenen der funktionalen Gliederung der Bauprojekt- und Benutzerorganisation sind so dargestellt, dass dunkle Kreise Gruppen von Funktionseinheiten und helle Kreise Funktionseinheiten bedeuten, welche definitionsgemäss die Element-Ebene der funktionalen Gliederung einer Organisation darstellen. Die Funktionseinheiten können je nach dem Ziel der Untersuchung und Betrachtungsstandpunkt auf verschiedenen Gliederungsebenen verteilt sein. So ist es für die Funktionsanalyse der Kommunikation im Bauprozess sinnvoll, die Planer weiter in die Funktionseinheiten *Architektur*, *Tragwerkplanung*, *HLK Installationsplanung* usw. zu unterteilen. Dagegen kann die Funktion Bauwerk genehmigen, welche selber auf der gleichen Ebene wie die Planer liegt, in Form der *Genehmigungsbehörden* direkt als Funktionseinheit definiert werden. Diese grobe Einteilung der *Genehmigungsbehörden* kann später noch weiter unterteilt werden.

Die Bauprojekt- und Benutzerorganisation enthält sämtliche Stellen, welche mit dem Bauwerk in irgend einer Lebensphase in Beziehung treten, das heisst, dieses beispielsweise gestalten, produzieren oder nutzen. Entsprechend können auf der obersten Ebene des Grundsystems die Funktionseinheiten der Bauprojekt- und Benutzerorganisation in der Phase der Nutzung mit dem Bauwerk eine Beziehung aufweisen.

Die Figur 32 zeigt die differentiellen Informationsflüsse zwischen zwei Gruppen von Funktionseinheiten, das heisst diejenigen Informationsflüsse, welche bei den untergeordneten Funktionseinheiten dazukommen. Die gerichteten Informationsflüsse werden entsprechend der Gliederung der Gruppen von Funktionseinheiten in Funktionseinheiten aufgespalten. Dabei ergibt sich die maximale Anzahl n von Kommunikationsbeziehungen auf der Ebene n + 1 durch Multiplikation[118] der Anzahl Elemente der einzelnen Gruppen von Funktionseinheiten. Effektiv ist beim Aufbau des Grundsystems die Anzahl vorhandener Kommunikationsbeziehungen immer kleiner gleichen, weil nicht notwendigerweise jede Funktionseinheit mit jeder kommunizieren muss.

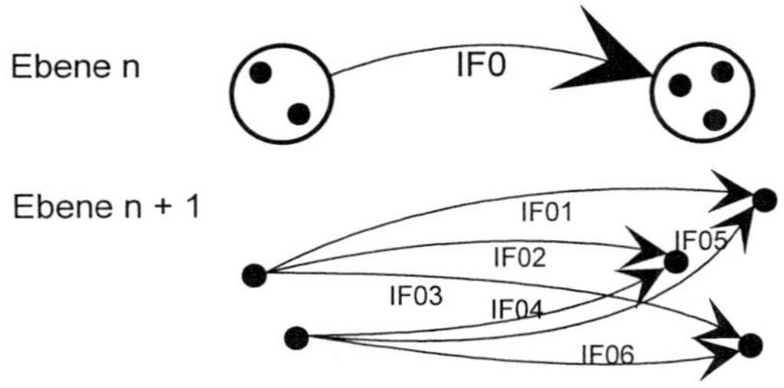

Figur 32: Übergang auf eine untere Hierarchieebene und Gliederung von Informationsflüssen

Die gleiche Beobachtung gilt auch innerhalb der Gruppen von Funktionseinheiten oder selbst Funktionseinheiten. Nicht jede Gruppe muss mit jeder kommunizieren und eine Vollstruktur[119] ausbilden. Vielmehr zeigen Realitätsbeobachtungen, dass in der Modellierung von Bauprojekt- und Benutzerorganisationen bereits auf der Gliederungsebene der Besteller, Produzenten, Gestalter und Lenker zwischen dem Besteller und den Produzenten in der Regel keine direkten Kommunikationsbeziehungen auftreten und damit die entsprechenden Informationsflüsse in beiden Richtungen mitsamt ihren vielen Unterflüssen weggelassen werden können. Die Darstellung der Informationsflüsse wird um so einfacher, je mehr

---

118 *Werden die Gruppen von Funktionseinheiten A bzw. B auf der Ebene n in eine Anzahl a bzw. b Untergruppen aufgeteilt, ergibt sich eine maximale Anzahl n von möglichen Informationsflüssen auf der Ebene n+1 von* $n = a * b$.
Sind zusätzlich noch eine Anzahl t verschiedene Typen von Informationsflüssen zugelassen, erhöht sich die Anzahl maximal möglicher Informationsflüsse um den Faktor t, d.h. $n = a * b * t$

119 *In einer Vollstruktur kann jedes Kommunikationszentrum mit jedem kommunizieren.*

Kommunikationsbeziehungen auf einer hohen Gliederungsebene ausgeschlossen werden können.

SYNTAKTISCHE REGELN

Die syntaktischen Regeln zur Modellierung von Informationsflüssen im Bauprozess hängen stark ab von der gewählten Methode der Systemanalyse und der entsprechenden Darstellungstechnik. Aufgrund der Einfachheit der SA Methode sind die wesentlichen Regeln zur richtigen syntaktischen Beschreibung sehr einfach.

- Der von einem Prozess ausgehende Datenfluss kann nicht auf den selben Prozess zurückkehren.
- Die von einem Prozess eingehenden und ausgehenden Datenflüsse müssen auf der unteren Hierarchieebene erhalten bleiben.
- Von jedem Prozess geht mindestens ein Datenfluss weg oder kommt hinzu.

SEMANTISCHE REGELN

Die semantischen Regeln gelten für die Beschreibung des Kommunikationssystems der Bauprojekt- und Benutzerorganisation unter dem funktionseinheitenorientierten Ansatz. Das Überladen der Bedeutung der Symbole für Prozesse führt zu umfangreichen semantischen Regeln.

- Das Kommunikationssystem der Bauprojekt- und Benutzerorganisation ist funktional bis auf Stufe Funktionseinheiten gegliedert.
- Die Funktionseinheiten sind mit einem Datenspeicher in Form eines Wissensvorrats ausgerüstet.
- Ab der Stufe Funktionseinheit sind die Projektphasen definiert, in der eine bestimmte Funktionseinheit aktiv wird.
- Die Funktionsanalyse des Kommunikationssystems im Bauprozess endet dann, wenn eine Funktionseinheit keine Informationen mehr von einer anderen benötigt.
- Oberhalb der Ebene der Funktionseinheiten treten Datenflüsse nur in Form von Kommunikationsbeziehungen zwischen Funktionseinheiten und Gruppen von Funktionseinheiten auf. Entsprechend setzt sich ein Datenfluss erst in einer unteren Ebene aus Informationsobjekten zusammen.
- Unterhalb der Ebene der Funktionseinheiten sind die Datenflüsse in Form von Kommunikationsbeziehungen entsprechend des Empfängers nach Phasen geordnet zu unterteilen.
- Ab den phasenspezifischen Datenflüssen können diese Informationsobjekte zum Inhalt haben.
- Mit dem Abbruchkriterium der Funktionsanalyse des Informationsbezugs von anderen Funktionseinheiten wird der Inhalt von Datenflüssen in Form von Informationen beschrieben. Informationen werden durch Informationsobjekte spezifiziert.

- Die Beschreibung von Datenstrukturen und der Aufbau von Datenmodellen ist nicht Ziel der Funktionsanalyse. Nach der Definition von Datenmodellen können Informationsbezüge in Form von Sichten auf ein Datenmodell interpretiert werden.

BEDEUTUNG DER PROZESSE

Zum Aufbau des Grundsystems unter dem funktionseinheitenorientierten Aspekt werden zur Gliederung der Bauprojekt- und Benutzerorganisation funktionale Kriterien angewandt, wobei Funktionseinheiten und Gruppen davon definiert werden. Die funktionale Gliederung richtet sich definitionsgemäss nach der Ähnlichkeit der Aufgaben der verschiedenen Stellen. Die anschliessende Gliederung der Projektphasen erfolgt nach einheitlichen Zielsetzungen und die Definition von abgeschlossenen Arbeitspaketen.

Die Prozesse auf den Ebenen des Grundsystems reichen von Gruppen von Funktionseinheiten über Funktionseinheiten selbst zu deren eigentlichen Aktivitäten in den verschiedenen Projektphasen. Die Funktionseinheiten der Bauprojekt- und Benutzerorganisation stellen demnach in der Systemanalyse die Schnittstelle zwischen der funktionalen Gliederung der Bauprojekt- und Benutzerorganisation mit den ausgeführten Aktivitäten dar. Zur Identifikation der Funktionseinheiten innerhalb des Grundmodells werden diese speziell[120] gekennzeichnet.

BEDEUTUNG DER INFORMATIONSFLÜSSE

Die Gliederungskriterien für die Zerlegung der Prozesse sind gleichzeitig auch auf die Zerlegung der Datenflüsse anzuwenden. Werden die Aktivitäten einer bestimmten Funktionseinheit entsprechend den Projektphasen aufgegliedert, sind auch die Informationsflüsse nach diesen Phasen zu zerlegen. Im Datenlexikon ist jederzeit sichtbar, von welcher Funktionseinheit in welcher Phase welche Information bezogen wird. Mit der in Figur 33 dargestellten Identifikation werden Informationsflüsse innerhalb des Grundmodells beschrieben. ARCH_BE_TWPL bedeutet die Menge aller Informationsflüsse von der Funktionseinheit *Architektur* (ARCH) zur Funktionseinheit *Tragwerkplanung* (TWPL) in Form von *Bearbeitungsergebnissen* (BE) in allen Lebensphasen des Bauwerks.

Kommt die phasenorientierte Gliederung im Anschluss an das Grundmodell hinzu, wird eine Kurzbezeichnung der Phase des Empfängers angefügt. Diese Betrachtung spiegelt den empfängerorientierten Aufbau des gesamten Informationsfluss-Modells wieder.

---

120 *Bei der Systemanalyse im Zusammenhang mit dem KWF Projekt Nr. 2416.1 werden die gewählten Funktionseinheiten in Grossbuchstaben geschrieben.*

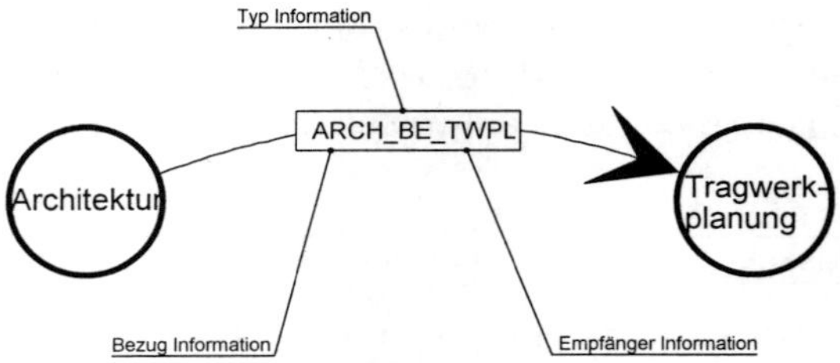

Figur 33: Identifikation Informationsfluss des Grundmodells

4.1.3. Klassifizierung der Informationsflüsse

Die bezüglich Empfängern definierten Informationsflüsse können unterschiedliche Eigenschaften aufweisen. Je nach dem welchen Zweck ein Informationsbezug erfüllt, werden folgende Typen unterschieden (vgl. [Hill et al. 1976 p.137]). Ein Informationsfluss kann ein *Bearbeitungsergebnis*, eine *Lenkungsinformation* oder eine *Entscheidungsinformation* enthalten.

- Bezug *Bearbeitungsergebnis:* Dient als Arbeitsgrundlage für die Erledigung von Aufgaben einer Funktionseinheit und kommt als Kommunikationsbeziehung am häufigsten vor. Bearbeitungsergebnisse treten innerhalb des Bauprozesses zu beliebigen Zeitpunkten auf. Bearbeitungsergebnisse werden vor allem innerhalb der Gestalter sowie zwischen den Gestaltern und Produzenten ausgetauscht.
- Bezug *Lenkungsinformation:* Dient der Lenkung von Aktivitäten bestimmter Funktionseinheiten. Dabei können Lenkungsinformationen Aktivitäten auslösen, beenden oder Einfluss auf den Ablauf von Aktivitäten selbst ausüben.
  Mit dem Empfang von Lenkungsinformationen durch Funktionseinheiten wächst ihr Wissen, wie bestimmte Aufgaben ausgeführt werden sollen. Lenkungsinformationen können innerhalb des Bauprozesses beliebig oft und zu beliebigen Zeitpunkten empfangen werden. Dieser Typ von Informationsflüssen tritt besonders zwischen den Lenkern und den Gestaltern sowie den Produzenten auf.
- Bezug *Entscheidungsinformation:* Dient zur Festlegung, wie nach dem Erreichen von Phasenzielen die weiteren Aufgaben von Funktionseinheiten ausgeführt werden sollen. Entsprechend treten in einem Bauprojektablauf Entscheidungsinformationen nur zu bestimmten Zeitpunkten auf. Entscheidungsinformationen werden vor allem durch die Lenker vom Besteller bezogen. Umgekehrt definiert der Fluss von Entscheidungsinformationen eindeutig einen Phasenbeginn im gesamten Bauprozess.

Die Typen von Informationsflüssen sind in Tabelle 4 bezüglich der potentiellen *Empfänger* und *Projektphasen* unterschieden. Berarbeitungsergebnisse führen analog zu den Lenkungs- und Entscheidungsinformationen bei den diese empfangenden Funktionseinheiten zu einem Zuwachs an Wissen. Lenkungs- und

Entscheidungsinformationen stellen jedoch nur für bestimmte Funktionseinheiten eine Information dar, wobei letztere hinsichtlich ihres Auftretens zusätzlich noch einen Bezug zu den Projektphasen aufweisen.

Typ Informationsfluss	***empfängerspezifisch***	***phasenspezifisch***
Bearbeitungsergebnis	nein	nein
Lenkungsinformation	ja	nein
Entscheidungsinformation	ja	ja

Tabelle 4: Eigenschaften der Typen von Informationsflüssen

Informationsflüsse können bezüglich ihres Inhalts weiter unterteilt werden. Der Inhalt eines Informationsflusses besteht definitionsgemäss aus Daten, denen der Empfänger eine Information entnimmt. In bezug auf die Eigenschaften dieser Daten können die verschiedenen Typen von Informationsbezügen weiter klassifiziert werden.

Kompliziertheit der Daten: Die Kompliziertheit von Daten wird mittels deren Strukturiertheit gemessen. Die Strukturiertheit der Daten entspricht der Strukturiertheit des Modellobjekts und diese richtet sich nach der Strukturiertheit des Benutzerobjekts. Technische Objekte der realen Welt und ihre datenmässige Beschreibung sind stark strukturiert. Modellobjekte in administrativen Anwendungen wie beispielsweise Vertragstexte oder Rechnungen weisen hingegen nur einen geringen Strukturiertheitsgrad auf.

Datenmenge: Daten treten auf der physischen Betrachtungsebene in unterschiedlichen Mengen auf. Eine physische Datenmenge kann beispielsweise in KBytes gemessen werden. Auf der logischen Ebene können nur qualitative Aussagen bezüglich einer Datenmenge gemacht werden. Strukturierte Objekte müssen in der Regel durch mehrere Modellobjekte beschrieben werden. Umgekehrt kann auf der logischen Ebene die Datenmenge aus der Anzahl der bezogenen Informationsobjekte unter Berücksichtigung von deren Kompliziertheit bestimmt werden.

Die Eigenschaften der Informationsflüsse bezüglich ihres Inhalts wird in der SA durch zusätzliche Attribute der Datenflüsse beschrieben.

4.1.4. Klassifizierung der Aktivitäten

Analog der Unterteilung der Informationsflüsse in drei Typen entsprechend ihrem Zweck, ist eine Klassifikation der Aktivitäten in *algorithmisierbare* und *unterstützte* Aktivitäten möglich.

Algorithmisierbar: Ein Prozess kann durch einen Algorithmus beschrieben werden, das heisst, die zum vollständigen Ablauf des Prozesses notwendigen Methoden sind bekannt. Dabei muss unterschieden werden, welche Kommunikationsfunktionen eines Kommunikationsprozesses algorithmisierbar sind. Ein algorithmisierbarer Kommunikationsprozess gehört zum formalisierbaren Kommunikationssystem der Bauprojekt- und Benutzerorganisation. Algorithmisierbare Kommunikationsprozesse sind hinsichtlich der Gestaltung eines Informationssystems von Bedeutung, weil diese mit *Mechanismen*[121] exakt beschrieben werden können.

Ein Konstruktionsprozess zur Gestaltung eines technischen Systems ist allgemein nicht algorithmisierbar [Breiing 1990 p.12]. Hingegen können einzelne Teilprozesse aus dem gesamten Konstruktionsprozess durchaus algorithmisiert werden. Die Aktivität *Vorausmasse bestimmen* kann relativ einfach algorithmisiert werden, indem die Methoden zur Berechnung von Volumina und Flächen der dreidimensional beschriebenen Objekte eines Bauwerks definiert werden. Ein entsprechendes Informationssystem stellt Mechanismen zur Bestimmung von Vorausmassen bereit.

Unterstützt: Die Prozesse von Stellen, welche durch ein technisches System unterstützt werden, können als unterstützte Aktivitäten bezeichnet werden. Von einer im Informationsfluss-Modell beschriebenen Aktivität können auch nur einzelne Kommunikationsfunktionen unterstützt werden.

4.1.5. Ordnung der Prozesse zur Tragwerkgestaltung in Vorgehensmodellen

Aus der Definition der Funktionseinheiten und der Aufgaben derselben in den Lebensphasen eines Bauwerks geht hervor, welche Aufgaben in welcher Projektphase von der Funktionseinheit Tragwerkplanung im Projektablauf zu erfüllen sind. Dabei sind Aktivitäten erkennbar, welche in verschiedenen Phasen in gleicher oder wiederholt in ähnlicher Form auftreten.

Die Aktivitäten einer bestimmten Funktionseinheit wie *Vorstudien*, *Vorprojekt*, *Bauprojekt* oder *Detailprojekt* erarbeiten sind Prozesse mit einem ähnlichen Grundmuster. Das zu gestaltende System wird dabei aufgrund von eigenen und den Informationen von anderen Funktionseinheiten zunehmend detailliert ausgearbeitet. Im Gestaltungsprozess von Bauwerken wird ausgehend von den bereits erarbeiteten Teilen der weitere Aufbau der einzelnen Bauteile weiter gestaltet und beschrieben. Ein Grundmuster von Prozessen ist im Sinne einer gleichartigen Gruppierung von bestimmten Prozessen zu verstehen, wobei die exakte Abfolge von Prozessen weder voraussehbar noch ganz zufällig ist.

Zur Systemgestaltung soll ein generelles Vorgehensmodell des Konstruktionsprozesses von technischen Systemen im Bauprozess gefunden werden. Funktionseinheiten im Bauprozess wie HLK-Installationsplanung, Sanitärinstallations- und Tragwerkplanung führen in den verschiedenen Lebensphasen des Bauwerks Aktivitäten aus, die aufgrund des iterativen Vorgehens, des Probierens, Bewertens und des Entscheidens als Konstruktionsprozesse aufgefasst werden können.

---

121 *vgl.* Mechanismus. *Kapitel: Glossar, p.272ff*

Entsprechend den Voraussetzungen, unter denen ein Konstruktionsprozess abläuft, werden *Neukonstruktionen*, *Anpassungs- /Änderungskonstruktionen* und *Variantenkonstruktionen* unterschieden[122] [Breiing 1990 p.22]. In der Konstruktionswissenschaft wird versucht, ein generelles Vorgehensmodell zur Gestaltung technischer Systeme zu entwickeln. Für Neukonstruktionen verglich Breiing verschiedene Vorgehensmodelle auf Gemeinsamkeiten und fand auf der Ebene der übergeordneten Prozessphasen ein Muster aus folgenden Schritten: *Aufgabenstellung klären - Konzipieren - Entwerfen - Ausarbeiten* [Breiing 1990 p.21]. Weiter Vorgehensmodelle zur Problemlösung lassen sich bei Daenzer und Zangemeister finden [Daenzer 1982 p.41], [Zangemeister 1976 p.29]. Im Sinne einer Rückkopplung können im Systemgestaltungsprozess alle Stufen des Problemlösungszyklus mehrmals durchlaufen werden.

4.1.5.1. Verwendetes Vorgehensmodell zur Beschreibung der Aktivitäten der Tragwerkplanung mit dem Informationsfluss-Modell

Im Zusammenhang mit der Untersuchung von Informationsflüssen im Bauprozess ist weniger der exakte Ablauf von Gestaltungsprozessen von Interesse, sondern vielmehr alle notwendigen Informationen, damit einzelne Aktivitäten vollständig ablaufen können. Das Vorgehensmodell für Gestaltungsvorgänge im Bauprozess dient dazu, die Aktivitäten eines Konstruktionsprozesses zu erfassen und zu ordnen.

Zur Beschreibung der Informationsbedürfnisse im Konstruktionsprozess ist die Anwendung von Vorgehensmodellen zulässig, zur Beschreibung des exakten Ablaufes von Systemgestaltungsprozessen hingegen kaum. Bei der Beschreibung von Vorgehensmodellen ist zu beachten, dass es prinzipiell unmöglich ist, das menschliche Denken im Zusammenhang mit der Gestaltung von Systemen in eine wohldefinierte Ordnung zu bringen (vgl. [Dörner 1976]).

Breiing erarbeitete aufgrund eines Grundmusters mit den vier übergeordneten Prozessphasen *Aufgabenstellung klären - Konzipieren - Entwerfen - Ausarbeiten* eine Gliederung des gesamten Gestaltungsprozesses von technischen Systemen mit definierten Bearbeitungsergebnissen pro Konstruktionsphase [Breiing 1990 p.134]. Das beschriebene theoretische Vorgehensmodell ist auf die Konstruktionsprozesse im Maschinenbau ausgerichtet. Die Konstruktionsprozesse im Bauwesen sind, wie das Beispiel der Funktionseinheit Tragwerkplanung in der Tabelle 5 zeigt, nicht gleich zu behandeln. Die Unterschiede in der Konstruktion von Maschinen oder Tragwerken liegen vor allem in der unterschiedlichen Beschaffenheit dieser beiden technischen Systeme.

---

122 *vgl.* Konstruktionsarten. *Kapitel: Glossar, p.269ff*

Nr.	Konstruktionsprozessphase	Bearbeitungsergebnis
1.	**Aufgabenstellung klären**	
1.1	Aufgabenstellung analysieren	präzisierte Aufgabenstellung
1.2	Anforderungsliste bereinigen	bereinigte Anforderungsliste
1.3	Kostenvorangaben überprüfen	aktueller Kostenplan
1.4	Terminvorgaben überprüfen	aktueller Terminplan
2	**Entwerfen**	
2.1	Konzepte suchen	
2.1.1	*Funktionsstrukturen*[123] bestimmen	
2.1.1.1	Zu erfüllende Funktionen ermitteln	Funktionshierarchie
2.1.1.2	*Technologische Prinzipien*[124] bestimmen	
2.1.1.3	*Technische Prozesse*[125] festlegen	
2.1.1.4	Funktionsstrukturen aufstellen	
2.1.1.5	Optimale Funktionsstrukturen ermitteln	Funktionsstrukturen
2.1.2	Entwurfskonzepte bestimmen	
2.1.2.1	*Wirkprinzipien*[126] und *Funktionsträger*[127] suchen	
2.1.2.2	*Prinzipkonzepte*[128] bilden	Morphologische Matrix
2.1.2.3	Optimale Lösungskonzepte ermitteln	Prinzipskizzen
2.2	**Entwürfe erstellen**	
2.2.1	Gestalten	
2.2.2	Strukturieren	Systemstammbaum
2.2.3	Vordimensionieren	Lastannahmen, Statik, Sicherheiten
2.2.4	Gesamtentwurf erstellen	grobmassstäbliche Handskizze
3.	**Ausarbeiten**	
3.1	Konstruktionsentwurf erstellen	massstäblicher Konstruktionsentwurf
3.2	Dimensionieren	Festigkeits-, Steifigkeits- und Stabilitätsnachweis sowie Sicherheiten
3.3	Fertigungsunterlagen erstellen	Fertigungsunterlagen

Tabelle 5: Bearbeitungsergebnisse einzelner Konstruktionsprozessphasen

Ein Vergleich zwischen dem technischen System Maschine und Tragwerk nach Kriterien bezüglich der Kompliziertheit ihrer Funktionen ist in der Tabelle 6 zusammengestellt.

Das technische System Tragwerk besteht im Unterschied zur Maschine aus sehr vielen, aber in bezug auf die Funktionsweise sehr ähnlichen Teilen, die im Vergleich zu Maschinen einfacher gestaltet werden können, weil sie einfachen Wirkprinzipien gehorchen. In der Tragwerksgestaltung kommen vor allem mechanische Wirkprinzipien zur Anwendung, im Maschinenbau hingegen unter anderen elektrische, hydraulische und pneumatische Wirkprinzipien.

---

123 *vgl.* Funktionsstrukturen. *Kapitel: Glossar, p.264ff*
124 *vgl.* Prinzipien, technologische. *Kapitel: Glossar, p.276ff*
125 *vgl.* Prozess, technischer. *Kapitel: Glossar, p.276ff*
126 *vgl.* Wirkprinzipien. *Kapitel: Glossar, p.285ff*
127 *vgl.* Funktionsträger. *Kapitel: Glossar, p.264ff*
128 *vgl.* Prinzipkonzepte. *Kapitel: Glossar, p.276ff*

Kriterium	***Maschine***	***Tragwerk***
Systemtyp	trivial	trivial
Grundoperanden	Energie-Energie, Energie-Information, Stoff-Energie, Stoff-Stoff, Information-Information	nur Energie-Energie
Technische Prozesse	Ablauf vieler verschiedener technischer Prozesse (Drehkraft erzeugen, Drehbewegung erzeugen ...)	Ablauf sehr weniger unterschiedlicher technischer Prozesse (Last abtragen, Decke verbinden ...)
Technologische Prinzipien/Funktionen	Anwendung vieler verschiedener technologischer Prinzipien (zudrehen, zuklappen ...)	Anwendung einzelner weniger technologischer Prinzipien (stützen, halten, ...)
Funktionsstruktur	kompliziert, viele verschiedene Funktionen mit vielen Beziehungen	einfach, wenig unterschiedliche Funktionen mit wenig Beziehungen
Wirkprinzipien / Funktionsträger	physikalische, chemische und biologische Wirkungsweise viele verschiedene Wirkprinzipien mit vielen Funktionsträgern (mechanisch Drehkraft erzeugen - Handrad)	nur physikalische Wirkungsweise, davon nur mechanisches Wirkprinzip wenig unterschiedliche Wirkprinzipien mit sehr vielen Funktionsträgern (Last mechanisch abtragen - Stütze)
Prinzipkonzepte	kompliziert, entsprechend der Wirkprinzipien/Funktionsträger Vielfalt	einfach, entsprechend der Anwendung weniger Wirkprinzipien

Tabelle 6: Vergleich Produkt Maschinenbau und Tragwerkplanung

Das technische System Tragwerk besteht im Unterschied zur Maschine aus sehr vielen, aber in bezug auf die Funktionsweise sehr ähnlichen Teilen, die im Vergleich zu Maschinen einfacher gestaltet werden können, weil sie einfachen Wirkprinzipien gehorchen. In der Tragwerksgestaltung kommen vor allem mechanische Wirkprinzipien zur Anwendung, im Maschinenbau hingegen unter anderen elektrische, hydraulische und pneumatische Wirkprinzipien.

Aus dem Vergleich zwischen dem Produkt der Funktionseinheit Maschinenbau und Tragwerkplanung lassen sich Unterschiede im Vorgehensmodell dieser beiden Anwendungsgebiete ableiten. Die wesentlichen Unterschiede im Vorgehensmodell zwischen Maschinenbau und Tragwerkplanung sind in der Tabelle 7 dargestellt, wobei das Zeichen T bedeutet, dass die Aktivitäten einer Konstruktionsprozessphase im entsprechenden Anwendungsgebiet *relevant* sind (F steht für *nicht relevant*).

Nr.	***Konstruktionsprozessphase***	***Maschinenbau***	***Tragwerkplanung***
1.	Aufgabenstellung klären	T	T
2.	Entwerfen		
2.1	Konzepte suchen	T	F
2.2	Entwürfe erstellen	T	T
3.	Ausarbeiten	T	T

Tabelle 7: Unterschiede Vorgehensmodell Maschinenbau und Tragwerkplanung

Die Phase der *Klärung der Aufgabenstellung* ist in den Anwendungsbereichen Maschinenbau und Tragwerkplanung zugleich von Bedeutung. Die wesentlichen

Unterschiede ergeben sich in der Phase 2.1 *Konzepte suchen* aufgrund der unterschiedlichen Eigenschaften der technischen Systeme Maschine und Tragwerke.

DAS GENERELLE VORGEHENSMODELL ZUR TRAGWERKPLANUNG

Die Bezeichnung *System* des in Tabelle 8 dargestellten Vorgehensmodells stellt ein Platzhalter für verschiedene technische Systeme dar. So kann bei der Funktionseinheit Tragwerkplanung der Platzhalter *System* für das gesamte System *Tragwerk* bis zum *Armierungseisen* stehen.

Nr.	***Konstruktionsprozessphase***	***Bearbeitungsergebnisse***
1.	**Systemziele festlegen**	Zielsystem
1.1	Grundlagenbeschaffung Gestaltung System erstellen	Grundlagen Gestaltung System
1.2	Anforderungen an System bestimmen	Anforderungen an System
1.3	Randbedingungen Gestaltung System bestimmen	Randbedingungen Gestaltung System
1.4	Zielsystem System festlegen	Zielsystem
2.	**Lösungen System suchen**	Konzepte Lösungen System
2.1	Konstruktives Konzept System erarbeiten	Systemstruktur
2.2	System dimensionieren	Systemdimensionen
2.3	System ausarbeiten	Konzepte Lösungen System
3.	**Lösungen System bewerten**	optimale Lösung
3.1	Lösungen System bewerten	technisch machbare Lösungen
3.2	System mit Systemzielen verifizieren	zielverträgliche Lösungen
3.3	System abgleichen	bereinigte Lösungen
3.4	Kosten System bestimmen	Kosten Lösungen
3.5	Termine System bestimmen	Termine Lösungen
3.6	Lösungen System vergleichen	optimale Lösung
4.	**Lösung System ergänzen**	Vollständige Systembeschreibungen
4.1	Lösung System graphisch bearbeiten	Graphische Systembeschreibungen
4.2	Lösung System beschreiben	Nicht graphische Systembeschreibungen

Tabelle 8: Konstruktionsprozessphasen Ingenieurleistungen und Bearbeitungsergebnisse im Bauprozess

Wird das Vorgehensmodell für andere Funktionseinheiten angewandt, können die zu gestaltenden Systeme unterschiedlicher Natur sein und Bearbeitungsobjekte der Funktionseinheiten Tragwerk-, HLK Installations-, Sanitärinstallationsplanung usw. darstellen.

Bei der Gestaltung von Systemen durch die Anwendung des Vorgehensmodells wird in der Regel mit fortschreitenden Lebensphasen des Gesamtsystems Bauwerk die Betrachtung schrittweise auf dessen Subsysteme erweitert. Von der Phase des Vorprojekts bis zur Erstellung der definitiven Ausführungspläne richtet sich die Bearbeitung der Funktionseinheit Tragwerkplanung von der Konzeption des gesamten Tragwerks bis auf die Gestaltung der Querzugarmierung in Verankerungszonen von Vorspannankern.

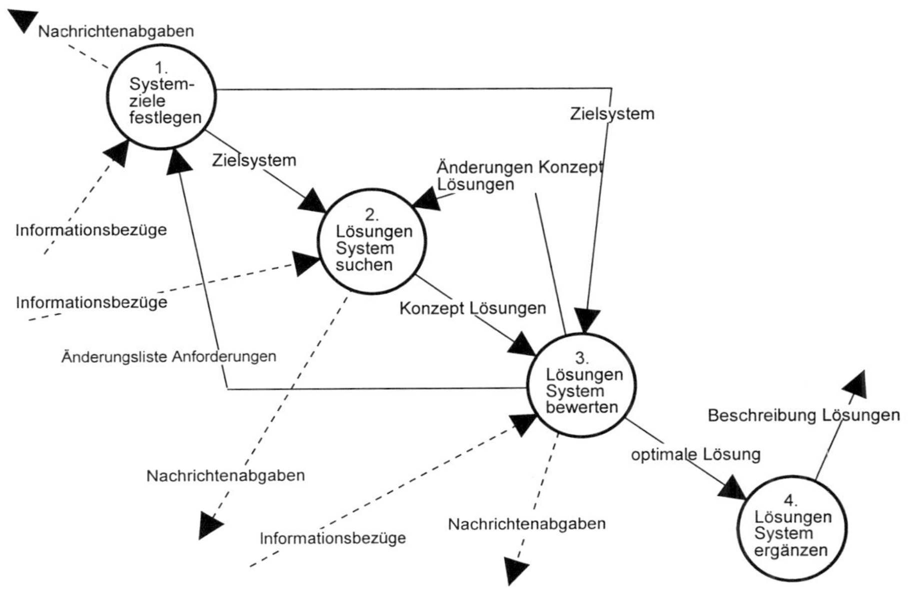

Figur 34: Vorgehensmodell zur Tragwerkgestaltung im Bauprozess

Das generelle Vorgehensmodell zur Tragwerkplanung kann als Datenflussdiagramm (Figur 34) dargestellt werden. Dabei wird nur der Zusammenhang zwischen den hierarchisch gegliederten Aktivitäten und Informationsflüssen genauer beschrieben. Die ausgezogenen Informationsbezüge sind Bestandteile des Vorgehensmodells und kommen in allen Problemlösungszyklen in allen Lebensphasen des Systems Bauwerk vor. Die gestrichelten Informationsbezüge stellen die möglichen Schnittstellen zu den anderen Funktionseinheiten dar, indem die notwendigen Informationen bezogen oder Nachrichten abgegeben werden können.

1. SYSTEMZIELE FESTLEGEN

In Figur 35 sind die Prozesse unter Berücksichtigung ihrer gegenseitigen Beziehungen in Form von Datenflüssen in ihrem weiteren Zusammenhang dargestellt. Aus der Aufgabenstellung, die eine konstruktive Lösung eines herstellbaren und anwendbaren Produkts enthält, ist eine Anforderungsliste zu erarbeiten, die beschreibt, unter welchen Bedingungen eine geforderte Lösung funktions- und betriebsfähig sein muss [Breiing 1990 p.53]. Zur Definition von Systemzielen an das zu gestaltende System sind in der Phase *1.1 Grundlagenbeschaffung System erstellen* die notwendigen Abklärungen bezüglich der herrschenden physischen Rahmenbedingungen zu treffen. Die Phase *1.2 Anforderungen an System bestimmen* dient als Grundlage für die Definition von Systemzielen für Tragwerke in Form von Anforderungen aus den Konzepten wie Sicherheits- und Nutzungspläne.

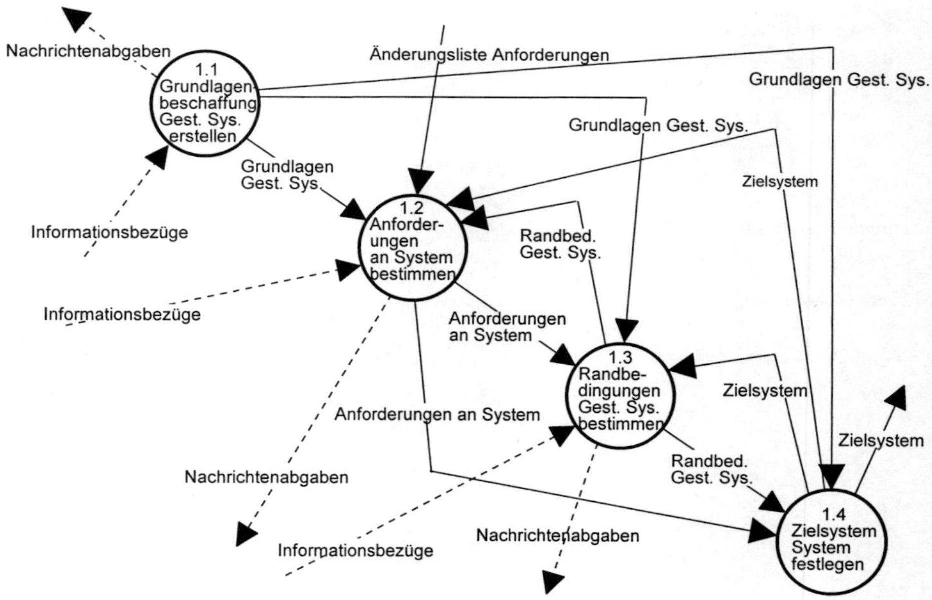

Figur 35: Systemziele System festlegen

Zur Durchführung der Bewertungen von möglichen Lösungen aufgrund von mehrdimensionalen Zielsystemen ist in der Phase *1.4 Zielsystem System festlegen* ein System von Systemzielen für das Bauwerk oder Teile davon festzulegen. Die Liste von Anforderungen stellt die allgemein verständliche Grundlage zwischen Besteller und Gestalter zur Formulierung von Systemzielen dar und muss immer auf dem aktuellen Stand gehalten werden.

Die wichtigste Aufgabe der Phase *1.3 Randbedingungen Gestaltung System bestimmen* besteht darin, die wesentlichen Randbedingungen zu erfassen, welche den Zielerreichungsgrad beeinflussen. Bezüglich der Teilziele im Zielsystem können pro Teilziel die herrschenden Randbedingungen festgelegt werden. Die Beschreibung der Einflussfaktoren auf die Teilziele erfolgt in der Regel separat.

Die Darstellung der verschiedenen Prozesse zum Festlegen der Systemziele des Systems zeigt, dass die einzelnen Prozesse praktisch vollständig voneinander abhängen und entsprechend die dahinterstehenden Aufgaben iterativ erfüllt werden müssen.

2. Lösungen suchen

Die Figur 36 zeigt die Prozesse der Phase *2. Lösungen suchen*, in der das zu gestaltende technische System in der Phase *Konstruktives 2.1 Konzept System erarbeiten* nach funktionalen Kriterien zerlegt und in der Phase *2.2 System entwerfen* die einzelnen Systemteile grob nach bestimmten Faustregeln und aufgrund von Erfahrungen entwirft. In der anschliessenden Phase *2.3 System aus-*

arbeiten werden die Dimensionen und die zu verwendenden Materialien des Systems festgelegt.

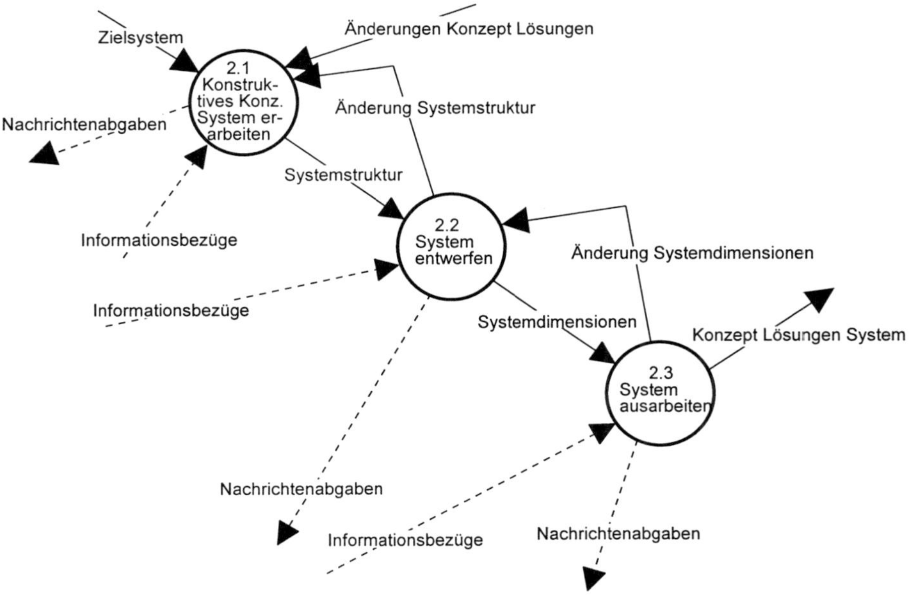

Figur 36: Lösungen System suchen

Das theoretische Vorgehensmodell lässt sich in eine Phase *Konzept suchen* und *Entwurfskonzepte bestimmen* unterteilen. Treten wie bei der Tragwerkplanung üblich, im Konstruktionsprozess vor allem Variantenkonstruktionen auf, kann die Phase *Lösungen suchen* auf die Phase *Entwurfskonzepte bestimmen* reduziert werden [Breiing 1990 p.51]. So ist beispielsweise aus den Bearbeitungsergebnissen der Architektur[129] bereits bekannt, aus welchen Teilen ein Bauwerk sich grob zusammensetzt. Eine Suche nach Funktionsstrukturen und Wirkprinzipien ist nicht notwendig, weil die Tragwerkteile eines Bauwerks wie beispielsweise Fundamente, Stützen oder Decken bekannte Funktionsstrukturen aufweisen und als Variantenkonstruktion gestaltet werden können.

3. LÖSUNGEN SYSTEM BEWERTEN

In der Phase *3.1 Lösungen System bewerten* geht es wie in Figur 37 dargestellt in erster Linie um eine technische Bewertung der bis anhin als möglich qualifizierten Lösungen. Dabei können beispielsweise finite Elemente Methoden dazu die-

129 *Ein Bauwerkentwurf enthält Angaben über die Bauwerkstruktur und Geometrie einzelner Teile. Mit der Bauwerkstruktur sind implizit die Funktionen der einzelnen Bauwerkteile definiert. Es ist erkennbar, welche Teile tragend sind und wie die einzelnen Teile zueinander in Beziehung stehen. Aus dem Bauwerkentwurf kann in der Regel der Tragwerkentwurf ohne grundsätzliche Veränderung des Bauwerkentwurfs abgeleitet werden.*

nen, die Spannungen in Stahlbetonplatten unter den im Sicherheits- und Nutzungsplan definierten Lastkombinationen zu bestimmen und die gewählten Abmessungen der Platte zu bestätigen.

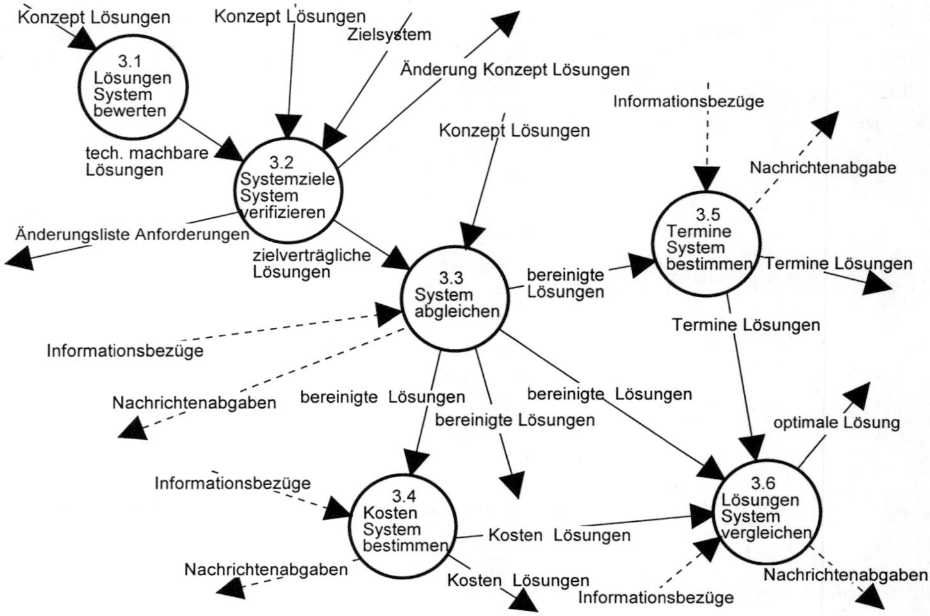

Figur 37: Lösungen System bewerten

In der Phase *3.2 Systemziele System verifizieren,* werden die Konzepte der Lösungen mit den Systemzielen des zu gestaltenden Systems verifiziert. Aus den bisherigen Phasen resultiert ein technisches System, das zwar realisierbar ist und den gestellten Systemzielen gerecht wird, das heisst hinsichtlich der Systemziele einer Funktionseinheit optimal ist, aber noch nicht unbedingt mit den Bearbeitungsergebnissen der anderen Funktionseinheiten verträglich ist. In der Phase *3.3 System abgleichen* wird das System auf seine Verträglichkeit im Gesamtsystem hin geprüft, wobei in der Bauprojekt- und Benutzerorganisation global verträgliche, das heisst bereinigte Lösungen entstehen.

In den Phasen *3.4 Kosten System bestimmen* und *3.5 Termine System bestimmen* werden die Kosten und der Zeitbedarf für Lieferung und Erstellung der bereinigten Lösungen ermittelt.

Die Kosten und Termine in Ergänzung zur Beschreibung der bereinigten Lösungen erlauben es, in der Phase *3.6 Lösungen System vergleichen* eine Bewertung der endgültigen Lösungen entsprechend dem mehrdimensionalen Zielsystem der Systemziele durchzuführen und damit eine optimales Gesamtsystem aus den möglichen Lösungen zu bestimmen.

4. LÖSUNG SYSTEM ERGÄNZEN

Die in den bisherigen Phasen erarbeiteten Ergebnisse werden in der Phase *4. Lösung System ergänzen* für die folgenden Bearbeitungsschritte zusammengefasst und aufgearbeitet, damit eine oder mehrere Lösungen in einer folgenden Phase weiterbearbeitet oder eine Lösung realisiert werden kann. Aus der Figur 38 ist ersichtlich, dass sowohl das System graphisch als auch durch ergänzende Texte, Listen usw. beschrieben werden muss.

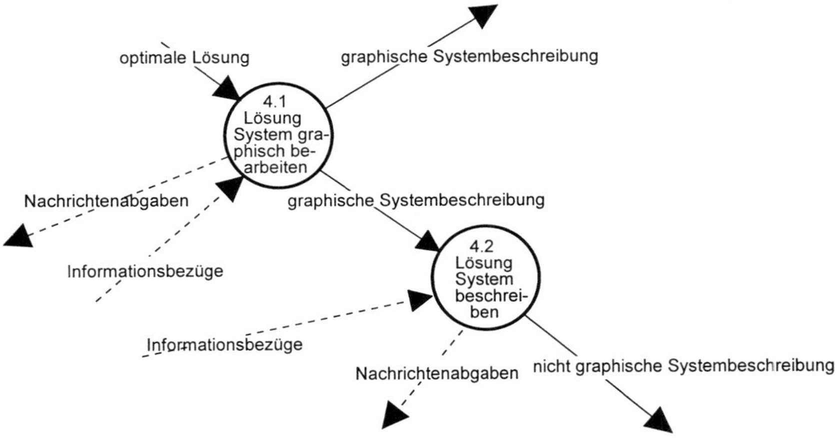

Figur 38: Lösung System ergänzen

Die Verwendung von Vorgehensmodellen im Zusammenhang mit der Untersuchung der Kommunikation im Bauprozess zeigt, dass bis zur Phase *2 Lösungen suchen* die Kommunikationsfunktion Informationsbeschaffung sehr häufig vorkommt, damit alternative Lösungen gefunden werden können. In der Phase *3 Lösungen System bewerten* steht die Kommunikationsfunktion Informationsverarbeitung im Vordergrund. Die Phase 4 *Lösungen System ergänzen* dient als Grundlage für die Weiterbearbeitung in einer folgenden Phase oder zur Realisierung einer Lösung. Die Kommunikationsfunktion Informationsverwertung tritt demnach zur Hauptsache auf. Die Ausübung der Kommunikationsfunktionen Informationsbeschaffung, Informationsverarbeitung und Informationsverwertung sind als zentral für den Ablauf eines Problemlösungszyklus zu verstehen. Mit der Erkenntnis über die Wichtigkeit der Kommunikationsfunktionen im Zusammenhang mit Problemlösungszyklen kann nach Zangemeister der übergeordnete Begriff für diese Kommunikationsfunktionen als *Planung* bezeichnet werden [Zangemeister 1976 p.20].

Die Anwendung des beschriebenen Vorgehensmodells zur Untersuchung der Aktivitäten von Funktionseinheiten im Bauprozess weist gegenüber den theoretischen Vorgehensmodellen von Konstruktionsprozessen eine Reihe von Unterschieden auf.

- Mit Vorgehensmodellen zur Beschreibung der notwendigen Aktivitäten von Funktionseinheiten werden nur Teilprozesse im gesamten Bauprozess beschrieben sowie ihre gegenseitigen Beziehungen in Form von möglichen Interaktionen durch Kommunikationsbeziehungen.
- Das Vorgehensmodell zur Systemgestaltung im Bauprozess ist auf die theoretischen Grundlagen des Informationsfluss-Modells abgestützt und in seiner Anwendung auf dieses zugeschnitten. So wird von eindeutig definierten Aufgaben pro Stelle und notwendigen Aktivitäten ausgegangen. Für die Beschreibung der Kommunikationsprozesse von Projektorganisationen mit dem Informationsfluss-Modell auf der logischen Ebene ist es nicht notwendig, bei jeder Konstruktionsphase zusätzlich eine Phase der Aufgabenklärung einzuführen.
- Das Vorgehensmodell weist verschiedene Ausprägungen pro Projektphase im Bauprozess auf, das heisst, der Ablauf einzelner Prozesse richtet sich nach den pro Lebensphase eines Bauwerks definierten Vorgehenszielen.

Der Zusammenhang zwischen den einzelnen Vorgehenszielen einer Projektphase der Funktionseinheit Tragwerkplanung und den zur Erreichung derselben notwendigen grob gegliederten Aktivitäten ist in Anhang C zusammengestellt[130].

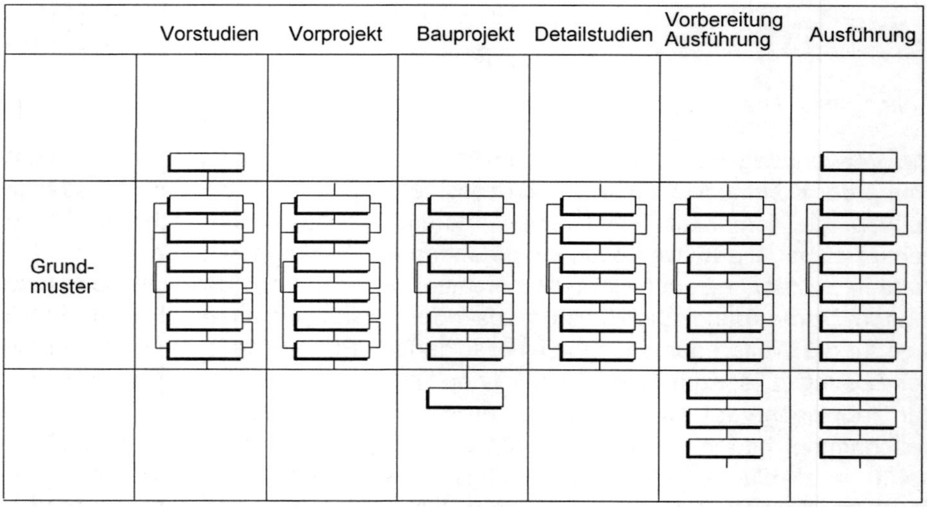

Figur 39: Grundmuster Vorgehensmodell und Lebensphasen des Systems Bauwerk

Problemlösungszyklen zur Gestaltung von technischen Systemen im Bauprozess durch Funktionseinheiten kommen gemäss Figur 39 in mehreren Projektphasen und damit Lebensphasen des Bauwerks vor. So kann für die Funktionseinheit Tragwerkplanung für die Gestaltungsprozesse *Vorstudien*, *Vorprojekt, Bauprojekt, Detailprojekt, provisorisches* und *definitives Ausführungsprojekt* ein Grundmuster

130 *vgl. Anhang C,* Projektphasen und Aktivitäten Tragwerkplanung

von Prozessen gefunden werden, das in ähnlicher Form in verschiedenen Projektphasen auftritt. Exemplarisch wurde der *Problemlösungszyklus* nach Daenzer [Daenzer 1982 p.41] als Grundmuster verwendet und in Zusammenhang mit den Projektphasen gebracht, indem eine maximale Anzahl Aktivitäten pro Phase in das Grundmuster eingeordnet werden und die nicht einordbaren Aktivitäten ausserhalb des Problemlösungszyklus vor- oder nachgeholt werden oder separate Problemlösungszyklen definiert werden.

Die Anwendung eines Grundmusters führt zu einer starken Ordnung in der Beschreibung der Prozesse der Bauprojekt- und Benutzerorganisation auf der logischen Ebene.

Aufgrund der Vorgehensziele der Projektphasen wird das technische System Tragwerk ausgehend von den Vorstudien in seinen groben Konzepten bis zu den definitiven Ausführungsplänen detailliert. Die ablaufenden Prozesse des Grundmusters sind immer dieselben, hingegen werden die Bearbeitungsobjekte entsprechend dem Top-Down Ansatz immer detaillierter, das heisst, es wird von bereits gestalteten Objekten ausgegangen und deren Komponenten bearbeitet.

In der Analyse von Aktivitäten im Bauprozess sollen diejenigen Prozesse genauer untersucht werden, die durch ein Grundmuster beschrieben werden können, weil es besonders lohnend ist, die in verschiedenen Projektphasen wiederkehrenden Prozesse durch Kommunikationssysteme zu unterstützen. Bei der Einordnung von Gestaltungsprozessen in ein Grundmuster müssen folgende Tatsachen berücksichtigt werden:

- Nicht alle Aktivitäten einer Funktionseinheit in einer bestimmten Lebensphase des Bauwerks können notwendigerweise in ein Grundmuster eingeordnet werden. So enthält beispielsweise die Projektphase Vorstudien neben der Erarbeitung von Vorstudien des Tragwerks auf der gleichen Ebene noch die Mitarbeit bei der Standortwahl des Bauwerks.
- Die Vorgehensziele für die durch ein Grundmuster beschreibbare Menge von Gestaltungsprozessen können von Phase zu Phase unterschiedlichen Inhalts und bezüglich der Menge von auszuführenden Aktivitäten unterschiedlich gewichtet werden.

4.1.6. Die unterstützten Methoden der Tragwerkplanung

Das Grundmuster in den Projektphasen des Bauwerks ist durch ein Vorgehensmodell zur Gestaltung des technischen Systems Tragwerk beschrieben. In diesem Grundmuster sind eine Menge von Aktivitäten der Funktionseinheit Tragwerkplanung definiert, die in ähnlicher Form in verschiedenen Projektphasen auftreten. In bezug auf die Gestaltung eines Informationssystems sind diejenigen Kommunikationsprozesse von Bedeutung, die algorithmisierbar und zugleich in mehreren Lebensphasen des Bauwerks auftreten. Solche Kommunikationsprozesse sollen als *Schlüsselaktivitäten* bezeichnet werden. Die im Soll-Zustand der

Kommunikation unterstützten und mehrmals auftretenden Aktivitäten der Tragwerkplanung sind thematisch geordnet aufgelistet.

- Systemziele Tragwerk
- Erstellung, Nachführung und Ergänzung Anforderungslisten
- Erstellung, Nachführung und Ergänzung Zielsysteme einschliesslich der jeweiligen Randbedingungen pro Teilziel
- Erstellung, Nachführung und Ergänzung Sicherheits-, Nutzungs- und Kontrollpläne

- Entwurf Elemente des Tragwerks
- Erstellung konstruktiver Konzepte
- Vordimensionierung
- Erstellung Variantenkonstruktionen

- Beschreibung Elemente des Tragwerks
- Interaktives graphisches editieren von 3D-Objekten und ihren Beziehungen zu anderen Objekten
- Definition beliebiger 2D-Sichten von 3D-Modellen
- Weitere Bearbeitung 2D-Sichten und Ergänzung mit 2D-Objekten
- Erstellen von Stück- und Materiallisten
- Bestimmung von Vorausmassen
- Definition von Leistungen zur Ausführung

- Bewertung Lösungen Objekte (Elemente des Tragwerks)
- Lastzusammenstellungen und statische Berechnungen von 3D- oder 2D-Objekten
- Dynamische Berechnungen von 3D- oder 2D-Objekten
- Kostenermittlungen (Grobe Kostenschätzungen, Kostenschätzungen, Kostenvoranschlag)
- Terminermittlungen (Grobe Terminschätzungen, Terminschätzungen, Terminprogramme)

- Administration
- Kostenkontrolle und Schlussabrechnungen
- Erstellung Terminkontrolle
- Kontrolle, Bereinigung und Vergleich von Offerten
- Aufbau von Standard-Werkverträgen

Die Auflistung der im Soll-Zustand der Kommunikation im Bauprozess unterstützten Aktivitäten von Funktionseinheiten im Bauprozess ist ein wesentliches Ergebnis der Funktionsanalyse des Kommunikationssystems der Bauprojekt- und Benutzerorganisationen.

4.2. Die Lenkung des Bauprozesses

Mit der Gestaltung von Organisationen im Bauprozess werden Stellen *Aufgaben*, *Verantwortung* und *Kompetenzen* zugeordnet. Durch die Verteilung von Verantwortung und Kompetenzen erhalten Stellen unter anderem Weisungsbefugnisse. Für untergebene Stellen bedeutet dies, dass diese in der Lage sein müssen Lenkungsinformationen zu empfangen, damit sie im Sinne ihrer übergeordneten Stellen tätig werden können. Umgekehrt muss die übergeordnete Stelle eine Kommunikationsbeziehung zu den untergeordneten Stellen aufweisen, damit sie über deren Tätigkeit informiert ist.

Auf der logischen Ebene der Untersuchung der Kommunikationsbeziehungen im Bauprozess bedeutet dies aufgrund der Verteilung von Aufgaben, dass zwischen lenkenden und gelenkten Funktionseinheiten unterschieden werden kann. Gelenkte Funktionseinheiten können Lenkungsinformationen empfangen und verarbeiten. In der funktionalen Gliederung der Bauprojekt- und Benutzerorganisation werden die lenkenden Funktionseinheiten in der Gruppe von Funktionseinheiten der Lenker zusammengefasst.

Bei der Lenkung der Aktivitäten von Stellen im Bauprozess muss streng zwischen der logischen und der physischen Ebene der Beschreibung von Kommunikationsprozessen unterschieden werden. Lenkungsinformationen, welche aufgrund der Aufgabenerfüllung von Funktionseinheiten notwendig sind, werden auf der logischen Ebene entsprechend dem empfängerorientierten Ansatz beschrieben. Lenkungsinformationen treten sehr häufig auf der physischen Ebene zwischen Stellen einer Organisation auf, wenn beispielsweise Stellen über eine Änderung einer Bauwerksbeschreibung informiert werden müssen. Auf der physischen Ebene kann die Kommunikation nicht mehr nur noch nach dem Empfängerbezug betrachtet werden. Ohne jedoch nicht schon eine *Kommunikationsbeziehung* auf der logischen Ebene mit einer Rohrleitung von Lenkungsinformationen festzulegen, wird auf der physischen Ebene ein *Kommunikationskanal* fehlen.

4.2.1. Die Grundfunktion eines Lenkungsprozesses

Die Gliederung von Informationsflüssen auf der logischen Ebene in Bearbeitungsergebnisse und Lenkungsinformationen erlaubt es, bei der Beschreibung der Kommunikationsprozesse die Lenkung von Funktionseinheiten zu beschreiben. In Datenflussdiagrammen können Steuerungs- und Regelungsmechanismen von Prozessen dargestellt werden.

Die Lenkung von Systemprozessen ist ein Vorgang der Erfassung, Verarbeitung und Empfang von Lenkungsinformationen und stellt damit ein wichtiger Prozess der Informationsverarbeitung dar [Ulrich et al. 1991 p.82].

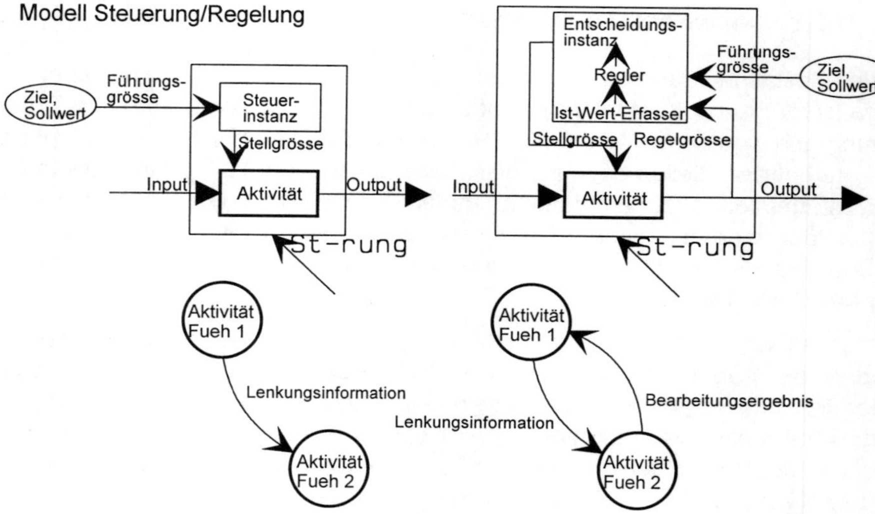

Figur 40: Steuerung und Regelung von Aktivitäten im Bauprozess

Generell beziehen die Lenker von den Gestaltern und den Produzenten erstellte Bearbeitungsergebnisse. Durch Lenkungsinformationen wird die das Bearbeitungsergebnis erzeugende Aktivität der Gestalter und der Produzenten gesteuert. Entsprechend verändert sich der Output in einer bestimmten Richtung nach einem bestimmten Mass. Findet zudem eine Rückkopplung mit den Lenkern statt, wird von einer Regelung gesprochen, ansonsten von einer Steuerung der Aktivitäten bestimmter Funktionseinheiten. Die Figur 40 zeigt den Vergleich zwischen den kybernetischen Modellen der Regelung und Steuerung sowie deren Beschreibung im Informationsfluss-Modell auf der logischen Ebene mit der SA Methode durch Datenflussdiagramme. Zur Beschreibung von Steuerungs- und Regelungsmechanismen auf der logischen Ebene zwischen verschiedenen Funktionseinheiten gelten die folgenden Regeln:

- Es werden nur Steuerungs- und Regelungsmechanismen zwischen verschiedenen Funktionseinheiten explizit in einem Datenflussdiagramm (Bearbeitungsergebnis/Lenkungsinformation) beschrieben.
- Steuerungs- und Regelungsmechanismen äussern sich im Datenflussdiagramm durch den Fluss von Lenkungsinformationen. Die Rolle der Steuerungsinstanz beziehungsweise des Reglers muss den analysierten Funktionseinheiten zur Ausführung von lenkenden Aktivitäten in Form von Aufgaben zugeordnet werden.
- Die Betrachtung der Informationsflüsse erfolgt auf einem empfängerbezogenen Standpunkt. Zur Steuerung nimmt die steuernde Funktionseinheit Informationen aus ihrer Umwelt auf und stellt eine Nachricht zur Abgabe bereit, die durch eine entsprechend gesteuerte Funktionseinheit als Lenkungsinformation bezogen wird. Analog arbeitet die Regelung einer Funktionseinheit,

indem durch die regelnde Funktionseinheit nicht nur Informationen aus ihrer Umwelt, sondern speziell von der zu regelnden Funktionseinheit Informationen in Form von Bearbeitungsergebnissen bezogen werden.

Steuerungs- und Regelungsmechanismen treten vor allem zwischen den Gruppen von Funktionseinheiten wie Lenker und Gestalter sowie Lenker und Produzenten auf.

4.2.2. Lenkung von Aktivitäten im Bauprozess

Neben dem Einfluss der Lenker auf die Aktivitäten im Bauprozess sind die Abhängigkeiten zwischen den Aktivitäten der Funktionseinheiten von Bedeutung. Die Figur 41 zeigt die Beziehung zwischen Aktivitäten und den Zuständen von Produkten (vgl. [Luiten 1994 p.62]). Allgemein werden Aktivitäten von Urhebern ausgeführt, wobei Zustände und damit Produkte verändert werden.

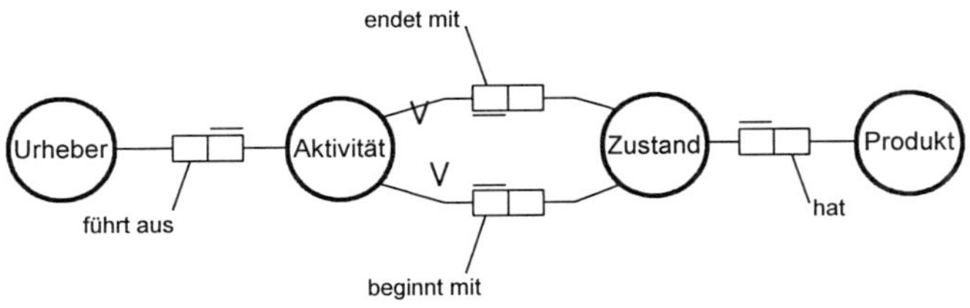

Figur 41: Aktivitäten als Veränderung von Zuständen

Im Bauprozess wird innerhalb von Bauprojekt- und Benutzerorganisationen der Zustand der Beschreibung des Bauwerks konkurrenzierend verändert. Eine wesentliche Aufgabe der Lenker besteht darin, die Konsequenzen dieser Veränderungen bezüglich des Ablaufs von weiteren Prozessen zu erkennen. Die Beschreibung der Beziehung zwischen Aktivitäten und der Veränderung von Produkten lässt es zu, bei der Veränderung eines Produkts diejenigen Urheber mit den entsprechenden Aktivitäten zu bestimmen, welche von nicht mehr gültigen Zuständen der Bauwerksbeschreibung ausgegangen sind. Entsprechend müssen die betroffenen Funktionseinheiten auf der logischen Ebene durch einen Kommunikationskanal eine Lenkungsinformation empfangen können.

Die Beziehungen zwischen Aktivitäten und Zuständen der Beschreibung von Bauwerken und deren Veränderungen sind aus der Funktionsanalyse auf der logischen Ebene ersichtlich. Wird auf der physischen Ebene in einem realen Bauprozess eine Bauwerksbeschreibung verändert, sind alle Aktivitäten betroffen, welche die entsprechende Beschreibung in einem Informationsbezug zum Inhalt hatten. Dabei kann grundsätzlich keine Aussage darüber gemacht werden, welcher Art die Auswirkungen einer Veränderung auf die Aktivitäten sind. Die Figur 42 zeigt den Zusammenhang auf der logischen Ebene zwischen *Funktionseinhei-*

ten, *Aktivitäten*, *Informationsbezügen* und damit der Erzeugung von Bauwerksbeschreibungen in Form von *Dokumenten*.

Veränderungen von Bauwerksbeschreibungen wie beispielsweise von Dokumenten sind innerhalb des Bauprozesses jederzeit möglich, können aber durch das Informationsfluss-Modell nicht vollständig beschrieben werden, weil dieses nur die absolut notwendigen Aktivitäten zur Aufgabenerfüllung auf der logischen Ebene enthält, jedoch grundsätzlich nicht den zeitlichen Ablauf von Aktivitäten auf der physischen Ebene vorgeben kann. Informationsbezüge greifen immer nur lesend auf Bauwerksbeschreibungen zu. Die Ausführung von Kommunikationsfunktionen und damit die Aktivitäten auf der physischen Ebene sind in der Regel in ihrem exakten Ablauf nicht voraussehbar. Damit können Bauwerksbeschreibungen innerhalb von Projektphasen durch Aktivitäten beliebig verändert werden. Für die Lenkung der Aktivitäten im Bauprozess muss erkennbar sein, welche Aktivitäten durch eine Veränderung des Zustands einer Bauwerksbeschreibung betroffen sind. Auf der logischen Ebene des Ablaufs der notwendigen Kommunikationsprozesse im Informationsfluss-Modell ist bekannt, welche Aktivitäten welche Dokumente als Grundlage hatten. Die Bestimmung der betroffenen Funktionseinheiten und deren Aktivitäten ist jederzeit möglich.

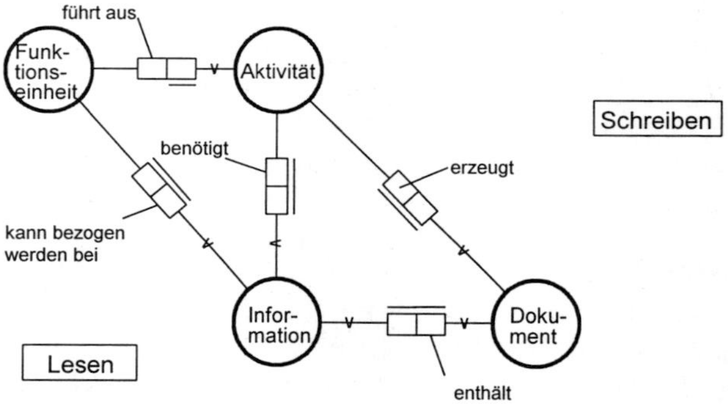

Figur 42: Aktivitäten und Dokumente als mögliche Zustände der Beschreibung von Bauwerken

Umgekehrt kann die Veränderung einer Bauwerksbeschreibung durch eine Aktivität einer Funktionseinheit auf der physischen Ebene zu einer kaskadierenden Veränderung der gesamten Bauwerksbeschreibung führen. Für das Erfassen dieser Veränderungen wären sämtliche Regeln, nach welchen ein Bauwerk gestaltet wird, notwendig. Die gesuchten Regeln widerspiegeln Expertenwissen, wobei anzunehmen ist, dass verschiedene Experten über unterschiedliches Wissen verfügen und entsprechend ein System unterschiedlich gestalten. Genauso wie das menschliche Denken es verunmöglicht Systemgestaltungsvorgänge zu formalisieren, ist es nicht möglich, sämtliche Regeln, welche zur Gestaltung eines Systems geführt haben, zu finden. Veränderungen am Zustand der Bauwerkbeschreibung können nicht schlüssig in ein konsistentes Ganzes überführt werden.

Hierzu sind erneute Aktivitäten und Kommunikationsfunktionen notwendig, welche sich Informationen über Veränderungen beschaffen und die Auswirkungen der getroffenen Veränderungen bestimmen.

4.2.3. Die Lenkung des Tragwerkgestaltungsprozesses

Aus den Datenflussdiagrammen sind die Interaktionen der Funktionseinheit Tragwerkplanung mit anderen Funktionseinheiten im Bauprozess dargestellt. Die möglichen Beeinflussungen beschreiben den Soll-Zustand des Ablaufs von Kommunikationsfunktionen auf der logischen Ebene. Zwischen Lenker und gelenkten Funktionseinheiten sind in den Datenflussdiagrammen Rohrleitungen zum Bezug von Lenkungsinformationen aus der Gruppe der Funktionseinheiten der Lenker gelegt. Zur Festlegung von Anforderungen an das Tragwerk werden Rohrleitungen zwischen den Lenkern und der Tragwerkplanung benötigt, welche Bearbeitungsergebnisse übertragen können. Auf der logischen Ebene treten definitionsgemäss keine Lenkungsinformationen auf, welche aufgrund der Veränderung von Bearbeitungsergebnissen notwendig werden. Die Existenz einer Rohrleitung zwischen den Lenkern und der Tragwerkplanung erlaubt es hingegen, bei der Abbildung des Kommunikationssystems auf die physische Ebene weitere Lenkungsinformationen zu empfangen. Entsprechend können auf der physischen Ebene Flüsse von Lenkungsinformationen zwischen Lenkern und der Tragwerkplanung Kommunikationsbeziehungen auftreten, wenn Grundlagen der Funktionseinheit Tragwerkplanung verändert werden und die Funktionseinheit Tragwerkplanung überprüfen muss, ob betroffene Aktivitäten mit neuen Grundlagen erneut abgearbeitet werden müssen.

Hinsichtlich der Anwendung des Informationsfluss-Modells im Bereich Tragwerkplanung ist die Lenkung von Tragwerkgestaltungsprozessen auf der logischen und der physischen Ebene von grossem Interesse.

Logische Ebene: Zwischen den Funktionseinheiten der Tragwerkplanung und den Lenkern bestehen Informationsbezüge aufgrund der Aufgaben zur Gestaltung von Tragwerken. Aus der Untersuchung der Informationsflüsse auf der Ebene von Dokumenten geht hervor, dass in allen Projektphasen, insbesondere zur Bestimmung der Anforderungen an das zu gestaltende Bauwerk, Bearbeitungsergebnisse von den Lenkern bezogen werden müssen. Der Bezug von Lenkungsinformationen aufgrund von Aufgaben der Tragwerkplanung tritt hingegen nicht auf.

Physische Ebene: Neben dem Austausch von Bearbeitungsergebnissen treten Lenkungsprozesse von Tragwerkgestaltungsprozessen auf. Diese sind notwendig, wenn sich Vorgaben verändert haben und die betroffenen Aktivitäten gezielt noch einmal ausgeführt werden müssen. Lenkungsprozesse erfordern einen Kommunikationskanal, welcher auf der logischen Ebene vorhanden ist und auf der physischen Ebene genutzt werden kann. Kommunikationsprozesse auf der physischen Ebene funktionieren nicht mehr nur nach dem Holprinzip.

4.2.4. Aufgaben der Lenker

Die im Bauprozess ablaufenden Prozesse der verschiedenen Funktionseinheiten sind stark strukturiert und untereinander durch den Bezug von Informationen ausgesprochen vernetzt. Die Lenkung von Informationsverarbeitungsprozessen durch lenkende Funktionseinheiten besteht auf der logischen Ebene aus den aus ihren Aufgaben ableitbaren Steuerungs- und Regelungsfunktionen. Hinzu kommen auf der physischen Ebene Lenkungsvorgänge, welche zur Veränderung der Bauwerksbeschreibung oder der Erreichung eines konsistenten Zustands der Beschreibung des Bauwerks notwendig ist. Die Lenkung des Bauprozesses auf der physischen Ebene wird aus den folgenden Gründen zu einer schwierigen Aufgabe:

- Zu einem bestimmten Projektzeitpunkt ist aus der Vielzahl der ablaufenden Prozesse der Bauprojekt- und Benutzerorganisation nicht erkennbar, welche Prozesse welcher Funktionseinheiten einer besonderen Kontrolle bedürfen, damit die Systemziele für die Gestaltung des Bauwerks erreicht werden können. Durch die Analyse der Aktivitäten von Funktionseinheiten können auf der logischen Ebene diejenigen Prozesse gefunden werden, welche einer speziellen Kontrolle bedürfen.
- Die Auswirkungen auf den Ablauf von Aktivitäten bestimmter Funktionseinheiten durch den Empfang von Lenkungsinformationen ist für die Lenker nur sehr schwer vorhersehbar. Durch die Beschreibung der Beziehungen zwischen den Beschreibungen des Bauwerks, den ablaufenden Prozessen und zuständigen Funktionseinheiten auf der logischen Ebene können die Auswirkungen einer Veränderung des Zustands einer Bauwerksbeschreibung beurteilt werden, indem die betroffenen Aktivitäten bestimmt werden.

4.3. Modellierung des Systems Bauwerk

Anhand von Forschungsprojekten im Bereich Bauwerkmodellierung und der Entwicklung von STEP soll der Stand der Entwicklung zur fachübergreifenden Beschreibung der im Bauprozess verwendeten Daten gewonnen werden. Die datenmässige Modellierung des Systems Bauwerk bildet die Grundlage zur Gestaltung von Kommunikationssystemen für Bauprojekt- und Benutzerorganisationen. Aus den unterschiedlichen Ansätzen der Beschreibung des Systems Bauwerk können *Anforderungen* hinsichtlich der Modellierung von Bauwerken als Basis für Kommunikationssysteme im Bauprozess formuliert werden.

Die bekannten Bauwerkmodelle basieren in der Regel auf einem *integralen Aspekt* in Form von Referenzmodellen zur Produktmodellierung und zur Prozessmodellierung in CIM-Systemen. Unter dem integralen Aspekt können globale, auf dem Top-Down Ansatz basierende Modelle definiert werden. Unter dem Bottom-Up Ansatz werden aus der Sicht eines bestimmten Fachgebiets fachspezifische Bauwerkmodelle definiert.

4.3.1. Die Entwicklung von STEP und Referenzmodelle für das Bauwesen

Mit der Schnittstelle STEP soll ein Mechanismus zur vollständigen Repräsentation von produktdefinierenden Daten während des Lebenszyklus eines Produkts entwickelt werden (vgl. [Shaw 1991]). Der Austausch von Daten basiert auf einer neutralen Datei und legt damit die Grundlage für das Kommunikationsmodell der einheitlichen Kommunikationsschnittstelle. Die Entwicklung von STEP geht jedoch weit über eine Datenaustauschsschnittstelle hinaus, indem vom Gegenstand ein Produktmodell erarbeitet wird, dessen Beschreibungen ausgetauscht werden sollen. Einmal definierte Produktmodelle wirken sich auf die gesamte Datenverarbeitung in den verschiedenen Lebensphasen von Produkten aus und können insbesondere die Kommunikationsfunktion der Informationsbeschaffung unterstützen. Der Entwurf und die Spezifizierung von Produktdatenmodellen für verschiedene Anwendungen in unterschiedlichen Industriezweigen stellt einen wichtigen Bestandteil eines STEP-Produktdatenmodells dar. STEP wird durch die Norm ISO 10303-X beschrieben und bildet die Grundlage zur neutralen Bereitstellung von Produktdaten[131].

Für das Bauwesen wurde ein *General AEC Reference Model* (GARM) (vgl. [Gielingh 1988]) entwickelt. Für eine direkte Anwendung der Modellierung von beispielsweise Hochbauten und Tunnelbauten erwies sich dieses jedoch als zu allgemein. Deswegen werden Modelle auf der Ebene von Produkttypen definiert, welche von einem *Integration Core Model* (ICM) (vgl. [Tolman 1991]) abgeleitet werden können und nur für einen bestimmten Typ von Produkten Gültigkeit besitzen. Grundsätzlich können die drei Typen von konzeptionellen Modellen *gene-*

---

131 *Die Normen sind in mehrere Teile strukturiert, die als Serien bezeichnet werden und nach ihrem Inhalt klassifiziert sind.*
- ISO 10303 - 1 bis 20 Serie
Diese Serie beschreibt Grundlagen und Aufbau von STEP
- ISO 10303 - 11 bis 20 Serie
Diese Serie enthält die Festlegung von Beschreibungs- und Spezifikationsmethoden. So ist ISO 10303 - 11 beispielsweise die vorgesehene Normbezeichnung für die Konstrukte der Spezifikationssprache EXPRESS
- ISO 10303 - 21 bis 30 Serie
Diese Serie umfasst Implementierungsziele, wie zum Beispiel das sequentielle Dateiformat und die Datenbankzugriffsschnittstelle
- ISO 10303 - 31 bis 40 Serie
Diese Serie beschreibt Konzepte, Methoden und Kriterien zum Konformitätstest
- ISO 10303 - 41 bis 100 Serie
Diese Serie beschreibt den Kern des Produktdatenmodells sowie die sogenannten General Resources (allgemeine Basismodelle; dies sind Basismodelle, die nicht aus einem Anwendungsgebiet entwickelt wurden wie zum Beispiel das Geometriemodell)
- ISO 10303 - 101 bis 200 Serie
Diese Serie beschreibt die Application Resources (anwendungsbezogene Basismodelle; dies sind Basismodelle, die für ein bestimmte Anwendungen entwickelt wurden, wie zum Beispiel für das technische Zeichnen.
- ISO 10303 - 201 bis 300 Serie
Diese Serie enthält die Application Protocols (Anwendungsprotokolle; dies sind die Auszüge und Spezialisierungen von allgemeinen und anwendungsabhängigen Basismodellen)

ral resources, *reference models* und *product-type models* unterschieden werden. Ein Modell vom Typ *general resource* entspricht den integrierten Ressourcen von STEP und kann in verschiedenen Industrien verwendet werden. Referenzmodelle enthalten Konzepte, welche in unterschiedlichen Anwendungsgebieten verwendet werden können. Zwischen konzeptionellen Modellen können *Referenz-* und *Spezialisierungs-Beziehungen* auftreten, entsprechend, ob Teile eine Modells in einem anderen Modell benutzt werden oder für einen bestimmten Zweck spezialisiert werden müssen.

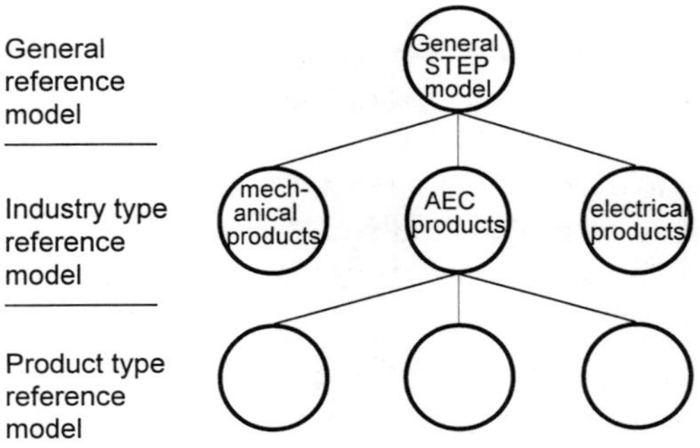

Figur 43: Ebenen in STEP [Waard 1992 p.22]

Die Figur 43 zeigt Referenzbeziehungen zwischen Referenzmodellen auf der *industry-type* und der *product-type* Ebene. Im Anwendungsgebiet des Bauwesens sind noch keine normierten Referenzmodelle verfügbar. Weitergehende Modelle auf der product-type Ebene könnten beispielsweise in verschiedene Typen von Bauwerken wie *Hochbauten*, *Trasseebauten*, *Kunstbauten* und *Tiefbauten* beschrieben werden (vgl. [Knöpfel 1990 p.A3-1][132]). Die Modellierung auf der *product-type* Ebene bleibt Sache der betreffenden Anwender.

4.3.1.1. Bauwerkmodelle für das Bauwesen

Die Gestaltung von Referenzmodellen für das Bauwesen kann sich je nach der angestrebten Unterstützung von Kommunikationsfunktionen auf die Beschreibung des fertigen Produkts Bauwerk ausrichten oder versuchen, auch Zwischenzustände bei der Gestaltung von Bauwerken zu beschreiben. An sich hat der Produktmodell-Ansatz den Anspruch, das Produkt Bauwerk in all seinen Lebensphasen zu beschreiben. Allen Bauwerkmodellen ist gemeinsam, dass sie sich als eine Beschreibung des technischen Systems Bauwerk interpretieren lassen, wobei die Gliederung von Systemen in Subsysteme und die Beschreibung der Systemgestaltungsprozesse unterschiedlich stark unterstützt werden.

132 *vgl.* Typen von Bauwerken. *Kapitel: Glossar, p.258ff*

MÖGLICHE BAUWERKMODELLE

Das RATAS Modell benutzt Objekte, Attribute und verschiedene Typen von Beziehungen zwischen Komponenten des Bauwerks (vgl. [Björk et al. 1987], [Björk 1989b]). Das Bauwerk wird als eine Menge von Objekten angesehen, die mit Attributen versehen werden können. Zwischen den Objekten können unterschiedliche Beziehungen hergestellt werden. Zur Beschreibung der Gliederungstiefe von Bauwerken werden fünf Abstraktionsebenen in der Abstraktionshierarchie definiert: die *Bauwerks-*, *System-*, *Subsystem-*, *Teil-* und *Detail-Ebene* [Björk 1989b p.181]. Ein Bauwerkmodell besteht aus Objekten und einem Netzwerk von Beziehungen.

Die in Figur 44 dargestellte Übersicht über das RATAS Modell zeigt die Speziellles-Allgemeines- und die Teil-Ganzes-Hierarchie. Die Beziehungen zwischen Klassen sind in Form von IS-A Beziehungen beschrieben. Als Beziehungen zwischen den Objekten werden *part-of* und *connected-to* Beziehungen definiert [Björk 1989b p.181ff]. Die *part-of* Beziehung beschreibt, welche Objekte sich aus welchen zusammensetzen. Die *part-of* Beziehung kommt zwischen verschiedenen Betrachtungsebenen zur Anwendung. Die *connected-to* Beziehung verbindet dagegen nur Objekte der selben Ebene. Der Kern des RATAS Modells besteht aus einer strukturierten Menge von erweiterbaren Standardobjekten und -beziehungen, aus denen ein bestimmtes Bauwerk beschrieben werden kann.

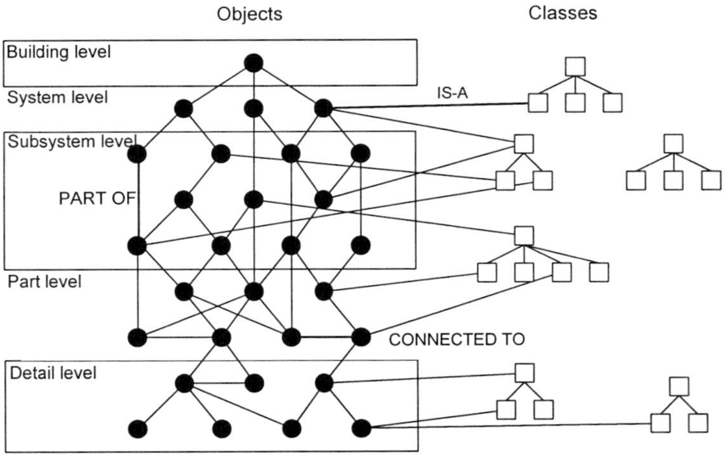

Figur 44: RATAS Modell [Björk 1989b p.180]

Das RATAS Modell beschreibt das Bauwerk, wie es nach der Erstellung beschaffen ist, wobei Zwischenzustände in der Gestaltung von Bauwerken nicht genauer abgebildet werden können. Das RATAS Modell diente als Bauwerkmodell für das

OOCAD Projekt (vgl. [Serén et al. 1993]). Der Inhalt der neutralen Datei im OXF[133] Format wird auf einer relationalen Datenbank verwaltet.

Das neutrale Bauwerkmodell im *KBS Projekt*[134] basiert auf dem bauteilorientierten Ansatz analog dem RATAS Modell, wobei zur Abgrenzung von Bauteilen auf die Ordnungssysteme zur Kostenschätzung zurückgegriffen wird (vgl. [Svensson 1991]). Die Gliederung eines Bauwerks unter dem Aspekt der Kostenschätzung ist zur Aufgabenerfüllung von verschiedenen Fachbereichen nicht notwendigerweise geeignet.

Im ATLAS[135] ESPRIT Projekt Nr. 7280 sollen Daten im Bauprozess durch eine einheitliche Kommunikationsschnittstelle unterschiedlichen Software Anwendungen zur Verfügung gestellt werden (vgl. [ATLAS 1993]). Hierzu werden neutrale Dateien als SPF[136] übertragen. Die Beschreibung des Bauwerks richtet sich nach dem CAD-System *Speedikon*[137], welches über ein *Knowledge Based ASCII Interface* (KBAI) kommuniziert (vgl. [Greening 1992]). Die Definition von Bauwerkmodellen, ausgehend von der Modellierung von Bauwerken bestehender CAD-Systeme ist praxisnah, leistet jedoch nur bescheidene Beiträge hinsichtlich der fachübergreifenden Beschreibung von Bauwerken.

Zur Unterstützung der Kommunikation zwischen der Architektur (Entwurf) und der Tragwerkplanung können durch die Verwaltung von Objekten auf einem semantisch hohen Niveau Beschreibungen des Tragwerks aus dem Bauwerkmodell der Architektur in das Modell der Tragwerkplanung übertragen werden (vgl. [Rüppel 1993]). Auf der physikalischen Ebene wird die STEP-2DBS Syntax in Form einer ASCII Austauschdatei verwendet. Die Bauteile des Bauwerks sind als *swept-area-solids* beschrieben und können in verschiedene Anwendungsprogramme wie CAD-Architektur und Tragwerkplanung sowie verschiedene Statikprogramme wie Platten-, Scheiben- und Stützenberechnungsprogramme übernommen werden. Die Transformation der CAD-Daten erfolgt über einen Postprozessor, der die CAD-Datenbasis gemäss der Spezifikation des Tragwerkmodells in eine ASCII-Datei mit STEP-2DBS-Syntax konvertiert (vgl. [Niestroj 1993]).

Die Übertragung von Wissen zwischen der Architektur und Tragwerkplanung ist stark bauteilorientiert und nur auf diese beiden Funktionseinheiten ausgerichtet. Beziehungen zwischen Räumen und physischen Objekten, wie sie beispielsweise zur Gestaltung von Bauwerken in der Architektur oder für die HLK-Installationsplanung notwendig sind, können nicht genauer beschrieben werden.

Das GenCOM Modell stellt ein Projektmodell dar, das nicht nur das technische System Bauwerk, sondern auch die Prozesse, Ressourcen und Organisation in einem Projekt beschreibt (vgl. [Froese 1992]). Entsprechend wird zwischen einem

---

133 *OXF: neutral exchange format*

134 *Das KBS Projekt wird durch das* Swedish National Board of Public Building *getragen*

135 *ATLAS: Architecture, methodology and Tools for Computer integrated Large Scale engineering*

136 *SPF: Step Physical File*

137 Speedikon *ist ein eingetragenes Warenzeichen der Firma IEZ AG Bensheim*

Produkt-, *Prozess*, *Ressourcen-* und *Organisationsmodell* unterschieden. Die Beschreibung des Bauwerks als technisches System orientiert sich stark an den Bauteilen des fertigen Produkts. Das GenCom Modell soll durch den Einsatz einer Datenbank, welche die im GenCOM definierten Daten verwaltet, das Computer Aided Project Management (CAPM) unterstützen. Mit dem Einsatz einer Datenbank wird die Verteilung und Verwaltung von Daten stark zentralisiert, wie es für Anwendungen unter den Bedingungen des Bauwesens naturgemäss nicht der Fall ist.

Im *ICM Projekt* wird strikt zwischen einer Umgebung der *Graphik* und einer der *Symbole* unterschieden (vgl. [Clayton et al. 1994]). Die Graphik beschreibt die Form von Objekten, während die Symbole deren Funktionen beschreiben. Dabei wird angenommen, dass die graphische Umgebung von verschiedenen Aufgabenträgern im Bauprozess gemeinsam genutzt wird, wobei jeder seine eigene Umgebung der Symbole hat. Die Symbole für eine Anwendung entstehen durch Interpretation von geometrischen Entitäten. Die Symbole können entsprechend als Features aufgefasst werden. Die graphische Umgebung dient der interaktiven Kommunikation, während die symbolische Ebene der eigenen automatischen Informationsverarbeitung dient. Die jeweilige Bedeutung eines speziellen graphischen Objekts ist je nach Stelle eines Projektteams unterschiedlich. Die Beschreibung der Geometrie oder *Form* der Objekte wird mit AutoCAD beschrieben. Die Repräsentation der Objekte auf der Ebene der Symbole erfolgt getrennt nach den verschiedenen Fachbereichen mit Hilfe von wissensbasierten Systemen, wobei getrennt je nach Fachgebiet *Funktion* und *Verhalten* der Objekte untersucht werden können [Fruchter et al. 1993 p.9].

Mögliches Referenzmodell für das Bauwesen

Produktmodelle dürfen sich nicht auf die Beschreibung von fertigen Bauwerken beschränken, sondern müssen die komplizierten Gestaltungsprozesse von technischen Systemen entsprechend den Vorgehensmodellen unterstützen.

Im Gegensatz zum RATAS Modell unterstützt das GARM die Gestaltung und Auswahl von Alternativen, Verbindungen zwischen Elementen und deren Repräsentation (vgl. [Gielingh 1988]).

Das GARM beschreibt eine Menge von Konstrukten, die Bestandteil einer grundlegenden PDU (Product Definition Unit) sind. PDUs können analog von Systemen in weitere PDUs zerlegt werden, wobei PDUs in den verschiedenen Lebensphasen des Produkts verschiedene Zustände annehmen können.

- Ein PDU im As required Zustand wird als FU (Functional Unit) bezeichnet mit *Required Characteristics.*
- Ein PDU im *As Designed* Zustand wird als TS (Technical Solution) bezeichnet mit *Expected Characteristics.*
- Ein PDU im *construction* Zustand wird als Built Unit bezeichnet mit *Realized Characteristics.*

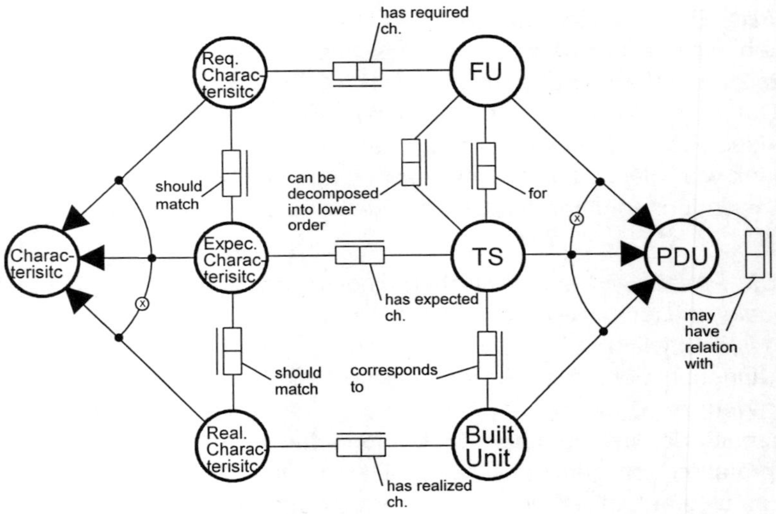

Figur 45: Einige grundlegende GARM Konstrukte [Tolman et al. 1992 p.19]

Das Datenmodell in Figur 45 zeigt, dass die *FU*, *TS* und *Built Unit* Subtypen der *PDU* und die *Required*, *Expected* und *Realized Characteristic* Subtypen der *Characteristic sind.* Dabei wird davon ausgegangen, dass Gestaltungsprozesse Top-Down durch ein funktionales Zerlegen einer TS des Bauwerks und Suchen von technischen Lösungen für jede FU ablaufen. Die TS-FU Dekomposition zerlegt in der Regel eine TS in mehrere FUs. Bei diesem Zerlegungsprozess von TS in FUs entsteht eine Baumstruktur eines Produkts, welche beschreibt, welche Funktionen einzelne Teilsysteme erfüllen müssen. Damit wird die Gestaltung eines Systems durch das Modell unterstützt. Eine Bedingung besteht darin, dass nur solche FUs direkt Beziehungen untereinander haben dürfen, die zur selben TS gehören.

Die Figur 46 zeigt die Zerlegung einer TS in mehrere FUs. Das Rechteck um die FU bedeutet, dass die entsprechenden FUs von einer TS herrühren. Eine Beziehung einer FU nach ausserhalb des Rechtecks bedeutet, dass eine FU über eine definierte Schnittstelle Beziehungen zu einer FU einer anderen TS hat.

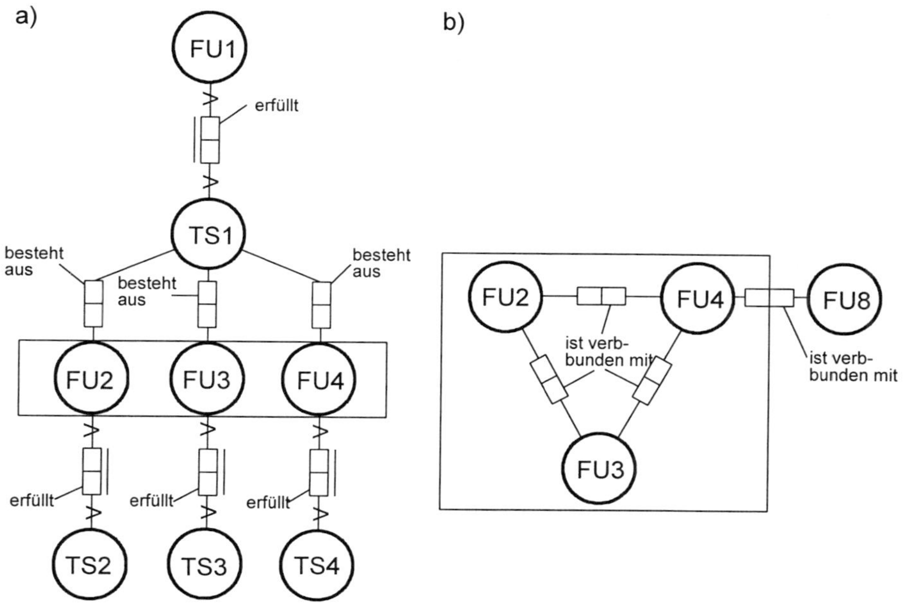

Figur 46: a) TS-FU Dekomposition und b) FU Netzwerk [Waard 1992 p.34]

Mit der Unterscheidung zwischen FUs und TS wird zwischen der Funktion eines Systemelements und seiner Realisierung in Form einer möglichen Lösung unterschieden. Der Zerlegungsprozess unterstützt Gestaltungsprozesse, welche Top-Down erfolgen, indem von groben Anforderungen und Funktionen ausgegangen wird und mögliche Lösungen zu deren Erfüllung gesucht werden. Im Bauprozess wird der Gestaltungsprozess von Bauwerken beispielsweise in Aufgaben zur Gestaltung von Räumen, des Tragwerks, der Haustechnik usw. unterteilt. Dabei wird von speziellen Anforderungen und Funktionen ausgegangen und technische Lösungen gesucht.

Jede Beziehung zwischen FUs stellt ein Interface zwischen diesen dar, das in eine topologische Beziehung überführt werden kann. Nicht jede FU oder Interface zwischen FUs muss notwendigerweise einem topologischen Element zugeordnet und nicht jedes topologische Element oder Beziehung zwischen topologischen Elementen muss einer FU entsprechen. Zur Beschreibung der Beziehungen zwischen FUs, TS und der Topologie hat Willems zwischen dem funktionalen und dem topologischen Netzwerk eine Metaebene, die Meta-Topologie, eingeführt (vgl. [Willems 1988]). Die Meta-Topologie stellt eine Verallgemeinerung von Boundary-Beziehungen zwischen topologischen Elementen dar. Jeder Klasse von Objekten können bestimmte Repräsentationen zugeordnet werden.

In der Meta-Topologie werden *Boundary-* und *Lagebeziehungen*[138] unterschieden. Boundary Beziehungen sind notwendig zur Beschreibung von geometrischen Körpern im Raum, während Lage Beziehungen über die zur Beschreibung von Körpern notwendigen Beziehungen hinausgehen und die gegenseitige Lage verschiedener Körper in Form von topologischen Beziehungen wie beispielsweise Fläche zu Fläche, Punkt zu Kante usw. enthalten. Lagebeziehungen eignen sich zur Beschreibung von Beziehungen wie *ist verbunden mit/....* zwischen Elementen eines Bauwerks.

So kann beispielsweise ein Balken, der über ein Auflager auf einem Stützenkopf aufliegt, wie folgt beschrieben werden. Die Stütze und der Balken können in einer Projektphase auf einer festgelegten Detaillierungsstufe durch zwei Körper repräsentiert werden, welche mit topologischen Elementen wie *Körper*, *Fläche*, *Kante* usw. und Boundary-Beziehungen zwischen diesen Elementen beschrieben sind. Der Balken, das Auflager und die Stütze stellen TS dar. Zwischen den FUs des Balkens, der Stütze und des Lagers sind *trägt/...* Beziehungen definiert. Das Lager zwischen Balken und Stütze kann durch einen Eckpunkt repräsentiert werden. Zwischen der Auflagefläche des Balkens, des Lagers und der Auflagefläche der Stütze bestehen zwei *ist verbunden mit/...* Beziehungen.

Die Anwendung des GARM am Beispiel des Balkens und der Stütze zeigt die Bedeutung von Referenzmodellen. Die abstrakten FUs und TS und deren Beziehungen sind auf der Ebene der *industry type reference models* definiert und müssen zur Beschreibung von Beispielen als Typen von Elementen von Bauwerken spezialisiert werden. Das GARM allein beschreibt keine Bauwerke und auch keine Typen von Bauwerken, sondern die TS, FUs und die Beziehungen zwischen diesen müssen durch Spezialisierung mit dem Wissen über einen bestimmten Bauwerkstyp mit Inhalten versehen werden.

Ferner verdeutlicht das aufgeführte Beispiel, dass zwischen den Elementen Balken, Auflager und Stützen sehr viele Beziehungen und deren Repräsentation definiert werden müssen. Die Repräsentation und der Detaillierungsgrad von Elementen hängt stark von der Projektphase ab. Elemente des Tragwerks können zudem nicht alleine für sich gestaltet werden, sondern diese weisen Beziehungen zu den Bearbeitungsobjekten von anderen Funktionseinheiten auf. Die Beschreibung von Beziehungen zwischen TS, welche nicht zu der selben FU gehören, wird damit notwendig, wobei eine starke Verflechtung der Beziehungen von Objekten oder Mengen von Objekten zur Beschreibung des Bauwerks entsteht. Voraussetzung bei der Verwendung solcher Objekte als Medium zur fachübergreifenden Kommunikation ist, dass einzelne Objekte des Bauwerks untereinander eindeutig abgegrenzt und fachübergreifend verständliche Bezeichnungen dafür gefunden werden können und diese akzeptiert werden.

---

138 *Die* Boundary- *und* Lagebeziehungen *werden in der Folge als* allgemeine topologische Beziehungen *bezeichnet.*

4.3.1.2. Produktmodelle für Anwendungen im DPM

Produktmodelle für Anwendungen innerhalb stationärer Produktionsbetriebe im Bereich des DPM wurde das *IMPPACT Referenzmodell* entwickelt. Dieses basiert zu Teilen auf STEP und ergibt hinsichtlich der Erzeugung von Klassen verbesserte Ansätze zur Beschreibung von Produkten [Gielingh et al. 1991b p.739ff].

Konzepte zur Produktmodellierung

Produktmodelle als Grundlage für CIM-Systeme beschreiben das Produkt nicht nur aus der Sicht der *Gestaltung*, sondern auch aus der Sicht von *Produktionsaktivitäten* und den entsprechenden *Materialverarbeitungsprozessen* [Gielingh et al. 1991a p.61]. Mit dem konzeptionellen Ansatz der *Features*[139] im Sinne des Bereichs der Oberfläche eines Produkts, wird die Kombination zwischen den verschiedenen Typen von Daten wie Geometrie-, Material-, Oberflächendaten usw. in allen Lebensphasen von Produkten ermöglicht.

Die Bedeutung richtet sich nach der Anwendung, das heisst der aktuellen Bearbeitung des entsprechenden materiellen Objekts. Die Bearbeitung von Features ist demnach ein Prozess, in dem funktionales, geometrisches und technologisches Wissen in einem bestimmten Kontext verarbeitet wird. Die Semantik von Features wie deren Funktion, Form oder Verhalten können mit objektorientierten Konzepten beschrieben werden.

Aus der funktionalen Systemanalyse von Kommunikationsfunktionen geht hervor, dass ein und dasselbe materielle Objekt unter verschiedenen anwendungsorientierten Sichten modelliert werden muss. Hierzu sind prinzipiell drei Lösungsansätze vorhanden [Meier 1991 p.763]: *Parametrisierung der Teile eines Produkts*, *Zerlegung der Teile eines Produkts in geometrische Räume* (Form Features) oder beide vorherigen Lösungansätze zusammen, wobei die Form Features zusammen mit einer gewissen Semantik verwendet werden.

Das Feature Modell des IMPPACT Ansatzes in Figur 47 zeigt die orthogonale Dimensionen der Konkretisierung und der Spezifizierung zur Beschreibung Produktdefinitionen.

Die dreidimensionale Gestalt eines Features ist nicht die einzige, aber eine wichtige Repräsentation desselben. Für stationäre Produktionsbetriebe im Bereich des DPM sind verschiedene Typen von Features notwendig:

- *Design Feature:* Werden von der funktionalen Betrachtung eines Teils her definiert und orientieren sich an den Hauptfunktionen eines Teils.
- *Analysis Feature:* Repräsentieren Zustände beim Übergang von der Gestaltung zur Herstellung zur Anwendung. (FEM Netz eines Teils)
- *Production Feature:* Repräsentieren einen oder mehrere Produktionsprozesse. Wenn ein Production Feature mehrere Beziehungen zu einer Produkti-

139 *vgl.* Feature. *Kapitel: Glossar, p.264ff*

onsaktivität aufweist, bedeutet dies, dass mehrere Herstellungsprozesse möglich sind. Dagegen sind die Produktionsaktivität und die Operationen über eine 1 zu 1 Relation miteinander verknüpft.

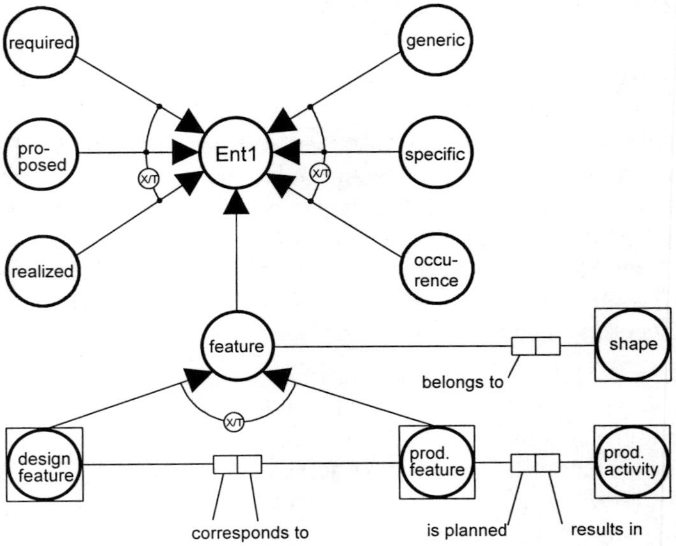

Figur 47: Feature Modell innerhalb IMPPACT [Meier 1991 p.764], (vgl. [Gielingh et al. 1991a p.83])

Durch die Orthogonalisierung der Beschreibung von Klassen können eine Vielzahl von neuen Klassen unabhängig von den bereits vorhandenen definiert werden. Zwischen den Dimensionen, welche die Definition von Klassen zulassen, können generelle Beziehungen angegeben werden, welche jedoch bei der Erzeugung von neuen Klassen nicht einfach übernommen werden dürfen, sondern bezüglich deren Bedeutung überprüft werden müssen.

Die Definition der Bedeutung von Begriffen wird in semantischen Datenmodellen nicht unterstützt und muss zusätzlich angegeben werden. Klassen werden mit einem Begriff als deren Bezeichnung versehen. Durch die Definition von Begriffen ist umgekehrt auch die Bedeutung der Instanzen der entsprechenden Klassen für verschiedene Benutzer eindeutig festgelegt. Die Definition von Begriffen in einem orthogonalen Modellierungsraum erlaubt eine verständliche Abgrenzung derselben für verschiedene Benutzer. Die Definition von Produkten in IMPPACT basiert auf fünf *orthogonalen Dimensionen* [Gielingh et al. 1991a p.81], [Gielingh et al. 1991b p.739ff].

- *Spezialisierung:* Produktmodelle werden auf verschiedenen Ebenen der Spezialisierungen definiert, das heisst, Modelle für unterschiedliche Produkte zweier Industrien werden von einem generellen Modell zur Beschreibung von Produkten abgeleitet.

- *Integration der Sichten:* Verschiedene Stellen haben eine unterschiedliche Sicht auf ein und dasselbe Produkt. Die IMPPACT Software unterscheidet *Design* und *Production Features*, wobei beispielsweise ein *Design Feature* die funktionale Betrachtung eines Feature durch einen Gestalter repräsentiert. Ein *Production Feature* ist definiert als ein Resultat einer Produktionsaktivität (*Production Activity*). Entspricht ein *Design Feature* einem *Production Feature* bedeutet dies, dass das Feature hergestellt werden kann. Entspricht ein *Design Feature* mehreren *Production Features* bestehen mehrere Alternativen zu dessen Herstellung.
- *Spezifikation:* Zwischen den Daten eines bestimmten Produkts und einer Menge von Instanzen muss entsprechend dem objektorientierten Ansatz unterschieden werden. Hierzu werden wiederum drei Features, das *Generic*, *Specific* und *Occurence Feature* definiert. Die Instanz Ai einer Klasse A verstanden als Modellobjekt ist *Occurence*, weil das entsprechende Benutzerobjekt in der Realität nur einmal vorkommt. Die Klasse A kann als *Specific* betrachtet werden, wobei A beispielsweise in eine IS-A Hierarchie eingeordnet ist. Die Wurzel dieser Hierarchie kann als *Generic* aufgefasst werden.
- *Konkretisierung:* Die Konkretisierung beschreibt die Produkte im Gestaltungsprozess in den Zuständen *Required*, *Proposed* und *Realized*[140]. *Required* Produkte oder Aktivitäten beschreiben die verlangten Eigenschaften derselben. Im *Proposed* Zustand werden die noch nicht hergestellten Produkte oder Aktivitäten beschrieben, welche die geforderten Anforderungen erfüllen.
- *Repräsentation:* Die materiellen Objekte eines Produkts weisen nur eine physikalische Gestalt auf, können aber je nach Anwendung verschieden repräsentiert werden. Es gibt nicht die beste Repräsentation, sondern eine Menge, die entsprechend pro Aufgabe geeignet ist. So sind Oberflächen, Solid und Finite Element Repräsentationen eines materiellen Objekts denkbar und entsprechend den unterschiedlichen Aufgaben geeignet, diese zu unterstützen.

Modelle, welche durch Spezialisierung in einer Dimension für einen bedeutenden Teil eines Datenmodells entstehen, beschreiben ein vollständiges Modell auf verschiedenen Abstraktionsebenen und werden als *geschichtete Modelle* bezeichnet [Gielingh et al. 1991a p.57]. In geschichteten Modellen können Daten auf unterschiedlichen Abstraktionsebenen verarbeitet werden, wobei das Modell kohärent bleibt. So kann beispielsweise eine mit einer Anwendung zur Berechnung der Preise von Wänden eine Preisberechung von unterschiedlichen Wandtypen wie Kellerwand, Schachtwand usw. durchgeführt werden. Eine weitere Anwendung

---

140 *Innerhalb des GARM wird zur Beschreibung des Verhaltens von PUs zwischen einem* Required, Expected *und* Built *Zustand unterschieden.*
vgl. PDU, FU, TS, Built Unit in GARM. *Kapitel: 4.3.1.1. Bauwerkmodelle für das Bauwesen, p.129*

erlaubt das Editieren der geometrischen Repräsentation von Wänden und manipuliert dabei topologische Elemente wie Flächen, Kanten, Eckpunkte usw.. Aufgrund des geschichteten Modells können die beiden Anwendungen miteinander kommunizieren, obwohl sie auf unterschiedlichen Abstraktionsebenen arbeiten.

4.3.2. Vergleich und Anforderungen an Bauwerkmodelle

Die Modellierung von Bauwerken ist Gegenstand von intensiven Forschungsbemühungen. Im Detail werden das bereits beschriebene KBS Projekt (vgl. [Svensson 1991]), das ATLAS Projekt (vgl. [ATLAS 1993], [Greening 1992]), das OOCAD Projekt (vgl. [Serén et al. 1993]), das ISYBAU Projekt hinsichtlich Unterstützung Datenaustausch Architektur - Tragwerkplanung (vgl. [Niestroj 1993], [Rüppel 1993]), das CAPM Projekt (vgl. [Froese 1992]) und das ICM Projekt (vgl. [Fruchter et al. 1993], [Clayton et al. 1994]) miteinander verglichen. In der Tabelle 9 ist der Vergleich auf der *product-type* Ebene zwischen den unterschiedlichen Ansätzen zur Modellierung von Bauwerken dargestellt. Weil das GARM auf der *industry-type* Ebene definiert ist, ist kein direkter Vergleich mit anderen Modellen möglich.

Der Vergleich der Ansätze der Modellierung von Bauwerken zeigt, dass diese für unterschiedliche Zwecke gestaltet wurden. Einerseits soll eine *einheitliche Kommunikationsschnittstelle* (ATLAS, KBS, OOCAD) definiert werden oder *einzelne fachspezifische Anwendungen auf der Basis von Daten mit definierter Semantik für diese Anwendungen* (ISYBAU, CAPM, ICM) hinsichtlich der Ausführung von Kommunikationsfunktionen automatisiert werden.

Allen Ansätzen ist gemeinsam, dass diese teilweise auf den Ansätzen STEP basieren, jedoch nicht alle Konzepte von STEP aufnehmen. So ist nicht zu erkennen, in welchem Zustand der Konkretisierung sich ein Objekt befindet, weil durch die starke Bauteilorientierung die Elemente eines fertigen Bauwerks beschrieben werden. Weitergehende Beziehungen wie *is-part-of* oder *is-connected-to* Beziehungen werden nicht beschrieben. Ein Objekt besitzt in der Regel auch nur eine Repräsentation. An diesem Zustand ändert sich auch dann nichts, wenn die Repräsentation eines Objekts als Grundlage für die Definition von weiteren Objekten in Form von Features dient. Die Automatisierung von Kommunikationsprozessen durch Werkzeuge ist der zweite Schritt in der Unterstützung von Kommunikationsfunktionen im Bauprozess. Die Schwierigkeit bei der Kommunikation im Bauprozess liegt in der unterschiedlichen Semantik von Daten und nicht der Implementierung von wissensbasierten Schlussfolgerungsmechanismen für fachspezifische Anwendungen.

	Forschungsprojekt					
Kriterium	**KBS**	**ATLAS**	**OOCAD**	**ISYBAU**	**CAPM**	**ICM**
Trägerschaft	S	EG	SF	BRD	USA	USA
Typ Bauwerkmodell						
Klassifikation Modell	Produkt-modell	Produkt-modell	Produkt-modell	Produkt-modell	Projekt-modell	Produkt-modell
Anwendung Bauwerkmodell	fachüber-greifend	fachüber-greifend	fachüber-greifend	Tragwerk-planung	fachüber-greifend	fachüber-greifend
Elemente des Bauwerkmodells	Elemente	Bauteile	Bauteile	Objekte (anwend. orientiert)	Bauteile, Prozesse, Ressourcen, Beteiligte	Features
Gliederung Objekte (Anwendung Bauwerkgliederungen)	ja (Kosten)	nein	nein	nein	nein	nein
Abhängigkeit Produktmodell - Anwendungssystem	nein	ja (Speedikon)	ja Geometrie/ Topologie (AutoCAD)	nein	Geometrie/ Topologie (AutoCAD)	Geometrie/ Topologie (AutoCAD)
Datenaustauschformat						
Typ Schnittstelle	ASCII NICC	ASCII KBAI	ASCII OXF	ASCII STEP-2DBS	-	frei definierb. Protokoll
Weitere Verwendung Datenformat	nein	nein	DBS	DBS	DBS	nein
Implementierungsaspekte						
Verwendetes CAD System	kein	Speedikon	AutoCAD	kein	AutoCAD	AutoCAD
Typ vorg./verw. Datenbank	-	-	relational	objekt-orientiert	objekt-orientiert	-
verwendete oder vorgesehene Datenbank	keine	keine	dBaseIV	ONTOS	Objectivity	keine

Tabelle 9: Vergleich einer Auswahl internationaler Projekte und der erzeugten Bauwerkmodelle

4.3.2.1. Anforderungen an Bauwerkmodelle

Aus der Analyse der Kommunikationsfunktionen der Bauprojekt- und der Benutzerorganisation und dem Vergleich von Ansätzen zur Modellierung von Bauwerken können *Anforderungen* hinsichtlich der Gestaltung von Bauwerkmodellen aufgestellt werden.

A1: Anwendbarkeit Bauwerkmodell im Bauprozess

Bauwerkmodelle sollen zielorientiert hinsichtlich einer fachübergreifenden Implementierung in einer Bauprojekt- und Benutzerorganisation unter den Bedingungen des Bauwesens gestaltet werden und sich nicht auf die globale Standardisierung von Begriffen und damit Klassen der Beschreibung von einzelnen Komponenten des Bauwerks beschränken, welche zur Kommunikation notwendig sind.

Bauwerke bestehen nur bedingt aus Standardteilen. Eine Modellintegration zur Beschreibung sämtlicher physischer Bestandteile von Bauwerken ist mit einem sehr grossen Aufwand verbunden, der unter den besonderen Bedingungen des Bauwesens nicht zu rechtfertigen ist.

A2: Beschreibung System Bauwerk

Bauwerkmodelle im Bauprozess sollen sich auf die kohärente Beschreibung von Bearbeitungsergebnissen im Lebenszyklus eines Bauwerks ausrichten und nicht auf die Modellierung von Prozessen, welche zu diesen Bearbeitungsergebnissen führen.

Zwischen den Stellen von Bauprojekt- und Benutzerorganisationen werden vor allem Beschreibungen des technischen Systems Bauwerk ausgetauscht. Die globale Verknüpfung zwischen Aktivitäten der Projektierung oder Ausführung mit einzelnen Objekten des Bauwerks ist möglich, dagegen muss über die Beschreibung von sämtlichen Teilen ein Konsens gefunden werden. Einfacher ist es, die Verknüpfung zwischen Objekten und Vorgängen aus der Sicht eines anwendungsorientierten Bauwerkmodells zu beschreiben. Das Bauwerkmodell Gesamtleitung enthält die erwähnten Verknüpfungen, weil die Erstellung von Terminplänen zu deren Aufgaben gehört.

A3: Keine vordefinierten Vorgehensmodelle

Bauwerkmodelle sollen den Gestaltungsprozess von Bauwerken nicht vorschreiben, sondern mehrere Wege zu einem Bearbeitungsergebnis offen lassen. So muss der Weg von der funktionalen Modellierung zur geometrisch/topologischen und umgekehrt gangbar sein.

Mit der Trennung zwischen Struktur und Funktion können zwei grundsätzlich unterschiedliche Vorgehen zur Gestaltung von Systemen unterstützt werden. Das Bauwerkmodell schreibt den einzuhaltenden Weg nicht vor, sondern hält beide Möglichkeiten offen.

A4: Beschreibung unterschiedlicher Konkretisierungen

Bauwerkmodelle sollen jeden Bearbeitungszustand eines Bauwerks und dessen Teile beschreiben können, insbesondere *required* (durch die Formulierung von Anforderungen und Ziele an das Produkt) dem *proposed* (durch Beschreibung des Produkts je nach Bearbeitungszustand auf einer mehr oder weniger abstrakten Ebene) sowie dem *realized* Zustand (der Beschreibung des physisch realisierten Systems).

Mit der Unterscheidung der Zustände von Objekten wird es für die einzelnen Stellen im Bauprozess nachvollziehbar, wie der Zustand eines Objekt entstanden ist. Bei der heutigen Kommunikation auf der Basis von Dokumenten, ist auf einem Plan nicht erkennbar, warum beispielsweise eine Decke eine bestimmte Dicke hat.

A5: Mehrere Repräsentationen pro Objekt

Bauwerkmodelle sollen sich nicht auf eine Repräsentation eines Objekts beschränken, sondern mehrere unterschiedliche Anwendungen zulassen.

Was als Objekt eines Bauwerks bezeichnet wird hängt vom jeweiligen Betrachtungsstandpunkt ab. Entsprechend müssen mehrere Modellobjekte zugelassen werden, welche denselben Gegenstand der Realität beschreiben. So muss eine Türe aus der Sicht der Architektur als eine Verbindung zwischen zwei Räumen und aus der Sicht der Tragwerkplanung beispielsweise als Loch in einer Wandscheibe definiert werden können.

A6: Beschreibung der Beziehungen zwischen Objekten

Bauwerkmodelle sollen sich nicht nur auf die explizite Beschreibung der Elemente eines Bauwerks beschränken, sondern auch implizite Repräsentationen und die Beschreibung von Beziehungen zwischen Objekten berücksichtigen.

Implizite Repräsentationen von Objekten beschreiben deren Funktion. Umgekehrt kann die Zuordnung von Funktionen zu Objekten als deren implizite Repräsentation aufgefasst werden. Zwischen den Funktionen bestehen Beziehungen, welche ebenfalls beschrieben werden müssen.

A7: Mehrfache Instanziierungen

Bauwerkmodelle sollen aufgrund der stark arbeitsteiligen und heterogenen Struktur im Bauprozess die Betrachtung von einem materiellen Objekt eines Bauwerks und dessen Teilen unter verschiedenen Aspekten in entsprechend unterschiedlichen Anwendungsgebieten unterstützen.

Von demselben materiellen Objekt eines Bauwerks müssen unterschiedliche Modellobjekte in verschiedenen Fachgebieten erzeugt werden können. Die globale Einigung über die Bedeutung von Klassen ist nur für solche Objekte sinnvoll, welche als Träger von Informationen zur Übertragung von Wissen zwischen Fachgebieten notwendig sind.

A8: Modellierung auf unterschiedlichen Abstraktionsebenen

Bauwerkmodelle sollen die unterschiedlichen Bedürfnisse entsprechend den zu erfüllenden Aufgaben von Funktionseinheiten hinsichtlich der Strukturierung des Systems Bauwerk unter verschiedenen Aspekten auf unterschiedlichen Abstraktionsebenen unterstützen.

Die physische Gliederung eines Bauwerks ist zur Aufgabenerfüllung ein wichtiges Verfahren, das System Bauwerk von einem bestimmten Betrachtungsaspekt aus zu beschreiben. Es gibt nicht die physische Gliederung, welche von allen Stellen im Bauprozess als richtig akzeptiert werden kann. Entsprechend muss das Bauwerkmodell die materiellen Objekte bezüglich der strukturellen Beschreibung des Bauwerks so fein unterteilen, dass alle anwendungsorientierten Gliederungen für den Informationsaustausch gebildet werden können.

A9: Übertragung von Wissen durch modellintegrierte Klassen

Bauwerkmodelle sollen auf fachspezifischen Modellen mit fachspezifischen Klassen aufbauen, welche anschliessend für die notwendige Übertragung von Wissen zwischen zwei Fachbereichen integriert werden müssen, indem bezüglich der Semantik der Klassen und der Bedeutung der Begriffe ein Konsens angestrebt wird.

Bezüglich der strukturellen Beschreibung eines Bauwerks sind nicht alle Beschreibungen von materiellen Objekten des Bauwerks und deren Beziehungen zu standardisieren. Objekte, welche nur innerhalb eines Fachgebiets von Bedeutung sind, müssen nicht global verständlich sein.

4.3.3. Integrale und anwendungsorientierte Bauwerkmodelle

Auf der Basis der *Anforderungen zur Gestaltung von Bauwerkmodellen* wird ein Konzept zur Entwicklung von Produktmodellen für Bauwerke des Hochbaus entwickelt, welches den speziellen Bedingungen des Bauwesens gerecht wird. Primäres Ziel ist nicht die Spezifikation des *"Bauwerkmodells"* für den Bauprozess, sondern ein auf dem Systemansatz basierendes generelles Modell eines Bauwerks, welches es erlaubt, dieses unter verschiedenen Betrachtungsaspekten zur Erfüllung von unterschiedlichen Aufgaben zu spezialisieren und zu ergänzen. Ferner werden die resultierenden Bauwerkmodelle zielorientiert, das heisst unter den besonderen Bedingungen des Bauwesens hinsichtlich der Übertragung von Wissen zwischen unterschiedlichen, fachspezifischen Anwendungen definiert.

Das Bauwerkmodell Tragwerkplanung enthält beispielsweise die Klassen von Modellobjekten zur Beschreibung der Benutzerobjekte der Funktionseinheit Tragwerkplanung. Das Bauwerkmodell Tragwerkplanung ist aus dem integralen Bauwerkmodell abgeleitet, welches als generelle Beschreibung eines technischen Systems in Form eines Bauwerks des Hochbaus angesehen werden kann. Die Klassen des integralen Bauwerkmodells werden mit Bezeichnungen als deren Namen versehen, wobei diese Bezeichnungen Begriffe darstellen. Voraussetzung für die Kommunikation auf einem semantisch hohen Niveau ist, dass diese Begriffe für unterschiedliche Benutzer und damit auch Anwendungen die gleiche Bedeutung haben. Durch die Spezialisierung der anwendungsorientierten Bauwerkmodelle aus dem integralen Bauwerkmodell entsteht ein Konsens über die generellen Konzepte zur Beschreibung von Bauwerken unter verschiedenen Aspekten. Dieser Konsens über die Semantik von Klassen und damit die Bedeutung von Begriffen ist als grundlegend für die Kommunikation im Bauprozess anzusehen.

Das integrale Bauwerkmodell beschreibt das Bauwerk als technisches System auf einem abstrakten Niveau. Integrale Bauwerkmodelle enthalten Elemente und Beziehungen zur Modellierung von technischen Systemen, welche für eine Reihe von anwendungsorientierten Bauwerkmodellen gültig sind. Die anwendungsorientierten Bauwerkmodelle wie beispielsweise das Bauwerkmodell Architektur, HLK-Installationsplanung, Tragwerkplanung usw. werden zur Erfüllung der Aufgaben von Funktionseinheiten gestaltet und sind hierzu aus dem integralen Bauwerkmodell abgeleitet.

Die Spezifikation des Bauwerkmodells erfolgt auf der logischen Ebene durch Datenmodelle. Zur Modellierung des Bauwerks unter dem integralen und anwendungsorientierten Aspekt werden Regeln erarbeitet.

4.3.3.1. Systemstruktur des integralen Bauwerkmodells

Die Figur 48 zeigt den Zusammenhang zwischen möglichen anwendungsorientierten Bauwerkmodellen und dem integralen Bauwerkmodell. Die anwendungsorientierten Bauwerkmodelle existieren bereits heute in irgendwelchen Formen. Jedes Anwendungssystem modelliert das Bauwerk entsprechend den zu lösenden Aufgaben seiner Benützer. Ein integrales Bauwerkmodell, aus dem die verschiedenen anwendungsorientierten Bauwerkmodelle durch Spezialisierung und Erweiterung erzeugt werden könnten, existiert jedoch nicht. Entsprechend ist der Datenaustausch zwischen Anwendungssystemen in *semantischer* Hinsicht[141] verunmöglicht, wenn ihre Modelle vom Bauwerk weder ganz noch teilweise nach einheitlichen *Regeln* aufgebaut sind und kein Konsens bezüglich der verwendeten Begriffe besteht.

- Das integrale Bauwerkmodell enthält die wesentlichen Elemente und Beziehungen zwischen diesen Elementen zur Beschreibung von technischen Systemen in all ihren Lebensphasen.
- Das integrale Bauwerkmodell lässt die orthogonale Definition einer beliebigen Menge von anwendungsorientierten Bauwerkmodellen zu, indem es zu deren Gestaltung als Grundmuster dient.
- Anwendungsorientierte Bauwerkmodelle werden aus integralen Bauwerkmodellen spezialisiert. Die im integralen Modell definierten Beziehungen kommen in anwendungsorientierten Bauwerkmodellen wieder vor. Das integrale Bauwerkmodell kommt hingegen nirgends explizit vor, sondern definiert nur die Bedeutung des Inhalts von Klassen.
- Zwischen dem integralen und den anwendungsorientierten Bauwerkmodellen bestehen Spezialisierungs- aber keine Referenzbeziehungen. Entsprechend ist das integrale Bauwerkmodell kein Referenzmodell für einen Industriezweig[142] oder ein bestimmtes Produkt, sondern ein Schema zur Erzeugung von Bauwerkmodellen im Bereich von Hochbauten für unterschiedliche Anwendungsgebiete.

---

141 *Der Datenaustausch im technischen Sinn ist vergleichsweise trivial.*

142 *vgl.* industry type model, product type model STEP. *Kapitel: 4.3.1. Die Entwicklung von STEP und Referenzmodelle für das Bauwesen, p.126*

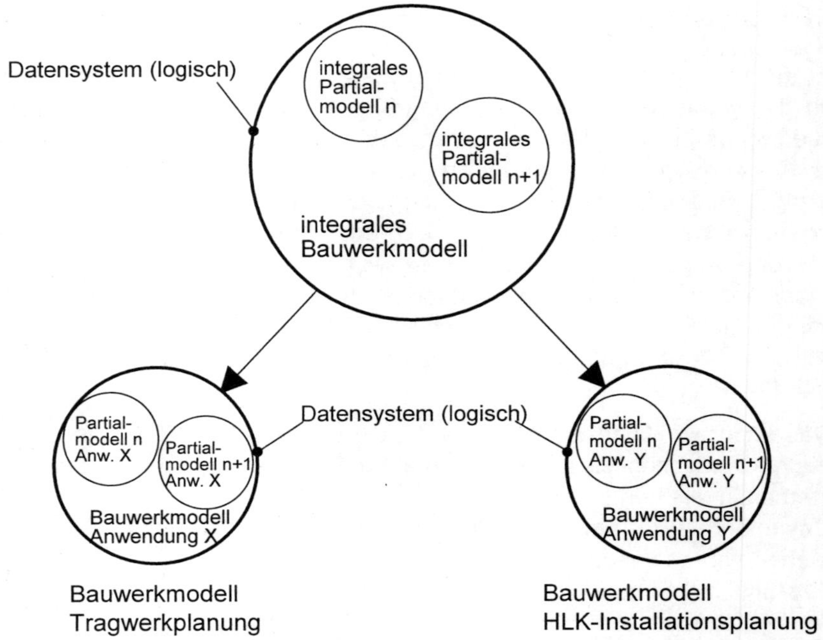

Figur 48: Integrales Bauwerkmodell und anwendungsorientierte Bauwerkmodelle

- Bei der Nutzung von Bauwerkmodellen zur Unterstützung von Kommunikationsfunktionen sind keine standardmässigen Beschreibungen der Komponenten von Bauwerken notwendig. Zur Standardisierung von Bauwerkbeschreibungen ist die Integration von Partialmodellen bezüglich der Bedeutung von Modellobjekten notwendig. Jede Funktionseinheit kann eigene, für ihre Aufgabenerfüllung geeigneten Modelle vom Bauwerk bilden. Zum Austausch von Wissen sind nur sehr wenige Objekte inklusive deren Beschreibung fachübergreifend zu definieren. Entsprechend kann ein Objekt mehrfach in unterschiedlichen Repräsentation in verschiedenen anwendungsorientierten Bauwerkmodellen auftreten.
- Die Erhaltung der Konsistenz der Bauwerkbeschreibung ist nicht durch Mechanismen im integralen Bauwerkmodell enthalten, sondern stellt eine Aufgabe einer Funktionseinheit im Bauprozess dar. Entsprechend sind Modelle zur Erhaltung der Konsistenz im Bauwerkmodell Gesamtleitung vorhanden.
- Die Übertragung von Wissen zwischen den einzelnen anwendungsorientierten Modellen des Bauwerks erfolgt über standardisierte Bauwerksbeschreibungen. Die Ableitung der anwendungsorientierten Modelle aus dem integralen Bauwerkmodell erfolgt vor dem Hintergrund der Aufgaben der entsprechenden Funktionseinheiten. Zur Erzeugung von anwendungsorientierten Bauwerkmodellen können keine allgemeinen Regeln angegeben werden.
- Durch die Implementierung von Bauwerkmodellen als Kommunikationssysteme im Bauprozess kann die Unterstützung von Kommunikationsfunktionen nur noch bedingt beeinflusst werden. Mit der Implementierung von Bauwerk-

modellen kann abhängig vom Grad der modellseitigen Integration die Datenverwaltung zentralisiert werden.

Von der datenseitigen Betrachtung hat das integrale Bauwerkmodell als Schema zur Erzeugung einer nicht abgeschlossenen Menge von anwendungsorientierten Bauwerkmodellen zu genügen. Diese werden entsprechend der Terminologie aus der Funktionsanalyse als *Bauwerkmodell Tragwerkplanung*, *Bauwerkmodell Architektur* usw. bezeichnet[143].

Das integrale Bauwerkmodell kann nicht zum vornherein als für alle Anwendungen im Bauwesen gültig angeschrieben werden, sondern nur hypothetisch aufgestellt und anhand der Erfordernisse verschiedener Funktionseinheiten verifiziert und ergänzt werden.

Als Beispiel zweier grundsätzlich verschiedener Betrachtungen des Systems Bauwerk dient dasjenige der Funktionseinheit *Tragwerkplanung* und der *HLK-Installationsplanung*. Während die Tragwerkplanung im wesentlichen zur Dimensionierung des Tragwerks von den tragenden, physischen Objekten eines Bauwerks ausgeht, betrachtet die Funktionseinheit HLK-Installationsplanung unter anderem die Räume in Form von nicht physischen Objekten. Für das integrale Bauwerkmodell bedeutet dies, dass es allgemeine Beziehungen zwischen physischen Objekten wie Tragelemente und nicht physischen Objekten wie Räume definieren muss.

4.3.3.2. Datenstruktur der Bauwerkmodelle

Der Unterschied zwischen integralen und anwendungsorientierten Bauwerkmodellen besteht in der Instanziierung der Klassen. Das integrale Bauwerkmodell wird mit Bezeichnungen von Klassen instanziiert, welche in den anwendungsorientierten Bauwerkmodellen als Klassen angewendet werden. Anwendungsorientierte Bauwerkmodelle werden mit Modellobjekten als Abbildung der Benutzerobjekte für eine bestimmte Anwendung instanziiert (vgl. [Gielingh et al. 1991a p.58]). In Analogie dazu werden in Datenbankmodellen eine *Instanzenebene*, *Schemaebene* und eine *Metaebene*[144] unterschieden.

143 *Das* Bauwerkmodell Tragwerkplanung *könnte durchaus auch als* Tragwerkmodell *bezeichnet werden. Die gewählte Bezeichnung der anwendungsorientierten Bauwerkmodelle im Zusammenhang mit der diese bearbeitenden Funktionseinheiten ist jedoch sinnvoller, weil damit die Aufgaben und Aktivitäten von Stellen oder Gruppen von Stellen durch die Funktionsanalyse der Kommunikationsprozesse im Bauprozess beschrieben sind. Abgesehen davon lässt sich nicht jeder Funktionseinheit ein physisches Teilsystem des Bauwerks so einfach zuordnen, wie das im Beispiel der Funktionseinheit Tragwerk- oder HLK-Installationsplanung der Fall ist. Wie beispielsweise das dem* Tragwerkmodell *entsprechende Bauwerkmodell der Funktionseinheit* Gesamtleitung *bezeichnet werden soll, ist nur schwer zu beantworten.*

144 *vgl.* Ebenen von Datenbankmodellen. *Kapitel: 3.3.3.1. Semantische Datenbankmodelle, p.49*

- Die Klassen des integralen Bauwerkmodells enthalten Metaobjekte, welche die Klasse des integralen Bauwerkmodells für eine Menge von anwendungsorientierten Bauwerkmodellen spezialisieren. Entsprechend sind Metaobjekte Klassen in der Rolle von Objekten.
- Der Übergang zwischen den Metaobjekten und den Instanzen der anwendungsorientierten Bauwerkmodelle erfolgt auf der Schemaebene durch Klassen. Die Klassen auf der Schemaebene können als eine *verallgemeinerte Form von Features* aufgefasst werden (vgl. [Katranuschkov 1993 p.5]). Die anwendungsorientierten Bauwerkmodelle können auf der Schemaebene zueinander orthogonal definiert werden, indem entsprechende Klassen definiert werden.
- Ein Objekt auf der Instanzenebene hat für eine Anwendung eine spezifische Bedeutung entsprechend der Klasse oder Klassen deren Objektmenge es angehört.

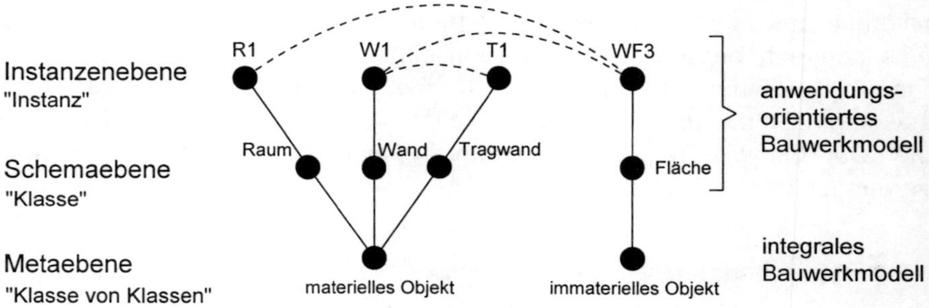

Figur 49: Modellierungsebenen von Bauwerkmodellen

Die Figur 49 zeigt den Zusammenhang zwischen der Meta, Schema- und Instanzenebene am Beispiel der Beschreibung von materiellen Objekten eines Bauwerks im *vorgeschlagen* oder dem *realisiert* Zustand.

- Das Metaobjekt *materielles Objekt* beschreibt alle physischen (Wand) und nicht physischen Objekte (Raum) eines Bauwerks im *vorgeschlagen* und *realisiert* Zustand. Weil die Klasse materielle Objekte auf der Metaebene angeordnet ist, kann diese durch Instanziierung von Klassen für unterschiedliche anwendungsorientierte Bauwerkmodelle auf der Schemaebene unterschiedliche Bedeutungen erhalten.
- Eine Wand im *vorgeschlagen* oder *realisiert* Zustand ist ein materielles Objekt auf der Schemaebene für eine bestimmte Anwendung. Der Wand können unterschiedliche Eigenschaften wie beispielsweise Isolation, Farbe usw. zugeordnet werden.

  Ein Raum im *vorgeschlagen* oder *realisiert* Zustand ist ein materielles Objekt auf der Schemaebene für eine bestimmte Anwendung, dem weitere Eigenschaften wie beispielsweise Raumtemperatur, minimale Helligkeit usw. zugeordnet werden können.

- Auf der Instanzenebene werden die Benutzerobjekte für eine bestimmte Anwendung in Form von Modellobjekten instanziiert.
  Der tragende Kern *T1* einer Wand ist ein Teil der Wand und damit ein Teil des Tragwerks unter dem Aspekt der Tragwerkplanung
  Der Raum R1 ist aus der Sicht der Tragwerkplanung nur hinsichtlich der Nutzung und damit von den zu erwartenden Belastungen von Interesse
  Die Wandfläche *WF3* ist ein Teil der Wand *W1* und damit ein Teil einer Raumberandung unter dem Aspekt der Architektur
  Die Wand *W1* ist aus der Sicht der Architektur nur hinsichtlich deren Gestaltungselemente wie Erscheinung, Material und Dicke der Wand von Interesse. Der tragende Kern ist nur bezüglich seiner Dimensionen von Bedeutung.

Die Beispiele der Wand und des Raums zeigen, dass die Metaobjekte je nach Anwendungsgebiet eine ganz unterschiedliche Semantik erhalten. Die Klasse *materielles Objekt* stammt aus dem integralen Bauwerkmodell und wurde für diese beiden Anwendungen durch eine Instanz Klasse mit einer bestimmten Bedeutung versehen. Die Domäne der Klassen auf der Metaebene wird als die *Extension*[145] der Klasse bezeichnet.

Die Klassen auf der Metaebene werden nicht beliebig, sondern zweckorientiert zur Erfüllung von Aufgaben bestimmter Funktionseinheiten instanziiert. Die Klassen der Schemaebene, verstanden als Objekte der Metaklassen, können als *verallgemeinerte Form von Features* aufgefasst werden [Katranuschkov 1993 p.5]. Im Gegensatz zu Features im Bereich des DPM, stellen Features im Bauwesen nicht nur eine Interpretation von graphischen Entitäten[146], sondern Objekte des Bauwerks als Instanzen von Klassen der Schemaebene dar, welche für einen bestimmten Anwendungszweck definiert wurden. *Features innerhalb des Bauwesens* sind eine zweckorientierte Abgrenzung eines materiellen oder immateriellen Bereichs eines Bauwerks mit einer spezifischen Bedeutung zur Erfüllung von Aufgaben innerhalb eines bestimmten Kontexts. Wie die Herleitung von Features aus Metaklassen zeigt, können sich diese aus verschiedenen Objekten des Bauwerks zusammensetzen und selbst wieder als Objekte definiert werden.

Bei der Gestaltung von Bauwerkmodellen muss immer angegeben werden, auf welcher Ebene die Modellierung erfolgt. Das integrale Bauwerkmodell wird auf der Metaebene spezifiziert. Klassenbibliotheken dagegen werden unter dem anwendungsorientierten Aspekt auf der Schemaebene definiert.

4.3.4. Das integrale Bauwerkmodell

Aus den sinnvollen Aspekten zur Beschreibung von Bauwerken wie den *Anforderungen*, *Funktionen*, *Strukturen*, *Herstellung* und *Dokumentation* können fünf grundlegende Modelle des Bauwerks definiert werden. Die fünf Betrachtungs-

---

145 *vgl.* Extension. *Kapitel: Glossar, p.263ff*

146 *vgl.* Features innerhalb des DPM. *Kapitel: Glossar, p.264ff*

aspekte werden in *Partialmodellen*[147] des integralen Bauwerkmodells beschrieben (Figur 50).

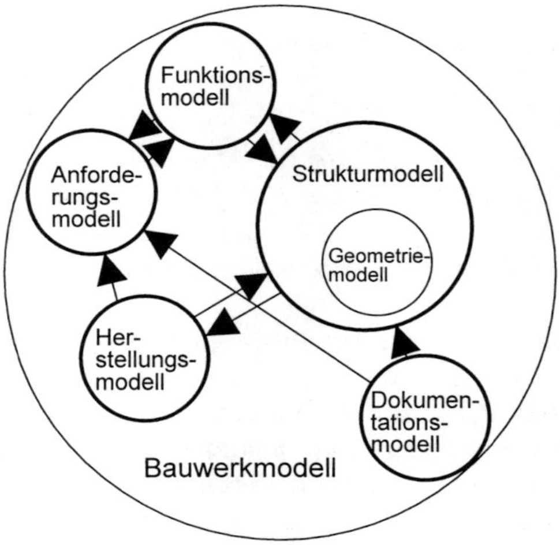

Figur 50: Partialmodelle des integralen Bauwerkmodells

- *Anforderungsmodell:* Enthält die Systemziele zur Gestaltung des Bauwerks.
- *Funktionsmodell:* Enthält die Beschreibung der Funktionen der einzelnen Objekte eines Bauwerks.
- *Strukturmodell:* Beschreibt die Struktur des technischen Systems Bauwerk bezüglich der Beziehungen zwischen Objekten und wenn notwendig, deren Geometrie und Topologie.
- *Herstellungsmodell:* Beschreibt die Herstellung des Bauwerks wie Leistungsbeschreibung, Planung der Termine, Berechnung von Kosten, Kontrolle von Kosten. Unter Herstellung ist allgemein nicht nur die physische Erzeugung des Bauwerks von Bedeutung, sondern auch die Beschreibungen von Planungsprozessen und deren Beziehungen.
- *Dokumentationsmodell:* Enthält die lückenlose Dokumentation der erstellten Systeme aus der Sicht der Projektierung und Realisierung von Bauwerken.

Die Modellobjekte des integralen Bauwerkmodells und die Beziehungen zwischen diesen müssen in den anwendungsorientierten Bauwerkmodellen je nach Anwendungsgebiet stark erweitert werden. Die Funktionseinheit Architektur ist besonders im Bereich der Anforderungen, Funktionen und der strukturellen Beschreibung von Bauwerken tätig. Die Gesamtleitung ist besonders an den Anforderungen und den Herstellungsprozessen von Bauwerken interessiert. Zwischen den Modellobjekten des Bauwerkmodells treten Beziehungen auf, welche zur Beschreibung von technischen Systemen generell gültig sind. Zur Dokumentation des Bauwerks im Dokumentationsmodell wird auf die strukturelle Beschreibung

---

147 *vgl.* Partialmodelle. *Kapitel: Glossar, p.276ff*

des Bauwerks Bezug genommen. Die Beziehungen zwischen den Partialmodellen zeigen die Bedeutung des Strukturmodells. Dieses weist insgesamt die meisten Beziehungen von und zu den weiteren Partialmodellen auf.

Das integrale Bauwerkmodell enthält nicht nur die anwendungsspezifischen Aspekte aus der Projektierung und Realisierung von Bauwerken. In den Lebensphasen der Nutzung stehen Betriebs- und Nutzungsmodelle im Vordergrund, welche wiederum von bestimmten Anforderungen, Funktionen und Strukturen des Bauwerks ausgehen. Das Dokumentationsmodell ist die Schnittstelle zwischen Realisierung und Nutzung, indem es als wichtige Grundlage für die Bauwerksnutzung und dessen -betrieb dient.

4.3.4.1. Die Struktur des integralen Bauwerkmodells

Die Struktur des integralen Bauwerkmodells wird durch Datenmodelle beschrieben, indem die wesentlichen Klassen und deren Beziehungen definiert werden. Die Abstraktionskonzepte *Klassifikation, Generalisierung, Aggregation* und *Assoziation* sind wesentliche Werkzeuge zur Beschreibung von Bauwerkmodellen. Klassifikation und Generalisierung können innerhalb von Datenmodellen einfach beschrieben werden. Die Assoziation und als Spezialfall die Aggregation bereitet weniger in der Datenmodellierung, sondern hinsichtlich der Implementierung grössere Schwierigkeiten (vgl. [Lück et al. 1993]).

Strukturmodell

Wesentlicher Bestandteil des Strukturmodells ist die Beschreibung der Benutzerobjekte, wie sie von Funktionseinheiten benötigt werden. Dabei können nicht nur einfach die physischen Komponenten eines Bauwerks im Endzustand nach der Realisierung betrachtet werden, sondern die Modellierung der Struktur muss auch Zwischenzustände bei der Gestaltung von Bauwerken beschreiben. Die geometrisch/topologische Repräsentation der Gestalt von Objekten reicht zur Beschreibung der Struktur von Objekten des Bauwerks allein nicht aus. Im integralen Bauwerkmodell werden Klassen in Form von Metaklassen definiert. Die Instanzierung von Metaklassen erfolgt in den anwendungsorientierten Bauwerkmodellen durch Klassen auf der Schemaebene.

Gliederung der Objekte

Zur Gliederung der Objekte von Bauwerken können diese hinsichtlich der *Erscheinungsform* und der *Abstraktionsebene* unterschieden werden.

Erscheinungsform: Beschreibung der Form des Auftretens der Objekte eines Bauwerks.

- *immateriell:* Nicht auf Materie reduzierbare, physisch nicht fassbare Objekte. Beispiel: Kosten, Sicherheit, Architektur, Fertigstellung Bauwerk, Verkauf Bauwerk
- *materiell:* Auf Materie reduzierte, physisch fassbare Objekte. Beispiel: Beton, Luft
- *physisch:* Materielle Objekte aus unter Normalbedingungen festen oder flüssigen Stoffen. Beispiel: Gebäudehülle, Fundament
- *nicht physisch:* Materielle Objekte aus unter Normalbedingungen nicht festen oder nicht flüssigen Stoffen. Beispiel: Büroraum

Zu den immateriellen Objekten können neben den durch Organisationen oder Personen wahrgenommenen Rollen allgemeine Beziehungen oder Ereignisse gezählt werden [Shlaer et al. 1988 p.16ff]. *Architekt* ist beispielsweise eine Rolle, die durch eine Person wahrgenommen werden kann. Die *Fertigstellung eines Bauwerks* ist ein Ereignis, während der *Verkauf eines Bauwerks* eine Beziehung zwischen einem Käufer und Verkäufer darstellt. Tatsächlich können die physischen Objekte weiter in *temporäre* und *nicht temporäre* Objekte des Bauwerks unterteilt werden. Die Schalung für eine Stahlbetondecke kann als ein physisches Objekt aufgefasst werden. Weil diese jedoch am Ende des Realisierungsprozesses nicht mehr vorhanden ist, stellt die Schalung nur ein temporäres Objekt dar. Wichtig bei der Betrachtung der Erscheinungsform ist die Unterscheidung zwischen physischen und nicht physischen Objekten. Dies erlaubt die Zuordnung von spezifischen Eigenschaften zu Objekten wie Räumen und deren Begrenzungen in Form von Decken, Wänden usw. (vgl. [Svensson 1991]).

Abstraktionsebenen: Ebenen in der Betrachtung eines Systems hinsichtlich der Abstraktion von der Wirklichkeit[148]. Vom Supersystem zur Teilkomponente nimmt der Grad der Abstraktion ab. Abstraktionsebenen werden zur Gliederung von materiellen Objekten verwendet.

- *Supersystem:* Gesamtes bauliches System. Beispiel Bauwerk
- *System:* Beispiel Rohbau
- *Teilsystem:* Beispiel Tragwerk
- *Elemente:* Beispiel Fundation
- *Komponenten:* Beispiel Fundamentplatte
- *Teilkomponenten:* Beispiel Beton
- *Konstruktionselemente:* Beispiel Armierungseisen

Die aufgeführten Abstraktionsebenen stehen als mögliche Bezeichnungen für eine Menge von Ebenen in der Betrachtung von Bauwerken. Bei der Spezialisierung von Abstraktionsebenen in anwendungsorientierten Bauwerkmodellen können sich diese sowohl hinsichtlich ihrer Anzahl wie auch deren Bezeichnung unterscheiden.

---

148 *vgl.* RATAS. *Kapitel: 4.3.1.1. Bauwerkmodelle für das Bauwesen, p.127*

Die Figur 51 zeigt die Strukturhierarchie der Objekte und der Zuordnung von Objekten zu Abstraktionsebenen. Zusätzlich ist die *besteht aus/...* Beziehung zwischen den Objekten auf unterschiedlichen Abstraktionsebenen definiert.

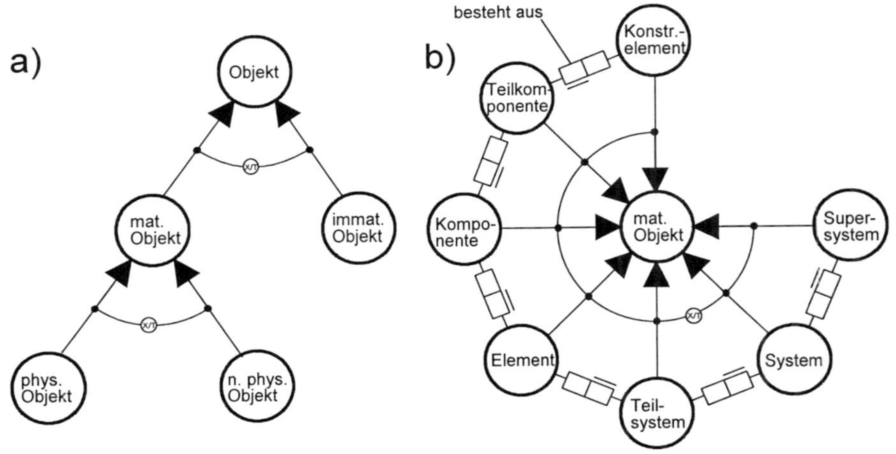

Figur 51: a) Erscheinungsformen, b) Abstraktionsebenen der materiellen Objekte von Bauwerken

OBJEKTE ZUSTÄNDE

Die Definition und gegenseitige Abgrenzung der Klassen zur Beschreibung der Benutzerobjekte mit der Definition der zugehörigen Klassen im Datenmodell erfolgt anhand der *orthogonalen Dimensionen*[149] Repräsentation und Konkretisierung.

Repräsentation

Die Repräsentation beschreibt ein Objekt hinsichtlich seiner Gestalt. Verschiedene Repräsentationen eines Objekts sind für unterschiedliche Anwendungen geeignet (vgl. [Pätzold 1991 p.20]).

- *explizite Gestaltsrepräsentation:* Beschreibung der Gestalt eines Objekts in ihrer dreidimensionalen Ausdehnung.
- *idealisierte Gestaltsrepräsentation:* Beschreibung der Gestalt eines Objekts in seiner Idealisierung für eine bestimmte Anwendung. Die Repräsentation von idealisierten Objekten kann durch topologische Elemente erfolgen, welche in ihrem Zusammenhang keinen geschlossenen Körper definieren müssen.
- *implizite Gestaltsrepräsentation:* Beschreibung eines Objekts durch seine Funktionen.

---

149 *vgl.* IMPPACT. *Kapitel: 3.2. Bekannte Modelle, Methoden und Techniken zur CIM-System Integration, p.33*

Mit der Repräsentation sind gleichzeitig Aussagen bezüglich der Art und Weise der Bearbeitung von Objekten enthalten. Objekte können implizit durch Funktionen repräsentiert werden. Idealisierte Repräsentationen erfolgen durch topologische Elemente wie *Körper*, *Flächen*, *Kanten*, *Eckpunkte* usw. Die aufgeführten Repräsentationen bilden abschliessend die Blätter des Spezialisierungsbaums.

Konkretisierung

Die Konkretisierung beschreibt die Produkte im Gestaltungsprozess in deren möglichen Zuständen.

- *Required (gefordert):* Beschreibung der Eigenschaften der zu erstellenden Elemente.
- *Proposed (vorgeschlagen):* Beschreibung der Eigenschaften der noch nicht hergestellten Elemente, wobei diese die gestellten Anforderungen erfüllen.
- *Realized*[150] *(realisiert):* Beschreibung der Eigenschaften der hergestellten Produkte.

Die aufgeführten Zustände von Produkten im Lebenszyklus von Bauwerken können als Zusammenfassung der Zustände wie *as required, as designed, as planned, as built, as used, as altered*, *as demolished* aufgefasst werden [Gielingh 1988 p.11]. Die Konkretisierung eines Objekts hängt bis zu dessen Realisierung nicht von der Projektphase ab. Entsprechend können auch in der Phase Vorbereitung der Ausführung noch Objekte sich im Zustand *gefordert* befinden.

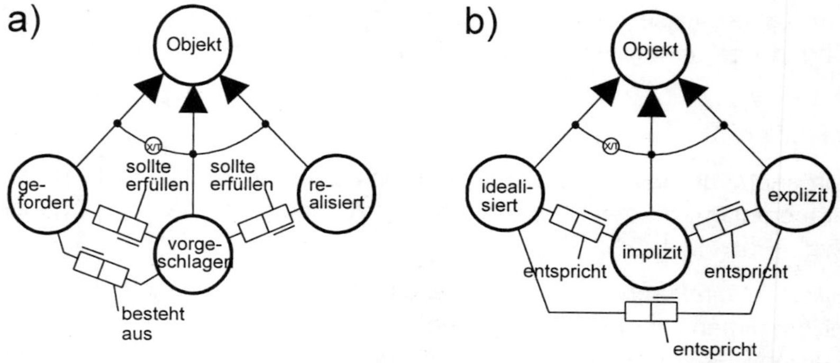

Figur 52: a) Konkretisierung und b) Repräsentation von Objekten des Bauwerks

Die Figur 52 zeigt die aufgrund der Konkretisierung und der Repräsentation möglichen Spezialisierungen der Objekte eines Bauwerks. Unter einem *Objekt*[151] des Bauwerks kann irgend ein Gegenstand materieller oder immaterieller Natur ver-

150 *vgl.* Konkretisierung in IMPPACT. *Kapitel: 4.3.1.2. Produktmodelle für Anwendungen im DPM, p.129*

151 *vgl.* Objekt. *Kapitel: Glossar, p.274ff*

standen werden, woran man im Zusammenhang mit der Betrachtung von Bauwerken denken kann.

Die Abschnitte *gefordert/....* und *implizit/...* auf den Achsen der Dimensionen Konkretisierung und Repräsentation stellen Blätter des Spezialisierungsbaums dar. Die Figur 53 zeigt, wie in diesem zweidimensionalen Modellierungsraum neun Klassen und deren Beziehungen definiert werden können.

Ein Objekt des Bauwerks auf den Abschnitten *implizit/...* stellt die Beschreibung einer Funktion dar, ohne aber irgend eine Aussage über die physische Gestalt des Objekts zu machen, weil dieses implizit beschrieben ist.

Eine Wand kann implizit durch die Funktion *Raum begrenzen* repräsentiert werden. Die Idealisierung der Wand erfolgt in der Regel durch eine *Fläche*, welche durch den Schwerpunkt der Querschnittsflächen definiert ist. Zur expliziten Beschreibung von Wänden eignen sich *Körper* in Form von Solids. Je nach Bearbeitungszustand einer Wand, kann diese bezüglich der Konkretisierung als *gefordert*, *vorgesehen* oder *realisiert* angesehen werden, wobei die Konkretisierung vollkommen unabhängig (orthogonal) zur Repräsentation ist. Die Konkretisierung enthält mit der Unterscheidung des Zustands *gefordert* und *vorgeschlagen* das FU/TS Konzept des GARM[152]. Materielle Objekte im Zustand *gefordert* entsprechen FUs, Objekte im Zustand *vorgeschlagen* TS und dem Zustand *realisiert* Built Units.

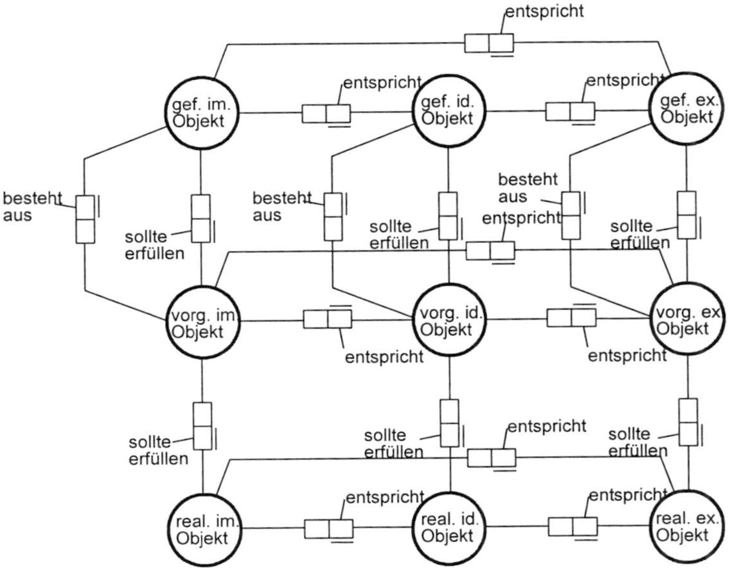

Figur 53: Klassen der Repräsentation und Konkretisierung

152 *vgl.* GARM. *Kapitel: 4.3.1.1. Bauwerkmodelle für das Bauwesen, p.129*

BEZIEHUNGEN ZWISCHEN MATERIELLEN OBJEKTEN

Die Figur 54 zeigt eine Auswahl von sinnvollen Beziehungstypen zwischen materiellen Objekten. Beziehungen zwischen materiellen Objekten können als immaterielle Objekte eines Bauwerks aufgefasst werden.

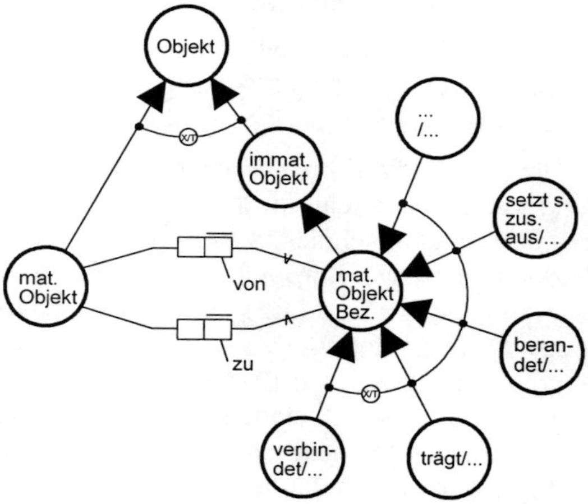

Figur 54: Beziehungen zwischen materiellen Objekten als immaterielle Objekte

- *setzt sich zusammen aus/ist zusammengesetzt aus:* Die funktionale Gliederung zerlegt ein Objekt in die zugehörenden funktionalen Komponenten.
- *besteht aus/ist Bestandteil von:* Die physische oder nicht physische Gliederung zerlegt ein Objekt in seine Komponenten unabhängig von deren Funktion.
- *trägt/wird getragen von:* Die funktionale Betrachtung beschreibt, wie die Kräfte auf einzelne Bauteile einwirken und auf andere Bauteile weitergegeben werden.
- *berandet/wird berandet:* Die Beschreibung von räumlichen Beziehungen zwischen den Objekten eines Bauwerks erlaubt es, die nicht physischen Objekte wie Räume teilweise explizit aus physischen Objekten zu beschreiben.
- *verbindet/ist verbunden mit:* Die funktionale Betrachtung zeigt, welche Objekte des Bauwerks miteinander und wie verbunden sind.

Beziehungen zwischen materiellen Objekten eines Bauwerks können durch Beziehungen zwischen topologischen Elementen repräsentiert werden, welche die Gestalt der entsprechenden Objekte repräsentieren. Nicht jeder Typ von Beziehungen zwischen materiellen Objekten muss notwendigerweise topologisch beschrieben werden. Die Tabelle 10 zeigt, welche Beziehungen zwischen materiellen Objekten geometrisch/topologisch sinnvoll repräsentiert werden können.

Beziehungstyp	**geometrisch/topologische Repräsentierbarkeit**	**Repräsentation**
setzt sich zusammen aus/...	nicht mit Geometrie/Topologie beschreibbar	nein
besteht aus/...	nicht mit Geometrie/Topologie beschreibbar	nein
trägt/...	Zusätzliche Beschreibung einer Beziehung, Lastpfade sind einfacher mit Funktionen als mit Geometrie/Topologie beschreibbar	nein
berandet/...	Sinnvolle graphische Repräsentation, weil Berandungen durch Geometrie/Topologie beschreibbar sind (face-face).	ja
verbindet/...	Sinnvolle graphische Repräsentation, weil Verbindungen durch Geometrie/Topologie beschreibbar sind (face-face, vertex-face).	ja

Tabelle 10: Repräsentation von Beziehungen zwischen materiellen Objekten des Bauwerks

Die Beziehung *besteht aus/...* wird sinnvollerweise zwischen den Objekten von Abstraktionsebenen definiert, wo keine funktionale Gliederung der Objekte eines Bauwerks notwendig ist, sondern physisch gegliedert werden kann. Die graphisch/topologische Repräsentation von Beziehungen zwischen Objekten ist nur innerhalb der gleichen Art der Repräsentation von Objekten zweckmässig.

Geometrie und Topologie

Die Beschreibung der Struktur von Objekten hängt, wie die explizite Beschreibung der Beziehungen zwischen Objekten zeigt, eng mit der Beschreibung von deren Geometrie und Topologie zusammen. Entsprechend wird das Geometrie- und Topologiemodell (abgekürzt Geometriemodell) als ein Partialmodell des Strukturmodells aufgefasst.

Der Zweck des Geometriemodells besteht in der Beschreibung der geometrisch/ topologischen Eigenschaften von Objekten und deren gegenseitigen durch die Geometrie und Topologie beschreibbaren Beziehungen. Auf der Basis der geometrischen Beschreibung können weitere Eigenschaften von Objekten bestimmt werden wie beispielsweise Volumen oder Massen.

Zur Beschreibung der Geometrie und Topologie von materiellen Objekten können deren Oberflächen durch eine *Boundary-Representation*[153] definiert werden. Beim Modellieren mit der *Brep* wird ein materielles Objekt durch die Geometrie seiner Begrenzung beschrieben. Einem *Körper* werden *Flächen*, den *Flächen Kanten* und den *Kanten Eckpunkte* zugeordnet. Die Datenstruktur und die interne Verzeigerung ist streng hierarchisch. Mit der *Brep* eines Körpers ist die Beschreibung der Topologie und Geometrie notwendig. Die Geometrie einer Fläche legt deren Form und Lage im Raum fest und ist mathematisch betrachtet unendlich weit ausgedehnt. Erst durch die topologische Beschreibung wird die Fläche berandet.

153 *Die* Boundary-Representation *(Brep) wird auch als* Randdarstellung *bezeichnet.*

Damit explizit beschriebene Objekte auch *echt herstellbar*[154] sind, müssen diese topologisch korrekt beschrieben werden, indem sie vollständig und lückenlos mit einer Menge von Flächen, die einander entlang von Kanten berühren, definiert werden.

Aus der Polyedertheorie ist bekannt, dass zwischen *konvexen*, *regelmässigen* und *beliebigen* Polyedern zu unterscheiden ist. Konvexe Polyeder werden durch eine *konvexe Hülle* begrenzt (vgl. [Meier 1986 p.95]). Eine konvexe Hülle einer Menge von Punkten im Raum kann man sich als den inneren Raum vorstellen, der begrenzt wird durch eine elastische Membrane, welche um die Punkte gelegt und dann zusammengezogen wird. Regelmässige Polyeder sind konvexe Polyeder, die von untereinander kongruenten Vielecken gleicher Kantenlängen und Winkel begrenzt werden. Beispiele für regelmässige Polyeder sind Tetraeder, Oktaeder, Ikosaeder, Hexaeder und Dodekader.

Bei der Beschränkung auf konvexe Polyeder ist es beispielsweise nicht möglich, eine Wand mit einer Fensteröffnung in Form eines Lochs zu beschreiben. Aus diesem Grund werden beliebige Polyeder zugelassen. Körper der Klasse der Mannigfaltigkeiten berühren sich selber oder andere nie nur in einer Kante oder einem Punkt. Bei mannigfaltigen Körpern kann ausgehend von einem Punkt des Körpers derselbe Punkt in einem bestimmten Umlaufsinn auf einem geschlossenen Pfad aus einer anderen Richtung erreicht werden. Wird dabei jede Kante in jeder Richtung genau zweimal durchlaufen, spricht man von einem zweifaltigen Körper. Mannigfaltige Körper können mit der *Winged-Edge* Datenstruktur erfasst werden und nicht-mannigfaltige Körper allgemein mit der Radial-Edge-Structure [Weiler 1988 p.3ff]. Diese erlaubt die Repräsentation von Körpern mittels eines *wireframe-*, *surface-* oder *solid*-Modells.

Die Anwendung von Boolschen Operatoren wie Vereinigung, Schneiden oder Abzählen auf Körpern der Klasse der Mannigfaltigkeiten kann selbst Resultate in Form von Körpern der Klasse der Nicht-Mannigfaltigkeiten liefern. Die Menge dieser Operationen ist demnach nicht abgeschlossen. Entsprechend werden in der datenorientierten Betrachtung der Daten zur Beschreibung der Geometrie von Objekten nur solche Operationen betrachtet, welche abgeschlossen sind. Der Aufwand zur Beschreibung eines nicht-mannigfaltigen Körpers steigt im Vergleich zu einem mannigfaltigen stark an. Wird bei der Konstruktion von Körpern die Anwendung von Boolschen Operationen verboten, stellt die Beschränkung auf mannigfaltige Körper keine wesentliche Einschränkung mehr dar. Zur Beschreibung der Operatoren zur Erzeugung von Körpern müssen die topologischen Elemente, deren Beziehungen und die Geometrie definiert werden.

---

154 *Die Klasse der Mannigfaltigkeiten beschreibt Körper, die in der realen Welt auch hergestellt werden können. So ist es beispielsweise unmöglich, ein Objekt herzustellen, das ein anderes genau in einem Punkt oder auf einer Kante berührt.*

TOPOLOGISCHE ELEMENTE

Zur Beschreibung der Topologie werden die *topologischen Elemente Körper*, *Schale*, *Schleife*, *Kante* und *Eckpunkt* notwendig (vgl. [Wilson 1988 p.229ff]).

- *Körper* (solid): Ein Körper ist ein Brep Körper Modell (solid model).
- *Schale* (shell): Eine Schale ist eine komplette und orientierte Oberfläche (surface) eines Körpers (solid). Ein Körper wie beispielsweise ein Körper mit Hohlraum kann aus mehreren Schalen zusammengesetzt sein.
- *Fläche* (face): Eine Fläche ist eine eindeutiger, geschlossener, orientierter, sich nicht selbst schneidender und mannigfaltiger Teil einer Oberfläche eines Körpers.
- *Schleife* (loop): Eine Schleife ist eine Begrenzung einer Fläche. Eine Fläche kann durch mehrere Schleifen begrenzt sein.
- *Kante* (edge): Eine Kante ist eine eindeutige, sich nicht selbst schneidende Kurve (curve) auf der Oberfläche eines Körpers und Teil der Begrenzung einer Fläche. Eine Kante wird durch zwei Eckpunkte (vertex) begrenzt. Die Kante ist vom Anfangseckpunkt zum Endeckpunkt gerichtet. Eine Kante kann eine andere nur in einem Eckpunkt schneiden.
- *Eckpunkt* (vertex): Ein Eckpunkt ist ein einziger Punkt auf der Oberfläche eines Körpers.

Die Festlegungen, welche Typen von Flächen und welche Beziehungen zwischen topologischen Elementen notwendig sind, orientieren sich an Anforderungen bezüglich der geometrisch/topologischen Repräsentation von Objekten des Bauwerks. Es müssen mindestens zweifaltige Körper beschrieben werden können, deren Flächen aber mehrere Schleifen enthalten dürfen. Mehrere Schleifen können durch die *Half-Edge* Boundary-Representation beschrieben werden. Zusätzlich zu den bereits aufgeführten wird das topologische Element Halbkante (*halfedge*) verwendet. Nicht einfach zusammenhängende Flächen werden durch mehrere Schleifen dargestellt, einer äusseren Schleife und einem Seitenloch (Figur 55).

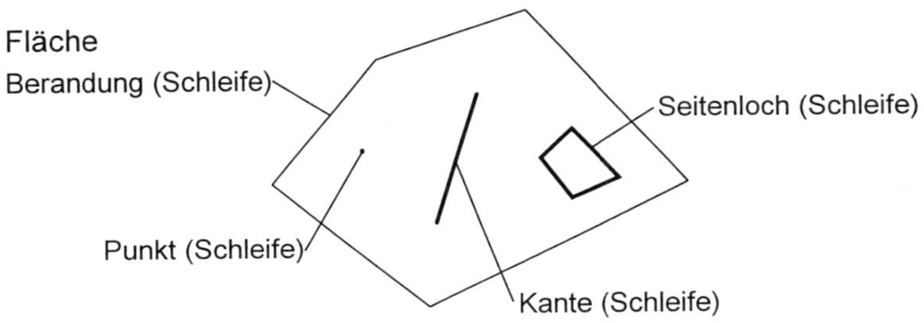

Figur 55: Fläche mit vier definierenden Schleifen [Hoffmann 1989 p.43]

In der Halbkantendarstellung wird von eben begrenzten Körpern ausgegangen, deren Flächen Ebenen und deren Kanten Geraden sind. Die ebenen Flächen werden geometrisch durch einen Vektor mit den Parametern zur Beschreibung von Ebenengleichungen bestimmt. Nicht einfach zusammenhängende Flächen können mit dem Element der leeren Schleife beschrieben werden. Wenn topologischen Elementen das Attribut sichtbar/unsichtbar zugeordnet werden darf, kann auf das topologische Element Schleife verzichtet werden [Meier 1986 p.160]. Eine Fläche mit einem Seitenloch in Form eines Punkts kann mit einer *leeren Schleife*[155] beschrieben werden.

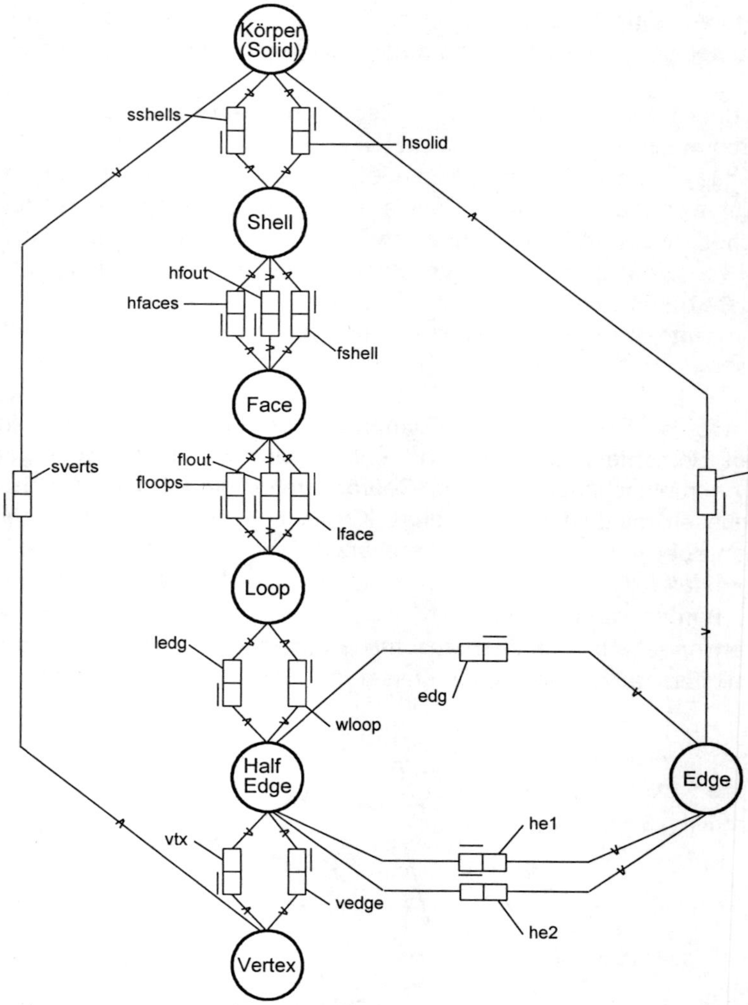

Figur 56: Topologische Elemente und Verzeigerung Halbkantendarstellung

155 *vgl.* leere Schleife. *Kapitel: 4.3.4.1. Die Struktur des integralen Bauwerkmodells, p.160*

Die topologischen Elemente werden als Klassen aufgefasst, welche Instanzen in Form von *Körpern*, *Flächen*, *Eckpunkten* usw. enthalten. Jede Fläche besitzt eine Halbkantenliste, wobei jede Halbkantenliste auf ihren Anfangseckpunkt zeigt. Der Endeckpunkt ist implizit als Anfangseckpunkt der nächsten Kante gegeben. Jede Halbkante verweist zusätzlich auf ihre rechte Fläche. Eine weitere Beziehung verweist auf die Koordinaten der Eckpunkte und enthält damit als einziges Element geometrische Daten.

Die Figur 56 zeigt die topologischen Elemente mit ihrer internen Verzeigerung verstanden als topologische Beziehungen. Wird nur das Element *loop* beschrieben, ist nicht mehr direkt ersichtlich, welche Flächen in den entsprechenden Halbkanten aneinander stossen. Mit dem Element *edge* werden die Halbkanten einander direkt zugeordnet. Umgekehrt besteht das Element *edge* aus Pointern zur *linken* und *rechten* Halbkante[156]. Für zweifaltige Körper ergibt sich eine eineindeutige Zuordnung. Das topologische Element *halfedge* erhält einen zusätzlichen Pointer zur Vater Kante. Jeder Eckpunkt enthält ein zusätzlicher Pointer zu einer aus diesem bestimmten Halbkante. Somit stehen alle Flächen, die sich in einem Punkt schneiden, über Schleifen und Halbkanten mit einem Eckpunkt in Beziehung.

Die Figur 57 zeigt die Zerlegung einer Kante in zwei Halbkanten und deren gegenseitige Beziehungen. Die vielen Beziehungen zwischen den topologischen Elementen zeigen, dass die Daten von Boundary-Repräsentationen schlecht auf relationalen Systemen verwaltet werden können, weil jede Beziehung durch die Auflösung von Knoten berechnet werden müsste (vgl. [Weiler 1985]).

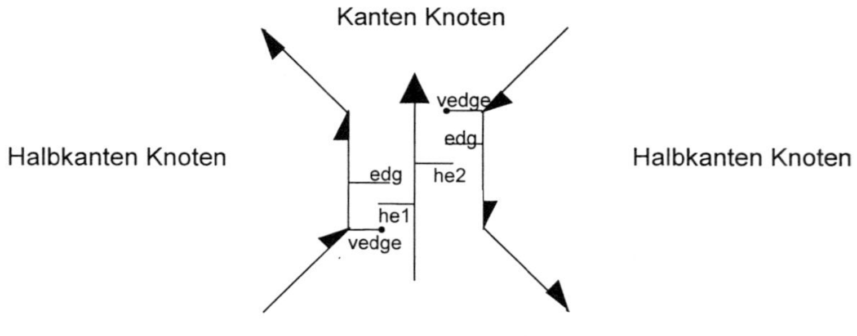

Figur 57: Halbkantenknoten [Mäntylä 1988 p.166]

GEOMETRIE

Die Gliederung in Figur 58 zeigt die notwendigen Entitäten zur Beschreibung der Geometrie. Mit der Geometrie allein kann noch nichts über die Form eines Körpers zur Repräsentation eines Objekts ausgesagt werden.

156 *Die rechte Halbkante ist positiv, die linke Halbkante negativ orientiert.*

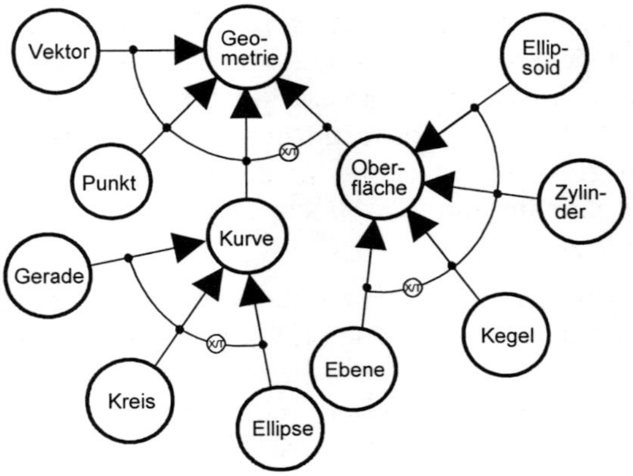

Figur 58: Geometrie des integralen Bauwerkmodells

Die Topologie beschreibt unabhängig von der Geometrie, wie Körper aus einzelnen topologischen Elementen aufgebaut sind. Dabei wird nichts über die Koordinaten eines Eckpunkts ausgesagt. Wird zwischen Geometrie und Topologie unterschieden, muss beispielsweise bei Transformationen wie *Translation*, *Rotation* oder *Skalierung* eines Körpers nur die Geometrie angepasst werden. Die Gestalt, das heisst die Topologie, bleibt dieselbe. Geometrische Transformationen haben keinen Einfluss auf die Topologie der Körper. Verzichtet man auf die Trennung zwischen der topologischen und der geometrischen Information und beschreibt jede Fläche durch die Koordinaten ihrer Eckpunkte, müssen bei Transformationen die redundant vorhandenen Geometriedaten aller Flächen nachgeführt werden.

Werden nur eben begrenzte Körper zugelassen, kann das Modell zur Beschreibung der Geometrie auf die Elemente *Vektor*, *Punkt*, *Gerade* und *Ebene* reduziert werden.

OPERATOREN

Mit der Festlegung einer Boundary Repräsentation und der abzubildenden Körper können keine Aussagen bezüglich der Erzeugung derselben gemacht werden. Die Euler-Poincaré Formel dient als Grundlage für die Definition von topologisch invarianten Operatoren, in der Folge als Euler-Operatoren bezeichnet.

Die Operatoren werden hinsichtlich der Erzeugung von mannigfaltigen Körpern betrachtet. Für diese gilt nach Euler-Poincaré in allgemeiner Form die aufgeführte Beziehung zwischen den topologischen Elementen:

$$V - E + F -(L - F) -2(S - G) = 0$$

Wobei V, E, F, L und S die Zahl der *Eckpunkte*, *Kanten*, *Flächen*, *Schleifen* und *Schalen* und G das *Geschlecht*[157] des Körpers, das heisst die Anzahl der durch-

157 *Durchgehende Löcher eines Körpers werden auch als Henkel (handles) bezeichnet.*

gehenden Löcher, bedeuten. Besitzt ein Körper Hohlräume, die selber wiederum aus einer geschlossenen Oberfläche gebildet werden können, muss die Anzahl Schalen in die Euler-Formel aufgenommen werden. Zusätzlich wird zugelassen, dass eine Fläche[158] durch mehrere Schleifen definiert werden kann und nur noch verlangt, dass die Fläche auf einer Ebene liegt. Mit mehreren Schleifen pro Fläche sind auch nicht mannigfaltige Körper zugelassen.

Der Term (L - F) kann durch R = L - H[159], das heisst die *Anzahl Löcher in den Flächen*[160], ersetzt werden. Durch Einsetzen entsteht die endgültige *Euler-Poincaré Formel* für beliebige Polyeder. Die Figur 59 zeigt eine mögliche Ausprägung eines solchen Polyeders.

$$V - E + F - R - 2(S - G) = 0$$

$$24 - 36 + 16 - 2 - 2(2 - 1) = 0$$

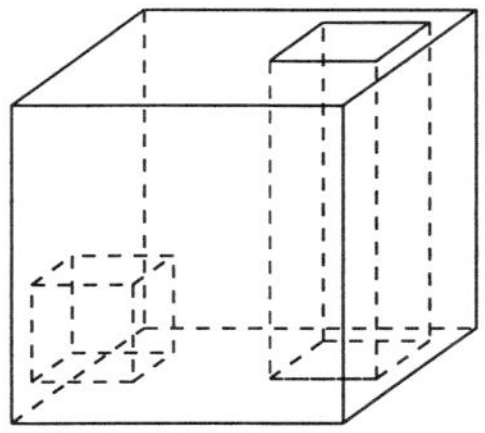

Figur 59: Quader mit durchgehendem, quaderförmigem Loch und Hohlraum

Euler Operatoren

Die Euler-Poincaré Formel dient als Grundlage für die topologisch invarianten Euler-Operatoren, welche die Konsistenz zwischen der Anzahl von topologischen Elementen garantieren.

Baumgart entwickelte aufgrund von Euler-Operatoren ein Verfahren zum geometrischen Modellieren von Körpern (vgl. [Baumgart 1974]). Dabei werden Euler-Operatoren angewendet und die topologischen Elemente in solchen Kombinationen und Anzahlen hinzugefügt oder eliminiert, dass die topologische Bilanzgleichung nach Euler-Poincaré in jedem Schritt erfüllt und somit die topologische Konsistenz sichergestellt wird. Die Topologie jedes konvexen Polyeders lässt sich durch eine Anzahl von Euler Operatoren definieren. Euler Operatoren werden traditionsgemäss mit der Kurzbezeichnung *mxky* beschrieben, wobei m und k für *make* beziehungsweise *kill* und *x* und *y* für *vertex*, *edge*, *loop*, *face* oder *shell* stehen. Die Euler-Poincaré Formel mit den Variablen V, E, F, R, S und G (V: Eckpunkte, E: Kanten, F: Flächen, R: Seitenlöcher, G: Geschlecht) kann als *Hyper-*

---

158 *Mit der Definition von mehreren Schleifen pro Fläche können Beziehungen zwischen Körpern explizit beschrieben werden.*

159 *Bei einem konvexen Polyeder kann die Anzahl der Löcher in Seitenflächen als die Differenz zwischen der Anzahl Schleifen und Flächen des Körpers aufgefasst werden.*

160 *Die Anzahl Löcher in den Flächen eines Polyeders werden als Seitenlöcher oder* ring *bezeichnet.*

ebene im sechsdimensionalen Raum aufgefasst werden [Meier 1986 p.158]. Gesucht ist ein Erzeugendensystem von Transitionsvektoren, welches die Euler-Poincaré Formel invariant lässt.

Bei der Modellierung von Körpern sind *leere Schleifen* zulässig. Eine leere Schleife kann man sich unter Voraussetzung ebener Flächen und gerader Kanten so vorstellen, dass die Schleife aus nur einer Kante besteht, deren Start- und Endpunkt zusammenfallen. Leere Schleifen sind besonders nützlich, um spezielle Beziehungen zwischen Körpern von Bauwerken zu modellieren, wie zum Beispiel, dass ein Körper A den Körper B in einer Seitenfläche in einem Punkt berührt. Entsprechend ergeben sich verschiedene Typen von Euler Operatoren, die davon abhängen, auf welchen topologischen Elementen diese angewendet werden. Produzierende Operatoren sind:

- **msfv** *make shell, face, vertex*
  Ist der erste Operator in einer Modellierungssequenz zur Erzeugung eines Körpers. Es wird ein Minimalobjekt erzeugt, bestehend aus einem neuen punktförmigen Körper, einer neuen punktförmigen Fläche, das heisst Fläche mit einer leeren Schleife, und einem neuen Eckpunkt.
- **mev** *make edge, vertex*
  Erzeugt eine neue Kante und einen neuen Endpunkt. Die Kante wird zu einem vorhandenen Eckpunkt verknüpft und der neue Eckpunkt mit der neuen Kante.
- **mfe** *make face, edge*
  Erzeugt eine neue Fläche und eine neue Kante, wobei die neue Kante auf der erzeugten Fläche liegt und die Fläche mit den bereits erzeugten Kanten entsprechend dem Kantenumlaufsinn ein- beziehungsweise ausschliesst.
- **mrke** *make ring, kill edge*
  Ist der erste Operator zur Erzeugung eines Seitenlochs. Die Zunahme der Grösse R[161] bedeutet, dass die Anzahl der Schleifen gegenüber den Flächen um eins zunimmt. Zur Erzeugung eines punktförmigen Seitenlochs muss die zuvor durch den **mev** Operator erzeugte Kante wieder gelöscht werden. Der Ring liegt definitionsgemäss in der Ebene der Seitenfläche. Zur Bestimmung der Form des Seitenlochs muss nur noch der **mev** Operator angewendet werden.
- **mgrkf** *make genus, ring kill face*
  Die bisherigen Euler Operatoren veränderten nur die lokale Topologie eines Körpers. Mit dem mgrkf Operator kann zusätzlich die globale Topologie verändert werden, indem beispielsweise durch einen Körper ein durchgehendes Loch erzeugt wird. Aus den zwei Flächen eines Körpers wird eine Fläche mit einem Loch erzeugt, indem die Schleife der inneren Fläche zu einem Ring der äusseren wird, wobei die beiden Flächen auf der selben Schale liegen [Mäntylä 1988 p.154].

---

161 $R = L - F$

- **mrksf** *make ring kill shell, face*
  Verbindet zwei Körper miteinander, wobei ein Körper mit seiner Schale die Verbindungsfläche eliminiert und auf der zu verbindenden Fläche ein neues Seitenloch erzeugt. Der mrksf Operator entspricht dem mgrkf Operator mit dem Unterschied, dass die beiden verbundenen Flächen auf zwei verschiedenen Schalen liegen.

Die reduzierenden Euler-Operatoren funktionieren analog zu den produzierenden Operatoren. Die Tabelle 11 zeigt die Veränderung der Euler-Poincaré Gleichung durch die einzelnen Euler-Operatoren.

Operator	***V***	***-E***	***F***	***-R***	***-2S***	***2G***	***= 0***
msfv	+1		+1		+1		o.k.
mev	+1	+1					o.k.
mfe		+1	+1				o.k.
mrke		-1		+1			o.k.
mgrkf			-1	+1		+1	o.k.
mrksf			-1	+1	-1		o.k.

Tabelle 11: Operatoren und Veränderung der Anzahlen topologischer Elemente

Ein Erzeugendensystem unter Berücksichtigung der Euler-Poincaré Formel besteht aus den produzierenden Operatoren *msfv*, *mev*, *mfe*, *mrke* und *mgrkf*. Ein beliebiger Transitionsvektor [T] kann durch einen Multiplikationsvektor [M] und die Transitionsmatrix [A] dargestellt werden.

$$[T] = [M] * [A]$$

	V	E	F	R	S	G	
	+1	0	+1	0	+1	0	**msfv**
	+1	+1	0	0	0	0	**mev**
[A] =	0	+1	+1	0	0	0	**mfe**
	0	-1	0	+1	0	0	**mrke**
	0	0	-1	+1	0	+1	**mgrkf**
	+1	-1	+1	-1	-2	+2	**Euler**

Für die Bestimmung der anzuwendenden Operatoren liegt im allgemeinen der umgekehrte Fall vor. Gegeben ist eine gewünschte Transition und gesucht der notwendige Multiplikationsvektor.

$$[M] = [T] * [A]^{-1}$$

$$[A]^{-1}/12 = \begin{vmatrix} 2 & 9 & -5 & 3 & -2 & 1 \\ -2 & 3 & 5 & -3 & 2 & -1 \\ 2 & -3 & 7 & 3 & -2 & 1 \\ -2 & 3 & 5 & 9 & 2 & -1 \\ 8 & -6 & -2 & -6 & 4 & -2 \\ 4 & -6 & 2 & -6 & 8 & 2 \end{vmatrix}$$

zu erzeugender Körper	*[T]*	*[M] = [T] * [A]$^{-1}$*
Würfel	[8, 12, 6, 0, 1, 0]	[1, 7, 5, 0, 0, 0]
Würfel mit Loch	[16, 24, 10, 2, 1, 1]	[1, 15, 10, 1, 1, 0]
Würfel mit Loch und Hohlraum	[24, 36, 16, 2, 2, 1]	[2, 22, 15, 1, 1, 0]

Tabelle 12: Transitionsvektoren zur Erzeugung einer Auswahl von Körpern

Die Werte des Transitionsvektors entsprechen der Anzahl der Anwendung der einzelnen Euler Operatoren. Der Würfel aus der Abbildung (Würfel (V = 8, E = 12, F = 6, R = 0, S = 1, G = 0)) kann durch die Anwendung des *msfv* (1 mal), *mev* (7 mal) und *mfe* Operators (5 mal) erzeugt werden (vgl. Tabelle 12). Zur Erzeugung eines zusätzlichen, durchgehenden, quaderförmigen Lochs in den Würfel muss mit dem *mev (*1 mal) Operator eine Kante erzeugt werden, die dann durch den *mrke* (1 mal) Operator zur Erzeugung eines Seitenlochs wieder gelöscht wird. Das Loch als Körper und das zweite Loch in einer anderen Seitenfläche wird mit *mgrkf* (1 mal) erzeugt. Zum Aufbau des quaderförmigen Lochs muss nach der Anwendung des *mrke* Operators die Form des Seitenlochs mit dem *mev* Operator (4 mal) erzeugt werden. Der zusätzliche Hohlraum im dritten Körper ergibt sich durch weitere Anwendung der Kombination von Operatoren zur Erzeugung eines Quaders.

Die Ergebnisse von Zwischenschritten bei der Anwendung der 8 Euler-Operatoren sind keineswegs immer konsistente, reale Volumina, sondern die Konsistenzgarantie beschränkt sich nur auf die topologische Struktur des jeweils erzeugten Objekts (vgl. [Seiler 1985 p.65]). Entsprechend repräsentieren *Körper* an sich, im Gegensatz zu realen Volumina, nicht notwendigerweise materielle Benutzerobjekte, sondern nur durch Euler Operatoren aufgebaute 1, 2 oder 3 dimensionale Objekte.

Repräsentation von Objekten

Viele Objekte eines Bauwerks können in Form von topologischen Elementen und Geometriedaten repräsentiert werden. Es ist nicht möglich und auch nicht notwendig, jedes Objekt geometrisch/topologisch zu repräsentieren.

Die Figur 60 zeigt die Repräsentation von Objekten. Zur expliziten Repräsentation können Objekten nur vollständige Körper zugeordnet werden. Zur impliziten Repräsentation sind Zuordnungen zu Ecken, Kanten oder Flächen sinnvoll.

Die Definition und die Anzahl topologischer Elemente sowie deren Beziehungen untereinander hängt von den Zielsetzungen hinsichtlich der Repräsentation von Objekten des Bauwerks ab.

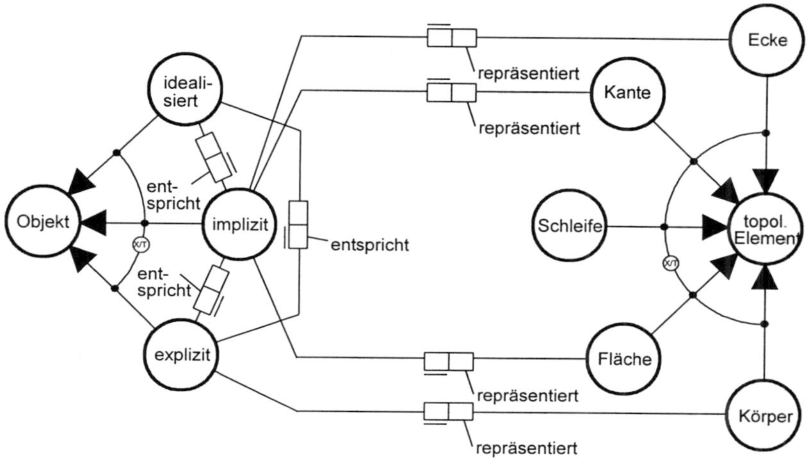

Figur 60: Repräsentation von Objekten des Bauwerks durch topologische Elemente

VOLUMENBERECHNUNGEN

Mit der expliziten Repräsentation von Objekten des Bauwerks durch Körper können Attribute von Objekten wie Volumen und Massen mit Werten versehen werden. Das Volumen von Körpern in *Brep* kann durch die Anwendung des *Gaussschen Divergenzsatzes* berechnet werden, wonach zu jeder stetigen Funktion f(x,y,z) eine nicht notwendigerweise eindeutige Vektorfunktion g(x,y,z) mit div(g)=f existiert [Meier 1986 p.180ff].

$$\int_S f\, dV = \int_S \mathrm{div}(g)\, dV = \sum_i \int_{F_i} g * n_i\, dF_i$$

FUNKTIONSMODELL

Neben der geometrisch/topologischen Repräsentation von Objekten des Bauwerks können diese auch implizit in Form von Funktionen repräsentiert werden. Die Funktion eines Objekts beschreibt dessen Zweck. Entsprechend kann ein Objekt verschiedene Zwecke haben und mehrere Funktionen ausüben.

Zur Gestaltung von Systemen müssen die technischen Prozesse, welche durch das System ermöglicht werden sollen, bekannt sein [Hubka 1980 p.3ff]. Die *Eingangs-* und *Ausgangsoperanden* eines technischen Prozesses können Energie, Stoff oder Information sein (vgl. [Hubka 1980 p.4]). Die Operanden können auf fünf verschiedene Arten umgesetzt werden. Entsprechend können die *Umset-*

zungsarten *Energie-Energie, Energie-Information, Stoff-Energie, Stoff-Stoff* und *Information-Information* auftreten (vgl. [Breiing 1990 p.180]). Die Erscheinungsform der Umsetzungsart wird als *Umsetzungsform* bezeichnet und kann durch die Angabe des technologischen Prinzips beschrieben werden, nach dessen Gesetzmässigkeiten ein technischer Prozess abläuft. Umgekehrt ist zur Beschreibung eines technischen Prozesses die Bezeichnung des *technologischen Prinzips* notwendig (vgl. [Hubka 1980 p.3ff]). Die technologischen Prinzipien lassen sich entsprechend ihrer naturwissenschaftlichen Gesetzmässigkeiten in die Teilmengen *physikalische*, *chemische* und *biologische* Prinzipien einteilen [Hubka 1980 p.3ff]. Technische Prozesse lassen sich in der Regel in eine Menge von Teilprozessen zerlegen. Funktionsstrukturen beschreiben die funktionellen Zusammenhänge innerhalb eines technischen Prozesses (vgl. [Breiing 1990 p.67]). Entsprechend der Funktionsstruktur sind für die Realisierung der technischen Teilprozesse erneut technologische Prinzipien zu bestimmen. Diese werden auch als *Wirkprinzipien* bezeichnet (vgl. [Breiing 1990 p.89]).

Die von technischen Systemen ausgeführten grundlegenden Funktionen, im folgenden *Stammfunktionen* genannt, können generell durch eine geschlossene Menge von Funktionsverben wie *speichern, leiten, umformen, wandeln, verknüpfen* und *trennen* beschrieben werden (vgl. [Benz 1990]). Die Menge aller *Teilfunktionen* als Ableitungen der Stammfunktionen stellt hingegen keine abgeschlossene Menge von Funktionsverben mehr dar.

Neben den rein technischen Stammfunktionen können Objekte in einem Bauwerk weitere Funktionen ausüben. Das Funktionsmodell im integralen Bauwerkmodell wird auf einem abstrakten Niveau gehalten, damit die Funktionen von Objekten des Bauwerks, wie sie für die verschiedenen Anwendungen von Funktionseinheiten notwendig sind, beschrieben werden können.

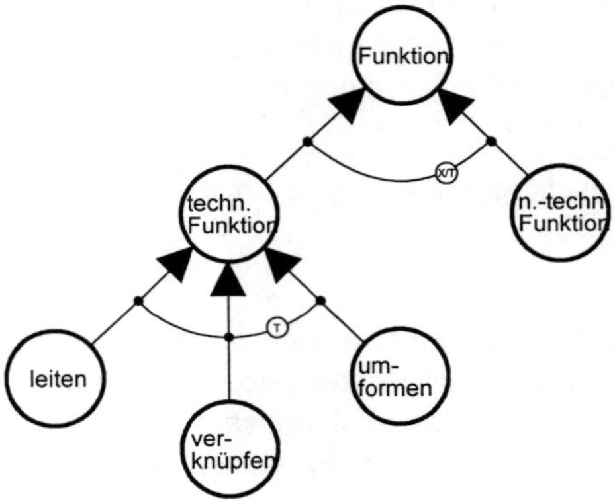

Figur 61: Funktionen des integralen Bauwerkmodells

Die Figur 61 zeigt die Gliederung der Funktionen eines Bauwerks in technische und nicht technische Funktionen. Die Definition von nicht technischen Funktionen lässt die Erweiterung des Funktionsbegriffs über diejenige von technischen Funktionen zu. Diese Erweiterung hängt stark vom entsprechenden anwendungsorientierten Bauwerkmodell ab.

Beziehungen zu den Partialmodellen Anforderungsmodell und Strukturmodell ergeben sich über die Klasse der Funktion. Bezüglich des Strukturmodells wird die Funktion eines Objekts als dessen implizite Repräsentation aufgefasst. Entsprechend kann das repräsentierte materielle Objekt als Funktionsträger verstanden werden. Funktionsstrukturen ergeben sich aus der funktionalen Gliederung implizit repräsentierter Objekte *(setzt sich zusammen aus/...)* und der Zuordnung von Funktionsverben. Für die generelle Beschreibung von Funktionen im Funktionsmodell ist wichtig, dass sich die technologischen Prinzipien durch Funktionsverben beschreiben lassen (vgl. [Breiing 1990 p.159]). Die Funktionen im Funktionsmodell weisen untereinander direkt keine Beziehungen auf. Beziehungen zwischen Funktionen, wie F1 besteht aus F11 und F12, entstehen über die Objekte im Strukturmodell, indem ein implizit beschriebenes Objekt funktional (*setzt sich zusammen aus/...*) in Komponenten zerlegt wird und diesen weitere Funktionen (F11, F12) zugeordnet werden.

ANFORDERUNGSMODELL

Der Zweck des Anforderungsmodells besteht darin, die Systemziele zur Gestaltung des technischen Systems Bauwerk zu formulieren und damit die Basis zu legen für die Erreichung der durch den Besteller eines Bauwerks gestellten Anforderungen mittels gezielten Vergleichen von Soll- und Ist-Werten.

Unter Systemzielen kann eine geordnete Menge von Zielen hinsichtlich der Eigenschaften eines zu gestaltenden Systems verstanden werden.

Die Definition der Systemziele zur Gestaltung von technischen Systemen ist eine wesentliche Grundlage für die Aufgabenerfüllung von Funktionseinheiten. Umgekehrt weist die Formulierung von Systemzielen einen grossen Einfluss auf die Bearbeitungsergebnisse der Funktionseinheiten auf.

Systemziele können aus einer Menge von unstrukturierten *Anforderungen* an das zu gestaltende System formuliert werden. Systemziele ihrerseits können durch ein hierarchisches *Zielsystem*[162] beschrieben werden. Die Anforderungen an die Definition von Systemzielen können zusammengefasst werden als [Breiing 1990 p.59ff]:

- Systemziele müssen naturwissenschaftlich erfüllbar sein.
- Systemziele müssen gesellschaftlich vertretbar sein.
- Systemziele müssen präzise formulierbar sein.
- Verbal beschriebene Aufgabenstellungen müssen in präzisierte Systemziele umgewandelt werden.
- Ein Zielsystem muss *quantitative*[163] oder *qualitative*[164] Systemziele enthalten.

---

162 *vgl.* Zielsystem. *Kapitel: Glossar, p.285ff*

163 quantitative *Anforderungen sind zähl-, mess- oder wägbar.*

164 vergleichbare *Anforderungen sind beispielsweise optisch oder akustisch vergleichbar.*

- Quantitative Systemziele müssen prüfbar sein.
- Qualitative Systemziele sollen im Laufe der Entwicklung in quantitative umwandelbar sein.
- Qualitative Systemziele sollen zumindest rangmässig beurteilbar sein.
- Quantitative und falls möglich auch qualitative Systemziele sollen mit Toleranzen[165] versehen werden. Tolerierte Systemziele besitzen Grenzwerte oder werden relational durch Gegenforderungen eingegrenzt.

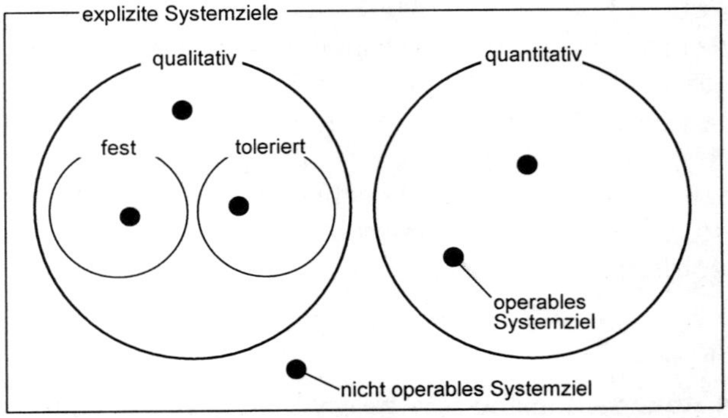

Figur 62: Gliederung der Grundmenge der expliziten Systemziele

Systemziele technischer Systeme können in technische, wirtschaftliche und psychologische Systemziele gegliedert werden, wobei diese wahlweise quantitativer oder qualitativer Natur sein können. Bezüglich der Toleranzen sind die *Systemzieltypen* in feste Systemziele und tolerierte Systemziele zu unterscheiden. Die Figur 62 zeigt die Menge der explizit an ein System formulierten Systemziele in einem Venn-Diagramm.

Analog der Funktionen der Objekte eines Bauwerks hängt auch die Beschreibung der Anforderungen an ein Bauwerk stark vom jeweiligen Anwendungsumfeld ab. Generell führt die Definition von Anforderungen an das zu erstellende Bauwerk zu Systemzielen, welche je nach Stadium in der Projektierung hinsichtlich der Zielerreichung mehr oder weniger messbar sind. Eine maximale Anzahl von Systemzielen soll im Verlauf der Projektierung in quantitative Systemziele umgewandelt werden.

Wird ein Systemziel definiert, ist es in der Regel noch nicht operabel, das heisst, eine mögliche Lösung ist in ihrem Zielerreichungsgrad weder quantitativ noch qualitativ mess- beziehungsweise bewertbar. Ferner kann ein nicht operables Ziel in der Regel mehrere Teilziele technischer, wirtschaftlicher oder psychologischer Teilziele enthalten. Erst die operablen Teilziele können exakt in feste, tolerierte, quantitative und qualitative Teilziele klassifiziert werden.

---

165 *Toleranzen können relational (kleiner, grösser, gleich) oder durch obere und untere Grenzwerte definiert werden.*

Die Figur 63 zeigt das Datenmodell zur Gliederung der Systemziele in quantitativ messbare und qualitativ beurteilbare Systemziele. Quantitative Systemziele können bezüglich des Messresultates fest definiert oder mit einer Toleranz versehen werden. Systemziele stehen generell zueinander in Beziehung wie beispielsweise Ziel- /Teilziel Beziehungen.

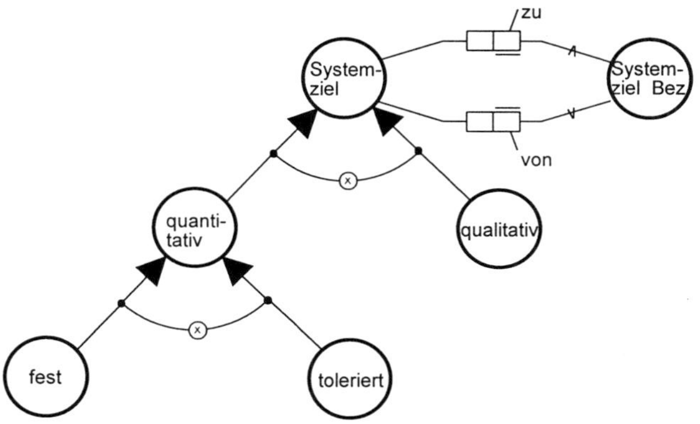

Figur 63: Systemziele des integralen Bauwerkmodells

Die Klasse der Systemziele weist im integralen Bauwerkmodell Beziehungen zum Funktions-, Struktur- und Herstellungsmodell auf.

HERSTELLUNGSMODELL

Das Herstellungsmodell beschreibt die Herstellung der einzelnen physischen Objekte des Bauwerks oder Gruppen davon. Im Anwendungsgebiet der Tragwerkplanung sind die Beschreibungen der geordneten Leistungspositionen zur Erstellung von Teilen des Tragwerks, der entsprechenden Arbeitsvorgänge, deren Abhängigkeiten, deren Dauer usw. zu verstehen.

Das Herstellungsmodell beschreibt die Herstellung des Bauwerks. Unter den Begriff der Herstellungsprozesse fallen auch Planungsprozesse des Bauwerks. Die Beschreibung der Abhängigkeiten zwischen Planungsprozessen ist für die Lenkung derselben von grosser Bedeutung. Das integrale Herstellungsmodell enthält nur diejenigen Beziehungen, welche für mehrere Anwendungsgebiete notwendig sind wie beispielsweise aus der Sicht von *Planern*, *Produzenten* oder *Lenkern* im Bauprozess. Entsprechend dieser unterschiedlichen Anwendungen muss das integrale Herstellungsmodell erweitert werden können. Erweiterungen betreffen vor allem das Herstellungsmodell der Produzenten und der Lenker.

Zur Realisierung von Bauwerken müssen die durch die Produzenten zu erbringenden Leistungen definiert werden. Die Beziehung zwischen Objekten der Ausführung und Leistungen werden nicht erst in der Phase Vorbereitung der Ausführung definiert, sondern zur Schätzung von Kosten bereits in früheren Projektphasen. Erst mit der Erstellung der Schlussabrechnung in der Abschlussphase werden die Beziehungen zwischen Objekten des Bauwerks und Leistungen nicht mehr benötigt.

Die Beziehung zwischen Leistungen und Objekten des Bauwerks führen zu einer vollständigen Definition von *Aufgaben*[166] zur Realisierung des Bauwerks hinsichtlich *Kosten*, *Zeit* und *Kontrollen* der Ausführung.

- *Kosten:* Mit den Positionen sind Vorgänge und damit Kosten bezüglich Material und Arbeitseinsatz von Menschen und Maschinen verbunden.
- *Zeit:* Zur Erfüllung von Positionen ist eine bestimmte Zeit erforderlich, welche von der zu erfüllenden Aufgabe und dem Einsatz von Menschen und Maschinen und damit den Kosten abhängt.
- *Kontrollen:* Aufgrund von Systemzielen werden bei der Realisierung von Bauwerken bestimmte Kontrollen notwendig.

Entsprechend dem Betrachtungsstandpunkt wird in den anwendungsorientierten Bauwerkmodellen die Betrachtung der Kosten, Zeit oder der Kontrollen besonders wichtig. Die Preise von typischen Elementen von Bauwerken werden oft in Katalogen gesammelt. Die Gliederung dieser Elemente ist nur eine mögliche Gliederung des Bauwerks unter dem Aspekt der Kostenschätzung aber nicht die Bauwerksgliederung an sich. Produktmodelle von Bauwerken dürfen sich entsprechend nicht nur auf diese Gliederung abstützen (vgl. [Svensson 1991][167]).

Leistungen von Produzenten im Bauprozess werden in Form von Positionen beschrieben. Positionen beziehen sich auf die physischen Objekte von Bauwerken. Dabei ist es durchaus möglich, dass auch temporäre Objekte des Bauwerks realisiert werden, welche im Endzustand des Bauwerks nicht mehr vorhanden sind. Positionen sind auf mehreren Gliederungsebenen entsprechend der möglichen Gewerke eines Bauwerks geordnet, zu deren Realisierung sie beitragen[168]. Zur Beschreibung der Hierarchie werden Beziehungen zwischen der Menge von Positionen zur Realisierung von Bauwerken definiert.

Die Element-Ebene der Gliederung von Positionen sind Unterpositionen. Unterpositionen sind projektneutrale Beschreibungen von Leistungen zur Realisierung von Bauwerken, welche mit projektspezifischen Werten mit vorgegebenen Masseinheiten [m, kg, ...] definiert werden können. Bei der Unterposition [UP] sind *geschlossene* und *offene* Unterpositionen zu unterscheiden. Geschlossene Unterpositionen enthalten eine Liste von Werten und offene nur einen Parameter, welcher durch den Benutzer festgelegt werden kann.

166 *vgl.* Aufgaben. *Kapitel: Glossar, p.257ff*

167 *Im KBS Projekts (Swedish National Board of Public Building) wurde ein neutrales Bauwerk-Produktmodell erarbeitet, das auf dem BASE/SfB System basiert, als Werkzeug zur Anordnung von technischen und kostenrelevanten Daten in Dokumenten und Datenbanken auf der Basis von Tabellen zur Produktklassifikation.*

168 *CRB/VSS/SIA: NPK 2000. NPK Kapitelverzeichnis mit Stichwortregister, 1991*

Die Figur 64 zeigt die Entitäten zur Beschreibung der Leistungen der Realisierung von Bauwerken. Das Herstellungsmodell muss je nach Anwendungsgebiet stark erweitert werden.

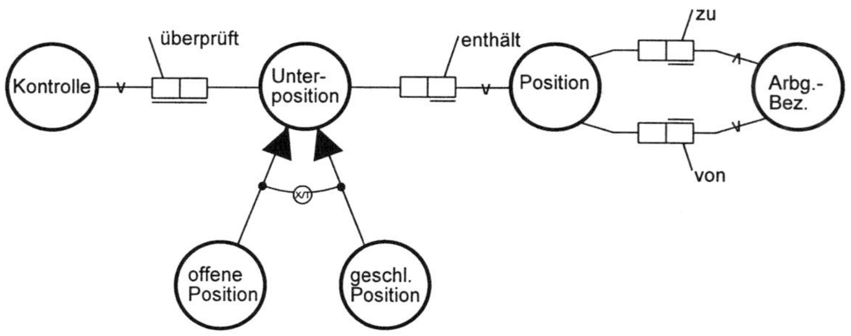

Figur 64: Herstellungsmodell zur Realisierung von Bauwerken

Enthalten Funktionseinheiten Aufgaben der Lenkung von Bauprozessen, müssen diese Daten vom Ablauf der Projektierungsaktivitäten von Bauwerken bearbeiten. Bei Änderungen der Zustände der Beschreibung von Bauwerken müssen die Konsequenzen für den Ablauf von weiteren Projektierungstätigkeiten erkannt werden können. Zur Erweiterung im Bereich der Produzenten werden Jobs in Form von immateriellen Objekten des Bauwerks definiert. Im Bauwerkmodell Architektur muss durch den Einbezug von Berechnungselementen der entsprechenden Funktionseinheit die Möglichkeit gegeben werden, Kostenschätzungen in frühen Projektphasen zu erstellen.

Dokumentationsmodell

Mit dem Dokumentationsmodell werden die in der Projektierung und Realisierung von Bauwerken erzeugten Beschreibungen zu benutzergerechten Beschrieben des Bauwerks zusammenfasst (vgl. Figur 65). Die Erstellung von Beschrieben ist eine Aufgabe all jener Funktionseinheiten, welche ein Teilsystem des Bauwerks projektieren und in der Realisierung begleiten.

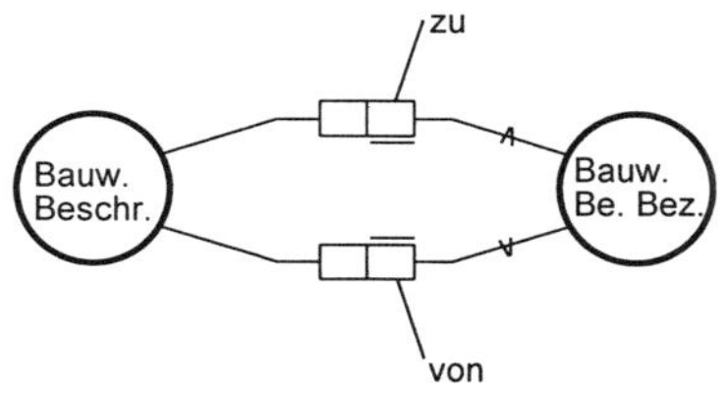

Figur 65: Dokumentation der Objekte eines Bauwerks durch einen Beschrieb

Die Klasse des Bauwerksbeschriebs weist Beziehungen zum Struktur-, dem Anforderungs- und dem Strukturmodell auf. Von besonderer Bedeutung ist die Beziehung zu den materiellen Objekten des Bauwerks im realisierten Zustand. Die Umkehrung der Betrachtung von den materiellen Objekten zu den Beschrieben liefert die vollständige Dokumentation und kann als Grundlage für das Management des betreffenden Objekts im weiteren Lebenszyklus desselben angesehen werden.

BEZIEHUNGEN ZWISCHEN ANFORDERUNGS-, FUNKTIONS- UND STRUKTURMODELL

Die Beziehungen zwischen den wichtigsten Partialmodellen des integralen Bauwerkmodells sind in Figur 66 dargestellt. Viele *Objekte* eines Bauwerks wie beispielsweise eine *Decke* oder ein *Wohnraum* besitzen irgendeine *graphisch/topologische Repräsentation*. Jedes materielle Objekt seinerseits hat innerhalb des Gesamtsystems Bauwerk bestimmte *Funktionen*, damit bestimmte *Systemziele* erfüllt werden können. Die Beziehungen in der Beschreibung der Systemziele, Funktion und Struktur zum Herstellungs- und dem Dokumentationsmodell sind nicht eingezeichnet. Das Herstellungs- und das Dokumentationsmodell sind bezüglich ihrer Struktur im Vergleich zum Anforderungs-, Funktions- und Strukturmodell einfach.

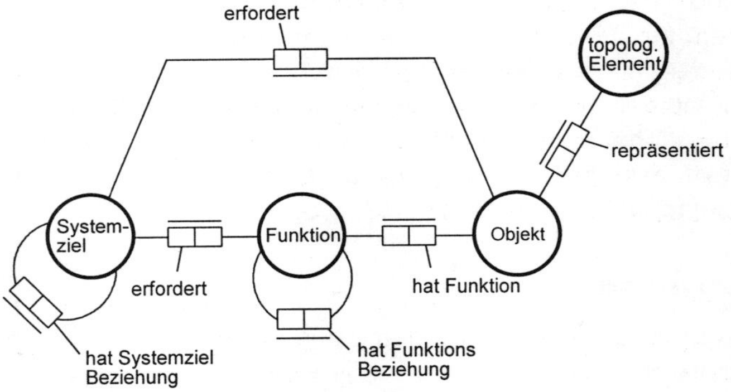

Figur 66: Beziehungen zwischen den Partialmodellen als Kern des integralen Bauwerkmodells

Systemziel, Funktion und Objekt und ihre Beziehungen untereinander stellen die wichtigsten Elemente des integralen Bauwerkmodells dar. Diese generelle Struktur mit den bereits definierten Partialmodellen dient als Grundlage zur Erzeugung der anwendungsorientierten Bauwerkmodelle. Die Metaklassen des integralen Bauwerkmodells können auf der Schemaebene mit den Klassen der anwendungsorientierten Bauwerkmodelle instanziiert oder mit neuen Klassen erweitert werden.

Das Datenmodell zeigt, dass die graphische Repräsentationen von Objekten des Bauwerks nur ein Aspekt in der Beschreibung von Bauwerken darstellt, der weder der einzige noch wichtigste ist. Ein Objekt eines Bauwerks kann grundsätzlich mehrere Typen von Repräsentationen haben. Idealisierte Repräsentationen sind mehrere pro Objekt möglich, je nach dem, für welche Anwendungen es idealisiert wird[169].

Die Umkehrung der Betrachtung, ausgehend von der Repräsentation von Objekten in Form von topologischen Elementen mit deren Beziehungen, lässt infolge der Mehrfachzuordnung Objekt-topologisches Element die Identifikation der Objekte nicht zu. Entsprechend können die Objekte im Bauprozess als Features aufgefasst werden[170].

Das materielle Objekt mit der Funktion einer tragenden Wand stellt demnach das Feature *Tragwand* dar. Ein Loch in dieser Tragwand kann unter dem Aspekt der Architektur ein Feature *Türe* und unter dem Aspekt Tragwerkplanung ein Feature *Durchbruch* sein. Die Objekte *Tragwand*, *Türe* und *Durchbruch* können graphisch/topologisch explizit in Form eines Körpers mit einem durchgehenden Loch repräsentiert sein. Die Betrachtung des Körpers allein lässt die Identifikation dieser Objekte jedoch nicht zu. Dies bedeutet, dass die graphisch/topologische Repräsentation von Objekten zur Kommunikation im Bauprozess allein nicht ausreicht.

4.3.5. DAS BAUWERKMODELL TRAGWERKPLANUNG

Ausgehend von den Metaklassen des integralen Bauwerkmodells kann das Bauwerkmodell Tragwerkplanung durch Instanziierung der Metaklassen auf der Schemaebene mit Klassen und deren Erweiterung gebildet werden.

ANFORDERUNGSMODELL TRAGWERKPLANUNG

Das Anforderungsmodell beschreibt die Systemziele des Tragwerks als Grundlage zur Gestaltung der einzelnen Tragwerkelemente und deren Beziehungen.

Das Anforderungsmodell der Tragwerkplanung stellt die datenseitige Betrachtung der Prozesse der Phase 1 *Systemziele festlegen*[171] des Vorgehensmodells der Tragwerkplanung dar. Im Anwendungsgebiet der Tragwerkplanung ist der Inhalt der Sicherheits-, Nutzungs- und Kontrollpläne wesentlicher Bestandteil des Anforderungsmodells. Die in den *Sicherheits-*, *Nutzungs-* und *Kontrollplänen*[172] beschriebenen Anforderungen an das Tragwerk stellen die Grundlage für die Anfor-

---

169 *Eine Stütze kann in einem frühen Projektstadium als* Linie, *in der Bauprojektphase jedoch als* Körper *repräsentiert werden. Die unterschiedliche Repräsentation eines materiellen Objekts hängt stark auch von der Anwendung ab. Zur statischen Berechnung ist auch in der Bauprojektphase die Linienrepräsentation der Stütze erwünscht, zur Devisierung und damit zur Volumenberechnung hingegen ist ein* Körper *vorteilhaft.*

170 *vgl.* Feature innerhalb des Bauwesens. *Kapitel: 4.3.3.2. Datenstruktur der Bauwerkmodelle, p.145*

171 *vgl.* generelles Vorgehensmodell zur Tragwerkplanung. *Kapitel: 4.1.5.1. Verwendetes Vorgehensmodell zur Beschreibung der Aktivitäten der Tragwerkplanung mit dem Informationsfluss-Modell, p.110*

172 *vgl.* Sicherheits-, Nutzungs- und Kontrollpläne. *Kapitel: 4.1.1.3. Bearbeitungsergebnisse der Tragwerkplanung, p.95ff*

derungsspezifikation von Tragwerken dar. Aus dem Inhalt dieser Grundlagendokumente zur Tragwerkplanung können die aufgeführten Elemente des Anforderungsmodells definiert werden.

- *Anforderungen:* Enthalten eine bezüglich der Sicherheit, Funktionstüchtigkeit, Dauerhaftigkeit und Aussehen geordnete Menge von Anforderungen an das Tragwerk. Die Anforderungen dienen als Grundlage für die Definition von Systemzielen.
- *Systemziele:* Geordnete Menge von Systemzielen des Tragwerks. Die Systemziele können durch ein hierarchisches Zielsystem beschrieben werden.
- *Annahmen:* Beschreiben die Menge der getroffenen Annahmen, die der Gestaltung des Tragwerks zugrunde gelegt werden. Die Annahmen betreffen im Falle eines Tragwerkplaners die mutmasslichen Baugrundverhältnisse sowie die Annahmen bezüglich der statischen Modellierung des Tragwerks.
- *Einwirkungen:* Beschreiben die möglichen Einwirkungen in Form von mechanischen oder chemischen Einflüssen auf das Bauwerk. In der Tragwerkplanung werden vor allem mechanische Einwirkungen in Form von Kräften und Momenten berücksichtigt.
- *Gefährdungsbilder* [SIA 160 1989 p.6]*:* Enthalten die Einflüsse, die für das Tragwerk eine Gefährdung darstellen könnten, und beschreiben dessen mögliche kritische Zustände.
- *Nutzungszustände* [SIA 160 1989 p.7]*:* Enthalten die Einflüsse, denen das Tragwerk bei normalem Gebrauch ausgesetzt sein kann, und beschreiben die möglichen Auswirkungen.
- *Massnahmen:* Beschreiben die notwendigen Massnahmen in der Projektierung, Realisierung und Nutzung von Tragwerken zur Erreichung der gesetzten Systemziele.

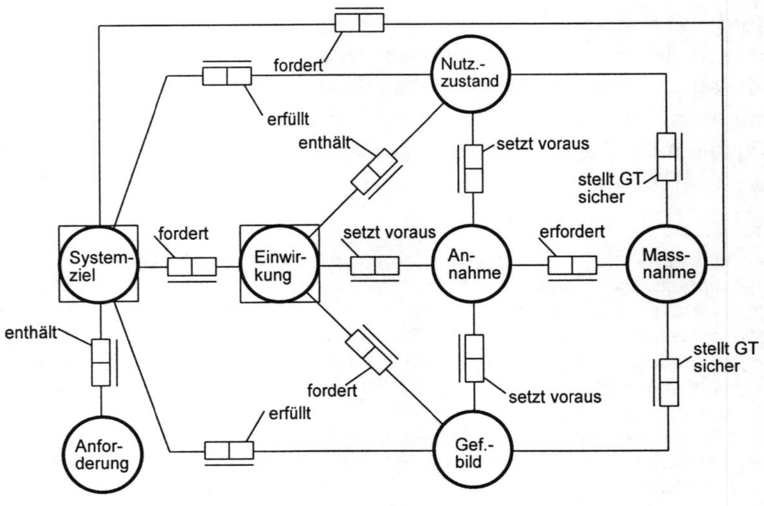

Figur 67: Anforderungsmodell Tragwerkplanung

Definitionsgemäss stellen die im Anforderungsmodell enthaltenen Elemente eine Klasse von Merkmalen in der Beschreibung des Tragwerks dar. Die mit dem Anforderungsmodell beschriebenen Systemziele, Massnahmen usw. werden in allen Phasen der Projektierung von Bauwerken verwendet. Die Figur 67 zeigt die genannten Klassen des Anforderungsmodells und die Beziehungen zwischen diesen.

Struktur und Inhalt der Systemziele

Entsprechend der Gliederung von Systemzielen und der Unterteilung der operablen Systemziele in quantitative, qualitative, feste und tolerierte werden die Systemziele für Tragwerke definiert.

Das Systemziel *Betonüberdeckung für geschalte, der Witterung ausgesetzte Flächen von 3cm* ist ein festes Systemziel. Das Systemziel *Durchbiegung der Stahlbetondecke im Gebrauchszustand kleiner als 1/200 der Spannweite* ist ein toleriertes Systemziel. Beide Systemziele sind eindeutig messbar und operabel.

Struktur und Inhalt der Einwirkungen

Auf Tragwerke sind verschiedene Einwirkungen denkbar, die zum Teil in Form von Lasten interpretiert werden können. Erdbebeneinwirkungen oder Anprall auf Teile der Tragstruktur werden in der Regel in Form von Lasten, das heisst Ersatzkräften, in die Untersuchungen eingesetzt. Daneben sind sehr viele Einwirkungen wie beispielsweise Einwirkungen durch Streusalz oder Kriechströme denkbar, die sich nicht durch Kräfte modellieren lassen.

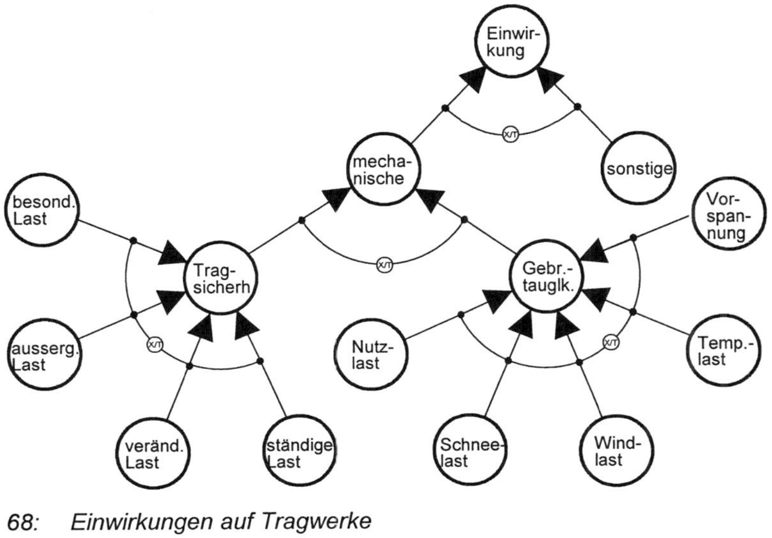

Figur 68: Einwirkungen auf Tragwerke

Die Klassifizierung der Einwirkungen auf Tragwerke wird hinsichtlich ihrer Bedeutung der Gefährdung der Tragsicherheit und Gebrauchstauglichkeit gegliedert. Die Figur 68 stellt die Strukturhierarchie der möglichen Einwirkungen auf Tragwerke dar. Die Einwirkungen werden hierarchisch entsprechend dem Top-Down Ansatz klassifiziert. In der Tragwerkplanung ist die Zuordnung zu den Einwirkungen in der Regel eindeutig, die Kombination von Einwirkungen erfolgt erst mit den Gefährdungsbildern beziehungsweise Nutzungszuständen.

Struktur und Inhalt der Annahmen

Die Annahmen weisen einen engen Bezug zu den Einwirkungen, Gefährdungsbildern und Nutzungszuständen auf, indem sie beschreiben, unter welchen Annahmen eine Einwirkung eintritt oder nicht und unter welchen Annahmen Gefährdungsbilder und Nutzungszustände gültig sind oder nicht. Annahmen sind jedoch nicht nur bezüglich der Spezifikation von Gefährdungsbildern und Nutzungszuständen, sondern auch bezüglich der Modellierung des Tragwerks als Ganzes von Bedeutung.

Struktur und Inhalt der Gefährdungsbilder

Die Gefährdungsbilder enthalten die systematische Zusammenstellung der Einwirkungen, die für das Tragwerk eine Gefährdung darstellen könnten. Die Beschreibung von Gefährdungsbildern basiert auf dem Durchdenken von kritischen Situationen für das Tragwerk. Gefährdungsbilder können gemäss SIA 160 durch eine *Leiteinwirkung* und mehrere *Begleiteinwirkungen* beschrieben werden [SIA 160 1989 p.10ff]. Je nachdem, ob die Leiteinwirkung eine ständige oder aussergewöhnliche Einwirkung ist, sind zwei Fälle zu unterscheiden. Zur Berechnung der Bemessungswerte sind entsprechend unterschiedliche *Lastfaktoren* zu berücksichtigen [SIA 160 1989 p.11][173].

Die Ergebnisse aus den Kombinationen von Einwirkungen mit Gefährdungsbildern erlauben es, die Zielerreichung der Systemziele hinsichtlich der *akzeptierten* und nicht *akzeptierten Risiken* zu beurteilen.

Struktur und Inhalt der Nutzungszustände

Die Nutzungszustände enthalten die systematische Zusammenstellung von Einwirkungen, denen das Tragwerk im normalen Gebrauch ausgesetzt sein kann und beschreiben deren möglichen Auswirkungen. Die Beschreibung von Nutzungszuständen führt zu Erkenntnissen bezüglich des möglichen Verhaltens von Tragwerken. Die mechanische Beanspruchung in den Nutzungszuständen wird zur Bestimmung des Risseverhaltens und des Verformungsverhaltens des Trag-

173 *Fall 1: (Leiteinwirkung ständige Einwirkung)* $S_d = S\,(\gamma_G * G_m,\ \gamma_Q * Q_r,\ \sum\psi * Q_r)$
Fall 2: (Leiteinwirkung aussergew. Einwirkung) $S_d = S\,(G_m,\ Q_{acc},\ \sum\psi_{acc} * Q_r)$

werks eingesetzt. Es sind entsprechend der Zeit der Einwirkung Langzeit- und Kurzzeitwerte der Beanspruchung zu unterscheiden.

Die Ergebnisse aus den Betrachtungen der Nutzungszustände erlauben es, die Zielerreichung der Systemziele hinsichtlich *Risse*, *Verformungen*, *Schwingungen* und *Qualität der Baustoffe* zu bewerten.

Struktur und Inhalt der Massnahmen

Die Massnahmen in der Projektierung, Realisierung oder Nutzung von Bauwerken werden hinsichtlich ihres Zwecks klassifiziert. Grundsätzlich beschreiben die zu treffenden Massnahmen, wie das technische System Störungen in Form von äusseren oder inneren Störungen bewältigen kann. Von den Möglichkeiten zur *Störungsbewältigung*[174] stehen Tragwerken nur diejenige der Nichtbeachtung oder Abschirmung offen. Massnahmen bezüglich der *Nichtbeachtung* oder *Abschirmung* von Störungen beschreiben immer eine Menge von notwendigen Tätigkeiten zur Erhaltung der Tragsicherheit oder der Gebrauchstauglichkeit von Tragwerken.

Tragsicherheit [SIA 160 1989 p.6]:

- Massnahmen an der Gefahrenquelle (Abschirmung).
- Installation von Überwachungs-, Kontroll- und Warnsystemen (Abschirmung).
- Vorhalten eines ausreichenden Tragwiderstands (Nichtbeachtung).

Gebrauchstauglichkeit [SIA 160 1989 p.8]:

- Wahl geeigneter Baustoffe (Nichtbeachtung).
- Sorgfältige konstruktive Durchbildung (Nichtbeachtung).
- Ausreichende Bemessung (Nichtbeachtung).
- Plangemässe und sorgfältige Ausführung (Nichtbeachtung).
- Zweckmässige Überwachung und Unterhalt (Nichtbeachtung).

Aus dem Katalog von Massnahmen zur Störungsbewältigung von Einwirkungen auf Tragwerke geht hervor, dass Störungen vor allem durch Nichtbeachtung, unter anderem durch ausreichende Dimensionierung, bewältigt werden.

Funktionsmodell Tragwerkplanung

Das Funktionsmodell beschreibt die Funktionen der Tragwerkelemente und deren Beziehungen als Grundlage zur impliziten Beschreibung derselben.

174 *vgl.* Störung. *Kapitel: Glossar, p.281ff*

Das Funktionsmodell enthält diejenigen Daten, welche für die Prozesse der Phase 1 *Lösungen System suchen*[175] des Vorgehensmodells der Tragwerkplanung notwendig sind. Dabei wird davon ausgegangen, dass Tragwerke entweder über ein statisches Modell (implizite Beschreibung der Tragwerkelemente) ausgehend vom Bauwerksentwurf der Architektur (explizite oder implizite Beschreibung der Bauwerkselemente) gestaltet werden. Das Funktionsmodell beschreibt vollständig die Funktionen der Tragwerkelemente und ist damit eine der Grundlagen für die Gestaltung derselben. Das im Funktionsmodell beschriebene Tragwerk stellt den Übergang zwischen dem Tragwerkentwurf und der detaillierten Beschreibung des Tragwerks dar, durch Angabe sämtlicher Konstruktionsparameter wie geometrische und topologische Daten, Materialien und Oberflächenbeschaffenheiten.

Objekte des Bauwerks, welche aufgrund ihrer funktionalen Beziehungen eine Einheit ausmachen, wie beispielsweise Heizungs-, Elektro- und Betriebsinstallationen, werden in der Regel von einer Funktionseinheit massgeblich gestaltet. Objekte eines Bauwerks, welche aufgrund ihrer funktionalen Beziehungen eine Einheit darstellen, werden als *Gewerke* bezeichnet.

Im Gegensatz zur Konstruktion von Maschinen ist zur Beschreibung der Funktionsweise des Tragwerks nicht unbedingt die Beschreibung sämtlicher ablaufenden *technischen Prozesse*[176] notwendig. Die Bemessung von Tragwerken erfolgt in der Regel auf der Basis von Einwirkungen in Form von Kräften oder Momenten. Nicht mechanische Einwirkungen werden häufig bereits im Entwurf durch geeignete Massnahmen wie beispielsweise Wahl Minimalabmessungen Bauteile (Verarbeitbarkeit Beton, Betonqualität) berücksichtigt[177], jedoch nicht explizit beschrieben.

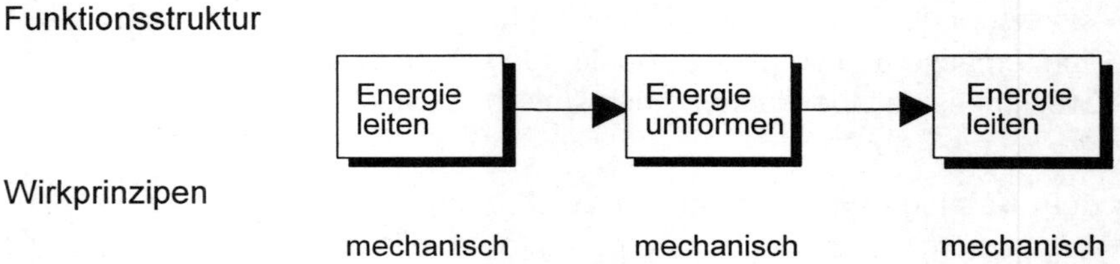

Figur 69: Grundlegende funktionale Beschreibung Tragwerk

Die *Eingangs-* und *Ausgangsoperanden* von technischen Prozessen innerhalb von Tragwerken sind immer Energie, wenn nur Einwirkungen in Form von Kräften als technische Prozesse eines Tragwerks untersucht werden. Die möglichen Wirkprinzipien treten in Tragwerken nur in physikalischer und diese nur in me-

175 *vgl.* generelles Vorgehensmodell zur Tragwerkplanung. *Kapitel: 4.1.5.1. Verwendetes Vorgehensmodell zur Beschreibung der Aktivitäten der Tragwerkplanung mit dem Informationsfluss-Modell, p.110*

176 *vgl.* Prozess, technischer. *Kapitel: Glossar, p.276ff*

177 *vgl.* Störungsbewältigung von Tragwerken. *Kapitel: 4.3.5. Das Bauwerkmodell Tragwerkplanung, p.175*

chanischer Form auf. Definitionsgemäss nehmen die Teile des Tragwerks Energie in Form von Kräften auf und geben diese an ihre Umwelt ab[178]. Entsprechend der einfachen Wirkungsweise von Tragwerken tritt nur die *Umsetzungsart*[179] Energie-Energie auf. Die *Umsetzungsform*[180] erfolgt bei Tragwerken immer mechanisch. Die Figur 69 zeigt die Funktionsstruktur eines Tragwerks auf der Basis von Stammfunktionen.

In Tragwerken treten nur die Stammfunktionen *leiten*, *umformen* und *verknüpfen* auf. Die Figur 70 zeigt die Stammfunktionen von Tragwerken und die mögliche Ableitung von Teilfunktionen zur Beschreibung von Tragwerken in einem Venn-Diagramm sowie das entsprechende Datenmodell des Funktionsmodells Tragwerkplanung.

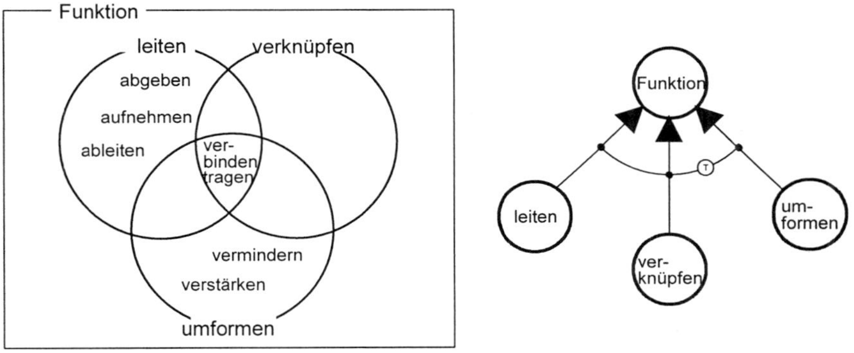

Figur 70: Stammfunktionen und Teilfunktionen von Tragwerken

Zur Beschreibung von statischen Modellen eines Bauwerks können die in der Tabelle 13 aufgeführten Teilfunktionen verwendet werden. Die Koordinaten x, y, z sind bezüglich der Achsen der Tragwerkelemente definiert.

Die Beziehungen zwischen Funktionen ergeben sich über die implizit beschriebenen Objekte des Tragwerks (Funktionsträger) und deren funktionale Gliederung. Im Funktionsmodell für Tragwerke ist es sinnvoll, ausschliesslich die funktionalen Beziehungen zwischen den verschiedenen Funktionsträgern zu beschreiben, nicht aber die Gestaltungsprozesse von Tragwerken über mögliche Funktionsstrukturen zu unterstützen, da im Bauprozess in der Tragwerkplanung zum grössten Teil Variantenkonstruktionenen auf der Basis von Entwürfen aus der Architektur realisiert werden. Durch Funktionsmodellieren werden in der Regel keine Lösungen von Tragwerken erarbeitet. Dies bedeutet, dass die Funktionsträger in Form von implizit repräsentierten Objekten beschrieben werden können. Bei der weiteren Detaillierung von Objekten des Tragwerks werden diese entsprechend der Beziehung *ist zusammengesetzt/...* funktional zerlegt und implizit

178 *vgl.* Tragwerk. *Kapitel: Glossar, p.284ff*
179 *vgl.* Prozess, Umsetzungsart. *Kapitel: Glossar, p.276ff*
180 *vgl.* Prozess, Umsetzungsform. *Kapitel: Glossar, p.276ff*

durch die Zuordnung einer Funktion repräsentiert. Der funktionale Zerlegungsprozess entspricht dem im GARM vorausgesetzten Vorgehen durch das Suchen von TS zu FUs. Den Objekten des Tragwerks werden im Projektverlauf weitere Spezifikationen wie deren Gestalt, Material, Preis usw. zugeordnet. Ab den Phasen 2.2 *System entwerfen* des Vorgehensmodells zur Tragwerkplanung gewinnt die Repräsentation der Gestalt von Objekten des Tragwerks an Bedeutung[181].

Nr.	***Teilfunktionen***	***mögliche Ausprägung***
1.000.000	leiten	
1.010.000	Kraft ableiten	
1.010.100	Kraft Vx ableiten	Normalkraft N Schnitt X
1.010.200	Kraft Vy ableiten	Querkraft Vy Schnitt X
1.020.000	Moment ableiten	
1.020.100	Moment Mx ableiten	Torsionsmoment T Schnitt X
1.020.200	Moment My ableiten	Biegemoment My Schnitt X
2.000.000	verknüpfen	
2.010.000	Kraft schlüssig verbinden	
2.010.100	Kraft Vx schlüssig verbinden	"horizontale" Auflagerkraft
2.010.300	Kraft Vz schlüssig verbinden	"vertikale" Auflagerkraft
2.020.000	Moment schlüssig verbinden	
2.020.100	Moment Vx schlüssig verbinden	Einspannmoment
2.010.000	Kraft gefedert verbinden	
2.010.100	Kraft Vx gefedert verbinden	"horizontale" Auflagerkraft
2.010.300	Kraft Vz gefedert verbinden	"vertikale" Auflagerkraft
2.020.000	Moment gefedert verbinden	
2.020.100	Moment Vx gefedert verbinden	Einspannmoment
3.000.000	umformen	
3.010.000	Kraft in Moment umformen	
3.020.000	Moment in Kraft umformen	
3.030.000	Kraft verstärken	
3.040.000	Kraft vermindern	
3.050.000	Moment verstärken	
3.060.000	Moment vermindern	

Tabelle 13: Teilfunktionen der Stammfunktionen leiten und verknüpfen

Die Figur 71 zeigt einen fest eingespannten Balken in einer expliziten, idealisierten und impliziten Repräsentation. Die implizite Repräsentation zeigt, dass der Kragarm aus den drei Tragelementen *Auflager*, *Balken* und *Einspannung* zusammengesetzt ist. Diese üben die Teilfunktionen *Kraft schlüssig verbinden, Kräfte und Momente ableiten* sowie die Teilfunktionen *Kräfte und Momente schlüssig verbinden* aus. In der expliziten Beschreibung des Kragarms lassen sich die Tragelemente nicht erkennen. Zur Idealisierung des Kragarms und der impliziten Beschreibung desselben ist das Wissen eines Tragwerkplaners notwendig.

181 *vgl.* Phase 2.2 System entwerfen. *Kapitel: Das generelle Vorgehensmodell zur Tragwerkplanung, p.112*

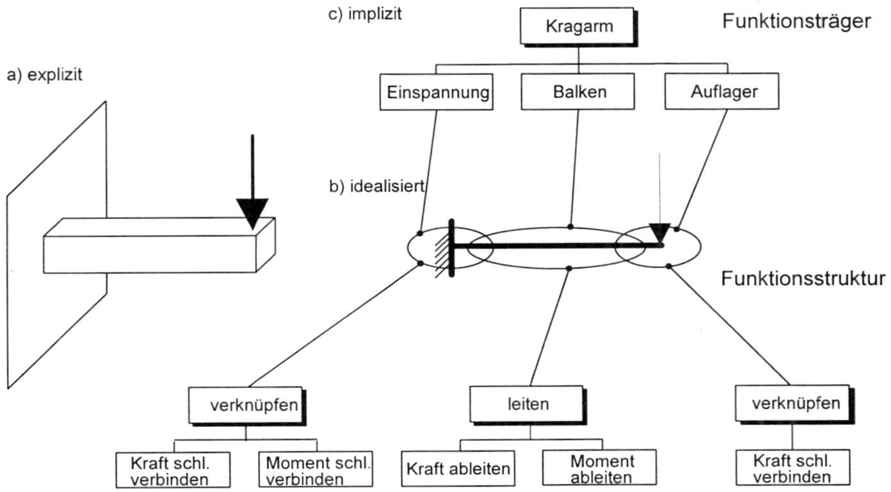

Figur 71: a) explizite, b) idealisierte und c) implizite Repräsentation eines Kragarms

Zu jedem Funktionsträger kann eine Menge von Eigenschaften zugeordnet werden, welche es erlauben, aufgrund der Systemziele Lösungskonzepte zu bewerten. So weist beispielsweise bei der Untersuchung verschiedener Varianten zum Abtrag von Lasten aus einer Stahlbetonflachdecke in eine Stütze der Funktionsträger *Stahlbetonpilz* im Gegensatz zu einem *versteckten Stahlpilz* die Eigenschaft aus, dass er ohne zusätzliche Schalung eingebaut werden kann. Diese Eigenschaften von Objekten werden jedoch nicht in der impliziten, sondern der idealisierten und expliziten Repräsentation von Objekten des Bauwerks beschrieben.

Strukturmodell Tragwerkplanung

Das Strukturmodell beschreibt die Benutzerobjekte der Funktionseinheit Tragwerkplanung. Auf der Schemaebene werden die im integralen Bauwerkmodell beschriebenen Metaklassen in Form von Klassen der Funktionseinheit Tragwerkplanung instanziiert. Die Klassen der Schemaebene beschreiben Typen von Objekten. Zu den Objekten der Tragwerkplanung gehören nicht nur physische Objekte wie Stützen, Balken usw., sondern auch Beziehungen zwischen diesen in Form von immateriellen Objekten.

Zur Gliederung der materiellen Objekte der Tragwerkplanung werden die im integralen Strukturmodell definierten Abstraktionsebenen verwendet.

- *Supersystem:* Beispiel: Bauwerk
- *System:* Beispiel: Rohbau
- *Teilsystem:* Beispiel: Tragwerk
- *Elemente:* Beispiel: Plattenfundament
- *Komponenten:* Beispiel: Fundamentverstärkung
- *Teilkomponenten:* Beispiel: Beton

- *Konstruktionselement:* Beispiel: Zuschlagstoff

Die Benutzerobjekte der Funktionseinheit Tragwerkplanung werden analog zum integralen Bauwerkmodell in Klassen beschrieben, welche aufgrund der orthogonalen Dimensionen Repräsentation und Konkretisierung definiert sind.

Bezüglich der Repräsentation wird eine *explizite*, *idealisierte* und *implizite* Repräsentation unterschieden. Die Idealisierung von physischen Objekten des Tragwerks erfolgt durch Kanten oder Flächen, welche durch die Schwerpunkte der Querschnitte der explizit repräsentierten Körper verlaufen. Die implizite Repräsentation von Objekten des Tragwerks erfolgt durch die Beschreibung seiner Teilfunktionen. Bezüglich der Konkretisierung werden die Zustände *gefordert*, *vorgeschlagen* und *realisiert* aus dem integralen Bauwerkmodell verwendet.

Die resultierenden Klassen *gefordertes implizites Objekt* ... bis ... *realisiertes explizites Objekt* können auf sämtliche Objekte der Funktionseinheit Tragwerkplanung angewendet werden. Die Teilfunktionen des Funktionsmodells repräsentieren die implizit beschriebenen Objekte, während sich idealisiert und explizit beschriebene Objekte durch topologische Elemente repräsentieren lassen. Eine Stahlbetonstütze kann implizit durch die Funktion *vertikale Last abtragen* repräsentiert werden. Die Idealisierung der Stütze erfolgt in der Regel durch eine *Kante*, welche durch den Schwerpunkt der Querschnittsflächen definiert ist. Zur expliziten Beschreibung von Stützen eignen sich *Körper* in Form von Solids. Ein Solid kann je nach dem Zweck der Beschreibung von materiellen Objekten des Tragwerks beliebig detailliert beschrieben werden. Die explizite Beschreibung von Objekten ist nicht für jedes Objekt sinnvoll. So bedeutet die explizite Repräsentation eines Armierungseisens durch einen Solid nur einen hohen Aufwand ohne Nutzen.

Als Beziehungen zwischen den materiellen Objekten der Tragwerkplanung werden die Standardbeziehungen aus dem integralen Bauwerkmodell verwendet. Von besonderer Bedeutung für die Tragwerkplanung ist die Beziehung *trägt/wird getragen.* Im Tragwerkmodell wird nur die *verbindet/...* Beziehung explizit beschrieben. Die Beziehung *besteht aus/...* zur physischen Gliederung der Objekte des Tragwerks ist zwischen den Objekten auf den verschiedenen Abstraktionsebenen definiert.

Zur geometrisch/topologischen Repräsentation der Objekte der Funktionseinheit Tragwerkplanung wird das Geometriemodell des integralen Bauwerkmodells übernommen.

GEOMETRIEMODELL TRAGWERKPLANUNG

Zur impliziten und expliziten Beschreibung der Objekte von Tragwerken muss das Geometriemodell des integralen Bauwerkmodells weder weiter spezialisiert noch ergänzt werden.

HERSTELLUNGSMODELL TRAGWERKPLANUNG

Mit der Zuordnung von Positionen zu den physischen Objekten des Tragwerks können neben der Beschreibung der Herstellungsprozesse Aussagen bezüglich der Kosten der zu erstellenden Konstruktionen gemacht werden. Die Festlegung von Positionen zu den Elementen des Tragwerks wird in der Projektphase 3.1 *Vorbereitung der Ausführung* abschliessend erstellt.

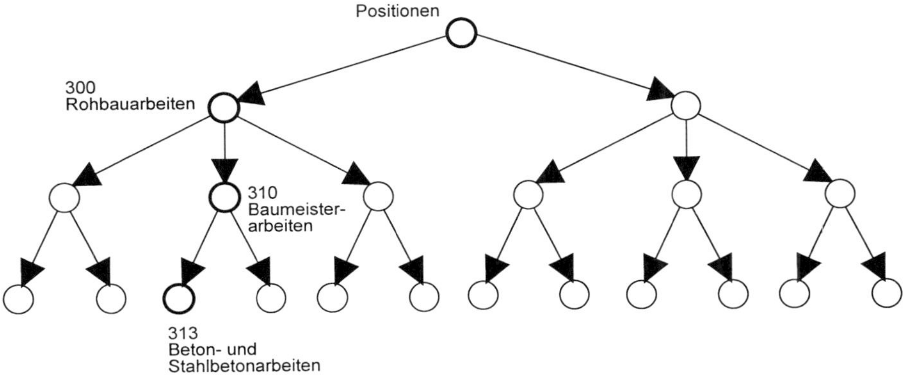

Figur 72: Gliederung von Kapiteln im Standard Leistungsverzeichnis NPK 2000 (vgl. [NPK 1991])

Durch Erfahrungswerte können die Preise pro Position bereits in der Projektierung und damit die Preise pro Objekt des Tragwerks ermittelt werden. Aufgrund der Positionen und der einzusetzenden Mittel ist es möglich, Aussagen bezüglich des Zeitbedarfs für die Realisierung von Tragwerkelementen zu machen.

Das integrale Herstellungsmodell kann für die Anwendung im Bereich der Tragwerkplanung übernommen werden. Die Beziehungen zwischen den Positionen und damit deren hierarchischen Aufbau richtet sich nach der Kapitelgliederung von Standard Leistungsbeschreibungen[182]. Die Figur 72 zeigt die Gliederung von Positionen zur Erstellung von Rohbauten zur Realisierung von Tragwerken aus Stahlbeton (vgl. [NPK 1991]).

Die Kontrollen, welche bei der Ausführung der durch eine bestimmte Position definierten Leistung notwendig sind, stehen in Beziehung zu den Massnahmen im Anforderungsmodell Tragwerkplanung. Wenn bei der Tragwerksgestaltung Gefährdungsbilder und Nutzungszustände angenommen werden und das Tragwerk entsprechend gestaltet wird, können Massnahmen notwendig werden, welche zu Kontrollen der Realisierung von Tragwerkelementen führen.

182 *Beispielsweise Normpositionenkatalog, CRB/VSS/SIA, NPK 2000*

DOKUMENTATIONSMODELL TRAGWERKPLANUNG

Die Beschriebe im Dokumentationsmodell Tragwerkplanung betreffen die Dokumentation der erstellten Elemente des Tragwerks sowie des Tragwerks als gesamtes System.

Die Beschreibung der Elemente des Tragwerks erfolgt mit den nachgeführten Ausführungsunterlagen des Bauwerks. Die Systembeschreibung des Tragwerks erfolgt durch Sicherheits-, Nutzungs- und Kontrollpläne. Entsprechend können den physischen Objekten des Tragwerks die betreffenden akzeptierten/nicht akzeptierten Risiken (Sicherheitsplan), die angenommenen Nutzungszustände (Nutzungsplan) und die durchzuführenden Kontrollen (Kontrollplan) zugeordnet werden.

Die Figur 73 zeigt die Erweiterung des Dokumentationsmodells durch die Modellobjekte *Risiken*, *Nutzung* und *Kontrollen,* ausgehend vom integralen Dokumentationsmodell. Gegenüber dem integralen Dokumentationsmodell sind keine Erweiterungen notwendig.

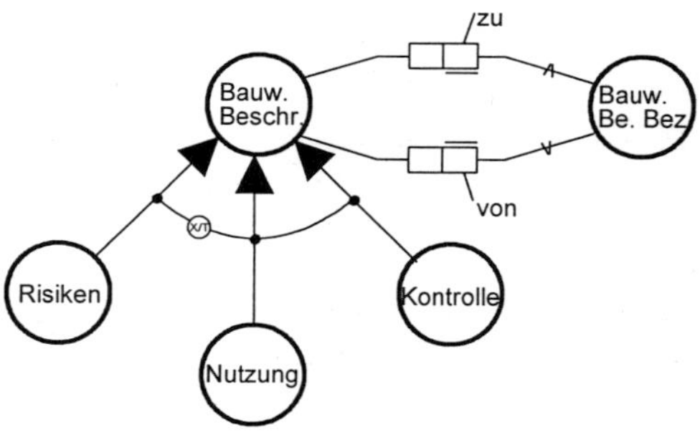

Figur 73: Dokumentationsmodell Tragwerkplanung

Die *Risiken* stehen mit den *Annahmen* und die *Nutzung* mit den *Nutzungszuständen* im Anforderungsmodell Tragwerkplanung in Beziehung. Analog dem Herstellungsmodell hängen die Kontrollen von den Massnahmen im Anforderungsmodell ab. Entsprechend dem integralen Anforderungsmodell weist jeder Beschrieb des Bauwerks eine Beziehung zu einem materiellen Objekt auf.

4.4. REGELN ZUR GESTALTUNG VON BAUWERKMODELLEN IM BAUPROZESS

Mit der generellen Modellierung des Systems Bauwerk als integrales Bauwerkmodell und der fachspezifischen Beschreibung aus der Sicht von verschiedenen Funktionseinheiten können bezüglich der modellseitigen Integration der Menge von anwendungsorientierten Bauwerkmodellen keine Aussagen gemacht werden. Integration von verschiedenen anwendungsorientierten Bauwerkmodellen betrifft die Festlegung von Begriffen und damit die Definition von Klassen, denen aus der

Sicht von verschiedenen Anwendungen dieselbe Bedeutung entnommen werden muss.

Je mehr Begriffe vereinheitlicht werden können, desto mehr Daten können auf einem semantisch hohen Niveau ausgetauscht werden. Aufgrund der Besonderheiten des Bauwesens ist es nicht notwendig und auch nicht möglich, über die Beschreibung von allen Elementen eines Bauwerks, deren Zustände und deren Repräsentation eine Einigung zu finden. Hierzu sind zu viele Fachbereiche an der Gestaltung eines Bauwerks beteiligt. Ferner zeigt die Bedeutung von *Features* im Bauwesen, dass die eindeutige Abgrenzung von Bauteilen untereinander nicht lösbar ist und somit nicht alle *Objekte des Bauwerks* fachübergreifend definierbar sind.

Die Betrachtung von anwendungsorientierten Bauwerkmodellen zeigt, dass diese ganz unterschiedlich das in einem Fachbereich notwendige Wissen enthalten. Im Anforderungsmodell und der Beschreibung der Funktionen im Funktionsmodell ist ein sehr grosses Mass an Wissen aus einem bestimmten Fachbereich enthalten, das für andere Funktionseinheiten weder direkt von Interesse noch verständlich ist. Das Partialmodell der Struktur dagegen ist weitgehend unabhängig von fachspezifischem Wissen, indem es einzelne fachspezifische Objekte und deren gegenseitige Beziehungen beschreibt. Entsprechend muss das integrale Strukturmodell in der Regel für die anwendungsorientierten Bauwerkmodelle kaum erweitert werden, wobei bezüglich des Geometriemodells überhaupt keine Erweiterungen notwendig sind. Die Typen von Beziehungen sind genauso fachübergreifend verständlich, wie die Zustände von Objekten im Gestaltungsprozess in Form der Konkretisierung und deren Repräsentation. Einzig die Definition und Abgrenzung der von einer Funktionseinheit verwendeten Objekte muss definiert werden. Umgekehrt bedeutet dies, dass Wissen hinsichtlich der Beschreibung von Bearbeitungsergebnissen gut in Form von standardisierten Objekten fachübergreifend ausgetauscht werden kann.

Die Definition und die Verwaltung von für mehrere Funktionseinheiten verständlichen Objekten kann nicht sich selbst überlassen werden, sondern die Verwaltung ist als eine Aufgabe einer Funktionseinheit mit einer entsprechenden Ausbildung des anwendungsorientierten Bauwerkmodells zu unterstützen. Der Austausch von Wissen nur auf der Basis von geometrischen Entitäten führt zu einer Kommunikation auf einem semantisch tiefen Niveau, weil Features nur aufgrund von explizit repräsentierten Objekten definiert werden und keine Beziehungen zwischen Objekten definiert werden können.

Die Erzeugung von anwendungsorientierten Bauwerkmodellen durch die Spezialisierung und Erweiterung der Bedeutung der Klassen des integralen Bauwerkmodells erfolgt für jedes Fachgebiet separat. Zur Gestaltung von Bauwerkmodellen können Regeln formuliert werden.

R1: Objekte des Bauwerks

Bauwerkmodelle beschreiben Objekte des Bauwerks, wobei unter einem Objekt irgend ein Gegenstand materieller oder immaterieller Natur verstanden wird, wie sie zur Aufgabenerfüllung einer Funktionseinheit unter einem bestimmten Aspekt definiert und abgegrenzt werden müssen.

Die Definition, was als ein Objekt des Bauwerks bezeichnet wird, hängt vom Betrachter und dessen zu erfüllenden Aufgaben ab. Entsprechend gibt es nicht die Objekte eines Bauwerks. Die Abgrenzung von Objekten orientiert sich nicht nur an den in einem realisierten Bauwerk erkennbaren Teilen.

R2: Partielle modellseitige Integration

Bauwerkmodelle werden für unterschiedliche Fachbereiche definiert und nur hinsichtlich des auszutauschenden Wissens fachübergreifend integriert, das heisst bezüglich der Definition von Begriffen und Bedeutung von Klassen vereinheitlicht.

In der Beschreibung von Bauwerken muss nur über diejenigen Objekte eines Bauwerks ein Konsens gefunden werden, welche zur Übertragung von Wissen zwischen zwei unterschiedlichen Fachgebieten notwendig sind. Entsprechend ist nur ein kleiner Teil der in Bauwerken auffindbaren Objekte zum Austausch von Wissen notwendig.

R3: Konsens Bedeutung von Klassen

Der Austausch von Wissen zwischen Fachbereichen erfolgt mit Daten, über deren Bedeutung ein Konsens besteht, wobei sich der Konsens auf diese beiden Fachgebiete erstrecken darf und nicht global für alle Fachgebiete im Bauwesen zu bestehen braucht.

Die Übertragung von Wissen findet zwischen zwei oder mehreren Funktionseinheiten statt. Die Abgrenzung und die Beschreibung von Objekten ist nur für die entsprechenden Fachgebiete von Bedeutung und kann nicht global standardisiert werden. Dies steht im Gegensatz zu Produkten von stationären Produktionsbetrieben, welche Produkte aus Komponenten aufbauen, die an sich normiert sind und für alle beteiligten dieselbe Bedeutung haben.

R4: Keine übergeordneten Superstellen

Die Gestaltung von Bauwerkmodellen soll bei einer Anwendung im Bauprozess zu keinen Aufgaben führen, welche nicht schon heute durch im Bauprozess beteiligte Stellen erfüllt werden können.

Die Einführung von Bauwerkmodellen als Basis der Kommunikation im Bauprozess ist dann erfolgversprechend, wenn die neu entstehenden Aufgaben nicht durch irgendwelche neuen Stellen zu erfüllen sind, sondern im Rahmen der bisherigen Aufgabenverteilung in Bauprojekt- und Benutzerorganisationen erbracht werden können.

R5: Konsens Klassen Strukturmodell

Die fachübergeifende Einigung über die Bedeutung von Begriffen zur Beschreibung von Objekten des Bauwerks sollen sich auf das Strukturmodell beziehen, weil dessen Klassen in verschiedenen Fachgebieten verstanden werden können, das heisst dieselbe Bedeutung haben.

Der Inhalt eines Teils des Strukturmodells soll als Kommunikationsmedium in Bauprojekt- und Benutzerorganisationen dienen, weil es hinsichtlich von Informationsbezügen kein unnötiges Fachwissen enthält. Im Gegensatz dazu enthalten Anforderungs- und Funktionsmodelle viel Fachwissen. Im konventionellen Bauprozess werden Pläne als Beschreibungen der Struktur, Geometrie und Topologie von Objekten des Bauwerks fachübergreifend ausgetauscht.

R6: Verwaltung Inhalt Strukturmodell durch Funktionseinheit Architektur
Die Verwaltung von fachübergreifend definierten Objekten zum Austausch von Wissen stellt eine wichtige Aufgabe im Bauprozess dar, welche sich in der Modellierung des anwendungsorientierten Bauwerkmodells der Architektur niederschlägt.

Die Verwaltung von Objekten ist aufgrund der Aufgaben der Funktionseinheit Architektur im Bauprozess eine Aufgabe derselben. Durch die Definition von fachübergreifend verständlichen Objekten mit unterschiedlichen Abgrenzungen nimmt die Funktionseinheit Architektur diese Aufgabe bereits heute wahr. Ferner muss sie auch die Konsequenzen hinsichtlich der Gestaltung des gesamten Systems Bauwerk beurteilen, wenn ein Objekt aus einem Fachbereich in das Bauwerk integriert werden soll.

R7: Lenkung von Bauprozessen
Zur Lenkung von Baupozessen sind die Beziehungen zwischen Aktvitäten im Bauprozess und deren Auswirkungen auf die Beschreibung des Bauwerks notwendig, damit umgekehrt die Konsequenzen der Veränderung von Bauwerksbeschreibungen erkannt und die entsprechenden Massnahmen ergriffen werden können. Die Modellierung der Beziehungen zwischen Aktivitäten, den notwendigen Grundlagen und den resultierenden Veränderungen ist im Bauwerkmodell Gesamtleitung definiert.

Die Lenkung des Bauprozesses ist die Aufgabe der Lenker. Entsprechend muss die Funktionseinheit Gesamtleitung die Konsequenzen, welche sich aus der Veränderung in der Beschreibung der Elemente von Bauwerken ergeben, abschätzen können, das heisst beurteilen, welche Funktionseinheiten und welche Aktivitäten betroffen sind. Analog der Funktionseinheit Architektur wird zur Wahrung der Konsistenz in der Beschreibung des Bauwerks keine neue Funktionseinheit notwendig.

5. Mögliche Kommunikationssysteme im Bauprozess

Wenn zur Aufgabenerfüllung für unterschiedliche Fachgebiete im Bauprozess Modelle vom Bauwerk definiert und diese soweit als notwendig modellmässig integriert werden, ist die Frage nach einer geeigneten Implementierung derselben unter den Bedingungen des Bauwesens noch nicht gelöst. Kooperierende Informationsverarbeitung ist durch die Erzeugung von anwendungsorientierten Bauwerkmodellen und Integration von Klassen des Strukturmodells allein nicht möglich. Auf der Skala des Grades der kooperierenden Informationsverarbeitung im Bauprozess können am unteren Ende zwischen Anwendungssystemen Dateien fallweise in neutralen Formaten ausgetauscht und am oberen Ende alle Bauwerkmodelle auf einer zentralen Datenbank verwaltet werden. Dazwischen stehen sehr viele Gestaltungsmöglichkeiten offen. Im folgenden Kapitel soll nach sinnvollen Implementierungen von Bauwerkmodellen als Basis von Kommunikationssystemen innerhalb von Projektorganisationen gesucht und Regeln für die datenseitige Integration von Kommunikationssystemen definiert werden.

5.1. Kommunikationsmodelle im Bauprozess

Die Regeln zur Modellierung des Systems Bauwerk definieren den Grad der Modellintegration der Beschreibung des Systems Bauwerk in Bauprojekt- und Benutzerorganisationen zur Gestaltung, Realisierung und Nutzung von Hochbauten. Die Beschreibung des Systems Bauwerk wurde ausgehend von den im Bauprozess zu erfüllenden Aufgaben von Stellen gestaltet und unter Berücksichtigung der *besonderen Bedingungen des Bauwesens*[183] integriert. Die Implementierung von Bauwerkmodellen kann hinsichtlich der Verwaltung der Inhalte von Partialmodellen stark variieren.

Als mögliche Implementierungen von Bauwerkmodellen stehen die *Direktverbindung*, die *einheitliche Kommunikationsschnittstelle* und das *integrierte Produktmodell* als Möglichkeiten zum Datenaustausch zwischen unterschiedlichen Anwendungssystemen offen (vgl. [ISO/TC184 1993b], [ISO/TC184 1993d], [ISO/TC184 1993e])[184]. Jedes dieser *Kommunikationsmodelle*[185] kann zur Implementierung des nach den *Regeln zur Gestaltung von Bauwerkmodellen*[186] definierten Bauwerkmodells verwendet werden (Figur 74).

a) Direktverbindung: Zwischen verschiedenen Anwendungssystemen einer Organisation werden Daten direkt in beliebigen Formaten ausgetauscht. Die Direkt-

---

183 *vgl.* Besondere Bedingungen des Bauwesens. *Kapitel: 2.1. Die Besonderheiten des Bauwesens innerhalb der Güterproduktion, p.15ff*

184 *Als weitere Möglichkeit zur Nutzung von gemeinsamen Daten in verschiedenen Anwendungssystemen wird besonders in CIM-Umgebungen die Implementierungsebene des* prozeduralen Interfaces *zwischen einzelnen CIM-Modulen angesehen (vgl. [Gielingh et al. 1991a]).*

185 *vgl.* Kommunikationsmodell. *Kapitel: Glossar, p.269ff*

186 *vgl.* Regeln zur Gestaltung von Bauwerkmodellen. *Kapitel: 4.4. Regeln zur Gestaltung von Bauwerkmodellen im Bauprozess, p.182ff*

verbindung kann sehr effizient sein, wenn eine geringe Anzahl von unterschiedlichen Anwendungssystemen Daten austauschen und damit nur wenige Schnittstellen definiert werden müssen.

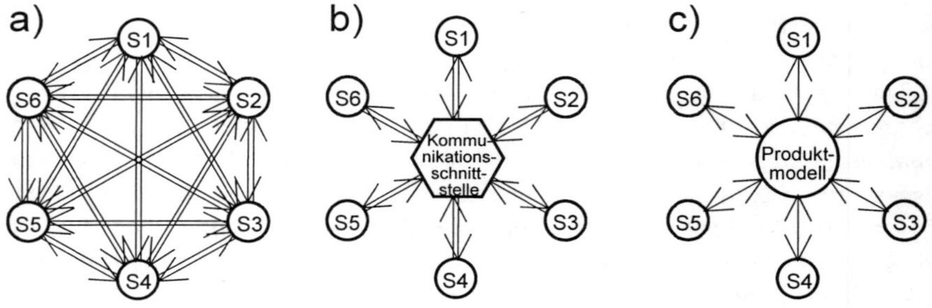

Figur 74: Mögliche Kommunikationsmodelle, a) Direktverbindung, b) Einheitliche Kommunikationsschnittstelle, c) Integriertes Produktmodell

b) Einheitliche Kommunikationsschnittstelle: Von den Daten in einem Anwendungssystem wird eine Kopie erstellt, indem durch einen Postprozessor ein neutrales Datenformat erzeugt wird. Mit dem Präprozessor eines weiteren Anwendungssystems kann umgekehrt dessen internes Datenformat generiert werden. Durch die Erzeugung einer Kopie in einem zweiten, unabhängigen Anwendungssystem mit dem gleichen logischen Inhalt wie derjenige der neutralen Datei, entstehen bei Änderungen zusätzliche Aufwendungen zur Erhaltung der Konsistenz. Zur einheitlichen Kommunikationsschnittstelle ist eine Modellintegration notwendig, weil die Bedeutung der Daten in der neutralen Datei für die unterschiedlichen Anwendungssysteme dieselbe sein muss[187]. (KBS Projekt, Produktmodell basierend auf BASE/SfB System, neutrales Austauschformat NICC (vgl. [Svensson 1991]); ATLAS ESPRIT Projekt Nr. 7280, Produktmodell basierend auf Modellierung in *Speedikon*[188], neutrale Dateien SPF *Knowledge Based ASCII Interface (KBAI)* Speedikon (vgl. [Greening 1992])).

c) Integriertes Produktmodell: Daten von verschiedenen Anwendungssystemen werden in Datenbanken persistent gehalten. Die Erzeugung von Kopien und der konkurrenzierende Zugriff auf Daten wird durch das Datenbanksystem verwaltet. Durch die notwendige Definition von einheitlichen Datenschemata werden die Funktionseinheiten, welche die modellintegrierten Bauwerkmodelle nutzen, bezüglich ihrer Beziehungs- und Prozessstrukturen stark aneinander gebunden. Ein Kommunikationssystem auf der Basis eines integrierten Produktmodells ist entsprechend unflexibel. Hinsichtlich der *Verteilung*, der *Heterogenität* und der *Autonomie*[189] der anzuwendenden Datenbanksysteme können sehr unterschiedliche

187 *vgl.* STEP. *Kapitel: 4.3.1. Die Entwicklung von STEP und Referenzmodelle für das Bauwesen, p.125*

188 Speedikon *ist ein eingetragenes Warenzeichen der IEZ AG Bensheim*

189 *vgl.* Eigenschaften von Datenbanksystemen. *Kapitel: 5.3.1. Kopplung von Anwendungssystemen mit Datenbanksystemen, p.198*

Kommunikationssysteme realisiert werden, indem nur einzelne Partialmodelle der Bauwerkmodelle datenseitig integriert werden. Im Gegensatz zu neutralen Dateien, müssen mit Datenbanksystemen bei Bedarf einzelne Objekte nur einmal abgespeichert werden. Ferner können Versionen von Objekten verwaltet werden. (OOCAD Projekt, Produktmodell basierend auf RATAS, Verwaltung der Daten von OXF Dateien auf einer relationalen Datenbank, (vgl. [Serén et al. 1993]); CAPM Projekt, Center for Integrated Facility Engineering (CIFE), GenCOM Modell, (vgl. [Froese 1992]))

Je nach dem gewählten Kommunikationsmodell sind die Anforderungen an die Modellintegration der anwendungsorientierten Bauwerkmodelle unterschiedlich hoch. Zur Anwendung der Kommunikationsmodelle des integrierten Produktmodells und der einheitlichen Kommunikationsschnittstelle wird eine Modellintegration vorausgesetzt, wobei diese nicht vollständig, das heisst alle Partialmodelle von anwendungsorientierten Bauwerkmodellen betreffen muss. Dagegen kommt die Direktverbindung ohne Modellintegration aus, weil Daten fallweise übertragen werden.

Modell	***Vorteil***	***Nachteil***
Direktverbindung	• Flexibilität in der Modellierung • Direkte und schnelle Übersetzung	• grosse Anzahl von Übersetzungen • Abhängigkeit von den Anwendungen • Inkompatibilitäten zwischen den Modellen der Anwendungen • Erschwerter Unterhalt (wenn eine Anwendung ändert, müssen alle anderen ebenfalls angepasst werden)
Neutrales Datenaustauschformat	• Flexibilität in der Modellierung • Modelle der Anwendungen sind voneinander unabhängig	• Inkompatibilitäten zwischen den Anwendungen und dem neutralen Datenaustauschformat • Schwierige Entwicklung eines neutralen Datenaustauschformats
Integriertes Produktmodell	• Modelle der Anwendungen sind unabhängig voneinander • die Verbindung ist schnell und direkt (keine Übersetzung notwendig) • keine Inkompatibilitäten des Modells	• Schwierige Entwicklung eines generellen gemeinsamen Modells

Tabelle 14: Vergleich der Kommunikationsmodelle hinsichtlich der Integration von anwendungsorientierten Modellen (vgl. [Froese 1992 p.25])[190]

Die *Modellintegration*[191] ermöglicht die Kommunikation zwischen unterschiedlichen anwendungsorientierten Modellen des Bauwerks, wie sie in verschiedenen Anwendungssystemen verwendet werden. Existierende Anwendungssysteme, die zur Aufgabenerfüllung einzelner Funktionseinheiten gestaltet und realisiert wurden, können infolge der unterschiedlichen Semantik der Daten ihrer Bearbeitungsergebnisse mit anderen Anwendungssystemen keine Informationen austauschen. Mit der Spezialisierung und Erweiterung der anwendungsorientierten

---

190 *Die Anzahl Kommunikationsschnittstellen wurde zugefügt.*

191 *vgl.* Modellintegration. *Kapitel: 3.3.2. Das Produktmodell, 39*

Bauwerkmodelle aus dem integralen Bauwerkmodell und der Integration von Partialmodellen kann auf einem semantisch hohen Niveau zwischen unterschiedlichen Fachgebieten Wissen übermittelt werden.

Die Vor- und Nachteile pro Kommunikationsmodell bezüglich der erforderlichen Modellintegration sind in der Tabelle 14 dargestellt. Eine vollständige Modellintegration bringt, sofern sie überhaupt innerhalb einer bestimmten Industrie durchgeführt werden kann, einen enormen Aufwand mit sich. Kooperierende Informationsverarbeitung ist auch mit einfacheren Kommunikationsmodellen wie der Direktverbindung oder dem neutralen Datenaustauschformat möglich.

Modell	***Vorteil***	***Nachteil***
Direktverbindung	• Keine globale Administration notwendig • einfach für kleine Systeme	• Abhängigkeiten zwischen den Anwendungen • Schwierigkeit Erhalt Datenkonsistenz • Komplex für mittlere und grosse Systeme • Definition von 2n Schnittstellen
Einheitliche Kommunikations-schnittstelle	• Anwendungen sind voneinander unabhängig	• Schwierigkeit Erhalt Datenkonsistenz • Zentrale Kontrollstellen erforderlich • Zentrale Kontrollstellen können voneinander abhängig sein • Definition von n Schnittstellen
Integriertes Produktmodell	• Anwendungen sind unabhängig voneinander • Datenkonsistenz sichergestellt, weil es nur eine Repräsentation gibt und die datenbankseitigen Kontrollmechanismen genutzt werden können (concurrency control) • Aktuelle Daten, weil alle Applikationen die Daten teilen • Reduktion in der Entwicklung von Anwendungssystemen, weil die Datenspeicherung und Austauschmechanismen geteilt werden	• generelle Superdatenbank muss entwickelt werden • die internen Operationen von jeder Anwendung müssen von einer zentralen Datenbank verwaltet werden • Annahme einer physischen Verbindung zu einer zentralen Datenbank • Mögliche Abhängigkeiten zwischen Benützern wegen Verwaltungstätigkeiten des Datenbanksystems (locking) • Definition von n Schnittstellen

Tabelle 15: Vergleich von Kommunikationsmodellen mit der Beteiligung von n Anwendungssystemen (vgl. [Froese 1992 p.2])

Die Tabelle 15 zeigt den Vergleich bezüglich den Schwierigkeiten und Aufwendungen zur Realisierung sowie dem Betrieb von Kommunikationssystemen, welche auf der Basis der genannten Kommunikationsmodelle gestaltet wurden.

Der Vergleich zwischen den Kommunikationsmodellen zeigt, dass die datenseitige Integration von anwendungsorientierten Bauwerkmodellen zur Realisierung einer echt integrierten Planung wichtig, aber auch bei einer vollständigen Modellintegration mit einem hohen Aufwand verbunden ist.

Die anwendungsorientierten Bauwerkmodelle lassen sich in Form der aufgeführten Kommunikationsmodelle implementieren, wobei in allen Fällen derselbe Grad der Modellintegration entsprechend den Regeln zur Gestaltung von Bauwerkmodellen vorausgesetzt wird. Im Modell der Direktverbindung kann die Integration im Strukturmodell genutzt werden, jedoch fallweise auch weitere Daten in irgendwelchen Formaten übermittelt werden. Die einheitliche Kommunikationsschnittstelle nutzt die Integration im Strukturmodell, wobei für eine weitergehende Übertragung von Daten das Konzept der Diektverbindung angewendet wird. Im Fall des integrierten Produktmodells werden die Daten des teilweise modellintegrierten Strukturmodells in den datenseitig integrierten Partialmodellen aktiv durch das Datenbanksystem verwaltet. Die Nutzung des Konzepts der Direktverbindung zum Bezug von Wissen aus nicht modellintegrierten Partialmodellen wird dabei nicht ausgeschlossen.

5.2. Ziele zur Gestaltung von Kommunikationssystemen im Bauprozess

Die Bestimmung des Nutzens der Einführung von Informationssystemen im Bauprozess ist kompliziert, weil dieser in einem hohen Mass weder *monetär* quantifizierbar noch überhaupt irgendwie messbar ist (vgl. [Nagel 1988]). So kann die Einführung von Informationssystemen und damit die Unterstützung von Kommunikationsfunktionen die Motivation von Stelleninhabern so steigern, dass hinsichtlich der globalen Verträglichkeit seines Bearbeitungsergebnisses am Ende einer Projektphase weniger Fehler vorhanden sind. Die Reduktion der Fehler bezüglich der Beschreibung von Bauwerken kann den Stelleninhaber vermehrt motivieren, weitere Iterationsschritte hinsichtlich der Optimierung des gesamten Bauwerks durchzuführen.

Zur Bewertung des Einflusses des Informationssystems auf die Verbesserung von Kommunikationsfunktionen innerhalb des Kommunikationssystems der Bauprojekt- und Benutzerorganisation ist einerseits die Untersuchung der Beeinflussung der Gestaltung des Kommunikationssystems, andererseits der Aufbau eines Zielsystems zur Gestaltung von Kommunikationssystemen im Bauprozess notwendig. Somit können die möglichen positiven oder negativen Rückkopplungen erfasst und das Informationssystem hinsichtlich der kooperierenden Informationsverarbeitung zielgerichtet gestaltet werden.

5.2.1. Mögliche Zielsysteme

Ziele für die Gestaltung von Kommunikationssystemen müssen auf die Unterstützung der Gesamtheit von Kommunikationsfunktionen von Stellen ausgerichtet werden. Ziele von Unternehmungen, die auf die Unterstützung der Kommunikationsfunktionen weniger Stellen in einem stationären Produktionsbetrieb ausgerichtet sind, sind mit den Zielen für ein Kommunikationssystem in einer Projektorganisation nicht vergleichbar.

Der Nutzen eines Kommunikationssystems ist klein, wenn nur einzelne Kommunikationsfunktionen unterstützt werden können. So nützen sehr gut ausgebaute

Hilfsmittel zur Informationsverarbeitung wenig, wenn die Inputdaten innerhalb der Projektorganisation nur sehr umständlich beschafft werden können. Kommunikationsfunktionen sollten demnach verhältnismässig zueinander unterstützt werden. Umgekehrt kann durch die Zielsetzung des Grades der *Phasen-*, *Funktions-*, *Methodenintegration*[192] der Grad der Unterstützung der Kommunikationsfunktionen besser ausgedrückt werden, weil damit der Grad der kooperierenden Informationsverarbeitung und damit der Integration im Bauprozess überhaupt erfasst wird.

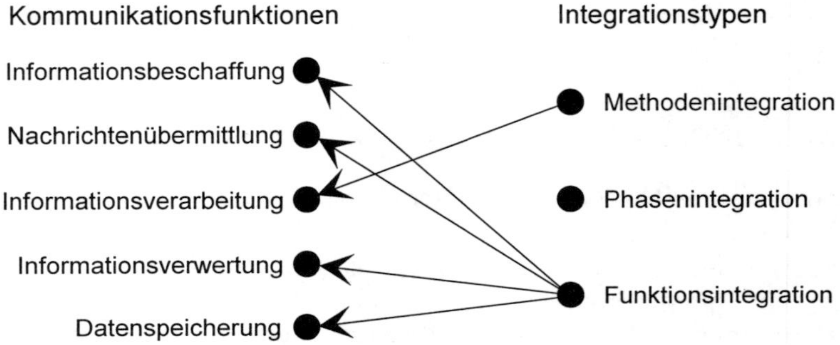

Figur 75: Typen der Integration und Kommunikationsfunktionen

Die Figur 75 zeigt die Beziehungen zwischen den genannten Typen der Integration und der damit notwendigen Unterstützung der Kommunikationsfunktionen. Die Pfeile bedeuten, dass ein bestimmter Integrationstyp die Verbesserung einer bestimmten Kommunikationsfunktion voraussetzt. Dabei hängt die Phasenintegration von der Modellierung des Systems Bauwerk in den verschiedenen Projektphasen ab und kann nicht durch die Unterstützung einer Kommunikationsfunktion beeinflusst werden.

Neben den Zielsetzungen hinsichtlich des erwünschten Nutzens von Kommunikationssystemen, sind Ziele bezüglich der Kosten eines Kommunikationssystems, der Termine und des Betriebs festzulegen. Ein optimales Kommunikationssystem für eine Bauprojekt- und Benutzerorganisation weist einen maximalen Zielertrag der in Tabelle 16 dargestellten Oberziele auf[193]. Das Zielsystem wird zur Beurteilung von verschiedenen Kommunikationssystemen in Teilziele gegliedert und entsprechend den unterschiedlichen Verantwortungs- und Kompetenzebenen innerhalb einer Bauprojekt- und Benutzerorganisation definiert[194].

192 *vgl.* Typen der Integration. *Kapitel: Ebenen der Untersuchung, p.55*

193 *vgl.* Gliederung der Oberziele in Teilziele. *Kapitel: 6.1.2. Zielsysteme und Systemfaktoren, p.228ff*

194 *vgl. Kapitel: 6.1.2. Zielsysteme und Systemfaktoren, p.226ff*

Nr	*Ziel*	*Beschreibung*
1.	Methodenintegration	Unterstützung Aufgabenerfüllung, Erweiterbarkeit Funktionen
2.	Phasenintegration	Änderung der Modellierung des Bauwerks an den Phasenübergängen, Weiterverwendung von Daten über Phasengrenzen hinweg
3.	Funktionsintegration	Kooperierende Informationsverarbeitung hinsichtlich Beschaffung Daten, Autonomie Anwendungssysteme, Aufwand Erhaltung Konsistenz, Datenablage
4.	Kosten	Minimale Kosten durch Änderung verfügbarer Anwendungssysteme
5.	Termine	Raschere Entscheidungsprozesse durch bessere Informationsaufbereitung, Wiederverwendung Kommunikationssystem
6.	Betrieb	Minimaler Aufwand hinsichtlich neuer Aufgaben, Sicherheit der Datenverwaltung und Implementierung von neuen Systemen

Tabelle 16: Oberziele zur Gestaltung von Kommunikationssystemen in Bauprojektorganisationen

5.3. MITTEL ZUR KOMMUNIKATION IM BAUPROZESS

Die Kommunikationsmodelle Direktverbindung, einheitliche Kommunikationsschnittstelle und integriertes Produktmodell können als Kommunikationsmodelle[195] Typen der Gestaltung von Kommunikationssystemen hinsichtlich der generellen Beschreibung des Datenaustauschs zwischen Anwendungssystemen aufgefasst werden. Entsprechend stellt auch die Modellierung des Bauwerks in anwendungsorientierten Bauwerkmodellen ein Mittel zur Unterstützung der Kommunikation im Bauprozess dar. Kommunikationssysteme resultieren aus Typen von Kommunikationssystemen und der Modellierung des Systems Bauwerk. In ihrer Gesamtheit stellen Kommunikationssysteme ebenfalls Mittel zur Unterstützung der Kommunikationsfunktionen der Stellen der Bauprojekt- und Benutzerorganisation dar.

Nr.	*Integrationsebene*	*Anwendungen*	*Datenbanksystem*
1.	einheitliche Kommunikationsschnittstelle	n	keine
2.	bereichsorientierte Datenintegration	n getrennt nach graphischen/nicht graphischen Anwendungen	2 je eine für graphische/nicht graphische Daten
3.	Bereichs-Integration bei Anwendungen und Daten	n graphische/nicht graphische Anwendungen getrennt	1 für alle n
4.	Bereichs-Integration mit gemeinsamer DBS	2 graphische/nicht graphische Anwendungen getrennt	1 für alle n
5.	Vollständige Integration	1	1

Tabelle 17: Integrationsebenen (vgl. [Braun 1992])

195 *vgl.* Kommunikationsmodell. *Kapitel: Glossar, p.269ff*

Die bisher definierten Kommunikationsmodelle können *Integrationsebenen*[196] zugeordnet werden, welche die kooperierende Verarbeitung von Informationen im Bauprozess bis zu einem bestimmten Grad ermöglichen. Je nach dem Grad der Modellintegration und der Art und Weise der Implementierung von Bauwerkmodellen ist die Kommunikation auf einer der in Tabelle 17 dargestellten Integrationsebene möglich.

Die Unterscheidung in die Kommunikationsmodelle *einheitliche Kommunikationsschnittstelle* und *integriertes Produktmodell* entspricht den Integrationsebenen 1 beziehungsweise 5. Der zum heutigen Zeitpunkt im Bauwesen verwirklichte Austausch von Daten erfolgt häufig in Papierform. Dabei ist oft nicht möglich, Dateien direkt zwischen Anwendungssystemen ohne Verlust an Semantik auszutauschen. Das Kommunikationsmodell der Direktverbindung wird keiner Integrationsebene zugeordnet, weil diese Form der Kommunikation scheinbar keine kooperierende Informationsverarbeitung ermöglicht.

Unter Voraussetzung der Modellintegration unterschiedlicher anwendungsorientierter Bauwerkmodelle, können diese als *einheitliche Kommunikationsschnittstelle* oder *integriertes Produktmodell* implementiert werden.

Ebene 1: Bauwerkmodell als einheitliche Kommunikationsschnittstelle: Mit der Standardisierung der fachübergreifend gemeinsamen strukturellen Bauwerksbeschreibung können Objekte eines Bauwerks, die von verschiedenen Anwendungssystemen benötigt werden, ohne Verluste an Semantik ausgetauscht werden. Die Kommunikation zwischen Anwendungen aus verschiedenen Fachbereichen ist damit unabhängig von den innerhalb der Anwendungen verwendeten Bauwerkmodellen. Die mehrfach existierenden Beschreibungen der selben Objekte in den integrierten Partialmodellen und den Anwendungssystemen müssen verwaltet werden.

Ebene 5: Bauwerkmodell als integriertes Produktmodell: Die Implementierung von Anwendungssystemen, welche mit einem Datenbanksystem kooperieren, stellt die höchste Form der datenseitigen Integration dar. Die Anwendungssysteme operieren bei modellintegrierten Partialmodellen auf dem gleichen Datenschema und damit auf dem selben Modell des Bauwerks. Da es in integrierten Produktmodellen nur ein Datenbanksystem gibt, ist weder eine Verteilung von Daten, noch Heterogenität bezüglich der Nutzung von Datenbanksystemen vorhanden. Die Daten sind zentral abgelegt und die verschiedenen Anwendungssysteme haben keine Autonomie. Integrierte Produktmodelle haben ein hohes Potential hinsichtlich der Methoden-, Phasen- und Funktionsintegration, führen jedoch wegen der starken datenseitigen Integration zu einer sehr starken Bindung zwischen den Benutzern eines solchen Systems bezüglich der Beziehungs- und Prozessstruktur.

Als mögliche Kommunikationssysteme im Bauprozess können ausgehend von den Kommunikationsmodellen der Ebene 1 und der Ebene 2 eine beliebige An-

---

196 *vgl.* Integrationsebenen. *Kapitel: Glossar, p.264ff*

zahl von Zwischenstufen definiert werden, welche sich hinsichtlich der Verwaltung der Daten von modellintegrierten Partialmodellen des Bauwerks unterscheiden. Das heute übliche System der teilweise möglichen Direktverbindung ohne Ansatz einer Modellintegration ist nicht als anstrebenswerter Soll-Zustand anzusehen. Die Festlegung von Integrationsebenen soll jedoch unabhängig von den eingesetzten Mitteln wie Datenbanksystemen oder Modellintegration erfolgen und am Grad der kooperierenden Informationsverarbeitung durch die Verwirklichung der Integrationstypen gemessen werden.

Besonders in Bauprojektorganisationen als *komplexe Organisationen* kann mit dem Verzicht auf eine vollständige Modellintegration und der minimalen Integration von ausgewählten Partialmodellen zu integrierten Partialmodellen der Aufwand zur Realisierung von Kommunikationssystemen stark reduziert werden. Aus den Regeln zur Gestaltung von Bauwerkmodellen, welche auf der Analyse des Kommunikationssystems der Bauprojekt- und Benutzerorganisation basieren, resultiert, dass nur die fachübergreifende Definition von Wissen bezüglich der Struktur des Bauwerks integriert werden muss. So wurde im ICM Projekt das Geometriemodell für alle Beteiligten als zentral erklärt (vgl. [Clayton et al. 1994]). Nicht jedes Partialmodell einer Funktionseinheit muss mit allen Partialmodellen einer anderen integriert werden.

Für die Beurteilung der Anwendbarkeit von Bauwerkmodellen im Bauprozess wird von der minimalen Integration von Partialmodellen gemäss den Regeln zur Gestaltung von Bauwerkmodellen im Bauprozess ausgegangen. Die Gliederung in der Trennung zwischen Anwendungen, die ausschliesslich graphische und solche, die nicht graphische Daten verwalten, ist aus der Sicht der *Datenintegration*[197] nicht aufrecht zu erhalten[198]. Entsprechend sind die Integrationsebenen mit ihrer Unterscheidung in graphische und nicht graphische Daten nicht geeignet, den Grad der Unterstützung der Methoden-, Phasen- und Funktionsintegration zu beurteilen.

Der Parameter zur Beeinflussung der Eigenschaften von Kommunikationssystemen im Bauprozess unter dem Bauwerkmodell-Ansatz ist die Verteilung, Heterogenität und Autonomie der Datenverwaltung bezüglich den *fachübergreifend*[199] *integrierten Partialmodellen*. Bei der einheitlichen Kommunikationsschnittstelle sind keine und beim integrierten Bauwerkmodell sind alle modellintegrierten Daten des Strukturmodells zentral verwaltet. Die zentrale Verwaltung von Daten lässt weder eine Verteilung, Heterogenität noch Autonomie der die Daten nutzen-

---

197 *vgl.* Datenintegration. *Kapitel: Glossar, p.261ff*

198 *Graphische Daten lassen sich unter anderem in Form von Eckpunktkoordinaten im dreidimensionalen Raum beschreiben. Auf der Datenebene ist damit kein Unterschied mehr zwischen nicht graphischen Anwendungen wie Tabellenkalkulation (Ziffern) oder Textverarbeitung (Buchstaben) zu erkennen.*

199 *fachübergreifend bedeutet im Informationsfluss-Modell über mehrere Funktionseinheiten hinweg*

den Anwendungssysteme zu. Die Direktverbindung setzt überhaupt keine Modellintegration voraus.

Die Figur 76 zeigt die minimale Modellintegration der Strukturmodelle verschiedener Anwendungsgebiete. Die anwendungsorientierten Bauwerkmodelle enthalten die Modellobjekte zur Aufgabenerfüllung der entsprechenden Funktionseinheiten, wobei Teile des Strukturmodells zur fachübergreifenden Kommunikation modellmässig integriert sind. Mit der Modellintegration wird umgekehrt dem Entscheid, unter welchen Bedingungen die Anwendungssysteme kooperieren sollen, nicht vorgegriffen.

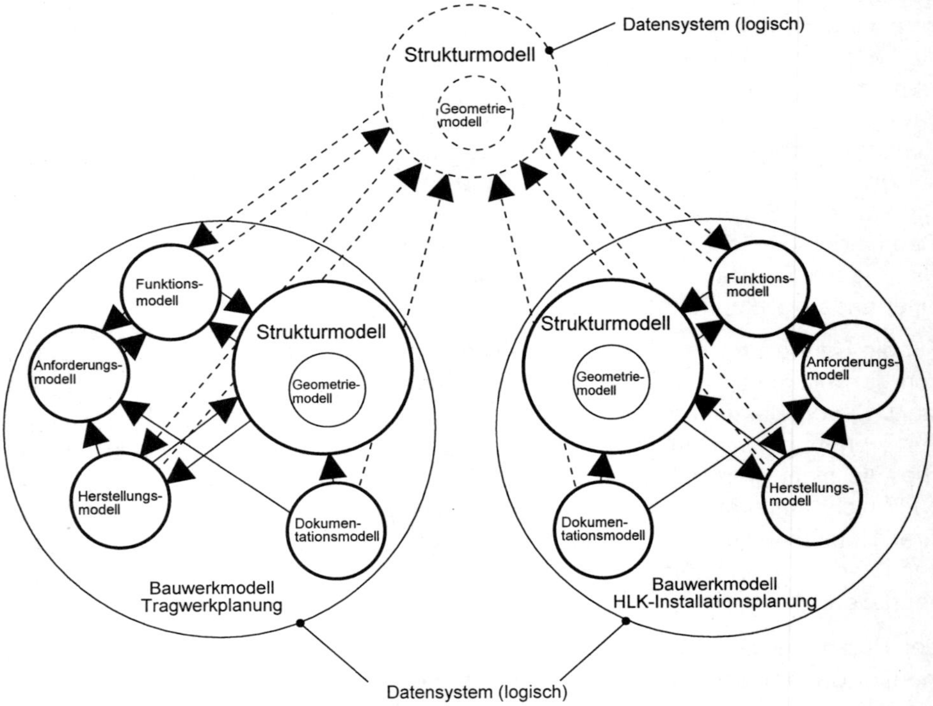

Figur 76: Integration von Partialmodellen auf der Basis von anwendungsorientierten Bauwerkmodellen

Zwischen Funktionseinheiten, deren Partialmodelle integriert sind, können Informationen ohne Verlust an Semantik ausgetauscht werden. Beim Bezug von Informationen aus Partialmodellen von Funktionseinheiten, welche modellseitig nicht integriert, sondern nur nach dem Schema des integralen Bauwerkmodells aufgebaut sind, muss die Übertragung von Wissen analog dem Kommunikationsmodell der Direktverbindung fallweise ermöglicht werden. Umgekehrt bedeutet dies, dass in einem Kommunikationssystem einer Bauprojekt- und Benutzerorganisation mit minimal integrierten Partialmodellen unterschiedliche Kommunikationsmodelle gleichzeitig angewendet werden müssen.

5.3.1. Kopplung von Anwendungssystemen mit Datenbanksystemen

Wenn zwischen mehreren Anwendungssystemen ein gemeinsames Datenschema gefunden werden kann und eine enge Bindung zwischen diesen erwünscht ist, können Datenbanksysteme zur Verwaltung der gemeinsamen Daten eingesetzt werden. Datenbanksysteme sind nur dort von Bedeutung, wo modellmässig integrierte Teile von Bauwerkmodellen datenseitig integriert werden müssen. Die Kooperation von Anwendungssystemen und damit die Kopplung zwischen Anwendungs- und Datenbanksystemen spielt als Mittel zur Integration im Bauprozess hinsichtlich der Integration von Partialmodellen eine wichtige Rolle.

Bei der Kopplung zwischen Anwendungs- und Datenbanksystemen besteht das wesentliche Problem in der Öffnung des Datenbanksystems und der Anwendungssysteme für eine reibungslose Kooperation. Insbesondere bei der Öffnung von Anwendungssystemen von verschiedenen Herstellern bestehen erhebliche Schwierigkeiten. Die heutigen Anwendungssysteme erreichen nicht zuletzt aus ihrer Entstehungsgeschichte die Persistenz ihrer Bearbeitungsergebnisse durch Speicherung von Daten in einzelnen Dateien. Für eine Bearbeitungssitzung werden mehrere Dateien geladen und bearbeitet. Ohne aktive Verwaltung der in den Dateien beschriebenen *Benutzerobjekte* können die *Modellobjekte*[200] nicht von mehreren Anwendungssystemen genutzt werden.

Mit der Modellintegration kann nur die fehlende Integration der den Anwendungssystemen zugrundegelegten Modelle behoben werden, jedoch nichts bezüglich der Kooperation zwischen Anwendungs- und Datenbanksystemen ausgesagt werden. Zur Übertragung von Daten inklusive deren Semantik von Anwendungs- zu Datenbanksystemen müssen Konversionsfunktionen definiert werden. Zur Reduktion der Anwendung von Konversionsfunktionen werden im integrierten Strukturmodell mehrere Beschreibungen eines Benutzerobjekts (beispielsweise implizit, idealisiert, explizit) für unterschiedliche Anwendungssysteme zur Verfügung gehalten. Bei der Verwaltung von Daten in integrierten Produktmodellen müssen keine Standard Repräsentationen wie beispielsweise die explizite Repräsentation eines Objekts definiert werden.

Die Eigenschaften des vorausgesetzten Bauwerkmodells hinsichtlich der Modellintegration und die Verwaltung der integrierten Partialmodelle sind die wesentlichen Faktoren zur Gestaltung von Kommunikationssystemen im Bauprozess. Die Betrachtung der Kopplung zwischen Anwendungs- und Datenbanksystemen liefert wichtige Hinweise zur Kooperation zwischen Anwendungssystemen auf der Basis von Datenbanken. Anwendungssysteme sollen mit entsprechenden anwendungsorientierten Bauwerkmodellen auf unterschiedlichen Datenbanksystemen kooperieren. Zwischen den Anwendungssystemen soll kein direkter Datenaustausch stattfinden. *Erweiterbarkeit*, *Kooperation* und *Föderation* sind die we-

---

200 *vgl.* Benutzer- und Modellobjekte. *Kapitel: 3.3.2. Das Produktmodell, p.36*

sentlichen Faktoren zur Beeinflussung der Kooperation zwischen Anwendungs- und Datenbanksystemen (vgl. [Scheck et al. 1991]).

- *Erweiterbarkeit:* Ergänzung von Datenbanksystemen mit weiteren Datenbanken, unabhängig von den verwendeten Anwendungssystemen. Die Zusammenarbeit zwischen Anwendungs- und Datenbanksystemen wird damit vereinfacht.
- *Kooperation:* Stellt die Integration der Sub-Datenbanksysteme zu einem Super-Datenbanksystem sowohl in bezug auf die Objektverwaltung, als auch in bezug auf die Transaktionsverwaltung dar.
- *Föderation:* Gibt den beteiligten Sub-Datenbanksystemen die Autonomie, lokale Anwendungen zu bedienen, die dem globalen Super-Datenbanksystem nicht bekannt gemacht werden.

Die mögliche Kooperation zwischen Anwendungs- und Datenbanksystemen kann als eine Folge der *Verteilung*, *Heterogenität* und *Autonomie* als orthogonale Eigenschaften der DBS-Architektur aufgefasst werden (vgl. [Oszu 1991]). Systeme, bei denen Autonomie in der Wahl von Ausführungsstrategien, in der Wahl der Modellierung oder sogar bei der Wahl der Annahme von Aufträgen auftritt, werden als *föderierte DBS* bezeichnet [Scheck et al. 1991 p.2].

Repräsentation von Benutzerobjekten

Mit dem EDT[201]/ADT[202] Konzept kann zwischen den Repräsentationen der persistenten Objekte auf der Datenbank und den transienten Objekten in den Anwendungssystemen unterschieden werden. Zur Minimierung von Konversionen für die Nutzung von Daten in Anwendungssystemen können in der Datenbankumgebung verschiedene Datenbank-Repräsentationen von Benutzerobjekten bereitgehalten werden. Die mehrfache Repräsentation ist dann sinnvoll, wenn wenig Update Operationen auf die Objekte notwendig sind. Bei der Integration mit Datenbanken ist der direkte Austausch von Daten zwischen Anwendungssystemen nicht vorgesehen, sondern dieser findet immer über Datenbanksysteme als zentrale Basis statt.

Mit der Kopplung von Anwendungssystemen mit Datenbanksystemen sollen bereits vorhandene, funktionierende und ausgetestete Funktionen von Anwendungssystemen weiter verwendet werden. Mit dem reinen EDT-Konzept werden alle Operationen durch Fremdfunktionen in der Anwendungssystem-Umgebung realisiert. Durch Extraktion in Form einer generischen DtA Funktion können ausgehend von den bekannten DtA für die Basistypen Daten von den Datenbanksystemen in das Anwendungssystem konvertiert werden. Die EDTs weisen grundsätzlich keine Beziehungen untereinander auf. Durch die Verwendung von *dualen Objekttypen* werden für ein Objekt je eine Darstellung in der Umgebung eines

---

201 *EDT: extern definierter Datentyp, bezüglich von Anwendungssystemen*

202 *ADT: abstrakter Datentyp.*
vgl. abstrakter Datentyp. *Kapitel: Glossar, p.261ff*

Datenbanksystems und eine in der Umgebung des Anwendungssystems zugelassen, wobei eine davon als Datenbanksicht aus der anderen definiert wird (vgl. [Scheck et al. 1991]). Für objekterhaltende Sichten gilt, dass direkt Änderungen vorgenommen werden können (vgl. [Scholl et al. 1991]).

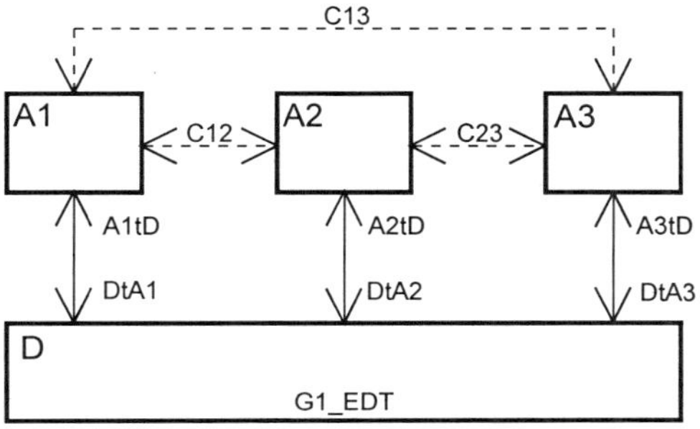

Figur 77: Datenaustausch zwischen 3 Anwendungssystemen über ein Datenbanksystem

Die Figur 77 zeigt die Kooperation zwischen den drei Anwendungssystemen A1, A2 und A3 mit einem Datenbanksystem. Die Bedeutung des Modellobjekts G1_EDT ist für die Anwendungssysteme A1, A2 und A3 dieselbe, das heisst, es ist bezüglich der Datenmodelle der Anwendungssysteme modellseitig integriert. G1_EDT übernimmt die Rolle eines neutralen Datenaustauschformats (vgl. [Scholz 1988]). Bei der Kooperation von n Anwendungssystemen mit einer Datenbank sind n(n-1) Konversionsfunktionen Cij notwendig, die durch die 2n Funktionen AitD und DtAi beschrieben werden. Da kein direkter Datenaustausch zwischen den Anwendungssystemen vorgesehen ist, wird die Konversionsfunktion Cij mit den Funktionen AitD und DtAj über G1_EDT realisiert.

Der EDT Ansatz entspricht der minimalen Integration der Bauwerkmodelle im Bauprozess, indem der modellseitig integrierte Teil des Strukturmodells nach *beliebigen Kriterien festgelegt*, *dynamisch angepasst* und *nicht normiert* werden muss, sofern er auf einem Datenbanksystem verwaltet werden kann (vgl. [Scheck et al. 1991]). Ein wichtiges Kriterium zur Auswahl einer Datenbanksystem-Repräsentation kann sein, dass bestimmte häufige Anwendungen durch einfache AtD und DtA Konversionen gut unterstützt werden müssen.

ENTWICKLUNG VON DATENBANKSYSTEMEN

Datenbanksysteme können zur Verwaltung von Modellobjekten und damit zur Integration von Partialmodellen von Bauwerkmodellen benutzt werden. Wegen der Kompliziertheit von Benutzerobjekten kommen hierzu nur objektorientierte Datenbanksysteme in Frage[203]. Diese stellen den Gegenstand von intensiven

203 *vgl.* topologische Elemente und Beziehungen, Geometriemodell. *Kapitel: 4.3.4.1. Die Struktur des integralen Bauwerkmodells, p.157ff*

Forschungsbemühungen dar. Nicht wie bei *relationalen* Datenbanksystemen (vgl. [Codd 1990]) existiert bei den *objektorientierten* keine einheitliche Theorie (vgl. [MANIFESTO 1989]). Entsprechend basieren *kommerziell verfügbare Systeme*[204] nicht auf einem gemeinsamen Standard. Die Schwierigkeit liegt nicht in der strukturellen Beschreibung von komplizierten Benutzerobjekten, sondern in der Verwaltung derselben. Wenn objektorientierte Datenbanksysteme als Mittel zur Integration von Partialmodellen angesehen werden, sind Annahmen bezüglich deren Entwicklung zu treffen.

Zur Integration der Datenverwaltung stellen die verfügbaren Datenbanksysteme wichtige Faktoren dar. Die zur Integration notwendigen Datenbanksysteme müssen die direkte Abbildung von Benutzer- in Modellobjekte zulassen und entsprechend über ein objektorientiertes Datenmodell verfügen. Unter anderen sind Probleme hinsichtlich der Standardisierung, der fehlenden Grundlagen und der fehlenden Eigenschaften von kommerziell verfügbaren Datenbanksystemen ungelöst.

- *Fehlen von Standards:* Für OODMS existieren keine Standards, auch wenn durch etliche Bemühungen (vgl. [MANIFESTO 1989]), zumindest die Beschreibung der Struktur in der Datenmodellierung gesichert ist.
- *Fehlen mathematischer Grundlagen:* Für OODMS existieren keine formalen mathematischen Grundlagen wie beispielsweise für relationale Systeme (vgl. [Codd 1990]).
- *Fehlen von Eigenschaften kommerziell verfügbarer Systeme:* Heute kommerziell verfügbare OODMS verfügen nicht über Eigenschaften, die für objekterhaltende Abfragen notwendig sind. So sind keine Systeme kommerziell verfügbar, die zwischen *Typ-* und *Klassenhierarchien* unterscheiden; die *abgeschlossene*, *adäquate* und *generische Anfrageoperationen* zulassen; *Concurrency Control* und ein *Recovery* ermöglichen sowie von einem Objekt unterschiedliche Versionen verwalten können.

Die Aufwendungen zur Erhaltung der Konsistenz der Bauwerksbeschreibung in integrierten Partialmodellen sind gross, können aber durch objektorientierte Datenbanksysteme unterstützt werden. Die Anwendung von Datenbanksystemen zur Verwaltung der modellseitig integrierten Teile des Strukturmodells führt zu einer starken Zentralisation hinsichtlich der Datenverwaltung im Bauprozess. Demgegenüber ergeben sich Vorteile bezüglich der dynamischen Anpassung und der Veränderbarkeit der gemeinsamen Daten im Strukturmodell. Bei der Integration durch Datenbanken sollen auch Versionen von Objekten in den Zuständen *gefordert* und *vorgeschlagen* und unter Berücksichtigung von langen Transaktionen verwaltet werden können.

---

204 ***Gemstone***™ *ist ein eingetragenes Warenzeichen der Servio Corporation;* ***Ontos***™ *ist ein eingetragenes Warenzeichen der Ontos Inc.;* ***O_2***™ *ist ein eingetragenes Warenzeichen der O_2 Technology;* ***ObjectStore***™ *ist ein eingetragenes Warenzeichen der Object Design Inc.;* ***Versant***™ *ist ein eingetragenes Warenzeichen der Versant Object Technology Corporation;* ***Objectivity***™ *ist ein eingetragenes Warenzeichen der Objectivity Inc.*

5.4. Mögliche Kommunikationssysteme im Bauprozess

Aus den *Kommunikationsmodellen*, den *Zielen zur Gestaltung von Kommunikationssystemen* und den *Mitteln* geht hervor, dass durch die Integration der Datenverwaltung modellintegrierter Partialmodelle die Eigenschaften von Kommunikationssystemen festgelegt werden können. In der Gestaltung von Kommunikationssystemen stellt die Integration von Partialmodellen einen wichtigen *Faktor*[205] dar. Mit der datenseitigen Integration von unterschiedlichen Partialmodellen können Kommunikationssysteme gestaltet werden, welche mehr oder weniger eine kooperierende Informationsverarbeitung zulassen. Mit der *Verteilung*, *Heterogenität* und der *Autonomie* als orthogonale Eigenschaften der Verwaltung von Daten können die Eigenschaften eines auf einem bestimmten Bauwerkmodell basierenden Kommunikationssystem definiert werden.

Anhand verschiedener Ansätze in der Verwaltung von Daten, entsprechend der Kommunikationsmodelle, sollen unterschiedliche Kommunikationssysteme definiert und anhand von einfachen Anwendungsszenarien aus typischen Interaktionen im Bauprozess miteinander verglichen werden. Dieser Vergleich erfolgt hinsichtlich der mutmasslichen Unterstützung von *Kommunikationsfunktionen* und damit der Verwirklichung der *Typen der Integration*[206].

5.4.1. Anwendungsszenarien auf der Basis des Informationsfluss-Modells

Im Bauprozess wird eine typische Interaktion zwischen den Funktionseinheiten *Tragwerkplanung*, *Architektur* und *HLK-Installationsplanung* in der Phase des Bauprojekts als Szenario verwendet, um die Wirkungsweise eines künftigen Kommunikationssystems zu zeigen. Die Interaktion kann aus der funktionalen Systemanalyse des Kommunikationssystems im Soll-Zustand übernommen werden.

Definitionsgemäss findet die funktionale Analyse der Kommunikationsprozesse im Bauprozess auf der logischen Ebene statt. Die Beschreibung des Ablaufs von Kommunikationsprozessen in einem künftigen Kommunikationssystem macht deutlich, dass die Beschreibung der Kommunikationsprozesse unabhängig von der konzeptionellen Modellierung des Systems Bauwerk ist. Die Bauwerkmodelle wiederum sind unabhängig von deren Implementierung in Form eines Kommunikationssystems.

Aus der Systemanalyse des Kommunikationssystems der Bauprojekt- und Benutzerorganisation im Soll-Zustand ist bekannt, wie die Funktionseinheit Tragwerkplanung die Aufgaben der *Anpassung einer Wanddimension aufgrund statischer Berechnungen* und die Aufgaben *Wanddurchbruch zur Durchleitung eines Lüftungskanals* erfüllt.

---

205 *vgl.* Faktor. *Kapitel: Glossar, p.264ff*

206 *vgl.* Kommunikationsfunktionen und Typen der Integration. *Kapitel: 5.2.1. Mögliche Zielsysteme, p.192*

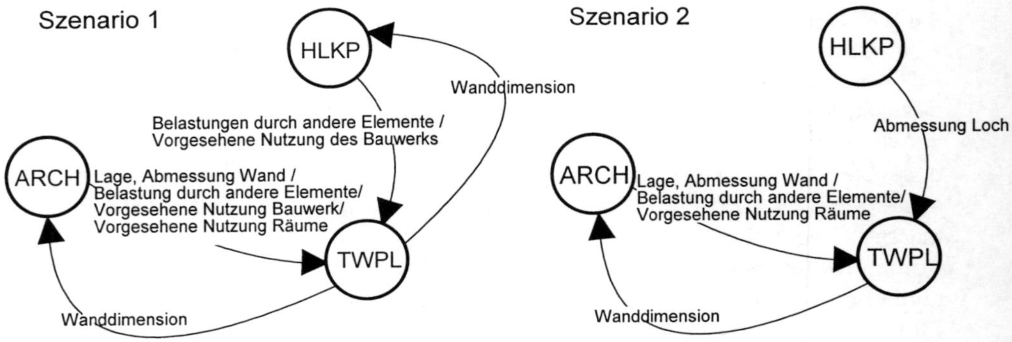

Figur 78: Kommunikationsfunktionen der Funktionseinheit Tragwerkplanung

Die Figur 78 zeigt einen Ausschnitt aus dem Informationsfluss-Modell, welches die Aktivitäten zur Wanddimensionierung und die zugehörigen Informationsflüsse beschreibt. Die Unterschiede zwischen den Szenarien 1 und 2 liegen in der Veränderung der Bauwerksstruktur. Die Aufgabe der *Wanddimensionierung* kommt als Aufgabe der Tragwerkplanung explizit vor und kann dabei die gewählten Dimensionen des Tragwerks verändern. Dagegen stellt der Durchbruch durch eine Wand eine Veränderung der Struktur des Bauwerks dar, indem ein Durchbruch hinzugefügt wird. Die Lage und die Abmessungen dieses Durchbruchs müssen mehreren Funktionseinheiten bekannt gemacht werden.

Szenario 1: Anpassung Dimension tragende Wand

Zur erstmaligen Wanddimensionierung müssen Informationen über die Lage und Abmessung der Wand W (W1, T, W2) von der Architektur beschafft werden. Belastungen in Form des Eigengewichts von anderen Bauwerksteilen sowie Informationen über die geplante Nutzung von Räumen sind ebenfalls von der Architektur zu beschaffen. Die HLK-Installationsplanung liefert Informationen über Einflüsse von HLK-Installationen auf die Wand W. Erweist sich die von der Architektur vorgesehene Dimension des tragenden Kerns T der Wand W als unzureichend, muss diese angepasst werden, was möglicherweise einen Einfluss auf die Konstruktion von W ausübt.

Szenario 2: Wanddurchbruch zur Durchleitung eines Lüftungskanals

Zur Gestaltung des Lüftungssystems sind von der Architektur Informationen über die Struktur des Bauwerks im architektonischen Entwurf zu beschaffen. Das Tragsystem wurde bereits gestaltet, weshalb auch die Tragwerksgeometrie Tn von Interesse ist. Aus der Anordnung des Lüftungssystems H ergibt sich die Notwendigkeit, eine bereits dimensionierte Wand W (W1, T, W2) mit einem Durchbruch D (DW1, DT, DW2) zu versehen. Die Dimensionen des Durchbruchs D muss durch die HLK-Installationsplanung definiert werden. Der Durchbruch DW1 und DW2 in der Wand W beziehungsweise T ist für die Funktionseinheit Architektur und Tragwerkplanung von Bedeutung.

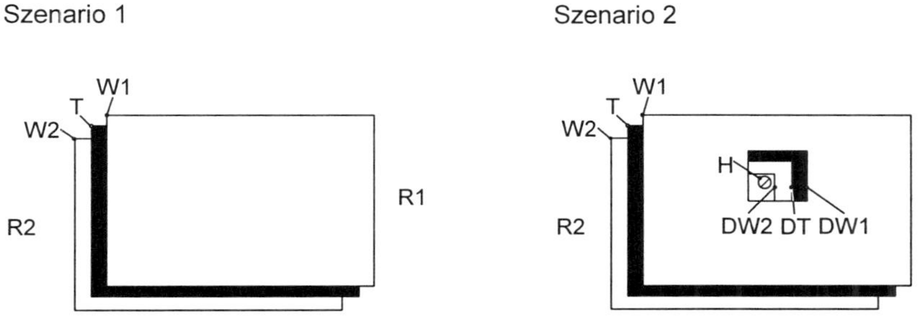

Figur 79: Bezeichnungen Objekte Bauwerk für die Szenarien 1 und 2

Die Figur 79 zeigt die Bezeichnungen der Objekte des Bauwerks, welche in den Szenarien 1 und 2 durch die Aktivitäten der Funktionseinheiten Architektur, HLK-Installationsplanung und Tragwerkplanung verändert werden.

5.4.2. Modellierung des Systems Bauwerk

Die Modellierung des Systems Bauwerk erfolgt nach den Regeln zur Gestaltung von Bauwerkmodellen, wonach jede Funktionseinheit ein entsprechendes anwendungsorientiertes Bauwerkmodell besitzt und der nicht fachspezifische Teil der strukturellen Beschreibung des Bauwerks als Kommunikationsmedium dient.

Bauwerkmodell Architektur: Die Funktionseinheit Architektur entwirft das Bauwerk als Ganzes. Dabei werden ausgehend von der Definition der Funktionen die einzelnen Objekte eines Bauwerks wie Räume und deren Begrenzungen in Form von materiellen Objekten im Raum angeordnet. Die Anordnung materieller Objekte im Raum gehört zu den Hauptaufgaben der Funktionseinheit Architektur. Das Bauwerkmodell Architektur enthält Beschreibungen über die Funktion, Form und gegenseitigen Beziehungen von physischen und nicht physischen Objekten als architektonischer Entwurf sowie die Beschreibung der Objekte des Bauwerks aus der Sicht der Tragwerkplanung und HLK-Installationsplanung.

Bauwerkmodell Tragwerkplanung: Die Definition und Abgrenzung des Tragwerks erfolgt aus der Struktur der physischen Objekte des Bauwerks. Die Dimensionierung der Tragwerkelemente gehört zu den Hauptaufgaben der Tragwerkplanung. Das Bauwerkmodell der Funktionseinheit Tragwerkplanung beschreibt die tragenden Körper des Bauwerks sowie die sie belastenden Teile. Elemente des Tragwerks werden aus den im Bauwerkmodell Architektur beschriebenen physischen Objekten aufgebaut. Vom Tragwerk existiert ein aus den tragenden Körpern abgeleitetes Tragwerkmodell aus Flächen und Linien als Grundlage zur Dimensionierung. Ferner werden im Bauwerkmodell Tragwerkplanung die Bestandteile des Tragwerks mit fortschreitender Detaillierung des Projekts im Lebenszyklus des Bauwerks aus weiteren Komponenten aufgebaut und hinsichtlich Material und zu erfüllenden Funktionen beschrieben.

Bauwerkmodell HLK-Installationsplanung: Die Definition und Abgrenzung der Räume erfolgt aus den nicht physischen Objekten des Bauwerks. Die Dimensionierung der HLK-Installationen gehört zu den Hauptaufgaben der HLK-Installationsplanung. Das Bauwerkmodell HLK-Installationsplanung besteht aus Räumen, welche nach HLK-Aspekten zusammengefasst sind und den Eigenschaften von deren Berandungen. Die Bestandteile der HLK Anlagen in Form von physischen Objekten werden mit fortschreitenden Lebensphasen des Bauwerks beschrieben.

In der Phase des Bauprojekts sind die Geometrie und Topologie der materiellen Objekte des Bauwerks in der Regel explizit als Körper in den Geometriemodellen repräsentiert. Die Beziehungen zwischen den Objekten in den Strukturmodellen sind vollständig definiert.

Partialmodell	***Informationsobjekt***	***Abkürzung***
Anforderungsmodell	Anforderung	ANFO
Funktionsmodell	Funktion	FUNK
Strukturmodell	Struktur Geometrie/Topologie	STRU GETO
Herstellungsmodell	Position	POSI
Dokumentationsmodell	Bauwerk Beschrieb	BBSH

Tabelle 18: Partialmodelle des integralen Bauwerkmodells

Die anwendungsorientierten Bauwerkmodelle der Architektur, Tragwerkplanung und HLK-Installationsplanung weisen hinsichtlich ihrer Partialmodelle die Struktur des integralen Bauwerkmodells auf (vgl. Tabelle 18). Die Partialmodelle entsprechen definitionsgemäss disjunkten Mengen von Modellobjekten in anwendungsunabhängigen Klassen von Produktmerkmalen.

Partialmodell	***Informationsobjekt***	***Abkürzung***
Anforderungsmodell	Anforderung Systemziel Einwirkung Annahme Nutzungszustand Gefährdungsbild Massnahmen	ANFO SYSZ EINW ANNA NUTZ GEFB MASS
Funktionsmodell	Funktion	FUNK
Strukturmodell	Tragwerkelemente Repräsentation	STRU GETO
Herstellungsmodell	Position	POSI
Dokumentationsmodell	Tragwerk Beschrieb	BBSH

Tabelle 19: Informationsobjekte Bauwerkmodell und Bauwerkmodell Tragwerkplanung

Das Bauwerkmodell Tragwerkplanung wurde vom integralen Bauwerkmodell durch Spezialisierung und Erweiterung der Klassen erzeugt. Die Tabelle 19 zeigt die wichtigsten Klassen des Bauwerkmodells Tragwerkplanung. Die Bauwerkmodelle Architektur und HLK-Installationsplanung sind bezüglich Inhalt des Anforderungs-, Funktions-, Herstellungs- und Dokumentationsmodells ähnlich zum Bauwerkmodell Tragwerkplanung gestaltet.

5.4.3. Implementierung der Bauwerkmodelle

Die anwendungsorientierten Partialmodelle der Funktionseinheiten der Bauprojekt- und Benutzerorganisation können je nach der datenseitigen Integration hinsichtlich der Verteilung, Heterogenität und Autonomie der Datenverwaltung unterschiedlich implementiert werden. Entsprechend entstehen Kommunikationssysteme, welche mehr oder weniger geeignet sind, die Kommunikationsfunktionen von Kommunikationszentren im Bauprozess zu unterstützen.

Die Integration des Strukturmodells führt zu einem gemeinsamen Datenmodell zur Beschreibung der von mehreren Funktionseinheiten gemeinsamen Objekten. Umgekehrt lassen sich die integrierten Bauwerkmodelle in ein einheitliches Datenschema einer Datenbank überführen. Die in den Objektmengen der Klassen des Datenschemas enthaltenen Modellobjekte können für mehrere Funktionseinheiten gemeinsam genutzt werden. Zur Implementierung in Form von integrierten Produktmodellen werden Datenbanksysteme als Mittel eingesetzt.

Datenbanksysteme werden nur unter den aufgeführten Bedingungen als Mittel zur Integration von Partialmodellen eingesetzt, wobei von den folgenden Konzepten zur *Kopplung zwischen Anwendungs- und Datenbanksystemen* ausgegangen werden soll[207].

Datenseitig integrierte Partialmodelle bestehen im allgemeinen Fall aus n *Datenbanksystemen*, die von m *Funktionseinheiten* unterhalten werden und a *Anwendungssystemen*, welche speziell für die Aufgabenerfüllung bestimmter Funktionseinheiten geschaffen worden sind. Die Anwendungssysteme verarbeiten nur Daten aus einem Datenbanksystem. Ein Anwendungssystem betreibt keine eigene Datenhaltung, sondern erreicht die Persistenz der Daten durch Ablage in Datenbanksysteme. Pro Benutzerobjekt können mehrere Repräsentationen in Anwendungs- und Datenbankssystemen vorhanden sein.

Die Verwaltung von Daten als Inhalt der anwendungsorientierten Bauwerkmodelle muss nicht notwendigerweise auf Datenbanken erfolgen, sondern kann auch in Form von Dateien durchgeführt werden. Der Einsatz von Datenbanken zur Definition von Kommunikationssystemen ist bezüglich der Verwaltung von Daten mit einer fachübergreifenden Bedeutung von Interesse. Im Gegensatz zu Bauwerkmodellen, welche dann als integriert bezeichnet werden, wenn sie für unterschiedliche Fachbereiche dieselbe Bedeutung in Form von Klassen haben, werden Kommunikationssysteme als integriert bezeichnet, wenn deren modellseitig integrierten Bestandteile von Bauwerkmodellen durch ein Datenbanksystem verwaltet werden. Die Kommunikationssysteme vom Typ *nicht integriert*, *partiell inte-*

207 *vgl.* Kopplung von Anwendungs- und Datenbanksystemen. *Kapitel: 5.3.1. Kopplung von Anwendungssystemen mit Datenbanksystemen, p.197*

griert und *voll integriert* werden unter Voraussetzung der selben Bauwerkmodelle definiert. Der Inhalt der Datenspeicher der Architektur, Tragwerkplanung und HLK-Installationsplanung ist in allen drei Kommunikationssystemen definitionsgemäss derselbe. Die Daten der anwendungsorientierten Bauwerkmodelle sind in den Datenspeichern ADB, TDB und HDB abgelegt.

ADB: Beschreibung der Funktion und Anforderungen aller materiellen Objekte des Bauwerks aus der Sicht der Architektur und deren Beziehungen. Spezielle Objekte des Bauwerks im Strukturmodell, welche nur für die Funktionseinheit Architektur von Interesse sind, werden auf der ADB abgelegt. Ferner sind die Beschreibungen der Struktur von materiellen Objekten eines Bauwerks hinsichtlich der Geometrie und Topologie und deren Beziehungen, welche für mehrere Funktionseinheiten eine Bedeutung haben und von diesen zur Aufgabenerfüllung benötigt werden, im Strukturmodell Architektur abgelegt.

TDB: Beschreibung der Funktion und Anforderungen aller materiellen Objekte des Bauwerks aus der Sicht der Tragwerkplanung. Spezielle Objekte des Bauwerks im Strukturmodell, welche nur für die Funktionseinheit Tragwerkplanung von Interesse sind sowie die gesamte Spezifikation des Tragwerkmodells, werden auf der TDB abgelegt.

HDB: Beschreibung der Funktion und Anforderungen aller materiellen Objekte des Bauwerks aus der Sicht der HLK-Installationsplanung. Spezielle Objekte des Bauwerks im Strukturmodell, welche nur für die Funktionseinheit HLK-Installationsplanung von Interesse sind sowie die gesamte Spezifikation des HLK-Modells vom Bauwerk, werden auf der TDB abgelegt.

Kommunikationssystem Typ 1 - Verteilt, datenseitig nicht integriert

Die anwendungsorientierten Bauwerkmodelle werden separat voneinander implementiert. Infolge der Ableitung aus dem integralen Bauwerkmodell weisen alle Bauwerkmodelle strukturelle und semantische Ähnlichkeiten in der Beschreibung von Bauwerken auf.

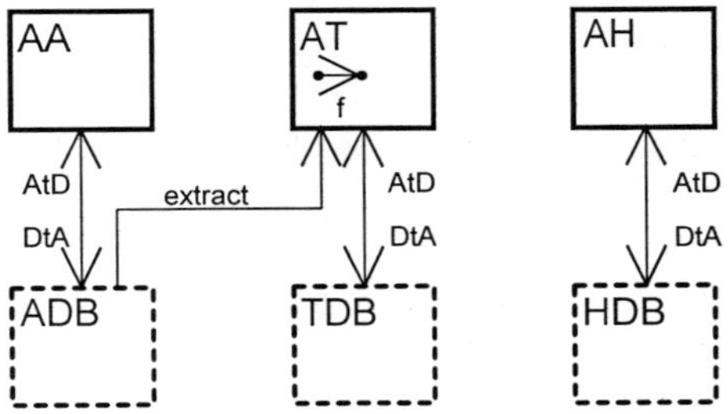

Figur 80: Verteiltes, datenseitig nicht integriertes Kommunikationssystem

In der datenseitig nicht integrierten Implementierung von Bauwerkmodellen wird die Persistenz der Daten durch Speicherung in Dateien erreicht (vgl. Figur 80).

Von Modellobjekten im Strukturmodell, welche für mehrere Funktionseinheiten von Bedeutung sind, sind in den verschiedenen Datenspeichern ADB, TDB, HDB Kopien vorhanden. Der Datenaustausch zwischen Anwendungssystemen erfolgt durch Kopien in neutralen Formaten. Zur Verwaltung der Kopien entsteht ein zusätzlicher Arbeitsaufwand, der durch die Funktionseinheit Architektur erbracht werden muss.

Zum Austausch von Wissen müssen Extraktionen bezüglich der Dateien von anderen Funktionseinheiten definiert und deren Inhalte kopiert werden.

Heutige Anwendungssysteme erreichen die Persistenz von Ergebnissen durch deren Speicherung in einzelne Dateien und nicht auf Datenbanken. Eingeführte und getestete Anwendungssysteme kosteten Mannjahre an Entwicklungsarbeit. Bisherige Anwendungssysteme können auch ohne Kooperation mit Datenbanksystemen weiterhin benutzt werden.

Kommunikationssystem Typ 2 - Verteilt, datenseitig partiell integriert

Die Figur 81 zeigt den Fall eines partiell integrierten Kommunikationssystems. Durch ein Datenbanksystem gemeinsam verwaltet wird der nicht fachspezifische Teil der strukturellen Beschreibung des Bauwerks im Bauwerkmodell Architektur, welcher entsprechend den Regeln zur Gestaltung von Bauwerkmodellen als fachübergreifendes Kommunikationsmedium dient.

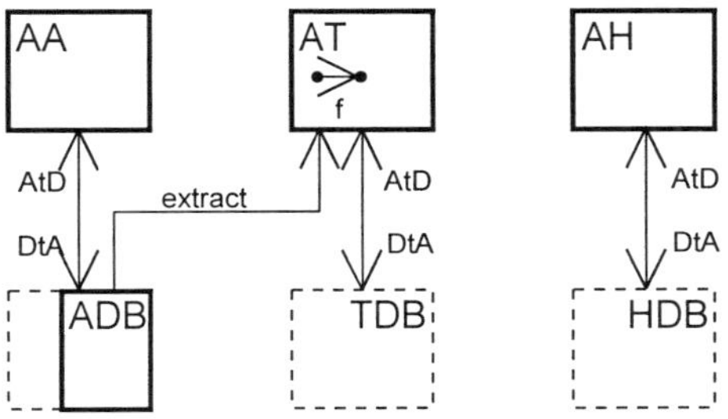

Figur 81: Verteiltes, datenseitig partiell integriertes Kommunikationssystem

Zum Austausch von Wissen zwischen nicht integrierten Partialmodellen kann analog dem Kommunikationssystem des Typs 1 vorgegangen werden, wobei die Übertragung von Semantik fallweise und entsprechend dem Kommunikationsmodell der Direktverbindung gelöst werden muss.

Das Kommunikationssystem enthält nur ein Typ eines Datenbanksystems und ist bezüglich der Datenverwaltung homogen.

KOMMUNIKATIONSSYSTEM TYP 3 - VERTEILT, DATENSEITIG VOLLSTÄNDIG INTEGRIERT

Das Kommunikationssystem des Typs 3 erreicht die Persistenz der Daten der anwendungsorientierten Bauwerkmodelle ausschliesslich durch Speicherung in Datenbanken (vgl. Figur 82). Der Austausch von dem in integrierten Bauwerkmodellen enthaltenen Wissen funktioniert analog dem Kommunikationssystem Typ 2.

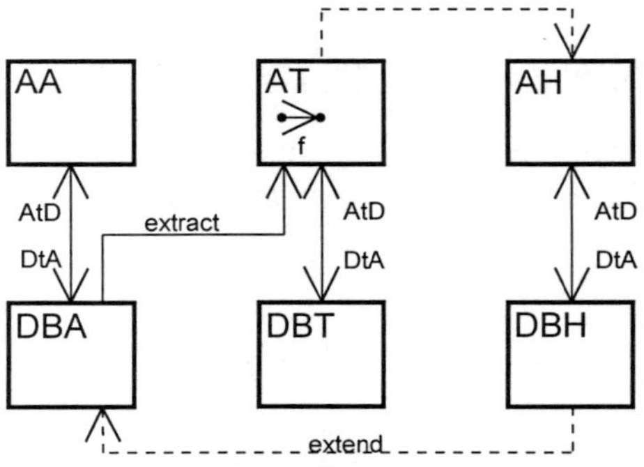

Figur 82: Verteiltes, datenseitig vollständig integriertes Kommunikationssystem

Wesentlicher Unterschied zum Typ 2 ist die Übertragung von Wissen aus nicht integrierten Partialmodellen. In einem solchen Fall kann durch die Definition von datenbankübergreifenden Sichten auch auf fremde Daten zugegriffen werden. Diese Sichten müssen nicht auf ein Datenbanksystem beschränkt bleiben, sondern können sich über mehrere Datenbanksysteme verschiedener Funktionseinheiten erstrecken. Datenbanksystem übergreifende Sichten können durch *extend* Funktionen erstellt werden. Daten von anderen Datenbanksystemen werden durch Extraktion gewonnen.Die hauptsächliche Schwierigkeit des Verlusts an Semantik bleibt wie im Typ 2 beim Versuch bestehen, Wissen zwischen nicht integrierten Bauwerkmodellen auszutauschen Das Kommunikationssystem kann unterschiedliche Typen von Datenbanksystemen enthalten und entsprechend der Datenverwaltung heterogen beschaffen sein.

KOMMUNIKATIONSSYSTEM TYP 4 - ZENTRAL, DATENSEITIG VOLLSTÄNDIG INTEGRIERT

Im Unterschied zum Typ 3 sind die Daten nicht auf verschiedenen Datenbanksystemen verteilt, sondern auf nur einer Datenbank abgelegt. Alle Anwendungssysteme benutzen eine Datenbank. Der Inhalt der Beschreibung der unterschiedlichen Partialmodelle ist analog zum Kommunikationssystem Typ 1. Durch die Anwendung eines zentralen Datenbanksystems kann das gesamte Bauwerkmodell als Kommunikationssystem datenseitig integriert werden.

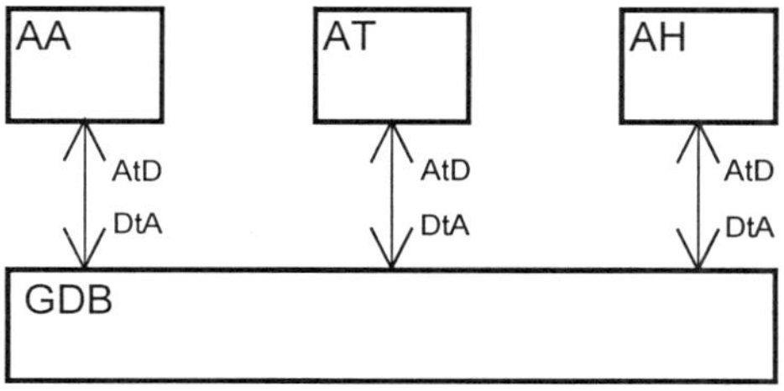

Figur 83: Datenseitig vollständig integriertes Kommunikationssystem

Die Figur 83 stellt einen logisch einwandfreien und idealen Zustand eines Kommunikationssystems zwischen kooperierend informationsverarbeitenden Stellen einer Bauprojekt- und Benutzerorganisation dar. Die Anwendungssysteme kooperieren direkt mit den Datenbanksystemen, wobei als Spezialfall angenommen werden kann, dass Datenbankprogrammiersprachen mit identischer Repräsentation für persistente und transiente Objekte vorhanden sind. In diesem Fall gilt AtD = DtA = id.

Im Gegensatz zum Kommunikationssystem des Typs 3 sind keine datenbankübergreifenden Sichten mehr notwendig, weil alle Daten auf einem Datenbanksystem abgelegt werden. Der Bezug von Informationen von nicht integrierten Partialmodellen ist gleich dem Kommunikationssystem des Typs 2 und 3.

Durch die Anwendung von nur einem Datenbanksystem ist die Datenverwaltung homogen.

Die definierten Kommunikationssysteme des Typs 1, 2, 3 und 4 zeigen, dass durch die Integration von Partialmodellen mit Datenbanksystemen Kommunikationssysteme mit ganz unterschiedlichen Eigenschaften gestaltet werden können. Zulässig ist es auch, nicht integrierte Partialmodelle der anwendungsorientierten Bauwerkmodelle auf einem Datenbanksystem datenmässig zu integrieren. Die Schwierigkeiten in der Übertragung von Daten auf einem semantisch hohen Niveau zwischen nicht modellintegrierten Partialmodellen bleiben bestehen. Allen Kommunikationssystemen ist gemeinsam, dass sie auf die Unterstützung der *externen Kommunikationsfunktionen* ausgerichtet sind.

5.4.3.1. ANWENDUNGSSZENARIEN UND RESULTIERENDE INFORMATIONSFLÜSSE

Die auf der logischen Ebene auftretenden Informationsflüsse sind, pro Anwendungsszenario betrachtet, für alle Typen von Kommunikationssystemen identisch[208]. Zum Vergleich der Kommunikationssysteme des Typs 1, 2, 3 und 4 haben die Informationsbezüge auf der physischen Ebene unterschiedliche Orte des

208 *vgl.* Informationsflüsse und Organisationsform im Bauprozess. *Kapitel: 5.4.4. Kommunikationssysteme innerhalb unterschiedlicher Organisationsformen im Bauprozess, p.217*

Bezugs. Ferner können Daten in Datenspeichern in Form von Dateien oder Datenbanken abgelegt sein.

Die Informationsbezüge aus der Sicht Tragwerkplanung auf der logischen Ebene hängen von den zu erfüllenden Aufgaben derselben ab. Auf der physischen Ebene in Kommunikationssystemen hängen die Informationsflüsse vom gewählten Kommunikationssystem ab. In den folgenden Tabellen sind die Kommunikationsbeziehungen zur Informationsbeschaffung auf der physischen Ebene dargestellt, wobei der Ort des Informationsbezugs durch die Bezeichnung des Datenspeichers angegeben ist (@ Datenbank, ~ Datei).

In der Tabelle 20 nicht dargestellt ist die Anpassung der Wanddimension und die Bekanntmachung dieser Veränderung an weitere Funktionseinheiten. Im Kommunikationssystem des Typs 1 muss die Änderung bei allen Funktionseinheiten nachgeführt werden durch erneute Eingabe oder Einlesen einer neutralen Datei. Die aktive Bekanntmachung der Veränderung der Wanddimension erfolgt durch die Funktionseinheit Architektur. In den Kommunikationssystemen 2 und 3 wird durch die Architektur die Beschreibung der Wand für alle Funktionseinheiten angepasst.

Informationsbezüge Tragwerkplanung / Szenario 1

Nr	**Informationsbezug**	**KS Typ1**	**KS Typ 2**	**KS Typ 3**	**KS Typ 4**
Generelle Lage, Abmessung der Wand bestimmen					
1.1	STRU(Wx); GETO(Wx)	~ADB	@ADB	@ADB	@GDB
1.2	STRU(Tx); GETO(Tx)	~TDB	~TDB	@TDB	@GDB
Belastungen durch andere Elemente des Bauwerks bestimmen					
2.1	STRU(W); GETO(W)	~ADB	@ADB	@ADB	@GDB
2.2	STRU(T); GETO(T)	~TDB	~TDB	@TDB	@GDB
2.3	STRU(H); GETO(H)	~HDB	~HDB	@HDB	@GDB
Vorgesehene Nutzung des Bauwerks bestimmen					
3.1	STRU(W); GETO(W)	~ADB	@ADB	@ADB	@GDB
3.2	STRU(T); GETO(T)	~TDB	~TDB	@TDB	@GDB
3.3	STRU(H); GETO(H)	~HDB	~HDB	@HDB	@GDB
Vorgesehene Nutzung Räume					
4.1	ANFO(R)	~ADB	~ADB	@ADB	@GDB
Anforderungen und Struktur von Tragwerk bestimmen					
5.1	ANFO(Tx); FUNK(Tx)	~TDB	~TDB	@TDB	@GDB
5.2	STRU(T); GETO(T)	~TDB	~TDB	@TDB	@GDB

Tabelle 20: Informationsbezüge Tragwerkplanung Szenario 1 und Kommunikationssysteme Typ 1, 2, 3 und 4

Die Tabelle 21 zeigt die Informationsbezüge, welche zur Bekanntmachung der Erzeugung eines Lochs in einer Wand durch die HLK-Installationsplanung notwendig sind. Im Kommunikationssystem des Typs 1 muss die Änderung bei allen Funktionseinheiten nachgeführt werden durch erneute Eingabe oder Einlesen einer neutralen Datei.

INFORMATIONSBEZÜGE TRAGWERKPLANUNG / SZENARIO 2

Nr	**Informationsbezug**	**KS Typ1**	**KS Typ 2**	**KS Typ 3**	**KS Typ 4**
Generelle Lage, Abmessung der Wand bestimmen					
1.1	STRU(Wx); GETO(Wx)	~ADB	@ADB	@ADB	@GDB
1.2	STRU(Tx); GETO(Tx)	~TDB	~TDB	@TDB	@GDB
Abmessungen Loch bestimmen					
2.1	STRU(DT); GETO(DT)	~HDB	~HDB	@HDB	@GDB
Belastungen durch andere Elemente des Bauwerks bestimmen					
3.1	STRU(W); GETO(W)	~ADB	@ADB	@ADB	@GDB
3.2	STRU(T); GETO(T)	~TDB	~TDB	@TDB	@GDB
3.3	STRU(H); GETO(H)	~HDB	~HDB	@HDB	@GDB
Vorgesehene Nutzung Räume					
4.1	ANFO(R)	~ADB	~ADB	@ADB	@GDB
Anforderungen und Struktur von Tragwerk bestimmen					
5.1	ANFO(Tx); FUNK(Tx)	~TDB	~TDB	@TDB	@GDB
5.2	STRU(T); GETO(T)	~TDB	~TDB	@TDB	@GDB

Tabelle 21: Informationsbezüge Tragwerkplanung Szenario 2 und Kommunikationssysteme Typ 1, 2, 3 und 4

Die Veränderung der Struktur der Wand liegt im Aufgabenbereich der Architektur. In den Typen 2, 3 und 4 wird die Veränderung bei einer erneuten Abfrage der Struktur für alle Funktionseinheiten sichtbar. Die aktive Bekanntmachung der Veränderungen an der Wand für weitere Funktionseinheiten wird durch die Gesamtleitung vorgenommen, weil im Bauwerkmodell Gesamtleitung die Verknüpfungen zwischen Aktivitäten, den notwendigen Informationen und den Resultaten vorhanden sind. Damit können umgekehrt die durch eine Veränderung in der Bauwerksbeschreibung betroffenen Funktionseinheiten bestimmt werden.

5.4.3.2. VERGLEICH DER INFORMATIONSSYSTEME AM BEISPIEL DER ANWENDUNGSSZENARIEN

Die Auswertung der Informationsbezüge der Funktionseinheit Tragwerkplanung erfolgt für die Szenarien 1 und 2 in Abhängigkeit der Kommunikationssysteme 1 bis 4. Dabei sind nicht die Anzahl der bezogenen Informationen durch Informationsobjekte von Interesse, sondern die Anzahl von zu definierenden Sichten auf Datenbanken beziehungsweise Dateien[209].

Von besonderer Bedeutung sind die externen Informationsbezüge von Funktionseinheiten auf lokale Daten von anderen Funktionseinheiten. Im Kommunikationssystem des Typs 4 treten rein physisch betrachtet definitionsgemäss keine solchen Bezüge auf, weil alle Daten gemeinsam auf einer Datenbank gehalten werden. Entsprechend der Modellintegration der Bauwerkmodelle sind Bezüge auf modellseitig integrierte und nicht integrierte Partialmodelle zu unterscheiden.

209 *Im Szenario 1 sind für die Aktivität 3 und der Sicht 1 eine Menge von Informationen über Objekte in Form von Wänden (W) zu beziehen. Massgebend ist nicht die Anzahl von bezogenen Informationen durch Informationsobjekte, sondern die Frage, wie eine solche Sicht auf @ADB erzeugt werden kann.*

Bezüge auf Daten in Datenbanken können durch beliebige Sichten definiert werden. Aufwendig sind datenbankübergreifende Sichten auf modellseitig nicht integrierte Partialmodelle einer anderen Funktionseinheit, weil diese fallweise bezüglich der zu übertragenden Semantik überprüft werden müssen. Werden zur Datenspeicherung Dateien verwendet, erfolgt der Austausch von Daten in Form von neutralen Dateien.

Die Informationsbezüge auf die einzelnen Partialmodelle sind pro Szenario identisch und in der Tabelle 22 in der Spalte Bezug aufgeführt, wobei zwischen Anfragen und Updates unterschieden wird. Der Unterschied in den Kommunikationsmodellen vom Typ 1 bis 4 besteht in der Art und Weise der Extraktion des notwendigen Wissens aus der Sicht der Tragwerkplanung von den Datenspeichern ADB, TDB, HDB. Beim vollständig integrierten Fall des Typs 4 sind keine Extraktionen notwendig, sondern das Wissen kann durch die Definition von Sichten auf die globale Datenbank bezogen werden. Ansonsten muss zwischen der Extraktion aus Dateien (~) und fremden Datenbanken (@) unterschieden werden.

DB		***Szenario 1***						***Szenario 2***					
	Partial-modell	Bezug		1	2	3	4	Bezug		1	2	3	4
		A	U	E	E	E	E	A	U	E	E	E	E
ADB	AFMO	1		1~	1~	1@		1		1~	1~	1@	
	FUMO												
	STMO	3	1	3~	3@	3@		2		2~	2@	2@	
	HSMO												
	DOMO												
TDB	AFMO	1						1					
	FUMO	1						1					
	STMO	3	1					3					
	HSMO												
	DOMO												
HDB	AFMO												
	FUMO												
	STMO	2	1	2~	2@	2@		2		2~	2@	2@	
	HSMO												
	DOMO												

Tabelle 22: Vergleich der Anzahl Zugriffe auf Datenbanken mit entsprechenden Partialmodellen der beteiligten Funktionseinheiten

Die Definition von Sichten auf Datenbanken ist viel anpassungsfähiger als die Extraktion von Daten aus Dateien. Umgekehrt führt das Vorhandensein von Datenbanken zu einem Verlust der Autonomie der Anwendungssysteme, weil alle Prozesse von Funktionseinheiten, welche integrierte Anwendungssysteme nutzen, durch das Datenbanksystem gesteuert werden.

BEURTEILUNG DER AUTONOMIE UND DER VERTEILUNG DER SYSTEME

Aufgrund der Modellierung des Bauwerks in anwendungsorientierten Bauwerkmodellen und der Definition von Typen von Kommunikationssystemen können diese nur unter den technischen Aspekten bezüglich der Zielerreichung der *Systemziele*[210] zur Gestaltung von Kommunikationssystemen beurteilt werden. Rückkopplungen innerhalb der Bauprojekt- und Benutzerorganisation als Ganzes mit der Beurteilung von Auswirkungen der Nutzung von Kommunikationssystemen sind in der Bewertung nicht enthalten.

Die Integration der Kommunikationssysteme durch den Einsatz von Datenbanksystemen ermöglicht eine mehr oder weniger grosse Methoden-, Phasen- und Funktionsintegration. Um die Auswirkungen der unterschiedlichen *Kommunikationsmodelle* zu bestimmen, werden die *Kommunikationsfunktionen*[211] betrachtet. Die Beeinflussung der Unterstützung von Kommunikationsfunktionen der *Funktionseinheiten* durch die Wahl des Typs eines Kommunikationssystems erlaubt es, den Nutzen der unterschiedlichen datenseitigen Integration in Kommunikationssystemen zu beurteilen. Die datenseitige Integration von Partialmodellen in Kommunikationssystemen durch den Einsatz von Datenbanksystemen bedeutet, die Heterogenität, Verteilung von Daten und die Autonomie der Anwendungs- und/oder Datenbanksysteme zu beeinflussen. Entsprechend kann die Implementierung von Bauwerkmodellen nur hinsichtlich der Unterstützung der Kommunikationsfunktionen beurteilt werden[212].

Die Autonomie der Anwendungssysteme und der Datenbanksysteme nimmt beim Übergang vom Kommunikationssystem Typ 1 zum System des integrierten Bauwerkmodells ständig ab. Im Gegensatz dazu nimmt die Verteilung der Daten ständig zu. Die Autonomie der Anwendungssysteme bedeutet Autonomie der Funktionseinheiten in der Ausübung ihrer Kommunikationsfunktionen und damit die Unterstützung insbesondere der Funktionsintegration.

Daten im Bauprozess sind naturgemäss verteilt und nicht wie im vollständig integrierten Kommunikationssystem zentral verwaltet. Die datenseitig vollständige Integration führt im Vergleich zum erzielbaren Nutzen zu einem grossen Aufwand hinsichtlich der Datenverwaltung, wobei der zu erzielende Nutzen in komplexen Organisation bescheiden ist.

Bei der Datenverwaltung auf Datenbanken im Kommunikationssystem des Typs 3 ist anzunehmen, dass eine grosse Heterogenität bezüglich der verwendeten Datenbanksysteme besteht, das heisst, die Datenbanksysteme zur Verwaltung integrierter Partialmodelle auf allgemein verständlichen Datenbankschemata operieren. Die Datenbanksysteme selbst können jedoch von unterschiedlichen Herstellern stammen und damit insgesamt heterogen sein.

---

210 *vgl.* Zielsystem Gestaltung Kommunikationssystem. *Kapitel: 5.2.1. Mögliche Zielsysteme, p.191ff*

211 *vgl.* Beziehungen zwischen der Methoden-, Phasen- und Funktionsintegration und der Unterstützung von Kommunikationsfunktionen. *Kapitel: 5.2.1. Mögliche Zielsysteme, p.192*

212 *vgl.* Integrationsebenen. *Kapitel: 5.3. Mittel zur Kommunikation im Bauprozess, p.193*

Funktion	***Typ 1***	***Typ 2***	***Typ 3***	***Typ 4***
extern				
Informations-beschaffung	**sehr schlecht** (nur Extraktionen aus Dateien)	**gut** (globale Daten zur Beschreibung der Struktur durch Sichten auf DB, wenig Extraktionen aus Dateien)	**gut** (anpassungs-fähige Erzeugung von Sichten, datenbanküber-greifend, keine Extraktionen aus Dateien)	**sehr gut** (sehr anpassungsfähige Erzeugung von Sichten)
Nachrichten-übermittlung	**sehr schlecht** (Übertragung von Wissen muss aktiv durch die Beteiligten erfolgen)	**gut** (wichtigste Daten Bauwerk sind nach Änderungen global bekannt, wenig Aufwand)	**gut** (wichtigste Daten Bauwerk sind nach Änderungen global bekannt, wenig Aufwand)	**sehr gut** (wie Typ 2, jedoch können alle Änderungen einfach global bekannt gemacht werden)
Daten-speicherung	**sehr gut** (keine Behinderungen durch lange Transaktionen)	**gut** (grosse Autonomie bei der Veränderung eigener Modelle, ev. Behinderungen bei langen Transakt., Updates)	**schlecht** (grosse Autonomie bei der Veränderung eigener Modelle, ev. Behinderungen bei langen Transakt., grosser Aufw. Verwaltung, Updates)	**schlecht** (lange Transaktionen, Behinderungen, Abhängigkeit von einer Datenbank, sehr grosser Aufw. Verwaltung, Updates)
intern				
Informations-beschaffung	**sehr gut** (laden von Dateien)	**sehr gut** (laden von Dateien)	**gut** (Datenbank-abfragen)	**gut** (Datenbank-abfragen)
Nachrichten-übermittlung	**schlecht** (Übertragung von Wissen muss aktiv durch die Beteiligten erfolgen)	**schlecht** (Übertragung von Wissen muss aktiv durch die Beteiligten erfolgen)	**gut** (alle Änderungen können einfach global bekannt gemacht werden)	**gut** (alle Änderungen können einfach global bekannt gemacht werden)
Informations-verarbeitung	**sehr gut** (sehr grosse Unabhängigkeit Anwendungs-systeme, sehr grosse Autonomie)	**gut** (grosse Unabhängigkeit Anwendungs-systeme, grosse Autonomie)	**schlecht** (grosse Abhängigkeit Anwendungs-systeme, grosse Autonomie)	**sehr schlecht** (sehr gross Abhängigkeit Anwendungs-systeme, keine Autonomie)
Informations-verwertung	-	-	-	-
Daten-speicherung	**sehr gut** (keine Behinderungen durch lange Transaktionen)	**sehr gut** (keine Behinderungen durch lange Transaktionen)	**gut** (eigene Daten lokal, Abhängigkeit Transaktionen, Updates)	**schlecht** (Zentralisation auch von eigenen Daten, Abhängigkeit von einem Datenbanksystem, Updates)

Tabelle 23: Auswirkungen der Wahl des Kommunikationssystems auf die Unterstützung der internen und externen Kommunikationsfunktionen

Die Tabelle 23 zeigt eine qualitative Beurteilung der möglichen Unterstützung der Kommunikationsfunktionen in Abhängigkeit der Wahl des Kommunikationssystems. Von besonderem Interesse ist die Unterstützung der *externen Kommunikationsfunktionen*, das heisst derjenigen Aktivitäten zur Aufgabenerfüllung, die von Kommunikationsprozessen zwischen Funktionseinheiten abhängig sind. *Interne Kommunikationsfunktionen* laufen innerhalb von Stammorganisationen ab.

Im Falle von Einzelleistungsträgern entsprechen die Funktionseinheiten den Stammorganisationen, so dass die Unterstützung der internen Kommunikation im Aufgabenbereich jeder Organisationseinheit liegt. Für die Gestaltung von Kommunikationssystemen im Bauprozess ist die Unterstützung der externen Kommunikation auf der physischen Ebene von Bedeutung. Ausgehend von der Organisationsform der Einzelleistungsträger mit dem grössten Anteil an externen Kommunikationsfunktionen kann die Veränderung des Nutzens durch die Wahl einer Organisationsform im Bauwesen durch die Veränderung der Anteile der internen und externen Kommunikationsfunktionen beurteilt werden.

Die Informationsverarbeitung läuft nur innerhalb eines Kommunikationszentrums ab und kann deshalb nur als interne Kommunikationsfunktion beurteilt werden. Dabei sind die Informationsverarbeitung und die Informationsverwertung nur abhängig von den zur Verfügung stehenden Anwendungssystemen und nicht der Implementierung von Bauwerkmodellen. Die Bauwerkmodelle selbst werden für alle Kommunikationssysteme als identisch angenommen.

Beim Einsatz von Datenbanksystemen zur Integration des Kommunikationssystems sind hinsichtlich der Unterstützung von internen Kommunikationsfunktionen keine Vorteile feststellbar, weil durch die zentrale Verwaltung aller Daten eines Bauwerks vermehrt Behinderungen infolge von langen Transaktionen auftreten.

Gemäss den Beziehungen zwischen der *Unterstützung von Kommunikationsfunktionen und der Verwirklichung der Systemziele*[213] für Kommunikationssysteme ergeben sich hinsichtlich der Zielerreichung die in Tabelle 24 aufgeführten Resultate.

---

213 *vgl.* Typen Integration und Kommunikationsfunktionen. *Kapitel: 5.2.1. Mögliche Zielsysteme, p.192ff*

Nr	Ziel	Typ 1	Typ 2	Typ 3	Typ 4
1.	Methoden-integration	**sehr gut** (++ Unabhängigkeit Anwendungs-systeme)	**gut** (+ Unabhängigkeit Anwendungs-systeme)	**schlecht** (- Unabhängigkeit Anwendungs-systeme)	**sehr schlecht** (-- Unabhängigkeit Anwendungs-systeme)
2.	Phasen-integration	Abhängig von der Modellierung des Bauwerks in den anwendungsorientierten Bauwerkmodellen			
3.	Funktions-integration	**schlecht** (-- Extraktion, -- Aufwand Änderungen, ++ Autonomie, ++ Transaktionen)	**sehr gut** (+ Sichten, + Aufwand Änderungen, ++ Autonomie, + Transaktionen)	**gut** (+ Sichten, + Aufwand Änderungen, + Autonomie, -- Transaktionen)	**schlecht** (++ Sichten, ++ Aufwand Änderungen, -- Autonomie, -- Transaktionen)
4.	Kosten	**sehr gut** (minimale Änderung Anwendungs-systeme)	**gut** (Änderung Teile Anwendungs-systeme zur Kooperation mit DB)	**schlecht** (Änderung aller Anwendungs-systeme zur Kooperation mit DB)	**sehr schlecht** (Änderung aller Anwendungs-systeme, Homogenität DB)
5.	Termine	**schlecht** (-- Konsistenz Daten, ++ Wieder-verwendbarkeit)	**gut** (- Konsistenz Daten, ++ Wieder-verwendbarkeit)	**schlecht** (- Konsistenz Daten, + Wieder-verwendbarkeit)	**sehr schlecht** (+ Konsistenz Daten, -- Wieder-verwendbarkeit)
6.	Betrieb	**sehr gut** (wenig neue Implemen-tierungen)	**gut** (neue Implemen-tierungen)	**schlecht** (viele neue Implemen-tierungen)	**sehr schlecht** (sehr viele neue Implemen-tierungen)

Tabelle 24: Qualitative Beurteilung des Grads der Zielerreichung der Typen von Kommunikationssystemen 1- 4 in den Anwendungsszenarien 1 und 2

Der Einsatz von Datenbanken erleichtert die Verwaltung von Daten, führt jedoch zu einer starken Zentralisation der Datenverwaltung und schränkt die Autonomie der Anwendungssysteme ein. Die datenseitige Integration von nicht modellintegrierten Partialmodellen bringt unter den besonderen Bedingungen des Bauwesens infolge des Verlusts an Semantik keinen Nutzen. So kann in temporären Organisationen die dynamische Anpassung von Modellobjekten in Datenbanksystemen nicht ausgenutzt werden.

Der Einsatz von Datenbanken zur Verwaltung der in anwendungsorientierten Bauwerkmodellen enthaltenen Daten unterstützt interne Kommunikationsfunktionen durch die Minimierung des Aufwands bei Änderungen, der Definition von Sichten und der grossen Autonomie der Anwendungssysteme. Hingegen müssen sämtliche verfügbaren Anwendungssysteme zur Kooperation mit Datenbanken vorbereitet werden, was einen grossen Aufwand voraussetzt.

Das Kommunikationssystem Typ 2 mit der zentralen Verwaltung von Daten, welche in den modellintegrierten Teilen des Strukturmodells enthalten sind, bedeutet ein Optimum hinsichtlich der Zielerreichung zur kooperierenden Informationsverarbeitung, den Kosten, Terminen und dem Betrieb eines solchen Systems.

5.4.4. Kommunikationssysteme innerhalb unterschiedlicher Organisationsformen im Bauprozess

Die Wahl der Organisationsform im Bauprozess und deren Einfluss auf die Wahl und die Gestaltung des Kommunikationssystems blieb bisher unbeachtet. Durch die Modellierung der Stellen einer Bauprojekt- und Benutzerorganisation durch Funktionseinheiten, ist die logische Ebene grundsätzlich unabhängig von der gewählten Organisationsform. Umgekehrt gilt bei der Beschreibung einer realen Bauprojektorganisation, dass sich die Stammorganisationen in der Art und Anzahl der enthaltenen Funktionseinheiten unterscheiden. Die Modellierung des Bauwerks in Form von anwendungsorientierten Bauwerkmodellen hängt von den zu lösenden Aufgaben, aber nicht von der gewählten Organisationsform im Bauprozess ab. Ausschlaggebend für die Kommunikationsprozesse sind die zu lösenden Aufgaben und damit der zur realisierende Bauwerkstyp.

Bei der Modellierung der Kommunikationszentren durch Funktionseinheiten ändern sich bei der Wahl einer Organisationsform die Art und die Anzahl Stellen. Für die Bewertung von Kommunikationssystemen im Bauprozess bedeutet dies, dass sich die Anteile der internen und externen Kommunikationsfunktionen ändern.

Zur Gestaltung von Kommunikationssystemen im Bauprozess bestehen in unterschiedlichen Organisationsformen unterschiedliche Randbedingungen. So kann in der Organisation eines Generalplaners der Aufwand zur Definition und Gestaltung eines Kommunikationssystems dank einer mehrmaligen Verwendung in vergleichbaren Projekten besser gerechtfertigt werden. Es sind die Organisationsformen der *Einzelleistungsträger*, *Generalplaner*, *Generalunternehmer* und *Totalunternehmer*.

Einzelleistungsträger: Zur Aufgabenerfüllung wird eine stark arbeitsteilige Organisation mit vielen spezialisierten Stammorganisationen aufgebaut. Als Kommunikationszentren treten Stammorganisationen auf, welche im wesentlichen aus einzelnen Funktionseinheiten bestehen. Abweichungen ergeben sich dort, wo eine Stammorganisation mehrere ganz unterschiedliche Aufgaben übernimmt. Aufgebaute Kommunikationssysteme können nur innerhalb eines Projekts genutzt werden.

Generalplaner: Die Projektierung von Bauwerken läuft im wesentlichen innerhalb einer Stammorganisation ab. Im Gegensatz zu den Stammorganisationen von Einzelleistungsträgern können sich die Stellen in einzelne Abteilungen gliedern. Die Stammorganisation des Generalplaners besteht aus mehreren Funktionseinheiten aus der Planung und aus Funktionseinheiten der Gesamtleitung. Kommunikationssysteme können in vergleichbaren Projekten wieder verwendet werden, weil die zur Planung wesentlichen Funktionseinheiten in die Beziehungs- und Prozessstruktur einer Stammorganisation eingebunden sind.

Möglich ist auch eine Ad-hoc Organisation mit einem temporären Zusammenschluss von einzelnen Stammorganisationen analog der Organisationsform der

Einzelleistungsträger. In diesem Fall resultieren keine Vorteile bezüglich der Wiederverwendung von Kommunikationssystemen aus der Organisationsform des Generalplaners.

Generalunternehmer: Die Projektierung von Bauwerken findet in einer stark arbeitsteiligen Umgebung statt. Die Stammorganisation des Generalplaners besteht aus mehreren Funktionseinheiten der Bauleitung und der Unternehmer. Die Kommunikationssysteme zur Realisierung von Bauwerken unterscheiden sich von demjenigen zur Projektierung, indem zur Realisierung wenig Problemlösungszyklen zur Systemgestaltung unterstützt werden müssen. Mit der Gestaltung von anwendungsorientierten Bauwerkmodellen werden besonders die fachübergreifenden Aktivitäten zur Gestaltung von Bauwerken und nicht der Realisierung unterstützt. Kommunikationssysteme zur Realisierung von Bauwerken sind im Vergleich zu denjenigen zur Gestaltung einfacher, da wenig Problemlösungszyklen unterstützt werden müssen (vgl. [Schalcher 1979]).

Totalunternehmer: Die Totalunternehmer enthalten die Funktionseinheiten der Generalplaner und der Generalunternehmer zusammen. Das Kommunikationssystem zur Realisierung von Bauwerken entspricht demjenigen bei der Organisationsform des Generalunternehmers. Besteht zur Projektierung eine feste Beziehungs- und Prozessstruktur entsprechend der Form des Generalplaners, kann das Kommunikationssystem zur Projektierung von Bauwerken projektübergreifend genutzt werden.

Die Form der Einzelleistungsträger entspricht grob der Gliederung der Funktionseinheiten. Durch die Veränderung der Organisationsform werden die Stammorganisationen und ihre zu lösenden Aufgaben verändert, was insbesondere die Anteile der internen und der externen Kommunikationsprozesse auf der physischen, nicht jedoch auf der logischen Ebene bezüglich der Funktionseinheiten verändert. Umgekehrt ist besonders der Fall der Einzelleistungsträger von Bedeutung, da dieser auf der physischen Ebene den grössten Anteil von externen Kommunikationsprozessen enthält.

Die möglichen Organisationsformen zeigen, dass diese einen grossen Einfluss auf die Wahl des Kommunikationsmodells haben. Einerseits können im Rahmen einer mehrere Funktionseinheiten umfassenden Stammorganisation mehr Faktoren auf unterschiedlichen Lenkungsebenen zur Gestaltung von Kommunikationssystemen beeinflusst werden, andererseits besteht die Möglichkeit, einmal aufgebaute Kommunikationssysteme projektübergreifend zu nutzen. Bezüglich der Einflussmöglichkeiten und der Zielsetzungen von Stammorganisationen zur Gestaltung von Kommunikationssystemen bestehen grosse Unterschiede in den verschiedenen Organisationsformen. Im Falle von Einzelleistungsträgern ist wegen der Heterogenität der Bauprojektorganisation, der minimalen Beeinflussbarkeit des fachübergreifenden Kommunikationssystems durch die Kommunikationszentren und der Einmaligkeit der Nutzung eines Kommunikationssystems, mit grossen Hindernissen zur Unterstützung der externen Kommunikationsfunktionen zu rechnen.

Zur Beurteilung der Typen von Kommunikationssystemen in verschiedenen Organisationsformen ist deshalb die Zusammenfassung der Gestalter zu einer Stammorganisation von Bedeutung. Die Veränderungen des Nutzens von Kommunikationssystemen in verschiedenen Organisationsformen betreffen nicht die Unterstützung von Kommunikationsfunktionen, weil diese durch die Modellierung des Bauwerks und die Implementierung als Kommunikationssystem vorgegeben sind. Dagegen werden die Anteile der internen und externen Kommunikationsfunktionen stark verändert. Für die Anwendungsszenarien 1 und 2 laufen nur noch interne Kommunikationsfunktionen ab. Die Aufwendungen zur Änderung von Anwendungssystemen (Kosten) und Implementierung von neuen Systemen (Betrieb) lassen sich durch die projektübergreifende Wiederverwendung von Kommunikationssystemen rechtfertigen.

Der Grad der Zielerreichung bleibt bei der Wahl der Organisationsform unverändert, weil weder die Teilziele noch die Messung des Zielerreichungsgrads beeinflusst werden. Dagegen wird sich in anderen Organisationsformen die Gewichtung der Ziele verändern, wodurch die Präferenzen für einen Typ eines Kommunikationssystems je nach Organisationsform unterschiedlich ausfallen können.

5.4.5. Regeln zur Gestaltung von Kommunikationssystemen im Bauprozess

Neben den Regeln zur Gestaltung von Bauwerkmodellen im Bauprozess sind zur Definition von Kommunikationssystemen Regeln zur Implementierung von Bauwerkmodellen notwendig. Somit werden Kommunikationssysteme definiert, welche als *Mittel* zur Lösung des Organisationsproblems der Gestaltung von Kommunikationssystemen im Bauprozess angesehen werden können.

R1: Datenseitige Integration modellintegrierter Partialmodelle
Im Bauprozess sollen nur diejenigen Partialmodelle oder Teile davon datenseitig integriert werden, welche auch modellseitig integriert worden sind.

Voraussetzung für die fachübergreifende Kommunikation auf einem semantisch hohen Niveau ist die Modellintegration. Die datenseitige Integration von nicht modellseitig integrierten Partialmodellen oder Teilen davon bringt keine Unterstützung von Kommunikationsfunktionen, weil jede Extraktion explizit definiert werden muss.

R2: Unterstützung der Typen der Integration
Die optimale Kooperation in der Informationsverarbeitung im Bauprozess kann durch eine maximale Funktions-, Methoden- und Phasenintegration unter Berücksichtigung der entstehenden Kosten, Termine und dem Betrieb des Kommunikationssystems erzielt werden.

Die Verwirklichung der Typen der Integration beruht auf einer verhältnismässigen Unterstützung der Kommunikationsfunktionen untereinander. Gut ausgebaute

Hilfsmittel zur Informationsverarbeitung nützen wenig, wenn die Inputdaten nur sehr umständlich beschafft werden können.

R3: Verwendung fachspezifischer Anwendungssysteme
Bestehende und eingeführte Anwendungssysteme in Bauprojekt- und Benutzerorganisationen können dann weiterverwendet werden, wenn sie Resultate erzeugen, welche nur innerhalb eines Fachbereichs von Bedeutung sind.

Getestete und eingeführte fachspezifische Anwendungen können weiter verwendet werden, weil sie keine Daten fachübergreifend austauschen müssen und damit bezüglich ihrer Modellierung des Bauwerks keine Einigung zu bestehen braucht.

R4: Verteilung fachspezifischer Daten
Bei Organisationsformen im Bauprozess mit keiner stationären Beziehungs- und Prozessstruktur sollen Kommunikationsprozesse mit einer maximalen Autonomie der Anwendungssysteme unterstützt werden, wobei fachspezifische Daten verteilt in einer heterogenen Umgebung verwaltet werden sollen.

Nicht autonome Anwendungssysteme sind in komplexen Organisationen kaum anwendbar, weil deren Beziehungs- und Prozessstruktur in Bezug auf die Zeitachse nicht stationär ist. Entsprechend dürfen für komplexe Organisationen keine statischen Kommunikationssysteme vorausgesetzt werden.

6. Anwendbarkeit integrierter Bauwerkmodelle im Bauprozess

Beim Organisationsproblem der Gestaltung von Kommunikationssystemen gehört die Spezifikation von Bauwerkmodellen und die möglichen Implementierungen derselben zu den Mitteln. Die Frage nach der Anwendbarkeit dieser Mittel unter den besonderen Bedingungen des Bauwesens und den Zielen, wie sie von Stellen auf unterschiedlichen Verantwortungs- und Kompetenzebenen im Bauprozess angestrebt werden, wurde noch nicht beantwortet. Hierzu müssen die Faktoren, Randbedingungen und Ziele auf den unterschiedlichen organisatorischen Ebenen innerhalb der Bauprojekt- und Benutzerorganisation, welche einen Einfluss auf die Gestaltung des Kommunikationssystems haben, gefunden werden. Die Faktoren, welche zur Implementierung von Bauwerkmodellen beeinflusst werden können, sollen einerseits die Anwendung der angenommenen Mittel und andererseits einen positiven Grad der Zielerreichung der im Bauprozess beteiligten Stellen bewirken.

6.1. Beurteilung von Kommunikationssystemen im Bauprozess

Die modellseitige Integration von Bauwerkmodellen bestimmt die Eigenschaften der anwendungsorientierten Bauwerkmodelle. Die datenseitige Integration von Partialmodellen mit der Wahl der Verteilung von Daten, der Heterogenität der Hilfsmittel zur Datenverwaltung und der Autonomie der Anwendungssysteme bestimmt die Eigenschaften der Implementierung von Bauwerkmodellen als Kommunikationssysteme.

Diese Betrachtung von Faktoren zur Gestaltung von Kommunikationssystemen muss auf unterschiedlichen Ebenen der Aufgaben, Kompetenzen und Verantwortung innerhalb einer Bauprojekt- und Benutzerorganisation durchgeführt werden. Auf jeder Ebene können unterschiedliche Faktoren beeinflusst werden. Zu gestalten ist jedoch ein Kommunikationssystem für eine Projektorganisation und nicht je ein Kommunikationssystem für jede Gruppe von Stellen im Bauprozess.

Die Modellierung des Systems Bauwerk und die Definition der Typen von Kommunikationssystemen haben gezeigt, dass zur Gestaltung von Kommunikationssystemen sehr viele Faktoren beeinflusst werden müssen. Die Wirkung dieser Faktoren bezüglich der Veränderung der Eigenschaften des Kommunikationssystems ist nicht leicht abzusehen. Die Gestaltung von Kommunikationssystemen im Bauprozess ist ein komplexes *Problem*[214]. Dass mit dem menschlichen Denken im Umgang mit komplexen Problemen allgemein grosse Schwierigkeiten bestehen, hat Dörner mit seinen Simulationsspielen und praktischen Beispielen gezeigt [Dörner 1989 p.22, p.47ff].

---

214 *vgl.* Problem. *Kapitel: Glossar, p.276ff*

6.1.1. Herleitung des verwendeten Modells

Die Simulation des Verhaltens von Systemen kann mit regel- oder strukturbasierten Methoden erfolgen (vgl. [Dahr et al. 1987]). Wenn die Systemstruktur nicht vollständig beschreibbar ist, erweist sich die regelbasierte Modellierung als umständlich. Bei einer Veränderung des Zustands von Systemfaktoren kann sich das System aufgrund der bekannten Regeln keine neue Struktur geben, weil die Regeln für die Definition von neuen Systemelementen oder Beziehungen zwischen diesen Faktoren nicht vollständig bekannt sind. Umgekehrt können graphisch repräsentierte, *qualitative* Modelle bei noch nicht festgelegter Struktur des Systems, durch Hinzufügen von neuen Faktoren sehr leicht angepasst werden.

Zur Beurteilung von möglichen Kommunikationssystemen im Bauprozess wird unter Anwendung des Systemansatzes ein *qualitatives Modell* verwendet, welches die Struktur und die Beziehungen zwischen *Faktoren*[215] beschreibt. Zur Bewertung der Zustände der Systemfaktoren, welche durch die Wahl eines Kommunikationssystems verändert werden, kommt die klassische *Nutzwertanalyse* zur Anwendung (vgl. [Zangemeister 1976]).

Qualitative Modellierung der Problemsituation

Der Systemansatz dient zur qualitativen Beschreibung von Faktoren, welche durch Stellen der Bauprojekt- und Benutzerorganisation zur Gestaltung von Kommunikationssystemen im Bauprozess beeinflusst oder nicht beeinflusst werden können. So kann beispielsweise die Verteilung der Datenverwaltung im Bauprozess durch die Anwendung eines Kommunikationssystems gewählt werden. Entsprechend dieser Wahl verändern sich die Zustände der Systemfaktoren. Aus der Beschreibung der Typen von Kommunikationssystemen ist bekannt, dass bei der Wahl des Typs *zentral, datenseitig vollständig integriert* der Faktor *Verteilung* der Datenverwaltung im Bauprozess sich im Zustand *klein* befindet.

Die Modellierung der Systemfaktoren erfolgt in einem analogen Modell, wie in der *ganzheitlichen Problemlösungsmethodik* qualitative Modelle von Problemsituationen gebildet werden (vgl. [Ulrich et al. 1991], [Probst et al. 1991]). Das Organisationsproblem stellt die Problemsituation der Gestaltung von Kommunikationssystemen von Stellen im Bauprozess dar. Im Modell der Problemsituation wird zwischen *beeinflussbaren* und *nicht beeinflussbaren Faktoren* der Problemlöser unterschieden. Nicht beeinflussbare Faktoren stellen Randbedingungen für die Wahl eines Kommunikationssystems dar. Die ganzheitliche Problemlösungsmethodik umfasst die Schritte: *Bestimmen der Ziele und Modellieren der Problemsituation, Analysieren der Wirkungsverläufe, Erfassen und Interpretieren der Veränderungsmöglichkeiten, Abklären der Lenkungsmöglichkeiten, Planen von Strategien und Massnahmen* und *Verwirklichen der Problemlösung.*

---

215 *vgl.* Faktor. *Kapitel: Glossar, p.264ff*

Da die möglichen Typen von Kommunikationssystemen *verteilt, datenseitig nicht integriert* (Typ 1); *verteilt, datenseitig partiell integriert* (Typ 2); *verteilt, datenseitig vollständig integriert* (Typ 3) und *zentral, datenseitig vollständig integriert* (Typ 4)[216] aus den Regeln zur Modellintegration und Implementierung von Bauwerkmodellen als Handlungsalternativen bekannt sind, sollen deren Realisierbarkeit in Bauprojekt- und Benutzerorganisationen untersucht werden. Im Vordergrund stehen dabei die Modellierung der Problemsituation, die Analyse von Wirkungsverläufen und der Vergleich der Typen von Kommunikationssystemen.

Zwischen den Faktoren zur Gestaltung von Kommunikationssystemen bestehen Netzwerke von Beziehungen, welche angeben, wie diese einander gegenseitig beeinflussen. So führt die Zunahme der Verteilung von Daten im Bauprozess zu einer Zunahme an Aufwand für das Systemmanagement. Entsprechend beeinflusst der Faktor *Verteilung* den Faktor *Aufwand Systemmanagement* positiv.

In den Bearbeitungsschritten 2 und 3 werden nicht nur die einfachen *Wirkungsintensitäten*[217] zwischen Faktoren bestimmt, sondern auch das Zeitverhalten in die Modellierung mit einbezogen. Das *Zeitverhalten*[218] der *Wirkungsbeziehungen*[219] ist besonders wichtig, wenn die Gefahr des Übersteuerns eines Systems erkannt werden muss (vgl. [Dörner 1989 p.47ff]). Das Zeitverhalten ist zur Untersuchung der Anwendbarkeit des Bauwerkmodell-Ansatzes und des Vergleichs von Kommunikationssystemen von untergeordneter Bedeutung, weil die Veränderung eines Kommunikationssystems im Projektablauf nicht relevant ist. So kann das Kommunikationssystem im Bauprozess phasenweise neu definiert werden.

Bezüglich der reinen Wirkungsintensitäten können mit der Einflussmatrix nach Vester die Faktoren in *aktive*, *reaktive*, *kritische* oder *träge* Faktoren qualifiziert werden (vgl. [Vester 1990]). Die Qualifikation der Faktoren stellt demnach eine *statische Analyse* des Gesamtsystems dar und ist besonders wichtig, wenn die *kritischen Faktoren* einer Problemsituation gefunden werden sollen. Kritische Faktoren üben auf andere Faktoren einen starken Einfluss aus und werden gleichzeitig stark beeinflusst. Eine geschlossene Reihe von zyklischen Wirkungsbeziehungen stellt einen *Regelkreis*[220] dar.

Bei der Modellierung des Problems der Gestaltung von Kommunikationssystemen im Bauprozess muss aufgrund der Komplexität und der schweren Quantifizierbarkeit der Faktoren häufig eine Nominalskala zur Beschreibung der Zustände von Systemfaktoren verwendet werden. Entsprechend befindet sich der Faktor *Auto-*

---

216 *vgl.* Implementierung von Bauwerkmodellen. *Kapitel: 5.4.3. Implementierung der Bauwerkmodelle, p.205ff*

217 *Die Wirkungsintensitäten werden nominal festgelegt, das heisst, eine Intensität 2 ist nicht doppelt so stark wie 1, sondern nur einfach stärker als 1: 0 = keine oder äusserst geringe Intensität, 1 = geringe Intensität, 2 = starke Intensität, 3 = sehr starke Intensität.*

218 *Das Zeitverhalten einer Wirkungsbeziehung wird nominal festgelegt als: kurzfristig, mittelfristig, langfristig*

219 *vgl.* Wirkungsbeziehungen. *Kapitel: Glossar, p.284ff*

220 *vgl.* Regelung. *Kapitel: Glossar, p.278ff*

nomie eines Anwendungssystems bei der Wahl des Kommunikationssystems vom Typ 4 *zentral, datenseitig vollständig integriert* im Zustand *klein*.

Zur Abschätzung der Wirkung von Systemfaktoren auf die Ziele von Stellen im Bauprozess werden die Zustände von Systemfaktoren in eine ordinale Bewertung umgewandelt. Entsprechend kann dem Faktor *Autonomie eines Anwendungssystems* der Wert 1 zugeordnet werden.

NUTZWERTANALYSE

Die Beschreibung der Problemsituation durch ein qualitatives Modell und damit der Beschreibung von Faktoren ist für die Untersuchung der Anwendbarkeit des Bauwerkmodell-Ansatzes notwendig, aber nicht hinreichend. So muss neben der Beeinflussbarkeit von Faktoren gezeigt werden, dass der Einsatz von Kommunikationssystemen für die Stellen im Bauprozess von Nutzen ist.

Die Beurteilung des Nutzens der unterschiedlichen Typen von Kommunikationssystemen gewinnt an Transparenz, wenn die Bewertung auf der Basis eines mehrdimensionalen *Zielsystems*[221] mit den Methoden der *Nutzwertanalyse* durchgeführt wird (vgl. [Zangemeister 1976]). Mit mehrdimensionalen Zielsystemen können auch *nicht monetäre Kriterien* bewertet werden [Nagel 1988 p.41]. Die Beurteilung von monetären Kriterien allein genügt zum vollständigen Vergleich von Kommunikationssystemen nicht. In der Nutzwertanalyse werden ausgehend von einem *Zielsystem* unterschiedliche Handlungsalternativen miteinander verglichen.

Bei der Bewertung von Kommunikationssystemen durch Messen der Zielerreichungsgrade[222] von Teilzielen bestehen keine Beziehungen mehr zu Faktoren, deren Zustände sich durch die Wahl eines Kommunikationssystems verändern. Interaktionen zwischen Faktoren und Zielen sind, wie zwischen der *Unterstützung der Kommunikationsfunktionen und der Erreichung der Typen der Integration* gezeigt, von grosser Bedeutung[223]. Der Einfluss von Faktoren auf Ziele erlaubt es, die Relevanz von Faktoren hinsichtlich der Zielerreichung eines bestimmten Teilzieles zu verfolgen.

Die Beziehung zwischen Systemfaktoren und Zielsystem wird durch die Relevanz hergestellt. Die Relevanz beschreibt, welche Systemfaktoren auf welche Teilziele eines Zielsystems, das heisst für welche Zielerreichungsgrade relevant sind. Die Relevanz ist eine einseitige Beziehung, welche immer von den Faktoren ausgeht.

Die Wahl von Zielen, die Anpassung der Zielstruktur oder die Veränderung der Gewichtung von Zielen führt zu keiner Veränderung der Systembeziehungen zwischen den Faktoren, weil Zielsysteme keine Problemsituationen modellieren, sondern helfen, verschiedene Alternativen miteinander zu vergleichen. Demge-

---

221 *vgl.* Zielsystem. *Kapitel: Glossar, p.285ff*

222 *vgl.* Messen. *Kapitel: Glossar, p.272ff*

223 *vgl.* Beziehungen zwischen der Methoden-, Phasen- und Funktionsintegration und der Unterstützung von Kommunikationsfunktionen. *Kapitel: 5.2.1. Mögliche Zielsysteme, p.192*

genüber können sich Veränderungen am Zielsystem wie beispielsweise die Gewichtung von Zielen auf die Wahl der Alternative auswirken.

Die Veränderung der Gewichtung des Ziels *Kosten* hat keinen Einfluss auf die Faktoren im Systemnetzwerk, wohl aber auf die Wahl eines Kommunikationssystems. Umgekehrt führt die Veränderung der Faktoren der Problemsituation in der Regel zu unterschiedlichen Zielerreichungsgraden und damit favorisierten Alternativen.

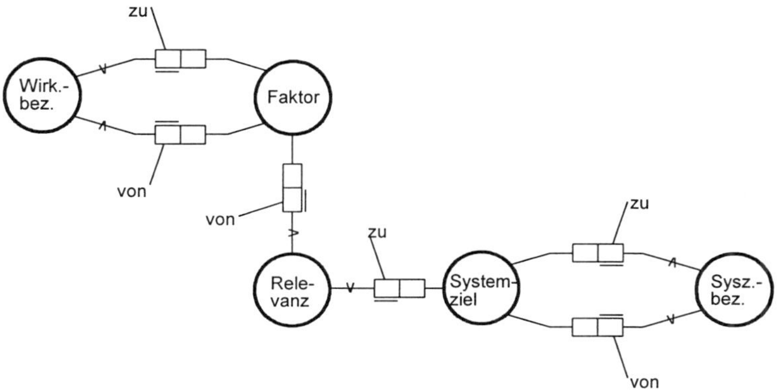

Figur 84: Beziehung zwischen Faktoren und Systemzielen

Die Beziehungen zwischen Teilzielen wie *Zielindifferenz, -konkurrenz* und *-komplementarität* können durch den Einbezug der Relevanz von Systemfaktoren zu den Zielerreichungsgraden erklärt werden. Zwischen den Zielen *Funktionsintegration* und *Kosten* besteht eine Zielkonkurrenz. Diese Konkurrenz kommt dadurch zustande, dass die *Funktionsintegration* bezüglich des Faktors *Beschaffung Wissen* und die *Kosten* bezüglich *Systementwicklung* relevant sind. Zwischen Systementwicklung und Beschaffung Wissen besteht eine Wirkungsbeziehung im konkurrenzierenden Sinn, das heisst, eine gute Unterstützung der Beschaffung von Wissen erfordert eine hohen Aufwand bezüglich der Systementwicklung. Analog kann die Zielkomplementarität erklärt werden. Zielindifferenz tritt auf, wenn Faktoren mit Relevanz zu zwei Teilzielen einander nicht beeinflussen.

In der Figur 84 sind die Beziehungen zwischen Faktoren und Zielen in Form eines Datenmodells dargestellt. Wirkungsbeziehungen treten nur zwischen Faktoren auf. Systemzielbeziehungen wie beispielsweise die hierarchische Ordnung von Teilzielen einer Zielsystemhierarchie sind nur zwischen Zielen möglich. Das Datenmodell zeigt, dass zwischen Faktoren und Systemzielen über die Relevanz Mehrfachzuordnungen erlaubt sind.

Der Grad der Zielerreichung pro Teilziel wird über die jeweiligen Anteile der Faktoren bestimmt, deren Zustände mit einer Ordinalskala beschrieben sind. Das Kommunikationssystem vom Typ 4 setzt einen grossen Aufwand bezüglich der Systementwicklung voraus. Der Zustand *gross* des Faktors kann in einer Ordinalskala beispielsweise in den Wert 1 überführt werden. Entsprechend wird sich im Vergleich zum Kommunikationsmodell Typ 1 der Grad der Zielerreichung aller Teilziele verschlechtern, welche bezüglich dem Faktor Kosten relevant sind.

Die Trennung zwischen Faktoren und Systemzielen erlaubt es, mehrere Zielsysteme bezüglich eines Systemnetzwerks zu definieren. Dies ist zur Beurteilung des Nutzens der Typen von Kommunikationssystemen besonders wichtig, weil Kommunikationssysteme im Bauprozess für unterschiedliche Stellen ganz unterschiedlichen Nutzen erbringen sollen.

6.1.2. Zielsysteme und Systemfaktoren

Die Definition und Abgrenzung von Zielsystemen und den Faktoren zur Beschreibung der Problemsituation stellen die Grundlagen zur Überprüfung der Anwendbarkeit des Bauwerkmodell-Ansatzes im Bauprozess dar.

Entsprechend den Aufgaben und damit der Verantwortung und Kompetenzen innerhalb von Bauprojekt- und Benutzerorganisationen werden drei organisatorische Ebenen unterschieden. Durch die Definition von organisatorischen Ebenen wird ein Betrachtungsstandpunkt festgelegt, welcher entsprechend den Aufgaben von typischen Funktionseinheiten im Bauprozess benannt werden kann. Die Faktoren auf der obersten Ebene können nicht beeinflusst werden und stellen damit harte Randbedingungen dar.

Die Wahl der organisatorischen Ebene und damit die Festlegung der Beeinflussbarkeit der Faktoren stellt den wesentlichen Teil in der Beschreibung des Bauprojekt- und Benutzersystems zur Gestaltung von Kommunikationssystemen dar. Die Beziehungen zwischen Systemnetzwerk und Zielsystemhierarchie entstehen durch die Relevanz der Faktoren hinsichtlich der Zielerreichung der Teilziele. Dabei können Faktoren auch ausserhalb von Systemgrenzen Teilziele beeinflussen. Wenn Teilziele auf einer bestimmten Betrachtungsebene bezüglich nicht beeinflussbaren Faktoren relevant sind, hängt der Grad der Zielerreichung von der Beeinflussung der Faktoren von anderen Stellen im Bauprozess ab. Dies bedeutet, dass die Aufgaben und Ziele dieser Stellen aufeinander abgestimmt werden müssen.

1. *Betrachtungsstandpunkt Projektleitung Bauherrschaft:* Aufgrund ihrer Aufgaben ist die Projektleitung Bauherrschaft mit weitreichenden Kompetenzen ausgestattet, welche die Beeinflussung von sehr vielen Systemfaktoren erlaubt. Die Systemziele für das Bauwerk sind in einer Projektdefinition beschrieben, die Wahl der *Vorgehens-*[224] und *Organisationziele*[225] steht noch offen. Zur Gestaltung von Kommunikationssystemen aus der Sicht der Projektleitung Bauherrschaft bestehen nur harte Randbedingungen wie beispielsweise *Datenbanktechnologie* oder vorhandene *Anwendungssysteme*. Mit Informationen aus der Projektierung und

224 *vgl.* Vorgehensziele. *Kapitel: Glossar, p.285ff*
225 *vgl.* Organisationsziele. *Kapitel: Glossar, p.285ff*

Realisierung von Bauwerken wird die Projektleitung Bauherrschaft mit Grundlagen für ihre Entscheidungen versorgt.

2. *Betrachtungsstandpunkt Gesamtleitung*: Die Hauptaufgabe der Gesamtleitung besteht in der Realisierung der System-, Organisations- und Vorgehensziele für die Projektierung bis zum Abschluss des Bauvorhabens. Die Lenkung von Gestaltungsprozessen ist ein wichtiger Bestandteil der Aufgaben der Gesamtleitung. Die Erfüllung dieser Aufgaben kann durch die Beschreibung von Aktivitäten und deren Arbeitsgrundlagen und Bearbeitungsergebnisse in Bauwerkmodellen unterstützt werden. Zur Lenkung von Aktivitäten im Bauprozess muss es das Kommunikationssystem der Gesamtleitung jederzeit erlauben, den Zustand der Bauwerksbeschreibung festzustellen.

3. *Betrachtungsstandpunkt Planer:* Die Planer als Gruppe von Funktionseinheiten Gestalten das Bauwerk als Ganzes oder einzelne Teile davon. Die Möglichkeit der Beeinflussung von Faktoren zur Gestaltung von Kommunikationssystemen sind sehr beschränkt, obwohl die Planer einen grossen Anteil an Kommunikationsprozessen ausführen und auf ein leistungsfähiges Kommunikationssystem angewiesen sind. Hingegen sind die Planer bestrebt, die bezüglich der Abgrenzung von Stammorganisationen interne Beziehungs- und Prozessstruktur zu optimieren. Aus der Gruppe von Funktionseinheiten der Planer kann beispielsweise die Architektur, HLK-Installationsplanung oder Tragwerkplanung als Beispiel angesehen werden.

Der Übergang von der logischen zu der physischen Ebene erfolgt durch die Zuordnung von Funktions- zu Organisationseinheiten. In der Organisationsform von Einzelleistungsträgern entsprechen die Funktionseinheiten den Stammorganisationen.

ZIELSYSTEME

Betrachtungsebene 1: Im Interesse des Bauherrn ist die Projektleitung Bauherrschaft für die Realisierung eines sicheren, gebrauchstauglichen, kostengünstigen und termingerechten Produkts verantwortlich. Damit treten bezüglich der Gestaltung von Kommunikationssystemen im Bauprozess keine unmittelbaren Aktivitäten auf. Dagegen sind Zwischenzustände der Projektierung, sofern diese entsprechend aufgearbeitet sind, für die Projektleitung Bauherrschaft von Interesse. Durch Informationsbedürfnisse als Grundlage für Entscheidungen in der Projektierung, Realisierung und den zur Nutzung notwendigen Daten bestimmt die Projektleitung Bauherrschaft Anforderungen an die Gestaltung von Kommunikationssystemen im Bauprozess.

Betrachtungsebene 2: Die Gesamtleitung mit dem Aufgabengebiet der Projektorganisation ist zur Erfüllung ihrer Aufgaben auf ein leistungsfähiges Kommunikationssystem angewiesen. Damit liegt die Gestaltung von Kommunikationssystemen im Aufgabengebiet der Gesamtleitung. Das rasche Erfassen von Lükken, die Einsicht in die Projektierungsergebnisse und die Lenkung von Aktivitäten im Bauprozess sind Voraussetzungen zur Realisierung von Bauwerken, welche die Systemziele hinsichtlich Sicherheit, Gebrauchstauglichkeit, Kostengünstigkeit und Termingerechtigkeit erfüllen. Die fachübergreifende Informationsbeschaffung erlaubt die effiziente Aggregation von Daten wie beispielsweise Kostenkennwerten, die bei den verschiedenen Organisationseinheiten vorhanden sind.

Betrachtungsebene 3: Auf der Ebene der Planer soll besonders die Kommunikation innerhalb der eigenen Stammorganisation optimiert werden. Dabei ist die kooperierende Informationsverarbeitung mit andern Leistungsträgern im Bauprozess nicht ein primäres Ziel, solange sie nicht einen Beitrag an die Verbesserung der internen Kommunikation leistet. Entsprechend genügt es aus der Sicht der Planer, die Kommunikationsfunktion der Informationsbeschaffung durch Schnittstellen zu weiteren Fachgebieten zu definieren.

Nr.	***Ziel***	***E1***	***E2***	***E3***
1.	Systemziel Kommunikationssystem			
1.1	Funktionsintegration			
1.1.1	Kooperierende Informationsverarbeitung	F	T	T
1.1.2	Zufriedenheit Kommunikationszentren	T	T	T
1.1.3	Einsicht Planungsfortschritt Bauprozess	T	T	F
1.1.4	Durchgängige Veränderbarkeit Beschreibung Bauwerk	F	T	T
1.1.5	Datenverwaltung	F	T	T
1.2	Phasenintegration			
1.2.1	Phasenübergreifende Nutzung Bauwerkmodell	F	T	T
1.3	Methodenintegration			
1.3.1	Unterstützung Kommunikationszentren in Aufgabenerfüllung	T	T	T
1.3.2	Erweiterbarkeit Funktionen	F	F	T
1.4	Kosten	T	T	T
1.5	Termine			
1.5.1	Termineinhaltung Bauprozess infolge KS	T	T	T
1.5.2	Nutzungsdauer KS	F	F	T
1.6	Betrieb			
1.6.1	Ressourcenbelegung minimal	F	T	T
1.6.2	Betriebssicherheit KS (Datenverluste)	F	T	T
1.6.3	Nutzung bisheriger Anwendungssysteme	F	F	T

Tabelle 25: Systemzielhierarchie und Gültigkeit der Teilziele pro Entscheidungsebene

Die Tabelle 25 zeigt das Zielsystem von Systemzielen für die Gestaltung von Kommunikationssystemen im Bauprozess unter den Betrachtungsaspekten *Projektleitung Bauherrschaft* (Ebene 1), *Gesamtleitung* (Ebene 2) und *Planer* (Ebene 3). Alle Zielsysteme sind von ihrer Struktur her ähnlich, jedoch sind nicht alle Teilziele unter jedem Betrachtungsstandpunkt relevant, genauso wie sich deren Gewichtung unterscheiden wird. Die relevanten Ziele pro Ebene sind mit T gekennzeichnet, die nicht relevanten mit F.

Ein Teilziel ist dann operabel, wenn der Grad der Zielerreichung gemessen werden kann. In der Tabelle 26 ist pro Teilziel das Messverfahren und die Masseinheit angegeben. Aufgrund der schwierigen Quantifizierbarkeit wird der Messung eine Ordinalskala zugrundegelegt. Die Messung des Grads der Zielerreichung ist für die Teilziele auf den Ebenen 1 bis 3 identisch.

Zur Gestaltung von Kommunikationssystemen können entsprechend den unterschiedlichen Aufgaben von Organisationseinheiten verschiedene Zielsysteme gebildet werden, welche sich hinsichtlich Struktur und Zielgewichtung unterscheiden.

Nr.	***Messung Zielerreichung***	***Typ***
1.1.1	Einfachheit Beschaffung Wissen (Datenextraktion/Sichten)	ordinal
1.1.2	Grad Autonomie Anwendungssysteme Ausführung Operationen	ordinal
1.1.3	Feststellbarkeit Zustand Beschreibung Bauwerk	ordinal
1.1.4	Aufwand globale Konsistenz Bauwerksbeschreibung	ordinal
1.1.5	Einfachheit Datenablage (Transaktionen)	ordinal
1.2.1	Transformation Bauwerkmodelle Projektphasenübergang	ordinal
1.3.1	adäquate Anwendungen	ordinal
1.3.2	Abhängigkeit Anwendungssysteme von der Datenhaltung	ordinal
1.4	Aufwendungen Realisierung/Betrieb Kommunikationssystem	ordinal
1.5.1	Bereitstellung Grundlagen Entscheidungsbedürfnisse Bauherrn	ordinal
1.5.2	Projektübergreifende Wiederverwendung Anwendungs- /Datenbanksysteme	ordinal
1.6.1	Schaffung neuer Aufgaben und Stellen	ordinal
1.6.2	Verantwortlichkeit Datensicherung Erzeuger	ordinal
1.6.3	Implementierung neuer Systeme	ordinal

Tabelle 26: Messung des Grades der Zielerreichung Teilziele

SYSTEMFAKTOREN

Die Modellierung der Problemsituation beschreibt die möglichen Faktoren, unter welchen das Kommunikationssystem für Bauprojekt- und Benutzerorganisationen gestaltet werden muss. Neben den Randbedingungen, welche definitionsgemäss die Definition von Kommunikationssystemen stark einschränken, sind diejenigen Faktoren von Bedeutung, welche zur Problemlösung beeinflusst werden können.

Die Tabelle 27 zeigt, neben der Beschreibung der einzelnen Faktoren zur Gestaltung von Kommunikationssystemen, deren Beeinflussbarkeit durch Organisationseinheiten auf den Ebenen *Projektleitung Bauherrschaft* (Ebene 1), *Gesamtleitung* (Ebene 2) und *Planer* (Ebene 3) (T beeinflussbar, F nicht beeinflussbar). Die Organisationseinheiten der Ebene 3 können die zur Gestaltung von Kommunikationssystemen wichtigen Faktoren wie *Modellintegration*, *Verteilung*, *Heterogenität* und *Autonomie* aufgrund ihrer Aufgaben, Verantwortung und Kompetenzen nicht beeinflussen.

Nr.	*Faktor*	*Beschreibung*	*1*	*2*	*3*
1.	Verteilung	Verteilung Daten bezüglich Datenverwaltung	T	T	F
2.	Heterogenität	Anzahl mögliche Typen von unterschiedlichen Datenverwaltungssystemen	T	T	F
3.	Autonomie	Autonomie Anwendungssystem Ausführung Operationen	T	T	F
4.	Modellintegration	Grad Modellintegration anwendungsorientierte Bauwerkmodelle	T	T	T
5.	Kommunikationssystem	Grad Integration Datenverwaltung	T	T	F
6.	Aufwand Systementwicklung	Anzahl notwendige neue Implementierungen	T	T	F
7.	Aufwand Systemanpassung	Änderung/Anpassung verfügbare Anwendungssysteme	T	T	F
8.	Aufwand Systemmanagement	Anzahl neuer Aufgaben zum Betrieb Kommunikationssystem	T	T	F
9.	Datensicherheit	Verantwortlichkeit Erzeuger von Daten	T	T	F
10.	Lenkung Bauprozess	Beschreibung Input - Output Aktivität	T	T	F
11.	Abhängigkeit Anwendungssystem	Abhängigkeit Anwendungssysteme Datenhaltung	F	F	F
12.	Konsistenz Bauwerksbeschreibung	Aufwand globale Konsistenz Bauwerksbeschreibung	T	T	F
13.	Datenablage	Grad Behinderung Datenablage	T	T	F
14.	Beschaffung Wissen	Einfachheit Beschaffung Wissen (Datenextraktion/Sichten)	T	T	F
15.	Systemziele Bauwerk	Anforderungen Bauwerk	T	F	F
16.	Vorgehensziele	Grad Vorschriften Ablauf Prozesse, Termine	T	T	F
17.	Organisationsziele	Grad kooperierende Informationsverarbeitung	T	T	F
18.	Aufgaben	Aufgabenverteilung (Verantwortung, Kompetenzen)	T	T	F
19.	Standardisierung Bearbeitungsergebnisse	Verwirklichte Modellintegration Strukturbeschreibung	F	F	F
20.	Anwendungssysteme	Auswahl Anwendungssysteme	F	F	T
21.	Hardwaretechnologie	Grad mögliche Implementierung objektorientierter Konzepte	F	F	F
22.	Datenbanktechnologie	Grad Verwirklichung objektorientierter Konzepte	F	F	F
23.	Entwicklungswerkzeuge	Grad durchgängige Entwicklung Anwendungen	F	F	F
24.	Wiederverwendung	projektübergreifende Verwendbarkeit Kommunikationssystem	T	T	F
25.	Bauwerkmodell	Beschreibung fachspezifische Modelle	T	T	T
26.	Beziehungsstruktur	Stabilität Beziehungen zwischen Stammorganisationen	T	F	F
27.	Prozessstruktur	Stabilität Beziehungen zwischen Stammorganisationen	T	F	F

Tabelle 27: Faktoren der Gestaltung von Kommunikationssystemen im Bauprozess und deren Beeinflussbarkeit

Die Beziehungen zwischen *Kommunikationsfunktionen und den Integrationstypen*[226] wie Funktions-, Phasen- und Methodenintegration treten in der Beziehung zwischen Teilzielen und den Systemfaktoren auf. Im Netzwerk der Problemsituation können die Kommunikationsfunktionen als Aggregationen von 1 bis n Faktoren angesehen werden. Die Oberziele der Integrationstypen wurden auf operable Teilziele hinuntergebrochen. Die Relevanz beschreibt, welche Systemfaktoren einen Beitrag zur Zielerreichung welcher Teilziele liefern.

Die Tabelle 28 zeigt die Faktoren der Unterstützung der Kommunikationsfunktionen als Aggregate von elementaren Systemfaktoren zur Gestaltung von Kommunikationssystemen im Bauprozess.

Nr.	***Kommunikationsfunktion***	***Aggregation***
1.	Informationsbeschaffung	Beschaffung Wissen
2.	Informationsverarbeitung	Abhängigkeit Anwendungssysteme Autonomie
3.	Informationsverwertung	Konsistenz Bauwerksbeschreibung
4.	Datenspeicherung	Datenablage
5.	Nachrichtenübermittlung	Konsistenz Bauwerksbeschreibung

Tabelle 28: Kommunikationsfunktionen als Aggregation von Systemfaktoren

6.2. ANWENDBARKEIT DER MÖGLICHEN KOMMUNIKATIONSSYSTEME IM BAUPROZESS

Der Nachweis der Anwendbarkeit des Bauwerkmodell-Ansatzes im Bauprozess beruht auf zwei Betrachtungen. Einerseits soll unter dem Bauwerkmodell-Ansatz die Beeinflussbarkeit der Systemfaktoren zur Gestaltung von Kommunikationssystemen überprüft werden und andererseits ein optimales Kommunikationssystem gesucht werden.

Zur Beurteilung der möglichen Kommunikationssysteme im Bauprozess kommen zu der rein statischen Betrachtung durch die Definition von Zielsystemen und Abgrenzung von Systemfaktoren die dynamische Veränderung der Systemfaktoren durch die Wahl eines *Kommunikationssystems* und die Veränderung der Zielgewichtungen dazu. Da Typen von Kommunikationssystemen in ihrer vollständigen Ausprägung miteinander verglichen werden, sind nur die unterschiedlichen Zustände der Systemfaktoren durch die Wahl des Kommunikationssystems von Bedeutung. Der dynamische Zeitverlauf einer Wirkungsbeziehung ist zum Vergleich von Kommunikationssystemen bedeutungslos, weil Kommunikationssysteme im Bauprozess für sehr kurze Zeitspannen innerhalb von Projektphasen definiert und genutzt werden.

226 *vgl.* Kommunikationsfunktionen und Integrationstypen. *Kapitel: 5.2.1. Mögliche Zielsysteme, p.192*

ANWENDBARKEIT BAUWERKMODELL-ANSATZ

Voraussetzung für die Anwendbarkeit von Bauwerkmodellen und deren Implementierung als Kommunikationssysteme im Bauprozess ist, dass die *Regeln zur Gestaltung von Bauwerkmodellen* und *Kommunikationssystemen* unter den Bedingungen des Bauwesens angewandt werden können. Hierzu müssen die entsprechenden Systemfaktoren durch die Organisationseinheiten im Bauprozess beeinflusst werden können.

Die Tabelle 29 zeigt die zur Anwendung der genannten Regeln notwendige Beeinflussung von Faktoren. Falls die genannten Faktoren weder von Organisationseinheiten der *Projektleitung Bauherrschaft*, *Gesamtleitung* noch *Planer* beeinflusst werden können, ist der Bauwerkmodell-Ansatz im Bauprozess nicht anwendbar.

Nr.	***Typ***	***zu beeinflussende Faktoren***
1.	Gestaltung Bauwerkmodelle	Modellintegration
2.	Gestaltung Kommunikationssystem	Heterogenität Verteilung Autonomie

Tabelle 29: Notwendige Beeinflussung Faktoren zur Anwendung der Regeln

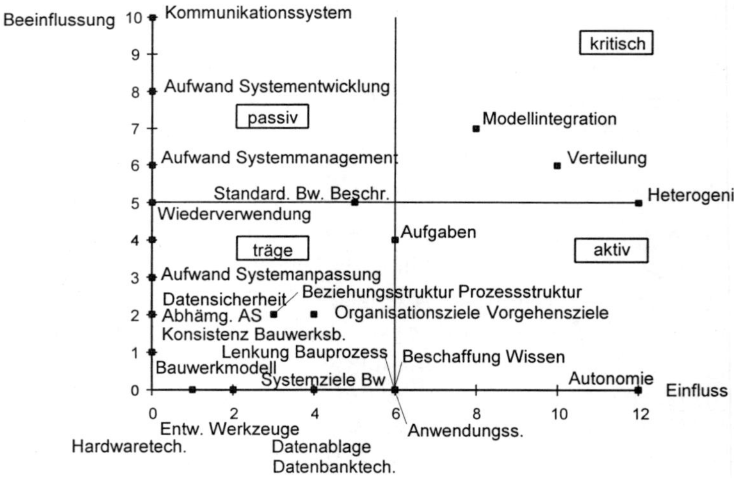

Figur 85: Klassifikation Faktoren Gestaltung Kommunikationssysteme im Bauprozess

Das Kriterium der Beeinflussbarkeit ist notwendig, jedoch nicht hinreichend. Die Wirkung des Bauwerkmodell-Ansatzes ist klein, wenn die entsprechenden Faktoren nicht mindestens aktiv sind und gleichzeitig einen positiven Zielertrag auf allen Betrachtungsebenen bewirken. Ein aktiver Faktor bedeutet, dass die im Organisationsproblem der Gestaltung von Kommunikationssystemen relevanten

Faktoren beeinflusst werden (vgl. Figur 85). Der positive Zielertrag bedeutet, dass durch die Beeinflussung von relevanten Faktoren die Zielerreichung von Organisationseinheiten im Bauprojekt- und Benutzersystem insgesamt verbessert wird, das heisst, ein Beitrag zur Verbesserung der Kommunikation im Bauprozess geleistet wird, indem Kommunikationsfunktionen von Stellen im Bauprozess unterstützt werden.

Die Überprüfung der Anwendbarkeit des Bauwerkmodell-Ansatzes ohne den Einbezug von Zielen und damit den Vergleich von auf Bauwerkmodellen basierenden Kommunikationssystemen kann nicht vollständig beantwortet werden.

Die mögliche Beeinflussbarkeit der Systemfaktoren zeigt jedoch, dass Kommunikationssysteme grundsätzlich nicht allein durch Stellen aus der Gruppe von Planern gestaltet werden können. Kommunikationssysteme im Bauprozess können nur durch die Beeinflussung der Faktoren *Modellintegration*, *Verteilung*, *Heterogenität* und *Autonomie* entsprechend den *Regeln zur Gestaltung von Bauwerkmodellen* und deren *Implementierung* auf allen organisatorischen Ebenen gestaltet werden.

Bewertung Typen von Kommunikationssystemen

Je nach Wahl des Kommunikationssystems verändert sich der Zustand der Faktoren als Beschreibung der Systemfaktoren. Durch die Relevanz der Ziele von Organisationseinheiten auf den Betrachtungsebenen 1, 2 und 3 können die entsprechenden Zielerreichungsgrade bestimmt werden. Zur Auswahl stehen die vier Typen von Kommunikationssystemen *verteilt, datenseitig nicht integriert* (Typ 1); *verteilt, datenseitig partiell integriert* (Typ 2); *verteilt, datenseitig vollständig integriert* (Typ 3) und *zentral, datenseitig vollständig integriert* (Typ 4).

Der Grad der Zielerreichung der genannten Kommunikationssysteme erfolgt durch den prozentualen Anteil der Zielerreichung im Vergleich zur Null-Lösung. Die Null-Lösung ist ein Kommunikationssystem, das weder nach den *Regeln zur Gestaltung von Bauwerkmodellen* noch der *Implementierung* derselben gebildet wurde. Ein solches System führt zu keinem Aufwand bezüglich des Aufbaus eines Kommunikationssystems, jedoch zu einem sehr schlechten Grad kooperierender Informationsverarbeitung, da weder eine projektübergreifende Modellintegration angestrebt, noch Daten systematisch verwaltet werden.

Die Figur 86 zeigt die Zielerreichung der Typen von Kommunikationssystemen pro Betrachtungsebene. Das Kommunikationssystem vom Typ 2 *verteilt, datenseitig partiell integriert* erreicht auf allen Betrachtungsebenen die absolut grösste Zielerreichung. Zugleich ist die Differenz zwischen den Zielerreichungsgraden auf den Ebenen der *Projektleitung Bauherrschaft*, *Gesamtleitung* und *Planer* Kommunikationsmodell vom Typ 2 minimal. Dies bedeutet, dass der Typ 2 zu einer maximalen Zufriedenheit auf allen organisatorischen Ebenen beiträgt.

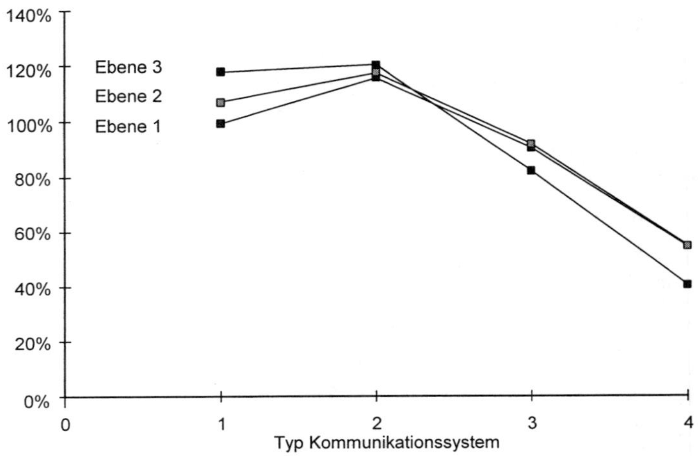

Figur 86: Zielerreichung der Typen von Kommunikationssystemen 1, 2, 3 und 4 pro Betrachtungsebene 1, 2 und 3

Die Präferenz für ein Kommunikationssystem hängt von den Zielgewichtungen der Zielsysteme ab. Durch die Wahl der *Organisationsform im Bauprozess*[227] wie Einzelleistungsträger, Generalplaner, Generalunternehmer und Totalunternehmer können besonders die Zielgewichtungen verschoben werden. Von besonderem Interesse ist die Veränderung der Zielerreichungsgrade bei der Variation der Gewichtung der Kosten. Die Kosten werden durch die Aufwendungen für die *Systementwicklung*, *Systemanpassung* und das *Systemmanagement* beeinflusst.

Die Tabelle 30 zeigt die Verschiebung der Gewichtung der Kosten von 0.5 auf 0.4 und 0.3 auf der Ebene *Projektleitung Bauherrschaft*. Die Gewichtungen auf den Ebenen *Gesamtleitung* und *Planer* wurden gleichzeitig von 0.4 auf 0.32 und 0.24 reduziert. Dabei entstehen drei Fälle, je nachdem welche Bedeutung dem Aspekt der Kosten bei der Wahl von Kommunikationssystemen im Bauprozess zukommen soll.

Nr.	***Oberziel***	***Gewichtung 1***	***Gewichtung 2***	***Gewichtung 3***
1.1	Funktionsintegration	0.20	0.24	0.28
1.3	Methodenintegration	0.20	0.24	0.28
1.4	*Kosten*	*0.50*	*0.40*	*0.30*
1.5	Termine	0.10	0.12	0.14

Tabelle 30: Verschiebungen der Zielgewichtungen

Die Verteilung der Gewichtung der Teilziele wird in den Fällen 1, 2 und 3 auf allen Betrachtungsebenen konstant gehalten.

227 *vgl.* Organisationsformen im Bauprozess. *Kapitel: 5.4.4. Kommunikationssysteme innerhalb unterschiedlicher Organisationsformen im Bauprozess, p.217*

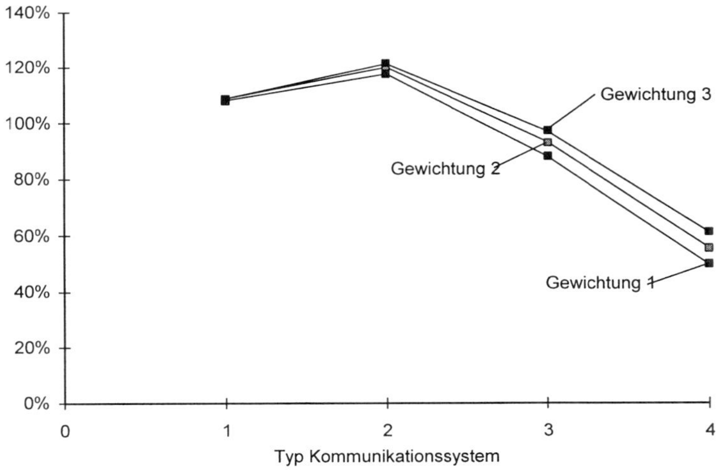

Figur 87: Verlauf der Zielerreichung durch die Veränderung der Zielgewichtung der Kosten pro Typ Kommunikationsmodell (1, 2, 3, 4)

Die Figur 87 zeigt den absolut grössten Zielerreichungsgrad des Kommunikationssystems *verteilt, datenmässig partiell integriert* in Abhängigkeit von der Variation der Zielgewichtung der Kosten. Als Mass für die Zielerreichung wurde die Summe der Zielerreichungsgrade auf den Betrachtungsebenen 1, 2 und 3 verwendet und mit der Null-Lösung verglichen. Die Differenz zwischen den Zielerreichungsgraden pro Kommunikationssystem zeigt den Einfluss der Kosten bei den einzelnen Kommunikationssystemen. Kostenintensive Kommunikationssysteme werden erfahrungsgemäss als besser beurteilt, wenn die Kosten an Bedeutung verlieren.

6.3. Regeln zur integrierten Bauplanung

Die Regeln zur integrierten Bauplanung setzen voraus, dass zur Gestaltung des Kommunikationssystems die *Regeln zur Gestaltung von Bauwerkmodellen*[228] und *Implementierung*[229] von Kommunikationssystemen angewendet wurden. Die Regeln zur integrierten Bauplanung beschreiben, wie die Mittel zur Lösung des Organisationsproblems unter den besonderen Bedingungen des Bauwesens eingesetzt werden können.

R 1: Integrierte Planung

Integrierte Planung im Bauprozess ist die Unterstützung von Kommunikationsfunktionen der Stellen von Bauprojekt- und Benutzerorganisationen durch Kom-

---

228 *vgl.* Regeln zur Gestaltung von Bauwerkmodellen. *Kapitel: 4.4. Regeln zur Gestaltung von Bauwerkmodellen im Bauprozess, p.182*

229 *vgl.* Regeln zur Implementierung von Bauwerkmodellen. *Kapitel: 5.4.5. Regeln zur Gestaltung von Kommunikationssystemen im Bauprozess, p.219*

munikationsmittel zur Erfüllung von fachspezifischen Aufgaben im Rahmen von fachübergreifend definierten Projektphasenzielen.

Integrierte Planung bedeutet neben technischen Kommunikationsmitteln die Integration von Zielen und Aufgaben im Bauprozess. Unter Integration von Zielen und Aufgaben ist die Delegation von Aufgaben an Stellen verschiedener Fachbereiche zu verstehen, welche einen Beitrag zur Erreichung der Projektphasenziele leisten.

R 2: Regeln Gestaltung Bauwerkmodelle und deren Implementierung
Die Kommunikationsmittel zur Unterstützung der Kommunikationsfunktionen im Bauprozess sollen unter Anwendung der Regeln zur Gestaltung von Bauwerkmodellen und den Regeln zur Implementierung derselben gestaltet werden.

Die Anwendung von Regeln zur Gestaltung von Bauwerkmodellen führt zu einer minimalen Modellintegration, damit Wissen fachübergreifend kommuniziert werden kann. Die vollständige Standardisierung von Produktinformationen zur Übertragung von Daten mit deren Semantik zwischen Anwendungssystemen und damit die vollständige Modellintegration der anwendungsorientierten Bauwerkmodelle ist sehr aufwendig. Die Formulierung von generellen, abstrakten Bauwerkmodellen und der anwendungsorientierten Spezialisierung und Erweiterung derselben, wobei nur ausgewählte Teile von Partialmodellen modellseitig integriert werden, ist im Bauwesen realistischer. Die Regeln zur Implementierung führen zu Kommunikationssystemen mit einer maximalen Autonomie der Anwendungssysteme, wobei fachspezifische Daten verteilt in einer heterogenen Umgebung verwaltet werden sollen.

R 3: Integration von Zielen und Aufgaben von Stellen im Bauprozess
Die Kommunikationsmittel zur Unterstützung der Kommunikationsfunktionen allein lösen das Organisationsproblem der Gestaltung von Kommunikationssystemen im Bauprozess nicht. Hierzu ist die Integration von Zielen und Aufgaben von Stammorganisationen im Bauprozess bezüglich der Wahl eines Kommunikationssystems notwendig.

Die Integration von Zielen und Aufgaben zwischen Stammorganisationen durch die Delegation von Aufgaben an Stellen verschiedener Fachbereiche, welche einen Beitrag zur Erreichung der Projektphasenziele leisten, ist von grosser Bedeutung. Erst mit der Integration von Zielen und Aufgaben innerhalb einer Bauprojektorganisation können die Faktoren zur Gestaltung von Kommunikationssystemen wie Verteilung, Heterogenität, Autonomie und Modellintegration auf allen Entscheidungsebenen entsprechend den Regeln zur Gestaltung von Bauwerkmodellen und deren Implementierung angewendet werden. So ist beispielsweise die Gestaltung von Kommunikationssystemen allein aus der Sicht der Planer nicht machbar. Umgekehrt kann die Entscheidung über die Gestaltung von Kommunikationssystemen weder durch den Besteller noch den Gesamtleiter delegiert werden. Die Aufgaben zur Spezifikation, Gestaltung, Leitung des Aufbaus und Überwachung des Betriebs von Kommunikationssystemen müssen durch Stammorganisationen auf der Ebene 2 der Gesamtleitung erfüllt werden.

R 4: Orthogonale Unterstützung von Kommunikationsfunktionen
Kommunikationsfunktionen können orthogonal zueinander durch die Festlegung von Zielen und den Einsatz von Mitteln beliebig unterstützt werden, dürfen jedoch nicht für sich allein betrachtet werden, sondern müssen hinsichtlich einer maximalen Methoden-, Funktions- und Phasenintegration zusammen optimiert werden.

Die Anwendung von Informationstechnologie im Bauwesen unterstützt oft nur einzelne Kommunikationsfunktionen wie beispielsweise die Verarbeitung von Daten. Der Nutzen von solchen Mitteln ist bescheiden, wenn die zur Informationsverarbeitung notwendigen Daten nur sehr umständlich beschafft werden können oder durch Annahmen ersetzt werden müssen. Neben der Optimierung der Typen der Integration sind bei der Beurteilung des Nutzens von Kommunikationssystemen diese auch bezüglich der zu erwartenden Kosten, deren Einfluss bezüglich der Einhaltung von Terminen, der Nutzungsdauer von Kommunikationssystemen und des Aufwands bezüglich des Betriebs beurteilt.

R 5: Phasenweise Definition von Kommunikationssystemen
Das phasenorientierte Vorgehen im Bauprozess kann dazu benützt werden, Kommunikationssysteme phasenweise festzulegen.

Kommunikationssysteme als Organisationsproblem dienen der Erreichung von Projektphasenzielen unter bestimmten Randbedingungen. In Projektphasen stabiler Beziehungs- und Prozessstrukturen ist die vollständige Modellintegration zur Kommunikation möglich, weil im Vergleich zur Projektierung und Realisierung von Bauwerken wenig Stellen in einer stabilen Beziehungs- und Prozessstruktur Aufgaben erfüllen. Entsprechend ist es auch sinnvoll, die Daten eines Bauwerks zentral zu verwalten. Im Gegensatz zur Projektierung und Realisierung von Bauwerken ist zur Nutzung eine maximale Modellintegration, minimale Verteilung, minimale Heterogenität und maximale Autonomie anzustreben.

R 6: Nutzen von Kommunikationssystemen auf allen Lenkungsebenen
Kommunikationssysteme sollen einen maximalen Nutzen für Stammorganisationen auf unterschiedlichen Lenkungsebenen wie der Ebene 1 (Projektleitung Bauherrschaft), Ebene 2 (Gesamtleitung) und der Ebene 3 (Planer) im Bauprozess bewirken, indem Daten von fachübergreifender Bedeutung zentral verwaltet werden und fachspezifische Anwendungen eine grosse Autonomie durch dezentralisierte Datenverwaltung haben.

Der Nutzen des Einsatzes von Kommunikationssystemen im Bauprozess darf nicht mit den herkömmlichen Methoden und Rechenparameter zur Investitionsrechnung beurteilt werden, weil der Nutzen der Verwirklichung der Funktions-, Phasen- und Methodenintegration damit nicht erfasst werden kann. Durch Zielsysteme können nicht monetäre Kriterien bewertet werden. Die Zielerreichungsgrade der Typen von Kommunikationssystemen zeigen, dass die zentrale Verwaltung der Daten modellintegrierter Partialmodelle und die Verteilung der fachspezifischen Daten mit einer grossen Autonomie der Anwendungssysteme optimal ist.

R 7: Einsatz Datenbanksysteme
Datenbanksysteme zur Datenverwaltung im Bauprozess sind nur dort einzusetzen, wo Daten mit fachübergreifender Bedeutung als Bestandteile modellintegrierter Bauwerkmodelle verwaltet werden und von verschiedenen Anwendungen genutzt werden können.

Die Speicherung und Verwaltung von fachspezifischen Daten auf Datenbanksystemen ist innerhalb von Stammorganisationen mit einer stabilen Beziehungs- und Prozessstruktur sinnvoll. Zur Kommunikation in temporären Projektorganisationen können die Vorteile von Datenbanksystemen nicht ausgeschöpft werden, wie beispielsweise die dynamische Anpassung der Repräsentation von Objekten und damit der Verzicht auf die fachübergreifende Einigung der Bedeutung von Klassen. In temporären Organisationen ist nur die Verwaltung der Daten modellintegrierter Partialmodelle auf Datenbanksystemen von Nutzen.

R 8: Lenkung von Prozessen
Die Lenkung von komplexen Organisationen soll sich auf die Lenkung von Aktivitäten und nicht Zuständen in der Beschreibung von Bauwerken beschränken. Die Lenker von Bauprozessen müssen entsprechend über die Beschreibung von Aktivitäten bezüglich deren zugrundeliegenden Arbeitsvorlagen und den entsprechenden Resultaten verfügen und diese in ihrem anwendungsorientierten Bauwerkmodell beschreiben.

Die Beziehung zwischen Aktivitäten und ihren Ergebnissen auf der physischen Ebene erlaubt es, bei einer Veränderung der Beschreibung des Zustands von Bauwerken die betroffenen Aktivitäten von Stellen zu bestimmen. Die Modellierung dieser Beziehungen ist im Bauwerkmodell Gesamtleitung definiert, welches auch die entsprechenden Aufgaben bestimmt.

R 9: Neue Aufgaben zur Nutzung von Kommunikationssystemen
Die Definition von Kommunikationssystemen soll nicht zur Forderung nach Systemen mit zentraler Verwaltung von Objekten mit entsprechenden neuen Aufgaben und Stellen im Bauprozess führen. Die Nutzung von Kommunikationssystemen soll aufgrund des im Informationsfluss-Modell definierten Soll-Zustands der Projektierung und Realisierung von Bauwerken im Rahmen der Aufgaben von Stellen im Bauprozess möglich sein.

Die Forderung nach Kommunikationssystemen im Sinne von Informationssystemen, welche Objekte im Bauprozess aktiv verwalten, führt zu einem engen Zusammenschluss der Beziehungs- und Prozessstruktur von unterschiedlichen Stammorganisationen. Die Verwaltung von Objekten des Bauwerks kann als Aufgabe der Funktionseinheit Architektur aufgefasst werden. Das Architekturmodell muss demzufolge die notwendigen Modellobjekte zur Objektverwaltung enthalten. Daraus resultieren Anwendungssysteme, welche die Architektur im Bauprozess unterstützen. Bei der Veränderung eines Objekts bedeutet dies jedoch nicht, dass mit dem entsprechenden Anwendungssystem sämtliche Stellen über die Veränderung des Objekts benachrichtigt werden. Hierzu muss die Architektur entsprechend ihren Aufgaben selbst tätig werden.

7. Kritik und Ausblick

7.1. Kritik der Untersuchung

Die Kritik bezüglich der Untersuchung der Gestaltung von Kommunikationssystemen gliedert sich in eine Kritik des gewählten *Ansatzes*, der *Methoden*, *Modelle* und *Resultate* in Form von Regeln zur integrierten Planung im Bauwesen. Aufgrund dieser Kritik können mögliche weitere Forschungsprojekte im Anschluss an den Nachweis der Anwendbarkeit des Bauwerkmodell-Ansatzes definiert werden.

7.1.1. Kritik des gewählten Ansatzes

Die Untersuchung der Kommunikation im Bauprozess geht von der Voraussetzung aus, dass sich die Kommunikationsbeziehungen zwischen Stellen im Bauprozess generell durch Systeme beschreiben lassen. Dabei werden nicht nur Kommunikationszentren und Kommunikationsbeziehungen als Elemente eines Systems aufgefasst, sondern auch das Bauwerk als Produkt der Projektierung im Bauprozess.

Zur Entwicklung von anwendungsorientierten Bauwerkmodellen wurden, ausgehend von einem fachübergreifenden Projektphasenplan, die Aufgaben aufgrund von einheitlichen Phasenzielen für unterschiedliche Fachgebiete abgeleitet. Unter dem funktionsorientierten Ansatz kann der Informationsbedarf beschrieben werden, welcher zum vollständigen Ablauf von Aktivitäten notwendig ist. Neben der vollständigen Beschreibung von Aktivitäten werden unter dem funktionsorientierten Ansatz die Informationsobjekte spezifiziert, welche zum Austausch von Wissen notwendig sind. Die funktionsorientierte Betrachtung der Kommunikationsprozesse im Bauprozess erlaubt es, die gegenseitigen Beziehungen in Form des ausgetauschten Wissens zwischen unterschiedlichen Fachgebieten zu erfassen. Dabei kann ein projektneutraler Soll-Zustand des Ablaufs von Kommunikationsprozessen zur Realisierung von Hochbauten definiert werden. Die Spezifikation von Kommunikationsprozessen innerhalb der Bauprojekt- und Benutzerorganisation auf der logischen Ebene ist unabhängig davon, ob diese durch Anwendungssysteme unterstützt werden.

Die funktionsorientierte Betrachtung ist zur Definition von Datenmodellen notwendig, jedoch nicht hinreichend. Die Beschreibungen von Informationsobjekten können ohne weitere Bearbeitung nicht direkt in Datenmodelle überführt werden. Zur Überführung der durch die Informationsobjekte beschriebenen Benutzerobjekte in Modellobjekte ist eine Betrachtung unter dem objektorientierten Ansatz notwendig. Dabei sind die für den Ablauf von Aktivitäten notwendigen Benutzerobjekte durch Modellobjekte anzugeben. Zur Beschreibung von Modellobjekten und deren Beziehungen werden Datenmodelle verwendet. Mit Datenmodellen können die für unterschiedliche Fachbereiche anwendungsorientierten Bauwerkmodelle spezifiziert werden. Datenmodelle definieren die zur Kommunikation im Bauprozess notwendigen Begriffe. Datenmodelle können durch vollständige Spezifikation des Verhaltens der Modellobjekte in Datenbankmodelle überführt werden. Mit Datenbankmodellen können Informationssysteme implementiert werden, welche Daten für unterschiedliche Anwendungen zur Verfügung halten.

Die direkte Anwendung der objektorientierten Betrachtung ohne die funktionsorientierte Analyse von Kommunikationsprozessen ist nicht sinnvoll, weil auch die Beschreibung von nicht unterstützten Aktivitäten sowie die Beziehungen zwischen unterstützten und nicht unterstützten Aktvitäten für die Gestaltung von Kommunikationssystemen von Bedeutung sind. Durch den direkten objektorientierten Entwurf werden aus der Sicht des Verhaltens von Objekten Datenbankmodelle definiert, welche durch Mechanismen Aktivitäten von Stellen im Bauprozess unterstützen können.

7.1.2. Kritik der Methoden

Entsprechend der systemischen Betrachtung der Kommunikationsprozesse im Bauprozess und des Bauwerks als Produkt der Projektierung dieser Prozesse ist eine funktionsorientierte und eine objektorientierte Betrachtung mit unterschiedlichen Methoden notwendig.

Zur Beschreibung des Ablaufs von Kommunikationsprozessen im Bauprozess wird eine funktionsorientierte Betrachtung durchgeführt. Dabei werden mit Datenflussdiagrammen und der Beschreibung des Inhalts von Informationsflüssen in Datenverzeichnissen die Abhängigkeiten zwischen den einzelnen fachspezifischen Aktivitäten im Bauprozess und das ausgetauschte Wissen beschrieben.

Diese funktionale Betrachtung erlaubt es ausgehend von den heutigen Bauprojektabläufen, einen projektneutralen Soll-Zustand des Ablaufs von Aktivitäten im Bauprozess zu beschreiben. Die Beschreibung von Kommunikationsprozessen ist unabhängig davon, welche Kommunikationsfunktionen durch Anwendungssysteme unterstützt werden können und sollen.

Die Umkehrung der Betrachtung der Kommunikation im Bauprozess erfolgt aus der Sicht der Bearbeitungsergebnisse der Aktivitäten. Die Bearbeitungsergebnisse mit dem Abschluss der Phase Projektierung von Bauwerken beschreiben das technische System Bauwerk in ausführungsreifer Form. Die Modellierung des Bauwerks als Produktmodell orientiert sich am System Bauwerk, wobei die Spezifikation von Bauwerkmodellen durch Datenmodelle erfolgt. Im Gegensatz zu Datenbankmodellen enthalten Datenmodelle keine Beschreibung bezüglich den dynamischen Integritätsbedingungen zwischen Objekten. Datenmodelle spezifizieren Produktmodelle weniger detailliert als Datenbankmodelle, können jedoch jederzeit durch weitere Spezifikationen in Datenbankmodelle überführt werden.

Die verwendeten NIAM Modelle zur Beschreibung von Datenmodellen unterstützen Subtyp/-Supertyp Konstrukte. Durch Kardinalitäten können Beziehungen zwischen Objekten näher definiert werden. Zur Spezifikation von Datenmodellen als Beschreibung von Bauwerkmodellen ist der Detaillierungsgrad von NIAM ausreichend, weil damit die Klassen und deren Bedeutung spezifiziert werden. Mit der Beschreibung von Klassen können Begriffe fachübergreifend definiert und als wesentliche Bestandteile der Kommunikation im Bauprozess zum Austausch von Wissen benutzt werden.

7.1.3. Kritik der gewählten Modelle

Das Informationsfluss-Modell mit den Partialmodellen Aktivitäten-, Produkt- und Datenmodell enthält die Ergebnisse der einzelnen Bearbeitungsschritte zur Gestaltung von Kommunikationssystemen im Bauprozess. Aus der Sicht der Aufgaben und Zielsetzungen im Bauprojektablauf sowie der Lenkung von Prozessen ist das Aktivitätenmodell von Interesse. Aus der Sicht der Beschreibung von Produkten enthält das Produktmodell die wesentlichen Konzepte zur Beschreibung des Produkts wie beispielsweise die Zustände in seinen verschiedenen Lebensphasen, seiner Struktur oder Funktion. Aus der Sicht der Implementierung ist das aus den Aktivitäten und der Produktmodellierung resultierende Datenmodell von Bedeutung. Die Partialmodelle des Informationsfluss-Modells enthalten sämtliche Elemente und Beziehungen, welche zur Gestaltung von Kommunikationssystemen notwendig sind.

7.1.4. Kritik der Regeln

Die Regeln zur integrierten Planung gehen von der Anwendung der Regeln zur Gestaltung von Bauwerkmodellen und Implementierung von Bauwerkmodellen in Form von Kommunikationssystemen aus.

Die Regeln zur integrierten Planung zeigen die Bedeutung der Integration von Zielen und Aufgaben innerhalb von Bauprojektorganisationen als Voraussetzung für die Anwendung des Bauwerkmodell-Ansatzes. Die Regeln führen zu einer Erweiterung der Aufgaben von Stellen im Bauprozess, jedoch nicht zu einer vollständigen Neuverteilung von Aufgaben innerhalb von Bauprojektorganisationen. Die Einhaltung der selben Regeln im Bereich von stationären Organisationen wie beispielsweise Benutzerorganisationen sind zu einem wesentlichen Teil bereits durch das Vorhandensein einer stabilen Beziehungs- und Prozessstruktur erfüllt.

Die Betrachtung der Faktoren, welche zur Gestaltung von Kommunikationssystemen im Bauprozess beeinflusst werden müssen, zeigt, dass die Gestaltung eines Kommunikationssystems auf allen Lenkungssebenen einer Bauprojektorganisation wie Besteller eines Bauwerks, der Gesamtleitung und der Planer getragen werden muss. Die wesentlichen Faktoren zur Gestaltung von Kommunikationssystemen sind die angestrebte *Modellintegration*, die *Verteilung von Daten*, die *Heterogenität bezüglich der Datenhaltung* und die *Autonomie der Anwendungssysteme*. Der Einsatz eines Kommunikationssystems mit verteilter Datenhaltung und gemeinsamer Verwaltung der modellintegrierten Beschreibung der Struktur des Bauwerks führt zu einem maximalen Grad der Zielerreichung auf allen Lenkungsebenen der Bauprojektorganisation.

Die Unterstützung von Kommunikationsfunktionen durch die Funktions-, Methoden- und Phasenintegration durch die Anwendung der Regeln zur Gestaltung von Bauwerkmodellen und deren Implementierung ist im Vergleich zur Null-Lösung scheinbar gering. Dies weil unter dem Bauwerkmodell-Ansatz anfänglich ein grosser Aufwand zur Modellintegration betrieben werden muss. Wenn sich jedoch Anwendungssysteme durchsetzen, welche auf Bauwerkmodellen aufbauen, die auf den Regeln zur Gestaltung von Bauwerkmodellen beruhen, können diese Anwendungssysteme projektübergreifend eingesetzt werden. Entsprechend wird der Nutzen des Bauwerkmodell-Ansatzes im Vergleich zum notwendigen Aufwand grösser. Die Modellintegration wird projektübergreifend nutzbar.

7.2. Ansatzpunkte weiterer Forschungsprojekte

Die Beschreibung der Kommunikationsprozesse von unterschiedlichen Fachbereichen im Bauprozess und die Definition von fachspezifischen Bauwerkmodellen stellen einen Zwischenschritt in der Entwicklung von fachübergreifenden Kommunikationssystemen im Bauwesen dar. Die Modellintegration bezüglich der Beschreibung von Bauwerken aus der Sicht von unterschiedlichen Fachgebieten wurde als wesentlicher Bestandteil einer künftigen Integration im Bauprozess erkannt. Der Grad der Modellintegration im Bauprozess orientiert sich an den besonderen Bedingungen des Bauwesens innerhalb der Güterproduktion. Dabei kann nicht wie im Bereich von stationären Produktionsindustrien auf eine Standardisierung von Teilen zurückgegriffen werden. Die fachübergreifende Spezifikation von Objekten des Bauwerks ist Voraussetzung für eine Kommunikation im Bauprozess auf einem semantisch hohen Niveau.

Die Anwendung des Bauwerkmodell-Ansatzes zur Projektierung und Realisierung von Bauwerken setzt die Delegation von Aufgaben zur Erreichung der Phasenziele innerhalb einer Bauprojektorganisation voraus. Entsprechend müssen Entscheidungen bezüglich der Realisierung von Kommunikationssystemen im Bauprozess von allen Lenkungsebenen innerhalb einer Bauprojektorganisation wie Besteller eines Bauwerks, der Gesamtleitung und Planern getragen werden. Die Einhaltung der Regeln zur integrierten Planung im Bauwesen erlaubt die Anwendung des Bauwerkmodell-Ansatzes im Bauprozess.

Ein weiterer Schritt im Bereich der Kommunikation im Bauprozess ist nach dem Nachweis der Anwendbarkeit des Bauwerkmodell-Ansatzes im Bauprozess die prototypische Implementierung von anwendungsorientierten Bauwerkmodellen. Die Implementierung der fachübergreifend modellseitig integrierten Bestandteile von Partialmodellen steht dabei im Vordergrund. Zur Implementierung sind die erarbeiteten Datenmodelle in Datenbankmodelle überzuführen. Als mögliches Kommunikationssystem soll der Typ 2 eines *verteilten, datenseitig partiell inte-*

grierten Kommunikationssystems angestrebt werden. Das Ziel der prototypischen Entwicklung eines Kommunikationssystems im Bauprozess besteht in der weiteren Spezifikation der Datenmodelle modellintegrierter Partialmodelle zu Datenbankmodellen und der fallweisen Verbesserung der einzelnen anwendungsorientierten Bauwerkmodelle. Dabei sind folgende Schritte zu durchlaufen:

- Beurteilung kommerziell verfügbarer objektorientierter Datenbanken hinsichtlich der Verwaltung der modellintegrierten Teile des Strukturmodells von anwendungsorientierten Bauwerkmodellen.
- Wahl einer objektorientierten Datenbank.
- Implementierung von modellintegrierten Klassen und Nutzung der gemeinsam verwalteten Objekte durch mehrere fachspezifische Anwendungssysteme.
- Überprüfung der Unterstützung von Aktivitäten durch Anwendungssysteme im Vergleich zum Soll-Zustand des Ablaufs von Kommunikationsprozessen.
- Anpassung der einzelnen anwendungsorientierten Bauwerkmodelle aufgrund der nicht realisierten Unterstützung von Kommunikationsfunktionen durch Anwendungssysteme.
- Anpassung der Implementierung modellintegrierter Klassen auf der fachübergreifend gemeinsamen Datenbank.

Bei der Implementierung von Bauwerkmodellen kommt die Bedeutung der unterschiedlichen anwendungsorientierten Bauwerkmodelle mit ihren gegenseitig modellintegrierten Partialmodellen zum Ausdruck. Die modellintegrierten Klassen als Medium für Kommunikation im Bauprozess auf einem semantisch hohen Niveau sind die wesentlichen Grundlagen, welche von der Seite Bauwesen mit dem fachlichen Wissen und dem Wissen über den Ablauf von Bauprojekten bezüglich der Modellintegration und damit der nachhaltigen Verbesserung der Kommunikation im Bauprozess geleistet werden können.

Die Implementierung der logischen Bauwerkmodelle und damit der Nutzung der modellintegrierten Klassen von Bauwerkmodellen liegt im Aufgabenbereich der Softwareindustrie. Entsprechend können fachspezifische Anwendungssysteme weiter verwendet werden, jedoch sind Anwendungen zur strukturellen, graphisch/topologischen Beschreibung von Bauwerken auf der Basis von modellintegrierten Bauwerkmodellen neu zu implementieren.

LITERATURVERZEICHNIS

[1] [AMICE 1989]
AMICE Consortium: CIM Open System Architecture. Research Reports ESPRIT, Project 688, Springer-Verlag, 1989

[2] [ATLAS 1993]
ATLAS: Modelling Methodology for Open Systems Integration. ESPRIT 7280, May 1993

[3] [Baumgart 1974]
Baumgart, **B**.**G**.: Geometric Modeling for Computer Vision. NTIS U.S. Dep.of Commerce, Rep. No. STAN-CS-74-463, 1974

[4] [Becker et al. 1990]
Becker, **M**., **Haberfellner**, **R**., **Liebetrau**, **G**.: EDV-Wissen für Anwender. Ein Handbuch für die Praxis. Verlag Industrielle Organisation, Zürich, 1990

[5] [Beer 1962]
Beer, **S**.: Kybernetik und Management. Frankfurt 1962

[6] [Beeri 1990]
Beeri, **C**.: A formal approach to object-oriented databases. Data and Knowledge Engineering, 5(4): 353-382, 1990

[7] [Benz 1990]
Benz, **T**.: Funktionsmodellieren als Basis zur Lösungsfindung in CAD-Systemen. Diss. Universität Karlsruhe 1990

[8] [Berger 88]
Berger, **R**.: Bauprojektkosten. Ein Indikatormodell zur nutzenorientierten Kostenplanung und Kostenbeurteilung. CRB, Zürich, 1988

[9] [Bertalanffy 1968]
von Bertalanffy, **L**.: General System Theory. Foundations, Development, Applications. George Braziller, New York 1968

[10] [Berthel 1973]
Berthel, **J**.: Zielorientierte Unternehmenssteuerung. Die Formulierung operativer Zielsysteme. Poeschel Verlag, Stuttgart 1973

[11] [Björk et al. 1987]
Björk, **B-C**., **Kähkönen**, **K**.: Computerization of Building Standards. Laboratory of Urban Planning and Building Design, Technical Research Centre of Finland, Espoo, 1987

[12] [Björk 1989a]
Björk, **B-C**.: A conceptual model for spaces, space boundaries and enclosing structure. Computer Aided Design, Volume 21, Number 2, March 1989. London, Scientific Ltd., 1989, p.71-78

[13] [Björk 1989b]
Björk, **B-C**.: Issues in the Development of a Building Product Model Standard. in: International Workshop on Computer Building Representation, LESO-PB, Lausanne, Switzerland, 23-25th October 1989, p.177-197

[14] [Björk 1991]
Björk, **B-C**.: A Unified Approach for Modelling Construction Information. Building and Environment, Vol. 27 (Ausgabe 2, 1991), p.173-19

[15] [Booch 1991]
Booch, **G**.: Object Oriented Design with applications. The Benjamin/Cummings Publishing Company, Inc., Redwood City, 1991

[16] [Brandenberger et al. 1985]
Brandenberger, **J**., **Ruosch**, **R**.: Projektmanagement im Bauwesen. Baufachverlag, Zürich 1985

[17] [Braun 1992]
Braun, **J**.: ISYBAU - EDV in den Bauverwaltungen in: Bauinformatik 6/92

[18] [Breiing 1990]
Breiing, **A**.: Modell eines rechnergestützten Konstruktionsprozesses auf der Basis einer morphographischen Datenbank. Dissertation IKB ETH Zürich, 1990

[19] [Brodie 1984]
Brodie, **M.L**.: On the development of data models. In M.L. Brodie, J. Mylopoulos und J.W. Schmidt, Herausgeber, On Conceptual Modeling, Springer, New York, 1984

[20] [Brunnberg et al. 1969]
Brunnberg, **J**., **Kiehne**, **K**.: Systeme - eine Begriffsanalyse. ZfG, 39 (1969) 9

[21] [Burger 1985]
Burger, **R**.: Bauprojektorganisation. Modelle, Regeln und Methoden. Institut für Bauplanung und Baubetrieb, Publikation Nr. 16, 1985

[22] [Cassell 1978]
Cassell`s Wörterbuch, Deutsch-Englisches, Englisch-Deutsches Wörterbuch, Macmillan Publishing Co., Inc., New York, 1978

[23] [Capra 1983]
Capra, **F**.: Wendezeit - Bausteine für ein neues Weltbild. Scherz, 6. überarbeitete und erweiterte Auflage, 1983

[24] [Chen 1976]
Chen, **P.P**.: The entity-relationship model - towards a unified view of data. ACM transaction on Database Systems, 1(1):9-36, 1976

[25] [Cherry 1963]
Cherry, **L**.: Kommunikationsforschung. Hamburg 1963

[26] [Clayton et al. 1994]
Clayton, **M.J**., **Fruchter**, **R**., **Krawinkler**, **H**., **Teicholz**, **P**.: Interpretation Objects for Multi-Disciplinary Design. Departement of Civil Engineering, 1994, Stanford University, Stanford, CA, 94305 USA

[27] [Coad et al. 1991a]
Coad, **P**., **Yourdon**, **E**.,: Object-Oriented Analysis. 2nd edn. Englewood Cliffs, NJ: Prentice-Hall, 1991

[28] [Coad et al. 1991b]
Coad, **P**., **Yourdon**, **E**.,: Object-Oriented Design. Englewood Cliffs, NJ: Prentice-Hall, 1991

[29] [Codd 1990]
Codd, **E.F**.: The Relational Model for Database Management. Version 2, Addison-Wesley Publishing Company, Massachusetts et. al, 1990

[30] [Coenenberg 1966]
Coenenberg, **A**.: Die Kommunikation in der Unternehmung. Wiesbaden 1966

[31] [NPK 1991]
CRB/VSS/SIA: NPK 2000. NPK Kapitelverzeichnis mit Stichwortregister, 1991

[32] [Daenzer 1982]
Daenzer, **W.F**.: Systems-Engineering. Leitfaden zur methodischen Durchführung umfangreicher Planungsvorhaben. Verlag Industrielle Organisation, Zürich 1982

[33] [Dahr et al. 1987]
Dahr, **V**., **Pople**, **H.E**.: Rule-Based versus Structure-Based Models for Explaining and Generating Expert Behavior. Communications of the ACM, Vol. 30, 6, 1987, p.542-555

[34] [Descartes 1637]
Descartes, **R**.: Discour de la méthode pour bien conduire sa raison et chercher la vérité dans les sciences. 1637 in: Philipp Reclam jun., Deutsche Übersetzung Fischer, K., Stuttgart, 1982

[35] [Dittrich et al. 1992]
Dittrich, **K.R**., **Geppert**, **A**.: Objektorientierte Datenbanksysteme - leistungsfähige Basis komplexer Anwendungssysteme. in: IAO-Forum. Objektorientierte Informationssysteme II. Neue Trends und aktuelle Applikationen. Springer-Verlag. Berlin et. al. 1992

[36] [Dörner 1976]
Dörner, **D**.: Problemlösen als Informationsverarbeitung. Verlag W. Kohlhammer, Stuttgart, 1976

[37] [Dörner 1989]
Dörner, **D**.: Die Logik des Misslingens. Strategisches Denken in komplexen Situationen. Rowohlt, Reinbek bei Hamburg, 1989

[38] [Duden a 1983]
Deutsches Universal Wörterbuch, Bibliographisches Institut, Mannheim 1983

[39] [Duden b 1982]
Knaurs Fremdwörterbuch: Schreibweise, Bedeutung, Anwendung. Lexikographisches Institut, München, 1982

[40] [Duden c 1993]
Duden Informatik: Ein Sachlexikon für Studium und Praxis. 2., vollst. überarb. und erw. Auflage, Mannheim; Leipzig; Wien; Zürich; Dudenverlag, 1993

[41] [Dutkowski 1993]
Dutkowski, **F**.: Fachspezifische Datentypen - eine Grundlage für die Entwicklung von komplexer Software im Bauwesen. in: Forum Bauinformatik. Junge Wissenschaftler forschen, München ´93, Fortschr.-Ber. VDI Reihe 20 Nr. 99 Düsseldorf 1993, p.15ff

[42] [Dworatscheck 1971]
Dworatschek, **S**.: Management-Informationssysteme. Berlin New York 1971

[43] [Eastman 1992]
Eastman, **Ch**., **M**.: Modeling of buildings: evolution and concepts. in: Automation in Construction 1, Elsevier Science Publishers, B.V., 1992, p.99-109

[44] [El-Bibany 1992]
El-Bibany, **H**. : Architecture for Human-Computer Design, Management and Coordination in a Collaborative AEC Environment. Technical Report Number 70, July, 1992, Stanford University

[45] [Fischer 89]
Fischer, **M.A**.: Design Construction Integration through Constructibility Design Rules for Preliminary Design of Reinforced Concrete Structures. in: Proceedings 1989 CSCE/CPCA Structural Concrete Conference, Montreal, Canada, 1989, p.333-346

[46] [Flechtner 1972]
Flechtner, **H-J**.: Grundbegriffe der Kybernetik - Eine Einführung. Verlag S. Hirzel, Stuttgart 1972

[47] [Flemming et. al 1992]
Flemming U. et al.: Computational Models for Form-Function Synthesis in Engineering Design. Pittsburgh, PA: Engineering Design Center, Carnegie-Mellon University, 1992. EDRC 48-25-92

[48] [Froese 1992]
Froese, **Th**.: Integrated Computer-Aided Project Management through Standard Object-Oriented Models. CIFE Technical Report Number 68 A, B, July 1992, Stanford University

[49] [Fruchter et al. 1993]
Fruchter, **R**., **Clayton**, **M**., **Krawinkler**, **H**., **Kunz**, **J**., **Teicholz**, **P**.: Interdisciplinary Communication Medium for Collaborative Design. in: B. H. V. Topping, (ed), Proc. of the 3rd Int. Conference on AI in Civil Engineering, CIVIL-COMP PRESS, Edinbourgh, 1993, p.7-16

[50] [Gehri 1992]
Gehri, **M**.: Computerunterstützte Baustellenführung. vdf Verlag der Fachvereine, Zürich, 1992

[51] [Gielingh 1988]
Gielingh, **W.F**.: General AEC Reference Model (GARM). TNO Building and Construction Research, BI-88-150, Oktober 1988

[52] [Gielingh et al. 1991a]
Gielingh, **W**.**F**., **Suhm**, **A**.**K**. (Eds.): IMPPACT Reference Model. An Approach to integrated Product and Process Modelling for Discrete Parts Manufacturing. ESPRIT Project 2165. Springer-Verlag, Berlin, Heidelberg, New York, 1991

[53] [Gielingh et al. 1991b]
Gielingh , **W**.**F**., **de Bruijn**, **W**. **J**., **Böhms**, **H**.**M**., **Suhm**, **A**., **Cremer**, **R**., **Bassan**, **J**.: An Open Architecture for Information Integration of CIM Modules in: Computer Applications in Production an Engineering: Integration Aspects, G. Doumeingts, J. Brown an M. Tomljanovich (Editors) Elsevier Science Publishers B.V. (North-Holland), IFIP, 1991

[54] [Greening 1992]
Greening, **R**.: Knowledge Based ASCII Interface. Die Schnittstelle der IEZ AG Bensheim. 14.12.1992

[55] [Haberfellner 1974]
Haberfellner, **R**.: Unternehmung als dynamisches System. Der Prozesscharakter der Unternehmungsaktivitäten. Verlag Industrielle Organisation, Zürich 1974

[56] [Hartmann 1949]
Hartmann, **N**.: Der Aufbau der realen Welt. Meisenheim/Glan 1949

[57] [Häusler 1970]
Häusler, **J**.: 'Planung' als Zukunftsgestaltung. Voraussetzungen. Methodik und Formen der Planung in sozio-technischen Systemen. Wiesbaden, 1970

[58] [Heuer 1992]
Heuer, **A**.: Objektorientierte Datenbanken, Konzepte, Modelle, Systeme. Addison-Wesley Publishing Company, 1992

[59] [Hill et al. 1976]
Hill, **W**., **Fehlbaum**, **R**., **Ulrich**, **P**.: Organisationslehre. Ziele, Instrumente und Bedingungen der Organisation sozialer Systeme. Band 1/2, Verlag Haupt, Bern/Stuttgart 1976

[60] [Hoffmann 1989]
Hoffmann, **Ch**.: Geometric & Solid Modeling. An Introduction. Morgan Kaufmann Publishers, Inc., San Mateo, 1989

[61] [Hubka 1980]
Hubka, **V**.: Allgemeines Vorgehensmodell des Konstruierens: Konstruktionsmethodik. Fachpresse Goldach, 1980

[62] [Hull et al. 1987]
Hull, **R**., **King**, **R**.: Semantic Database Modeling: Survey, Applications and Research Issues. ACM Computing Surveys Vol. 19. No. 3 1987

[63] [ISO/IEC 1990]
ISO/IEC: Information Technology - Information Resource Dictionary System (IRDS) framework. in: International Standard, edition 1, ISO/IEC, Genf, ISO/IEC 10027, Juni 1990 (JTC 1)

[64] [ISO/TC184 1988]
ISO/TC184: ISO Reference Model for Shop Floor Production Standards, Part 1: A Reference Model for Standardization and a Methodology for Identification of Standard Requirements. in: Industrial automation systems and integration - Product data representation and exchange, ISO/TC 184/SC 5/WG 1/N 82, ISO/TC 184/SC 5/WG 1/N 131, 1988

[65] [ISO/TC184 1989]
ISO/TC184: STEP Planning Model. in: Industrial automation systems and integration - Product data representation and exchange, ed. Tolman, F.P. and Gielingh, W.F., TNO, Delft, the Netherlands, ISO/TC 184/SC 4/WG 1/N 328, April 1989

[66] [ISO/TC184 1992a]
ISO/TC184: Part11: The Express Language Reference Manual. in: Industrial automation systems and integration - Product data representation and exchange, Draft international Standard, ISO/IEC, Genf, ISO DIS 10303-11, August 1992 (SC 4)

[67] [ISO/TC184 1992b]
ISO/TC184: Part 201: Application protocol: Explicit draughting. in: Industrial automation systems and integration - Product data representation and exchange, Committee Draft, edition 3.1, NIST, Gaithersburg, USA, ISO CD 10303-201, November 1992b (SC 4/WG 3)

[68] [ISO/TC184 1993a]
ISO/TC184: Part 101: Integrated application resources: Draughting. in: Industrial automation systems and integration - Product data representation and exchange, Committee Draft, NIST, Gaithersburg, USA, ISO CD 10303-101, January 1993a (SC 4/WG 3)

[69] [ISO/TC184 1993b]
ISO/TC184: Part 1: Overview and fundamental principles. in: Industrial automation systems and integration - Product data representation and exchange, Draft International Standard, ISO, Genf, ISO DIS 10303-1, 1993b (SC 4)

[70] [ISO/TC184 1993c]
ISO/TC184: Part 202: Application Protocol: Associative draughting. in: Industrial automation systems and integration - Product data representation and exchange, Working Draft, NIST, Gaithersburg, USA, ISO CD 10303-202, April 1993c (SC 4/WG 3/N 174 (T 6))

[71] [ISO/TC184 1993d]
ISO/TC184: Part 21: Clear Text Encoding of the Exchange Structure. in: Industrial automation systems and integration - Product data representation and exchange, Draft International Standard, NIST, Gaithersburg, USA, ISO DIS 10303-21, January 1993d (SC 4)

[72] [ISO/TC184 1993e]
ISO/TC184: Part 22: Standard Data Access Interface. in: Industrial automation systems and integration - Product data representation and exchange, Committee Draft, ISO, ISO CD 10303-22, 1993e (SC 4/WG 7)

[73] [ISO/TC184 1993f]
ISO/TC184: Part 42: Integrated resources: Geometric and topological representation. in: Industrial automation systems and integration - Product data representation and exchange, Draft International Standard, ISO, Genf, ISO DIS 10303-42, 1993f (SC 4)

[74] [ISO/TC59 1993]
ISO/TC59: Classification of information in the construction industry. Technical Report, ISO, January 1993 (SC 13/WG 2)

[75] [Ito et al 1990]
Ito, **K**., **Law**, **K**.**H**., **Levitt**, **R**.**E**.: PLAPM: An Object Oriented Project Model for A/E/C Process with Multiple Views. Technical Report Number 34, July, 1990, Stanford University

[76] [Jacobson et al. 1992]
Jacobsen, **I**, **Christerson**, **M**., **Jonsson**, **P**., **Övergaard**, **G**.: Object-Oriented Software Engineering - A Use Case Driven Approach. Addison Wesley, Wokingham, 1992

[77] [Jackson 1991]
Jackson, **M**.**A**.: System Development. Prentice Hall International, Englewood et. al., 1983

[78] [Jorysz et al. 1991]
Jorysz, **H**.**R**., **Vernadat**, **F**.: Defining CIM Enterprise Requirements Using CIM-OSA. in: Computer Applications in Production and Engineering, Integration Aspects, G.

Doumeingts, J. Browne, M. Tomljanovich, Elsevier Science Publishers, B.V. (North-Holland), IFIP, 1991

[79] [Katranuschkov 1993]
Katranuschkov, **P**.: Grundlagen eines objektorientierten Systemkerns für die CAD Integration. in: Forum Bauinformatik, Junge Wissenschaftler forschen, München ´93, Fortschr.-Ber. VDI Reihe 20 Nr. 99 Düssseldorf 1993

[80] [Knöpfel 1990]
Knöpfel, **H**.: Kostengliederung im Bauwesen. IB ETH Zürich, 1990, Teil 1 und 2

[81] [Kuhn 1962]
Kuhn, **Th**.: Die Struktur wissenschaftlicher Revolutionen. Suhrkamp Verlag, Frankfurt am Main 1976, übersetzt aus The Structure of Scientific Revolutions, University of Chicago 1962, 1970

[82] [Kosiol 1968]
Kosiol, **E**.: Grundlagen und Methoden der Organisationsforschung. 2. überarb. Aufl., Berlin, 1968

[83] [Kosiol 1969]
Kosiol, **E**.: Aufbauorganisation. Handwörterbuch der Organisation. Hrsg. von Erwin Grochla, Stuttgart 1969

[84] [Kramer 1969]
Kramer, **R**.: Stichwort "Informationswege". in: HWO 1969

[85] [Levitt 1993]
Levitt, **R**.**E**. et al.: The "Virtual Design Team": Simulating How Organization Structure and Information Processing Tools Affect Team Performance. Technical Report Number 83, April, 1993, Stanford University

[86] [Lippman 1993]
Lippman, **S**., **B**.: C++ Primer. 2nd ed., Addison-Wesley Publishing Company, Massachusetts et al., 1993

[87] [Lockeman 1986]
Lockeman, **P**.**C**.: Information Systems Design. Techniques and Software Support. "Proceedings of the IFIP Conference", edited by H.J. Kugler, North-Holland, 1986

[88] [Luiten 1994]
Luiten, **G**.**T**.: Computer Aided Design for Construction in the Building Industry. Dissertation Technische Universität Delft, 1994

[89] [Lück et al. 1993]
van Lück, **H**., **Kolender**, **U**.: Eine C++ Implementierung von Objekt-Assoziationen am Beispiel einer objektorientierten Modellierung der Planung und Konstruktion im Stahlhochbau. in: Forum Bauinformatik, Junge Wissenschaftler forschen, München ´93, Fortschr.-Ber. VDI Reihe 20 Nr. 99 Düssseldorf 1993, p.34-40

[90] [Mäntylä 1988]
Mäntylä, **M**.: An introduction to Solid Modeling. Computer Science Press, Inc., Rockville Maryland, 1988

[91] [Martin 1994]
Martin, **R**.: A practical example of object oriented analysis & design. C++ Report, SIGS Publication, New York, February 1994, Volume 6, No. 2. p.19-23

[92] [MANIFESTO 1989]
MANIFESTO: The Object-Oriented Database System Manifesto. Atkinson M., DeWitt D., Maier D., Bancilhon F., Dittrich K., Zdonik S., appeared first in: Kim, Nicolas, Nishio (eds.): Proc. of the First International DOOD Conference, Kyoto, 1989

[93] [DeMarco 1979]
DeMarco, **T**.: Structured Analysis and System Specification. Yourdon Press, Prentice-Hall, New Jersey, 1979

[94] [Meier 1986]
Meier, **A**.: Methoden der grafischen und geometrischen Datenverarbeitung. B.G.Teubner Stuttgart, 1986, p.95

[95] [Meier 1991]
Meier, **A**.: Advantages of Using Features to Integrate Product and Process Modelling - Results of IMPACCT (ESPRIT 2165). in: Computer Applications in Production an Engineering: Integration Aspects. G. Doumeingts, J. Brown an M. Tomljanovich (Editors) Elsevier Science Publishers B.V. (North-Holland), IFIP, 1991

[96] [Meier 1994]
Meier, **D**.: Aufgaben und Entscheide des Bauherrn. FMB Bulletin Nr. 13, März 1994

[97] [Mertiens et al. 1991]
Mertiens, **K**., **Süssenguth**, **W**., **Jochem**, **R**.: Integrated Information Modelling for CIM: An Object-Oriented Method for Integrated Enterprise Modelling. in: Computer Applications in Production and Engineering, Integration Aspects, G. Doumeingts, J. Browne, M. Tomljanovich, Elsevier Science Publishers, B.V. (North-Holland), IFIP, 1991

[98] [Mirow 1969]
Mirow, **H**.: Kybernetik. Wiesbaden, 1969,

[99] [Müller 1979]
Müller, **F**.: Verfahren der Projektdatenorganisation im Bauwesen. Dissertation TH Darmstadt, 1979

[100] [Morris 1938]
Morris, **Ch**.: Foundations of the Theory of signs. (Intern. Encyclop. of Unified Sciences.), Chicago 1938 (1960)

[101] [Nagel 1988]
Nagel, **K**.: Nutzen der Informationsverarbeitung. Methoden zur Bewertung von strategischen Wettbewerbsvorteilen, Produktivitätsverbesserungen und Kosteneinsparungen. R. Oldenburg Verlag, München, Wien, 1988

[102] [Niestroj 1993]
Niestroj, **Ch**.: Objektorientierte Analyse für den bauteilorientierten Datenaustausch von der Objekt- zur Tragwerksplanung. Dissertation TH Darmstadt, Institut für Numerische Methoden und Informatik im Bauwesen, 1993

[103] [Pätzold 1991]
Pätzold, **B**.: Integration rechnerunterstützter Verfahren für die Konstruktion auf der Basis eines objektorientierten Produktmodellansatzes. VDI Forstschrittsberichte, Reihe 20, Nr. 53, VDI Verlag Düsseldorf, 1991

[104] [Petry 1988]
Petry, **E**.: Versionsverwaltung von Objekten durch ein erweitertes relationales Datenbanksystem. Informatik-Dissertation ETH Zürich Nr.9, vdf, 1988

[105] [Phan et al. 1992]
Phan, **D**.**H**.**D**., **Howard**, **H**.**C**.: Functional Analysis for Facility Engineering Data Modeling using the PArtitioned eNgineering DAta flow model (PANDA). Technical Report Number 77, November 1992, Stanford Unversity

[106] [Probst et al. 1991]
Probst, **J**.**B**., **Gomez**, **P**.: Vernetztes Denken: ganzheitliches Führen in der Praxis. 2. erw. Aufl., Gabler, Wiesbaden, 1991

[107] [Probst 1992]
Probst, **G**.**J**.**B**.: Organisation. Strukturen, Lenkungsinstrumente, Entwicklungsperspektiven. Verlag moderne Industrie, Landsberg/Lech, 1992

[108] [Odgen 1969]
Odgen, **C**.**K**., **Richards**, **I**.**A**.: The Meaning of Meaning - A Study of the Influence of Language Upon Thought and of the Science of Symbolism. Routledge U. Kegan Paul, London, 1969

[109] [OR]
Schweizerisches Obligationenrecht
[110] [Oszu 1991]
Ozsu, **M**.**T**., **Valduriez**, **P**.: Principles of Distributed Systems, Prentice-Hall, 1991
[111] [Ross 1977]
Ross, **D**.**T**.: Structured Analysis (SA). A Language for Communicating Ideas. IEEE Transactions on Software Engineering, Vol. 3, No. 1, 1977, p.16-33
[112] [Royce 1970]
Royce, **W**.**W**.: Managing the Development of Large Software Systems: Concepts and Techniques. in: Proceedings of WESCON, August 1970, p.A/1-1 - A/1-9
[113] [Rüppel et al. 1993]
Rüppel, **U**., **Meissner**, **U**., **Möller**, **B**.: Object-Oriented Data Exchange for the Integration of Design Processes in Structural Engineering. in: Computing in Civil and Building Engineering, Proceedings of the Fifth International Conference (V-ICCCBE). Volume 1. California, June 7-9, 1993
[114] [Rüppel 1993]
Rüppel, **U**.: Objektorientiertes Management von Produktmodellen der Tragwerksplanung. Dissertation TH Darmstadt, Institut für Numerische Methoden und Informatik im Bauwesen, 1993
[115] [Rumbaugh et al. 1991]
Rumbaugh, **J**., **Blaha**, **M**., **Premerlani**, **W**. et al.: Object-Oriented Modeling and Design. Englewood Cliffs, Prentice-Hall, 1991
[116] [Schalcher 1979]
Schalcher, **H**.**R**.: Optimale Gestaltung und Nutzung des Kommunikationssystems für die Verwirklichung eines Bauvorhabens. Institut für Bauplanung und Baubetrieb ETH Zürich, 1979
[117] [Scheifele 1991]
Scheifele, **D**.**R**.: Bauprojektablauf. Grundlagen und Modelle für eine effiziente Ablaufplanung im Bauwesen. Verlag TÜV Rheinland, 1991
[118] [Scheck et al. 1991]
Schek, **H**.-**J**., **Weikum**, **G**.: Erweiterbarkeit, Kooperation, Föderation von Datenbanksystemen. in: Proc. 4th GI Conf. on Database Systems in Office, Engineering, and Scientific Applications (BTW), Kaiserslautern, March 1991, Springer IFB
[119] [Schenk 1990]
Schenk, **D**.: EXPRESS Language Reference Manual. ISO TC184/SC4/WG1 N496, 1990
[120] [Scholl et al. 1991]
Scholl, **M**.**H**., **Laasch**, **C**., **Tresch**, **M**.: Updable Views in Object-Oriented Databases. Techn. Bericht 148. ETH Zürich, Departement Informatik, 1991
[121] [Scholz 1988]
Scholz, **I**.**B**.: CIM-Schnittstellen. Konzepte, Standards und Probleme der Verknüpfung von Systemkomponenten in der rechnerintegrierten Produktion. Oldenburg, 1988
[122] [Schregenberger 1981]
Schregenberger, **J**.**W**.: Methodenbewusstes Problemlösen. Ein Beitrag zur Ausbildung von Konstrukteuren, Beratern und Führungskräften. IB ETH Publikation Nr. 15, 1981
[123] [Schulz et al. 1990]
Schulz v., **Thun**, **Friedemann**,: Allgemeine Psychologie der Kommunikation. Störungen und Klärungen. Rowohlt Hamburg 1990
[124] [Schwarz 1977]
Schwarz, **H**.: Betriebsorganisation als Führungsaufgabe. Verlag moderne Industrie, München, neu bearb. und erg. Aufl., 1977

[125] [Seiler 1985]
Seiler, W.: Technische Modellierung und Kommunikationsverfahren für das Konzipieren und Gestalten auf der Basis der Modell-Integration. VDI-Verlag Düsseldorf, 1985

[126] [Serén et al. 1993]
Serén, K.J., Hannus, M., Karstila, K., Kihlman, M., Pellosniemi, J.: Object-oriented CAD tool implementations for the construction industry. VTT Technical Research Centre of Finnland, ESPOO 1993

[127] [Shaw 1991]
Shaw, N.: STEP Part 1 - Overview and Fundamental Principles. ISO TC184/SC4/Editing Document Nr. N-11, Mai 1991

[128] [Shlaer et al. 1988]
Shlaer, S., Mellor, J.S.: Object-Oriented Systems Analysis. Modeling the World in Data. Yourdon Press, Prentice-Hall, 1988

[129] [Shlaer et al. 1992]
Shlaer, S., Mellor, J.S.: Object Lifecycles. Modeling the World in States. Yourdon Press, Prentice-Hall, 1992

[130] [SIA 160 1989]
SN **SIA 160**, Schweizer Ingenieur- und Architekten-Verein, 1989

[131] [SIA 103 1984]
SN **SIA 103**, Ordnungen für Leistungen und Honorare für Bauingenieure, 1984

[132] [SIA D 510 1989]
SN **SIA D 510**, Dokumentation, Bauprojektkosten mit EDV. Strukturen, Verwaltung und Austausch von kostenrelevanten Daten. SIA 1994

[133] [SIA V 450 1993]
SN **SIA V 450**, Empfehlung, Informatik, Kosteninformationen, Strukturen, Verwaltung und Austausch von Kosteninformationen im Bauwesen. SIA 1993

[134] [Siegwart 1978]
Siegwart, H., Menzl, I.: Kontrolle als Führungsaufgabe. Haupt, Bern und Stuttgart, 1978

[135] [SofTech 1981]
SofTech: Function Modeling Manual ($IDEF_0$). vol. 4, Integrated Computer-Aided Manufacturing (ICAM), Architecture Part II, SofTech, Inc., Waltham, USA, 1981

[136] [Sommerville 1989]
Sommerville, I.: Software Engineering. Addison-Wesley Publishing Company, 3rd ed. 1989

[137] [Sowa 1984]
Sowa, J.F.: Conceptual Structures - Information Processing in Mind and Machine. Addison-Wesley, Massachusetts, 1984

[138] [Svensson 1991]
Svensson, K.: Neutral Building Product Model. The KBS Model. Report from the Technical Division, 1991

[139] [Teamwork 1990a]
Teamwork: team*work*® Environment Reference Manual. Release 4.0, Cadre Technologies Inc., 1990

[140] [Tolman 1991]
Tolman, F.P.: Integration Core Model for Product Modeling. CAM-I, C90-PMP-02, 1991, (auch publiziert als TNO report B-91-0885)

[141] [Tolman et al. 1992]
Tolman, F.P., Kuiper, P., Luiten, G.T.: Product Modelling at Work. in: Computer Integrated Construction, ed. Wagter, H., Elsevier Science Publishers B.V., 1992, p.17-26

[142] [Tsichritzis et al. 1977]
Tsichritzis, **D**., **Hlug**, **A**. (eds.): The ANSI/X3/SPARC DBMS Framework. AFIPS Press, Montvale, NJ 1977

[143] [Ulrich 1968]
Ulrich, **H**.: Organisationsbrevier. Paul Haupt, Bern, 1968

[144] [Ulrich 1970]
Ulrich, **H**.: Die Unternehmung als produktives soziales System. Grundlagen der allgemeinen Unternehmungslehre. Verlag Paul Haupt, Bern/Stuttgart 1970

[145] [Ulrich et al. 1991]
Ulrich, **H**., **Probst**, **J**.**B**.: Anleitung zum ganzheitlichen Denken. Ein Brevier für Führungskräfte. Verlag Paul Haupt, Bern und Stuttgart, 3. Auflage, 1991

[146] [Vetter 1990]
Vetter, **M**.: Informationssysteme in der Unternehmung. Eine Einführung in die Datenmodellierung und Anwendungsentwicklung. B.G.Teubner, Stuttgart, 1990

[147] [Vester 1990]
Vester, **F**.: Leitmotiv vernetztes Denken. Für einen besseren Umgang mit der Welt. Heyne, München, 1990

[148] [Waard 1992]
Waard, **M**.: Computer aided conformance checking. Checking residental building designs against Building regulations with the Aid of Computers. Dissertation Technische Universität Delft, Marcel de Waard, 1992

[149] [Warsch 1991]
Warsch, **Ch**.: Planung rechnerunterstützter Kommunikation im Unternehmerverbund. IFW/Fortschritt Berichte VDI, 1991

[150] [Weiler 1985]
Weiler, **K**.: Edge-based data structures for solid modelling in curved surface environments. in: IEE Computer Gaphics and Applications, 1985, p.25-37

[151] [Weiler 1988]
Weiler, **K**.: The Radial Edge Structure: A Topological Representation for Non-Manifold Geometric Boundary Modelling. in: geometric modeling for CAD applications, IFIP north-holland, 1988

[152] [Willems 1988]
Willems, **P**.**H**.: A Meta-Topology for Product Modeling. BI-88-901, TNO Building and Construction Research, Rijswik, The Netherlands, December 1988

[153] [Wilkie 1993]
Wilkie, **G**.: Object-Oriented Software Engineering. The Professional Developer`s Guide. Addison-Wesley Publishing Company, Workingham, England et. al, 1993

[154] [Wilson 1988]
Wilson, **P**.**R**.: Data transfer and solid modeling. in: geometric modeling for CAD applications. IFIP north-holland, 1988

[155] [Wintraecken 1990]
Wintraecken, **J**.**J**.**V**.**R**.: The NIAM Information Analysis Method. Theory and Practice. Kluwer Academic Publishers, Dodrecht/Boston/London, 1990

[156] [Wirfs et al. 1990]
Wirfs-Brock, **R**., **Wilkerson**, **B**., **Wiener**, **L**.: Designing Object-Oriented Software. Englewood Cliffs, NJ: Prentice-Hall, 1990

[157] [Zangemeister 1976]
Zangemeister, **Ch**.: Nutzwertanalyse in der Systemtechnik. Eine Methodik zur multidimensionalen Bewertung und Auswahl von Projektalternativen. Wittemannsche Buchhandlung, 4. Auflage, München, 1976

[158] [Zehnder 1987]
Zehnder, **C**.**A**.: Informationssysteme und Datenbanken. vdf Verlag der Fachvereine, Zürich, 4. Auflage, 1987

[159] [Zogg 1973]
Zogg, A.: Systemorientiertes Projekt-Management. Band 2, Forschungsberichte für die Unternehmenspraxis des betriebswirtschaftlichen Instituts der ETH Zürich, Verlag Industrielle Organisation, Zürich, 1973

ANHANG A: GLOSSAR

Die im vorliegenden Forschungsprojekt wesentlichen Begriffe sind alphabetisch geordnet und bezüglich möglicher weiterer Definitionen für andere Anwendungsgebiete abgegrenzt.

A

Abstraktion

Mentale Fähigkeit, welche es erlaubt, die in der realen Welt existierenden Probleme mit einem variierenden Grad an Details zu betrachten, entsprechend dem Kontext des Problems [Wilkie 1993 p.383].
Vereinfachte Beschreibung von Systemen der realen Welt, wobei relevante Systemeigenschaften hervorgehoben und nicht-relevante vernachlässigt werden [Booch 1991 p.38ff].

Aktivität

- *Organisation*
  Tätigkeit

Anpassung

- *Lenkung von Systemen*
  Das System verändert sein Verhalten so, dass sich ein Gleichgewichtszustand zwischen System und Umwelt einspielt - dieser selbst entwickelte Sollwert wird jetzt der künftigen Entwicklung zugrunde gelegt [Flechtner 1972 p.44]. (→ Steuerung), (→ Regelung)

Aufgabe

- *Organisationslehre*
  Eine Aufgabe ist eine Soll-Leistung, die durch den Arbeitseinsatz von Menschen und/oder Maschinen erbracht werden kann.
  Aufgaben selbst können nach Schwarz [Schwarz 1977 p.33] in Anlehnung an Kosiol [Kosiol 1968 p.72] durch folgende Merkmale umfassend beschrieben werden: Die Verrichtung, die ihre Erfüllung bewirkt; das Objekt (die Objekte), an dem (denen) sich die Verrichtungen vollziehen sollen; den Aufgabenträger, der zu ihrer Durchführung vorgesehen ist; die nicht selbsttätigen Hilfsmittel, die den Aufgabenträger unterstützen; den Raum, der die Erfüllung der Aufgabe örtlich festlegt und die Zeit, die Dauer und Wiederholung der Aufgabenerfüllung.
  Den Begriff der Aufgabe im betriebswirtschaftlichen Sinn unter dem rein statischen Aspekt sehen Hill/Fehlbaum/Ulrich [Hill et al. 1976 p.123] als eine Soll-Leistung. Eine Aufgabe kann als die Gesamtheit von Aktivitäten zur Erzeugung eines bestimmten Outputs charakterisiert werden. Mehrere Soll-Leistungen zusammen machen die Gesamtaufgabe einer Stelle aus. Dynamisch betrachtet enthält die Aufgabe eine Reihe von Aktivitäten, wie sie zur Erfüllung einer Soll-Leistung notwendig sind. Aktivitäten treten als physische Transformationsprozesse (Materialverarbeitungsvorgänge) oder als Kommunikationsprozesse auf. (→ Leistung)
  Aus der Analyse der Aufgaben lassen sich zwar die notwendigen Aktivitäten ableiten, umgekehrt hingegen lässt sich aus der Analyse der Aktivitäten nichts über ihre Funktion oder ihren Zweck aussagen [Hill et al. 1976 p.123].

- *Denkpsychologie*
  Geistige Anforderungen, für deren Bewältigung Methoden bekannt sind [Dörner 1976 p.10].

Auftrag

Die Übertragung einer Aufgabe an einen bestimmten Leistungsträger.
Verpflichtung zur Erbringung einer nach Menge, Qualität, Ort und Zeit bestimmten Leistung [Brandenberger et al. 1985 p.197].
Im Gegensatz zur Aufgabe allein stellt der Auftrag die konkrete Umsetzung einer Aufgabe in einen oder mehre Aufträge an bestimmte Leistungsträger dar. (→ Aufgabe)

Der Begriff des Auftrags besitzt zwei Bedeutungen. Einerseits ist ein Auftrag eine Weisung zur Erledigung einer übertragenen Aufgabe, andererseits eine Bestellung von Dienst- oder Sachleistungen [Duden a 1983 p.122].
Im juristischen Sinn kommt ein Rechtsverhältnis zwischen dem Auftraggeber und dem Beauftragten zustande, dessen Leistungen entsprechend vergütet werden.
Schweizerisches Obligationenrecht, Art. 394 (Der Auftrag, Begriff):
1Durch die Annahme eines Auftrages verpflichtet sich der Beauftragte, die ihm übertragenen Geschäfte oder Dienste vertragsgemäss zu besorgen.
2Verträge über Arbeitsleistung, die keiner besonderen Vertragsart dieses Gesetzes unterstellt sind, stehen unter den Vorschriften über den Auftrag.
3Eine Vergütung ist zu leisten, wenn sie verabredet oder üblich ist.

B

Balancing

Weiterführung von Datenflüssen von und zu Prozessen auf der unteren Ebene bei der Gliederung des Hauptprozesses in Teilprozesse.
All data shown data entering a child diagramm must be represented on the parent by the same data flow into the associated bubble. Outputs form the child diagramm must be the same as outputs from the associated bubble on the parent with the exception: trivial rejects (reject paths that require no revision of state information) need not be balanced between parent and child [DeMarco 1979 p.78].

Bauprojekt

synonym **Bauvorhaben**
Ein Bauprojekt ist eine zeitlich und leistungsmässig abgegrenzte Aufgabe zur Planung, Projektierung und nutzungsbereiten Erstellung oder Veränderung einer Bauanlage unter den besonderen Bedingungen des Bauwesens: Einzelfertigung; Ortsgebundenheit; grosse, langlebige Ergebnisse und Auftragsproduktion [Burger 1985 p.15].
Ein Projekt ist ein Vorhaben, das im wesentlichen durch Einmaligkeit der Bedingungen in ihrer Gesamtheit gekennzeichnet ist, wie zum Beispiel: Zielvorgabe; zeitliche, finanzielle, personelle oder andere Begrenzungen; Abgrenzung gegenüber anderen Vorhaben und projektspezifische Organisation [DIN 69901 p.1].
Ein Projekt ist eine zeitlich und leistungsmässig abgegrenzte Aufgabe im umfassenden Sinn [Burger 1985 p.15]. Martino bezeichnet den Begriff des Projekts als Aufgabe mit definierbarem Anfang und Ende (vgl. [Zogg 1973]).

Bauprojektorganisation

Die Bauprojektorganisation ist ein ziel- und zweckorientiertes, temporäres, sozio-technisches System, dessen Elemente als Stellen mit Aufgaben und Aktivitäten definiert sind und zwischen denen Austauschvorgänge stattfinden [Burger 1985 p.16ff].
(→ Organisation)

Bauprojekt- und Benutzerorganisation

Geordnete Menge aller Stellen im Bauprozess in allen Lebensphasen des Bauwerks.

Bauprojektsystem

Modell einer Organisation, deren Zweck in der Realisierung eines Bauwerks liegt.
Das Bauprojektsystem besteht aus den folgenden Subsystemen (vgl. [Scheifele 1991]): das Zielsystem, mit den ursprünglichen Zielen des Bestellers und den transformierten Projektzielen, das erzeugende System - verstanden als Organisation mit ihren Sachmitteln - und das erzeugte System, das den jeweiligen Projektzustand, das heisst den Zustand des Bauwerks darstellt.
Das konkrete Modell Bauprojektsystem kann als Ausprägung des Referenzmodells Projektsystem aufgefasst werden. (→ Projektsystem), (→ Benutzersystem)

Sowohl das Benutzer- als auch das Bauprojektsystem wurden ausgehend vom Projektsystem spezialisiert. Das Bauprojekt- und Benutzersystem sind nicht nur homolog, sondern weisen an der Schnittstelle zwischen Bauwerkserstellung und -nutzung folgende Beziehungen auf:
- Das physische System Bauwerk ist in beiden Systemen trivialerweise das gleiche.
- Ziele hinsichtlich der Bauwerksnutzung sind im wesentlichen schon bei der Projektierung vorhanden und werden übernommen. Daneben kommen bei der Benutzerorganisation neue Systemziele für das genutzte (Anpassung, Umbau) und nutzende System (Reorganisation Benutzerorganisation, Verkauf Bauwerk) dazu.
- Die temporäre Bauprojektorganisation wird an der Schnittstelle zwischen Systemrealisierung und -nutzung aufgelöst. In der Benutzerorganisation können Stellen mit Personen besetzt werden, die vorher in der Bauprojektorganisation tätig waren und auf diese Weise über ein entsprechend grosses Wissen bezüglich des Bauwerks verfügen.
- Teile der Bauprojektdaten werden aufgearbeitet oder direkt in das Benutzerdatensystem zur Gebäudenutzung übernommen.

Bauprozess

Der Bauprozess umfasst die Menge aller Aktivitäten, welche für die Verwirklichung und Nutzung eines Bauwerks erforderlich sind, und die im Hinblick auf die bestmögliche Zielverwirklichung in logischer Folge verknüpft sind. Den Anfangspunkt des Bauprozesses bildet die Formulierung des Baubedürfnisses, und der Endpunkt ist gegeben durch das Ende der Nutzung infolge Abbruch oder Zerstörung des Bauwerks [Schalcher 1979 p.18].
Die Vorgänge laufen unter der vorgegebenen Zielsetzung ab, dem Besteller ein hinsichtlich seiner Zweckbestimmung optimales Bauwerk zu erstellen. Entsprechend umfasst der Bauprozess alle Lebensphasen eines Bauwerks.

Bauwerk

synonym **bauliches System**
Als Bauwerk bezeichnen wir jede physikalisch messbare Veränderung des bestehenden Umweltsystems, welche aufgrund einer konkreten Investitionsabsicht durch bewusstes und zielorientiertes menschliches Handeln, insbesondere durch bauliche Massnahmen vollzogen wurde. Diesen neu gebildeten und örtlich begrenzten Umweltzustand betrachten wir als bauliches System [Schalcher 1979 p.16].
Der Begriff des Werks ist im Sinne des Schweizerischen Obligationenrechtes zu verstehen (vgl. [OR Art.363] Begriff Werkvertrag), wobei ein Werk ein ganzes Bauwerk (Fabrikationsanlage, Bürogebäude) oder lediglich ein Teil eines Bauwerks (Stahlbetonkonstruktion, Sanitärinstallation) sein kann.

Bauwerk, Typen

- *Hochbauten*
  Mit Installationen und Ausbau versehene Gebäude aller Art [Knöpfel 1990 p.A3-1]

- *Trassebauten*
  Mit dem Untergrund verwachsene, langgegezogene oder flächenhafte Bauwerke [Knöpfel 1990 p.A3-1]

- *Kunstbauten*
  Sichtbare Bauwerke mit dominierender Tragstruktur [Knöpfel 1990 p.A3-1]

- *Untertagbauten*
  Im Untergrund eingebaute langgezogene oder körperhafte Bauwerke [Knöpfel 1990 p.A3-1]

Bauwerkmodell

Spezielles Produktmodell, in dem das System Bauwerk als Produkt der Bauprojektorganisation aufgefasst wird. (→ Produktmodell)

Bauwerkmodell, anwendungsorientiertes

Spezielles Modell der Beschreibung des technischen Systems Bauwerk zur Unterstützung von Aufgaben in einem bestimmten Anwendungsbereich.

Die Modellierung von Bauwerken erfolgt aus der Sicht von spezifischen Aufgaben im Bauprozess. Anwendungsorientierte Bauwerkmodelle werden aus dem integralen durch Spezialisierung und Ergänzung abgeleitet. (→ Bauwerkmodell, integrales)

Bauwerkmodell, integrales

Generelles Modell der Beschreibung des technischen Systems Bauwerk, welches zur Erzeugung von Bauwerkmodellen für bestimmte Anwendungen spezialisiert und ergänzt werden kann.

Die Modellierung von Bauwerken wird auf einem abstrakten, generell gültigen Niveau als integral bezeichnet, weil sämtliche Aspekte, unter denen das System Bauwerk in seinen Lebensphasen betrachtet wird, berücksichtigt werden. Ein integrales Bauwerkmodell wird in einem Kommunikationssystem nicht implementiert. Integrale Bauwerkmodelle können durch Datenmodelle spezifiziert werden. (→ Bauwerkmodell, anwendungsorientiertes)

Bauwerkmodell, integriertes

Spezielles Modell vom Bauwerk, das aus mehreren anwendungsorientierten Bauwerkmodellen besteht, welche aus dem integralen Bauwerkmodell spezialisiert wurden. Die Integration bezieht sich auf die Bedeutung der Klassen von anwendungsorientierten Bauwerkmodellen. Wenn Klassen fachübergreifend die selbe Bedeutung haben, sind die entsprechenden anwendungsorientierten Bauwerkmodelle ganz oder teilweise integriert.

Die Integration von anwendungsorientierten Bauwerkmodellen bezieht sich auf die Bedeutung von Klassen, das heisst die Modellierung des Bauwerks. Integrierte Bauwerkmodelle können durch Datenbankmodelle detaillierter spezifiziert werden als mit Datenmodellen. Die Integration muss nicht das gesamte Bauwerkmodell betreffen, sondern kann sich auch nur auf einzelne Partialmodelle beziehen.

Die modellseitige Integration der Bestandteile (Partialmodelle) von anwendungsorientierten Bauwerkmodellen hat nichts mit der Verwaltung der Objekte in diesen Bauwerkmodellen zu tun. Zwei anwendungsorientierte Bauwerkmodelle können dezentral in Dateien oder auf Datenbanksystemen verwaltet werden. Die Integration bezieht sich auf die Bedeutung von Klassen und ihre Objektmengen, wobei die entsprechenden Objekte in zwei Fachbereichen dieselbe Bedeutung haben und entsprechend zur Übermittlung von Wissen genutzt werden können.

Bauwerkmodell, intelligentes

Vollständig integriertes Bauwerkmodell, welches die Regeln zur Erzeugung von Objekten enthält und sich hinsichtlich der Realisierbarkeit der Bauwerksbeschreibung selbst konsistent erhält.

Für intelligente Bauwerkmodelle werden Regeln formuliert, dass die Objekte eines Bauwerks wissen, aufgrund welcher Gesetzmässigkeiten sie gestaltet wurden. Sind alle denkbaren Regeln, welche bei einer Bauwerksgestaltung angewendet werden, formuliert, kann die Implementierung eines intelligenten Bauwerkmodells selber die bei einer Änderung auftretenden kaskadierenden Anpassungen vornehmen. Die Schwierigkeit liegt in der Formulierung aller Regeln zur Gestaltung eines Bauwerks.

Die Spezifikation von Regeln zur Konsistenzerhaltung innerhalb der Bauwerksbeschreibung hat nichts mit der Verwaltung von Objekten innerhalb einer Bauprojekt- und Benutzerorganisation zu tun. Soll das Bauwerkmodell zusätzlich im Bauprozess aktiv werden und die beteiligten Stellen über Veränderungen der diese interessierenden Objekte aufmerksam machen, müssen die Regeln, nach denen Aktvitäten im Bauprozess ablaufen, zusätzlich zu den Konstruktionsregeln der Objekte bekannt sein. Die Betrachtung der Problemlösungszyklen zeigt, dass diese Regeln für den Ablauf von Systemgestaltungsprozessen nicht einfach zu finden sind.

Begriff

Begriffe sind abstrakte Ideen, die in der Regel durch Erfahrungen entstehen.
Durch Beobachtung von mehreren Objekten der realen Welt mit bestimmten Gemeinsamkeiten werden Begriffe zur Beschreibung einer Menge solcher Objekte gebildet.

Benutzerobjekt

Objekt, das direkt in der realen oder der Vorstellungswelt eines Anwenders vorkommt. (→ Objekt)
Benutzerobjekte sind auf der Ebene der realen Welt einzuordnen.

Benutzersystem

Modell einer Organisation, deren Zweck in der Nutzung eines Bauwerks liegt.
Wird die Bauwerksnutzung ebenfalls als Aufgabe interpretiert, lässt sich wiederum ein Zielsystem, ein nutzendes (Benutzer) und ein genutztes System (Bauwerk) erkennen.
Das konkrete Modell Benutzersystem kann als Ausprägung des Referenzmodells Projektsystem aufgefasst werden. (→ Projektsystem), (→ Bauprojektsystem)

Beziehungsstruktur

synonym **Aufbauorganisation**
- *Systemtheorie*

Die Beziehungen zwischen Systemelementen werden als Beziehungsstruktur eines Systems bezeichnet. (→ Prozessstruktur)

C

CIM-System
- *Computer Aided Manufacturing*

Menge von automatisierten und integrierten Informationsverarbeitungs- und Materialverarbeitungsressourcen [Gielingh et al. 1991a p.40].

Code

Regeln zur Zusammensetzung von Signalen. (→ Signal)
Der Code ist eine künstliche, starre Ordnung, durch die ein Satz von Signalen in einen anderen Satz transformiert werden kann [Cherry 1963 p.243].
Durch Codieren entstehen Signale und damit die Codeform der Nachricht (vgl. [Flechtner 1972 p.18]). Je nach verwendetem Code entstehen unterschiedliche Signale, die der Empfänger nur dann richtig interpretieren kann, wenn er den gleichen Code und den gleichen Zeichenvorrat wie der Sender benutzt. (→ Zeichenvorrat)

D

Datum

Spezielles Signal als Nachricht oder eines Teil davon, das maschinell verarbeitet werden kann [Duden c 1993 p.188].

Datei

synonym **file**
Bezeichnung für eine nach bestimmten Gesichtspunkten zusammengestellte Menge von Daten [Duden c 1993 p.154].

Datenbank

System zur Beschreibung, Speicherung und Wiedergewinnung von umfangreichen Datenmengen, die von mehreren Anwendungsprogrammen benutzt werden [Duden c 1993 p.157].

Datenbankmodell

Die Beschreibung einer Datenbank mit der Gesamtheit aller Modellobjekte eines Datenmodells einschliesslich der Spezifikation der statischen und dynamischen Eigenschaften der Anwendungswelt mit den anwendbaren Methoden und den Integritätsbedingungen. (→ Datenmodell)

Datenmodell

- *allgemein*
  Formale Beschreibung aller für unterschiedliche Anwendungen notwendigen Daten und Beziehungen untereinander.
  Unter dem allgemeinen Aspekt ist das Datenmodell unabhängig von den eingesetzten Mitteln wie beispielsweise einer Datenbank. Zur Integration von Anwendungen muss für diese ein gemeinsames Modell der Daten und gegenseitigen Beziehungen gefunden werden.

- *Datenbank*
  Formale Beschreibung aller in einer Datenbank enthaltenen Daten und ihren Beziehungen untereinander [Duden c 1993 p.163].
  Datenmodelle werden auf der konzeptionellen und der externen (logischen) Ebene verwendet. (→ Datenbankmodell)
  In Datenmodellen werden keine dynamischen Integritätsbedingungen definiert, sondern nur statische und dynamische Eigenschaften sowie statische Integritätsbedingungen.

Datentyp

Ein Datentyp ist ein System, welches aus einer beziehungsweise aus mehreren Objektmengen und den anwendbaren Operationen besteht [Dutkowski 1993 p.17].
Ein Datentyp charakterisiert das Verhalten einer Objektmenge.

Datentyp, abstrakter

Ein Behälter von Daten, der durch die Implementierung eines Objekts erzeugt wurde. Ein abstrakter Datentyp kapselt die physische Speicherung der Daten vor dem Benutzer, hält aber eine Menge von öffentlichen Methoden bereit, mit denen der Benutzer die Daten manipulieren kann [Wilkie 1993 p.383].
Die folgende Definition des abstrakten Datentyps kann als Basis für eine Klassendefinition betrachtet werden. (→ Klasse)
Bei einem abstrakten Datentyp wird als Grundlage zur Klassendefinition im Gegensatz zu einem einfachen Datentyp für die Implementierung der Operationen keine nähere Spezifikation gemacht (vgl. [Dutkowski 1993 p.17]). (→ Zustandstyp)

Datenmodell, konzeptionelles

synonym **Informationsmodell**
Ein Informationsmodell beschreibt mittels formallogischer Beschreibungshilfsmittel ein Datenmodell, welches sich an einer konkreten Sachlage des betreffenden Anwendungsbereichs und der zugrundeliegenden Fachdisziplin ausrichtet, in einer benutzernahen Darstellungsform [Pätzold 1991 p.54].

Datenstruktur

Beschreibt die gegenseitigen Beziehungen zwischen Objektmengen [Dutkowski 1993 p.17].

Dokument

Dokumente sind statische Beschreibungen von Systemen oder Teilen davon unter einem bestimmten Aspekt zu einem bestimmten Zeitpunkt.
Dokumente können nicht ineinander transformiert werden, sind nur sehr bedingt änderbar und beschreiben das Bauwerk nur sehr unvollständig. Dagegen sind Papierdokumente rasch erstellt, weil sie nicht vollständig sein müssen, denn ein Empfänger kann auch aus unvollständigen Beschreibungen noch Informationen gewinnen. Dokumente stellen eine

Menge von Beschreibungen von Systemen dar, deren Konsistenz in arbeitsteiligen Organisationen kaum zu garantieren ist.

Duale Objekttypen

Für ein Objekt werden je eine Darstellung in der Umgebung eines Datenbanksystems und eine in der Umgebung des Anwendungssystems zugelassen, wobei eine davon als Datenbanksicht aus der anderen definiert wird [Scheck et al. 1991].

Dimension

- *Produktmodellierung*
  The criterion, which can be used, to distinguish one concept from the other, is called a dimension [Gielingh et al. 1991a p.57].

Dynamik

Systemeigenschaft welche angibt, wieviele Transformationsprozesse innerhalb eines Systems ablaufen.
Ein statisches System, in dem nichts geschieht und das kein Verhalten zeigt, stellt nur einen Extremzustand bezüglich der Eigenschaft Dynamik dar.

E

Effizienz

- *wörtlich*
  besonders, wirtschaftlich, leistungsfähig; Wirksamkeit haben [Duden b 1982 p.206].

- *Organisation*
  Sozio-emotionaler Aspekt: bezieht sich auf die Befriedigung von Bedürfnissen der Systemmitglieder [Hill et al. 1976 p.160]. Eine Organisation, die einen befriedigenden Beitrag an die Bedürfnisbefriedigung ihrer Systemmitglieder leistet, wird als effizient bezeichnet.
  Effizient ist eine Massnahme, wenn sich mit ihr ein definiertes Ziel erreichen lässt (vgl. [Hill et al. 1976 p.161]).

Effektivität

- *wörtlich*
  wirkungsvoll im Verhältnis zu den aufgewendeten Mitteln [Duden b 1982 p.206].

- *Organisation*
  Instrumentaler Aspekt: bezieht sich auf den Vollzug der Systemprozesse. Eine Organisation, die einen befriedigenden Beitrag an den Vollzug von Systemprozessen leistet, wird als effektiv bezeichnet [Hill et al. 1976 p.160].
  Effektiv ist eine Massnahme, wenn sich mit ihr ein definiertes Ziel mit möglichst geringem Aufwand erreichen lässt (vgl. [Hill et al. 1976 p.161]).

Element-Ebene

Ebene auf der ein System nicht mehr weiter aufgelöst wird, weil es für einen bestimmten Zweck in der Betrachtung nicht notwendig ist.

Entität

synonym **Informationsobjekt**
Individuelles Exemplar von Dingen, Personen oder Begriffen der realen oder abstrakten Vorstellungswelt [Zehnder 1987 p.42].

EXPRESS

Formale Sprache zur Datenmodellierung in computerlesbarer Form (vgl. [Schenk 1990]).
EXPRESS enthält nicht mehr Informationen über eine beschriebenen Gegenstand als das entsprechende Datenmodell.

EXPRESS + ist eine auf der Basis von EXPRESS erweiterte Sprache zur Datenmodellierung, wobei weitere statische Konzepte der objektorientierten Datenmodellierung wie Einkapselung und Mehrfachvererbung berücksichtigt sind. Die Implementierung von Methoden und Prozeduren ist nicht enthalten [Gielingh et al. 1991a p.13ff].

Extension

- *leere Objektmenge*
  Abstrakte Domäne einer Klasse [Heuer 1992 p.302].

- *Instanz*
  Aktuelle Objektmenge einer Klasse [Heuer 1992 p.302].
  Eine Menge von existierenden Dingen, welche in einem Begriff enthalten sind (vgl. [Sowa 1984]).

F

Faktor

- *Problemlösungsmethodik*
  Element eines Systems.
  In der Problemlösungsmethodik steht der Begriff des Faktors für ein Element eines Systems, welches eine bestimmte Problemsituation beschreibt. Faktoren können generell auch als Objekte aufgefasst werden, welche in materieller oder immaterieller Form in Erscheinung treten können. (→ Objekt), (→ -faktor, Handlungs), (→ -faktor, Einfluss)

- *-faktor, Einfluss*
  Durch den Problemlöser nicht beeinflussbarer Faktor.

- *-faktor, Handlungs*
  Durch den Problemlöser beeinflussbarer Faktor.

Feature

- *wörtlich*
  Eigenschaft, Grundzug, Kennzeichen, Merkmal, Charakteristische, Gepräge [Cassell 1978 p.183].

  Produktmodellierung
- *Stationäre Produktionsbetriebe*
  Unter einem Feature wird ein Bereich der Oberfläche eines Produkts mit einer bestimmten Bedeutung innerhalb eines Kontexts verstanden [Gielingh et al. 1991a p.97].

- *speziell: graphische Entitäten*
  Ein Feature ist eine graphische Entität, mit einem gewissen semantischen Inhalt, der für einen bestimmten Kontext von Bedeutung ist.
  Entsprechend wechselt die Bedeutung einer graphischen Entität je nach Kontext [Clayton et al. 1994 p.8].

- *Bauwesen*
  Ein Feature ist eine zweckorientierte Abgrenzung eines materiellen oder immateriellen Bereichs eines Bauwerks mit einer spezifischen Bedeutung zur Erfüllung von Aufgaben innerhalb eines bestimmten Kontexts.
  Features im Bauwesen beziehen sich nicht auf graphische Entitäten, sondern auf Objekte des Bauwerks. Features setzen sich aus verschiedenen Objekten zusammen und können selbst wieder als Objekte definiert werden. Ein Feature kann demnach auch als Objekt des Bauwerks verstanden werden. Die Definition von Features erfolgt nicht beliebig, sondern dient der Erfüllung von Aufgaben und ist demnach zweckorientiert.

Föderierte Systeme

Systeme, bei denen Autonomie in der Wahl von Ausführungsstrategien, in der Wahl der Modellierung oder sogar bei der Wahl der Annahme von Aufträgen auftritt, werden als föderierte DBS bezeichnet [Scheck et al. 1991].

Funktion

- *Systemtheorie*

  Der Zusammenhang zwischen Eingangs-, Ausgangs- und Zustandsgrössen eines Systems bei der wirkungsbezogenen Systembetrachtung.

  Die Funktion eines Systems wird durch die Funktion der Komponenten sowie seiner Struktur bestimmt. Die Funktionsbeschreibung hat systemklassifizierende und die Systemstruktur systemdefinierende Wirkung. Jeder Struktur kann eine Funktion zugeordnet werden, wobei eine Funktion durch alternative Strukturen realisiert werden kann.

- *Organisation Aktivität*

  synonym **Aktivität**

  Die verantwortliche Teilnahme eines Trägers an der Erfüllung einer Aufgabe [Brandenberger et al. 1985 p.198].

  Aufgaben enthalten die zur Aufgabenerfüllung notwendigen Aktivitäten, sind selbst benennbar und umfassen in der Regel mehrere Vorgänge. Aktivitäten können sich äussern in physischen Transformations- und Austauschprozessen, Informationsverarbeitungs- und Kommunikationsprozessen. Eine Funktion kann demnach als eine spezifische Tätigkeit einer Stelle aufgefasst werden, wie sie zur Erfüllung einer ganz bestimmten Aufgabe notwendig ist. Funktionen, verstanden als Tätigkeit, lassen sich in neun Grundfunktionen gliedern: Antrag stellen; Planen (Entscheidungsvorbereitung); Entscheiden; Anordnen; Koordinieren; Durchführen; Mitarbeiter informieren und Kontrollieren. [Brandenberger et al. 1985 p.57]

  Neben dem Aspekt der Tätigkeit und des Arbeitens (zum Beispiel eines Organs) enthält der Begriff der Funktion auch den Aspekt eine Amtes oder einer Stellung, die jemand in einem grösseren Ganzen hat [Duden a 1983 p.445].

- *Organisation Zweckbereich*

  Beitrag einer Stelle an die Erfüllung einer Aufgabe oder deren Zweckbereich [Hill et al. 1976 p.176].

- *Kommunikationstheorie*

  Menge von Tätigkeiten eines Kommunikationszentrums zum vollständigen Ablauf von Kommunikationsprozessen zwischen zwei Kommunikationszentren, das heisst die Tätigkeiten der Beschaffung, Übermittlung, Verarbeitung, Speicherung und der Verwertung von Nachrichten.

- *Informatik*

  Implementierter Algorithmus. (→ Methode)

  Die Funktion eines Systems wird durch seinen Algorithmus repräsentiert. [Sommerville 1989 p.204]

Funktionsträger

- *Allgemein*

  Ein Funktionsträger ist ein materielles oder immaterielles Objekt, das bestimmte Funktionen übernimmt.

  Eine Stahlbetonstütze kann beispielsweise als materielles Objekt einen Funktionsträger mit der Funktion tragen darstellen, genauso wie die Stelle Finanzgeber einen Funktionsträger mit der Funktion entscheiden repräsentieren kann.

- *Konstruktionsmethodik*

Die Funktionsträger stellen Objekte des technischen Systems Bauwerk dar, welche die verschiedenen Funktionen übernehmen.
Technologische Mittel, welche die vorgeschriebenen Wirkprinzipen erfüllen (vgl. [Breiing 1990 p.90]). (→ Wirkprinzip)
Jedes materielle Objekt eines Bauwerks übt bestimmte Funktionen aus und ist deshalb ein Funktionsträger. Funktionsträger und Wirkprinzip lassen sich nicht immer voneinander trennen (vgl. [Breiing 1990 p.90]).

- *Funktionsanalyse Organisation*
  Ein Funktionsträger ist eine Stelle, die aufgrund einer Aufgabenanalyse bestimmte Funktionen, das heisst Aktivitäten zu erfüllen hat. Der Funktionsträger, verstanden als Aufgabenträger mit zugeordneten Aktivitäten, ist zur Erfüllung seiner Aufgaben in Regelkreise eingeordnet. (→ Stelle)

Funktionseinheit

- *STEP*
  Ein PDU (Product Definition Unit) im As required Zustand wird als FU (Functional Unit) bezeichnet mit Required Characteristics (vgl. [Gielingh 1988]).

- *Funktionsanalyse Organisation*
  Funktionseinheit ist diejenige funktionale, produktive Einheit der Bauprojekt- oder Benutzerorganisation, die sich aus einer Menge von Stellen zusammensetzt, welche aufgrund ihrer Tätigkeit hinsichtlich des Bearbeitungsergebnisses Ähnlichkeiten aufweisen und unter einer bestimmten Betrachtung nicht mehr weiter aufgegliedert wird.
  Funktionseinheiten werden gebildet, indem die Mengen von Stellen der Bauprojekt- und Benutzerorganisation zu Gruppen zusammengefasst werden. In der Zuordnung von Stellen zu Funktionseinheiten sind Mehrfachzuordnungen zulässig. Das Kriterium zur Gliederung von Funktionseinheiten bildet die Ähnlichkeit bezüglich der Funktion, das heisst Tätigkeit einzelner Stellen. Da eine Stelle aufgrund ihrer Aufgaben ganz verschiedene Tätigkeiten ausführen kann, sind die Stellen entsprechend mehrfach verschiedenen Funktionseinheiten zuzuordnen. Der Begriff der Funktionseinheit hat somit nichts mit dem Begriff Funktionsträger zu tun, der definitionsgemäss nur eine Spezialisierung einer Stelle ist, deren Aktivitäten aufgrund einer Aufgabenanalyse bestimmt worden sind.

funktional, Gliederung

- *Systemtheorie*
  Gliederung eines Systems entsprechend den Zweckbereichen seiner Elemente.

- *Organisation Zweckbereich*
  Die Gliederung einer Organisation nach den Zweckbereichen einer Stelle ist eine funktionale Gliederung. (→ Funktion (Organisation Zweckbereich))

Funktionsstruktur

Funktionsstrukturen beschreiben die funktionellen Zusammenhänge innerhalb eines technischen Prozesses (vgl. [Breiing 1990 p.67]).
Funktionsstrukturen werden in Funktionendiagrammen als Blockdiagramme dargestellt. Funktionsstrukturen dienen der Beschreibung von Lösungsideen und sind Ausgangspunkt für die Bestimmung und Zuordnung technologischer Konzepte. Sie beschreiben einen technischen Prozess bezüglich dessen Strukturierung in Teilprozessen und dessen Abhängikeiten in Form von Operatoren.

G

Gewerk

Objekte eines Bauwerks, welche aufgrund ihrer funktionalen Beziehungen eine Einheit aufweisen.

Gewerke werden in der Regel von einer Funktionseinheit massgeblich gestaltet (wie beispielsweise Heizungs-, Elektro- und Betriebsinstallationen).

H

I

Information

- *wörtlich*
  informare = lat. Gestalt geben, im übertragenen Sinn, jemanden durch Unterweisung bilden [Duden c 1993 p.315].

- *Kommunikationstheorie*
  Unter Information verstehen wir eine Nachricht, die für den Empfänger neu ist und bei ihm ein Nichtwissen beseitigt (vgl. [Flechtner 1972 p.66]).
  Zweckbezogenes Wissen, das man beim Handeln im Hinblick auf gesetzte Ziele benötigt [Becker et al. 1990 p.667].

Informationsobjekt
synonym **Entität**

Informationssystem

- *Allgemein*
  Das Informationssystem ist ein technisches System, das die formalisierbaren Kommunikationsprozesse und damit die Kommunikationsfunktionen von Stellen einer Organisation unterstützt.
  System zur Speicherung, Wiedergewinnung, Verknüpfung und Auswertung von Informationen. Ein Informationssystem besteht aus einer Datenverarbeitungsanlage, einem Datenbanksystem und den Auswertungsprogrammen [Duden c 1993 p.317].
  Ein Informationssystem ist ein formalisiertes oder formalisierbares Kommunikationssystem [Dworatscheck 1971 p.58].
  (→ Kommunikationssystem, formales), (→ Kommunikationssystem, informales)
  Das Informationssystem stellt einen Spezialfall des formalen Kommunikationssystems dar. Das Informationssystem bezieht sich nur auf die formalisierbaren Kommunikationsprozesse, das heisst Kommunikationsprozesse, für die exakte Regeln des kommunikativen Ablaufes gegeben werden können. Die formalisierbaren Teile des formalen Kommunikationssystems können ganz oder teilweise mit Computern unterstützt werden, so dass solche Teile auch als automatisierbar bezeichnet werden können.

- *Organisation*
  Technisches System, das die formalisierbaren Kommunikationsprozesse einer Organisation unterstützt.

Integral

- *wörtlich*
  Ein Ganzes bildend, vollständig [Duden b 1982 p.190].
  Ein Ganzes ausmachend, für sich bestehend [Duden b 1982 p.190].

Integration

- *allgemein*
  Zusammenschluss, Vereinigung [Duden b 1982 p.190]

- *Integration von Prozessen*
  Integration von Prozessen ist der ganzheitliche Zusammenschluss von Zielen, Aufgaben, Aktivitäten, des Wissens und der die Bearbeitungsergebnisse repräsentierenden Daten innerhalb einer Organisation.

Innerhalb von CIM-OSA wird von drei Integrationsschichten ausgegangen. Integration auf der Ebene der Organisation, der Computer Applikationen und der Ebene der Informationen und des Wissens (vgl. [AMICE 1989]).

- *Integration von Daten*
  Ist der Zusammenschluss und die einheitliche Beschreibung von Wissens und Daten, so dass diese für unterschiedlichen Anwendunge genutzt werden können, ohne dass menschliche Interpretation notwendig ist.

- *Integration Projektmanagement*
  The continuous and interdisciplinary sharing of goals, knowledge and data among all project partners (vgl. [Fischer 89]).

Integrationsebene
Grad der Integration eines Kommunikationssystems hinsichtlich der Methoden-, Phasen- und Funktionsintegration. (→ -integration, Methoden), (→ -integration, Phasen), (→ -integration, Funktions)

-integration, Funktions
Kooperierende Informationsverarbeitung hinsichtlich der Beschaffung von Daten, der Autonomie von Anwendungssystemen, dem Aufwand zur Erhaltung der Konsistenz und der Datenablage (horizontale Integration).

-integration, Methoden
Unterstützung der Aufgabenerfüllung durch geeignete Methoden und die Erweiterbarkeit von Funktionen durch Vereinheitlichung der Methoden von Klassen.

-integration, Phasen
Weiterverwendung von Daten über Phasengrenzen hinweg ohne die Modellierung des Bauwerks an den Phasenübergängen vollständig zu verändern (vertikale Integration).

Integration, Typen

- *Kommunikation*
  Integration der Funktionen, der angewandten Methoden und der phasenübergreifenden Verwendung von Daten des Bauwerks einer Organisation. (→ -integration, Methoden), (→ -integration, Phasen), (→ -integration, Funktions)
  Die Integration wird hinsichtlich der kooperierenden Informationsverarbeitung innerhalb einer Organisation beurteilt. Eine vollständige Funktions-, Methoden- und Phasenintegration lässt sich nur durch die Definition einer zentralen Datenbank verwirklichen, wobei alle Anwendungen mit allen Methoden auf demselben Schema operieren. Im Bauprozess ist aufgrund der Besonderheiten des Bauwesens eine vollständige Integration kaum möglich.

Integriert

- *wörtlich*
  Durch Integration entstanden.
  Entsprechend muss bei der Verwendung des Begriffs integriert ersichtlich sein, was durch Integration zusammengefasst wird. Modellseitige Integration Bauwerkmodell, Integration der Bedeutung von Klassen. Datenseitige Integration Bauwerkmodell, Kommunikationsmodell integriertes Produktmodell.

Intervallskalierung
Zur Abbildung der Präferenzen dienen numerische Differenzen zur Wiedergabe von Nutzenunterschieden. Es sind nicht nur die Nutzengrössen selbst, sondern auch die Nutzenintervalle ordungsfähig [Zangemeister 1976 p.153].
Beispiel: Temperaturmessung, Gleichheit; Verschiedenheit von Intervallen

K

Kernentität

Entität, welche unabhängig von weiteren Entitäten bestehen kann (vgl. [Vetter 1990]).

Klasse

Ein gegebener Anwendungs-Objekttyp wird durch eine Klasse K aus der Menge aller Klassen repräsentiert. Jede Klasse wird durch eine Domäne, Objektmenge, einen Zustandstyp und eine Zustandsfunktion definiert [Heuer 1992 p.302].

Klasse, abstrakte

K ist eine abstrakte Klasse, falls ihr eine abstrakte Domäne zugeordnet ist [Heuer 1992 p.302].
Eine Klasse ist abstrakt, wenn sie keine Instanzen von Objekten enthält, das heisst deren Objektmenge leer ist [Wilkie 1993 p.383].
(→ Extension einer Klasse)

Kohärenz

- *wörtlich*
  Zusammenhang [Duden b 1982 p.220].

Kommunikation

Übermittlungsvorgänge von Mitteilungen (vgl. [Flechtner 1972 p.13]). (→ Nachricht)
Räumliche Transformation von Information [Dworatscheck 1971 p.38].

Kommunikationsbeziehung, aktiv

Eine Kommunikationsbeziehung ist aktiv, wenn in einem betrachteten Zeitraum Kommunikationsprozesse stattfinden. (→ Kommunikationsbeziehung), (→ Kommunikationsprozess)

Kommunikationsfunktion

, Nachrichtenbeschaffung

Die Gesamtheit von Tätigkeiten, Nachrichten zu sammeln und so zu strukturieren, dass sie geeignet sind, einem Kommunikationsvorgang zugeführt werden zu können.

, Nachrichtenübermittlung

Überbrückung einer räumlichen Distanz zwischen dem Sender und Empfänger.

, Nachrichtenverarbeitung

- *syntaktisch - semantisch*
  Rein formale Veränderung von Signalen durch Codieren von einem System in ein anderes.
- *semantisch - pragmatisch*
  Verarbeitung zu Nachrichten durch sortieren, verdichten, weglassen oder kombinieren von Nachrichten zu neuen Nachrichten zur Steigerung der Aussage und Förderung des Verständnisses bei einem möglichen Empfänger.
  Auf der pragmatischen Ebene erhalten die Nachrichten einen anderen Inhalt. Der Zweck von Nachrichtenverarbeitungsprozessen ist es, die neuen Unterlagen für weitere Arbeitsprozesse zur Verfügung zu halten. Als Nachrichtenverarbeitung sollen nur diejenigen Vorgänge bezeichnet werden, bei welchen Nachrichten in formeller und materieller Hinsicht umgewandelt werden, ohne aber ihrem Zweck entsprechend verwendet zu werden. Verarbeitungsvorgänge, die sich nur auf den Signalträger beschränken, ohne das Signalsystem und die Nachricht selbst zu verändern, sollen in dieser Arbeit nicht unter den Begriff der Nachrichtenverarbeitung fallen.

, Nachrichtenspeicherung

Konservierung von Nachrichten zur Überbrückung von zeitlichen Diskrepanzen zwischen Informationsbedarf und Informationsverfügbarkeit [Coenenberg 1966 p.129].

, Nachrichtenverwertung

- Zweckorientierte Verwendung von Nachrichten.
  Der Erfolg der Kommunikationsfunktionen zeigt sich, wenn Nachrichten in Entscheidungen und Handlungen umgesetzt werden.

  Bezeichnung Kommunikationsfunktionen im Informationsfluss-Modell
  Informationsbeschaffung, Nachrichtenübermittlung, Informationsverarbeitung, Informationsverwertung und Datenspeicherung werden innerhalb des Informationsfluss-Modells als Grundfunktionen der Kommunikation bezeichnet.

Kommunikationsfunktion, extern

Kommunikationsfunktionen, die hinsichtlich der Informationsbeschaffung und/oder Datenablage ausserhalb einer Funktionseinheit ablaufen.

Kommunikationsfunktion, intern

Kommunikationsfunktionen die vollständig innerhalb einer Funktionseinheit ablaufen.

Kommunikationskanäle

Ein Kanal ist ein Medium zur Übertragung (vgl. [Flechtner 1972 p.148]).

Kommunikationsmodell

Ist die generelle Beschreibung des Datenaustauschs zwischen unterschiedlichen Anwendungssystemen.
Ein Kommunikationsmodell beschreibt den Grad der Unterstützung der Kommunikationsfunktion Informationsbeschaffung, nicht jedoch die Unterstützung von weiteren Kommunikationsfunktionen.

Kommunikationsnetz

Zusammenhängende Gesamtheit von Kommunikationskanälen. (→ Kommunikationskanäle)

Kommunikationsprozess

Vorgang der Kommunikation selbst. (→ Kommunikation)

Kommunikationssystem

- *Organisation*
  Eine geordnete, endliche Menge von Elementen eines sozio-technischen Systems in Form von Stellen, zwischen denen in einem betrachteten Zeitraum Beziehungen in Form von Nachrichtenaustauschvorgängen bestehen
  Die einfachste Form eines Kommunikationssystems besteht aus einem Sender, Codierer, Kanal, Decodierer und einem Empfänger.

Kommunikationssystem, formales

Kommunikationssystem, für dessen Kommunikationsprozesse exakte Regeln hinsichtlich ihres Ablaufs angegeben werden können.
Das formale Kommunikationssystem der Bauprojektorganisation leitet sich aus der Organisation des Bauprozesses durch Schaffung geeigneter Beziehungs- und Prozessstrukturen ab. (→ Kommunikationssystem, informales)

Kommunikationssystem, informales

Kommunikationssystem, für dessen Kommunikationsprozesse keine Regeln hinsichtlich ihres Ablaufs angegeben werden können.

Im Gegensatz zum formalen Kommunikationssystem treten in der Bauprojektorganisation Kommunikationsvorgänge, beruhend auf persönlichen und sozialen Bedürfnissen der Personen, über das informale Kommunikationssystem auf. (→ Kommunikationssystem, formales)

Kommunikationszentren

Elemente eines Kommunikationssystems, die sowohl als Sender aie auch als Empfänger aktiv sein können.

Kompetenz

Handlungsrechte von Stellen, welche zu ihrer Aufgabenerfüllung notwendig sind, damit diese Massnahmen ergreifen und damit handelnd tätig werden können.

Komplexität

Die Komplexität ist die Fähigkeit eines Systems, in einer gegebenen Zeitspanne eine grosse Zahl von verschiedenen Zuständen annehmen zu können [Ulrich et al. 1991 p.58].
Dynamik allein ist für die Komplexität von Systemen nicht verantwortlich. Neben der Eigenschaft der Dynamik wird die Komplexität von Systemen bestimmt durch ihre Kompliziertheit im Aufbau, genauer durch die Anzahl und Verschiedenheit der Elemente und Beziehungen innerhalb des Systems. In statischen Systemen kann durch die Varietät die Anzahl unterschiedlicher Beziehungen innerhalb des Systems ausgedrückt werden. Hinsichtlich der Systemeigenschaft Komplexität variiert die geistige Erfassbarkeit des Systemverhaltens von einfach bis unmöglich, das heisst, das Verhalten ist nicht mehr deterministisch.

-konstruktion, Anpassungs- /Änderungs-

Eine nach Gestalt und Werkstoff definierte Lösung wird unter Beibehaltung der Lösungsprinzipien an eine neue Aufgabenstellung angepasst [Breiing 1990 p.22].

, Neu-

Ein technisches System wird aufgrund einer neuen oder alten Aufgabenstellung unter Anwendung neuer Lösungsprinzipien gestaltet [Breiing 1990 p.22].

, Varianten-

Abmessungen und Anordnung von Systemteilen werden unter Beibehaltung der Lösungsprinzipen einer Lösung innerhalb sinnvoller Grenzen variiert [Breiing 1990 p.22].

Kybernetik

- *wörtlich*
  griechisch *kybernetes* Steuermann.

- *allgemein*
  Disziplin, die sich mit der Untersuchung von Steuerungs- und Regelungsvorgängen in Biologie, Technik und Gesellschaft befasst und Modelle zur Darstellung, Umwandlung und Verarbeitung von Informationen entwirft [Duden c 1993 p.367].

L

Leistung

Zielgerichtete Tätigkeit, die ein System in einer festgelegten Zeit von einem Ist-Zustand in einen gewünschten Soll-Zustand überführt.
Unter Verwendung des Begriffs der Aufgabe. (→ Aufgabe)
Zielgerichtete Tätigkeit zur Erfüllung einer Aufgabe in einer festgelegten Zeit.
Leistungen führen zu gewollten Veränderungen von Systemen oder Teilen davon. Ungewollte Veränderungen werden, genauso wie Einwirkungen von Aussenstehenden, die entgegen ihrem Auftrag beziehungsweise der Projektzielsetzung handeln, nicht als Leistungen angesehen. Mit der aufgeführten Definition des Begriffs der Leistung wird nichts darüber

ausgesagt, ob: die Tätigkeit geschuldet ist oder nicht; eine Leistung an einem materiellen oder immateriellen System vollbracht wird und wieweit das Ausmass der Zielerreichung gemessen werden kann.
In den Leistungs- und Honorarordnungen der Schweiz wird der Leistungsbegriff im obligationenrechtlichen Sinn verwendet, als Schuld, die in Form eines Aufwandes zum Vorteil eines anderen erbracht werden muss (vgl. [SIA 103 1984]).
In der Betriebswirtschaftslehre wird Leistung als das bewertete Ergebnis im Produktionsprozess bezeichnet und umfasst somit eine mengen- und wertmässige Ebene. Berger definiert entsprechend Leistung als ...bewertete, bezweckte Güterentstehung [Berger 88 p.14]. Leistungen sind sowohl wiederholbar als auch aufteilbar. Die Kosten (K) einer einzelnen Leistung sind abhängig von der Leistungsmenge (M) und dem Preis pro Mengeneinheit (P), dem Einheitspreis.

Lenkung

Steuerung und Regelung sind zwei Arten der Lenkung von Systemen [Ulrich et al. 1991 p.78ff]

M

Mechanismus

- *OOAD*
  Mechanismen sind irgendwelche Strukturen, wobei Objekte so zusammenarbeiten, dass sie ein Verhalten erreichen, das bestimmte Anforderungen des zu lösenden Problems erfüllt [Booch 1991 p.148].

Messen

Messen besteht im Zuordnen von Zahlen zu Objekten nach einer Regel, so dass bestimmte Relationen zwischen den Zahlen analoge Relationen zwischen den Objekten reflektieren (vgl. [Zangemeister 1976 p.143]).

Methodik

- *Allgemein*
  Handlungsprogramm, das mindestens zwei Methoden und weitere Angaben enthält, wie diese Methoden eingesetzt werden können und/oder sollen [Schregenberger 1981 p.138].
  Wissenschaft von den Verfahrensweisen der Wissenschaften [Duden b 1982 p.491].

- *CASE*
  Menge von Methoden.
  A methodology is a collection of methods applied aross the software development life cycle and unified by some general, philosophical approach [Booch 1991 p.18].

Methode

- *wörtlich*
  Der Weg zu etwas.

- *allgemein*
  Auf einem Regelsystem aufbauendes Verfahren, das zur Erlangung von wissenschaftlichen Erkenntnissen oder praktischen Ergebnissen dient [Duden b 1982 p.489].

- *CASE*
  A method is a diciplined process for generating a set of models that describe, various aspects of a software system under development, using some well-defined notation [Booch 1991 p.18].

- *Informatik*
  Eine Methode ist eine objektspezifische Operation, die durch das Senden einer Botschaft zum Objekt bei diesem eine Reaktion auslöst.
  Der Begriff der Methode kommt aus dem Bereich der objektorientierten Programmierung mit der Bezeichnung operation, method oder member function [Booch 1991 p.40]. (operation in Ada, method in Smalltalk und member function in C++). Durch die Definition von Methoden in den Klassen der Objekte wird das Verhalten von Objekten innerhalb des gesamten Systems bestimmt. Genau genommen ist jede Methode eine Operation, aber nicht umgekehrt. Es sind Operationen in Form von Programmen denkbar, die nicht innerhalb von Klassen definiert werden und damit keinen direkten Bezug mehr zu den Objekten dieser Klassen aufweisen.

Methode, Manager-
Konstruktoren [Lippman 1993 p.224ff].
In C++ werden Methoden als member functions bezeichnet.

Methode, Implementierungs-
Festlegung des mit der Klasse assoziierten Verhaltens [Lippman 1993 p.225ff].

Methode, Hilfs-
Unterstützen Manager- oder Implementierungsmethoden und sind nicht Bestandteil des Interface [Lippman 1993 p.227ff].

Methode, Zugriffs-
Erlauben den Zugriff auf die eingekapselten Daten einer Klasse [Lippman 1993 p.228ff].

Modell, geschichtetes
Modelle, welche durch Spezialisierung in einer Dimension für einen bedeutenden Teil eines Datenmodells entstehen, beschreiben ein vollständiges Modell auf verschiedenen Abstraktionsebenen und werden als geschichtete Modelle bezeichnet [Gielingh et al. 1991a p.57].

Modellintegration
Kohärente Zusammenfassung von unterschiedlichen Modellen aus der Sicht von spezifischen Anwendungen von demselben Gegenstand der Realität nach einheitlichen Regeln und fachübergreifende Definition von Begriffen zur Beschreibung von Objekten.

Modellobjekt
Ein Bestandteil eines Datenmodells, das dazu dient, der Datenbank die statischen und dynamischen Eigenschaften der zu verwaltenden Daten über die Teile der realen Welt mitzuteilen [Petry 1988 p.19].

N

Nachricht

- *Kommunikationstheorie*
  Unter Nachricht verstehen wir sinnvolle Signale oder Signalkombinationen, denen ein Empfänger einen geistig abstrakten Inhalt entnehmen kann [Flechtner 1972 p.16].
  synonym **Mitteilung**
  Träger einer Nachricht können entweder Materie wie Papier oder Energie in Form von Impulsen, Lichtquellen oder magnetischen Feldern sein.

- *Informatik*
  In der objektorientierten Programmierung kommt die Beziehung zwischen Objekt und Methode dadurch zustande, dass ein Objekt eine Nachricht empfängt und dabei eine entsprechende Methode ausführt. Die gesandte Nachricht wird als *message* und das empfangende Objekt als *receiver* bezeichnet.

Nominalskala

Abbildung der Präferenzen durch den Namen einer Klasse mit nutzenäquivalenten Elementen. Als Namen der Klassen können Zahlen oder verbale Ausdrücke wie *befriedigend, unbefriedigend* usw. verwendet werden [Zangemeister 1976 p.151].

Beispiel: Farbskala; Gleichheit, Verschiedenheit

Nutzwertanalyse

Die Analyse einer Menge von Handlungsalternativen mit dem Zweck, die Elemente dieser Menge entsprechend den Präferenzen des Entscheidungsträgers bezüglich eines multidimensionalen Zielsystems zu ordnen. Die Abbildung der Ordnung erfolgt durch die Angabe der Nutzwerte (Gesamtnutzwerte) der Alternativen [Zangemeister 1976 p.45].

O

Objekt

synonym **Gegenstand**

- *Systemtheorie*

  Alles das oder woran man denken kann ist *Gegenstand* des Denkens. So allgemein wollen wir hier das Wort Gegenstand verstehen. *Gegenstand* ist also jedes Ding, jedes Lebewesen, aber auch jeder Begriff, jeder Lehrsatz einer Wissenschaft... [Flechtner 1972 p.12]

- *Informatik*

  Objekte im datenbanktechnischen Sinn sind Entitäten mit einem bestimmten Zustand und einer Menge von definierten Operationen zur Abfrage und Veränderung von Objektzuständen. Objekte haben einen Zustand, ein Verhalten und eine Identität (vgl. [Heuer 1992]).

  Ein Element eines Computersystems, das eine eindeutige Identität, einen Zustand (repräsentiert durch öffentliche und private Daten) und öffentliche und private Operationen (Methoden) hat, welche das Verhalten des Objekts im Verlaufe der Zeit repräsentieren [Wilkie 1993 p.386].

  Hinsichtlich der eindeutigen Identität in einem Computersystem lässt sich anfügen:

  Ein Objekt repräsentiert einen Bereich aus einem Speicher [Lippman 1993 p.22ff].

  Der Wert eines Datums ist an irgend einem Ort im Speicher gespeichert. Die Speicheradresse gibt an, an welcher Stelle der Wert abgelegt ist.

Ordinalskala

Abbildung der Präferenzen durch eine Rangordnung. Eine starke Rangordnung liegt vor, wenn die Elemente in Form einer Kette vollständig geordnet werden können. Bei schwachen Ordnungen kann jede Ordnungsklasse mehrfach besetzt sein [Zangemeister 1976 p.151].

Beispiel: Wasserhärteskala; grösser, kleiner.

Organigramm

Organigramme sind eine graphische Darstellung der Beziehungsstruktur aller Stellen oder Gruppen von Stellen einer Organisation in Form von Stammorganisationen in ihrer streng hierarchischen Ordnung bezüglich der Weisungsbeziehungen [Brandenberger et al. 1985 p.199].

Die streng hierarchische Ordnung kommt dadurch zum Ausdruck, dass eine Stammorganisation nur mit einer vorgesetzten (mit Ausnahme der obersten Stammorganisation, die keinen Vorgesetzten hat), aber mit einer oder mehreren untergebenen Stammorganisationen in Beziehung steht. Die in einem Organigramm dargestellten Beziehungen zwischen den Stammorganisationen einer Bauprojektorganisation entsprechen in der Regel den Dienst- oder Befehlswegen.

Organisation

- *Instrumental*

Unter Organisation soll die Gesamtheit der auf die Erreichung von Zwecken und Zielen gerichteten Massnahmen verstanden werden, durch die: ein soziales System strukturiert wird; die Aktivitäten der zum System gehörenden Menschen, der Einsatz von Mitteln und die Verarbeitung von Informationen geordnet werden [Hill et al. 1976 p.17].
Instrumental sind unter dem Begriff der Organisation die Mittel zur Erreichung der Zwecke und Ziele sozialer Systeme zu verstehen. Kennzeichnend für die Organisation werden die Systemeigenschaften der Struktur, der Ordnung und des Zwecks angesehen. Die Struktur äussert sich durch die Menge der stabilen Interaktionsbedingungen zwischen den Systemelementen, während sich das Merkmal der Ordnung auf den Grad der Regelung der Beziehungen bezieht. Stabilität der Austauschvorgänge und die stationäre Anordnung der Systemelemente dürfen als weitere Eigenschaften organisierter Systeme angesehen werden. Unter Zweck ist die Anordnung der Systemelemente in einer Weise zu verstehen, dass sie bestimmte Funktionen ausüben, das heisst einen bestimmten Zweck erfüllen.
Instrumente haben die organisatorischen Teilprobleme der Differenzierung und der Koordination zu lösen [Hill et al. 1976 p.28]. Differenzierung: Die durch das System zu erfüllenden Aufgaben müssen in Teilaufgaben zerlegt und diese verschiedenen Aufgabenträgern zugeordnet werden. Koordination: Die Teilaufgaben beziehungsweise deren Träger müssen aufeinander abgestimmt werden. Die durch einzelne Aufgabenträger vollzogenen Teilleistungen werden zu einer Gesamtleistung zusammengefasst.

- *institutional*
  Die Bauprojektorganisation ist ein ziel- und zweckorientiertes, temporäres, sozio-technisches System, dessen Elemente als Stellen mit Aufgaben und Aktivitäten definiert sind und zwischen denen Austauschvorgänge stattfinden (vgl. [Burger 1985 p.16ff]).
  Eine Organisation ist ein zielgerichtetes sozio-technisches System einer geordneten endlichen Menge von Elementen. Diese Elemente sind als Stellen mit Aufgaben und Aktivitäten definiert, zwischen denen Austausch- und Kommunikationsbeziehungen bestehen.

Organisation, komplexe
Organisationen mit einer komplexen Beziehungs- und Prozessstruktur.

Organisationseinheit
- *Funktionsanalyse Organisation*
  Organisationseinheit ist diejenige organisatorische, produktive Einheit der Bauprojekt- und Benutzerorganisation, die sich aus einer Menge von Stellen zusammensetzt, welche aufgrund von Bindungen zur Aufgabenerfüllung zusammengehören.
  Organisationseinheiten werden gebildet, indem die Mengen von Stellen der Bauprojekt- und Benutzerorganisation eindeutig zu Gruppen zusammengefasst werden. In der Zuordnung von Stellen zu Organisationseinheiten sind keine Mehrfachzuordnungen möglich. Das Kriterium zur Gliederung von Organisationseinheiten stellt beispielsweise vorhandene Vertragsbeziehungen in Form von Anstellungsverträgen zwischen Stellen dar. In diesem Fall ergeben sich Organisationseinheiten in Form von Stammorganisationen, wie sie aus der Organisationsform der Einzelleistungsträger im Bauprozess bekannt sind.

Organisationsproblem
Das Organisationsproblem kann charakterisiert werden als Strukturierung: bezüglich organisatorischer Ziele; unter Berücksichtigung gegebener Constraints (nicht beeinflussbare Bedingungen) und mittels geeigneter Instrumentalvariablen [Hill et al. 1976 p.29].
Die Constraints beeinflussen nicht nur die Zielwirkungen von Instrumentalvariablen, sondern schon die Wahl (beziehungsweise die Gewichtung) der Ziele selbst. Das Organisationsproblem kann sich nicht allein auf das Ziel-Mittel Problem beschränken.

P

Partialmodell

Ein Partialmodell MPi beschreibt das für einen logisch zusammengehörenden Aufgabenbereich erforderliche Schema, das zur Unterstützung der Tätigkeiten dieses Bereichs notwendig wird. Es ist dabei eine echte Teilmenge des Gesamtmodells M und hat ein definiertes Set von Entities und Assoziationen. Die Entity-Sets E zweier Partialmodelle MPi und MPj sind disjunkt, die Assoziations-Sets sind konjunkt [Seiler 1985 p.183].

Planung

Planung bedeutet vorausschauendes, systematisches Durchdenken und Formulieren von Verhaltensweisen, Zielen und Handlungsalternativen, deren optimale Auswahl sowie Festlegung von Anweisungen zur rationellen Realisierung der ausgewählten Alternative [Zangemeister 1976 p.20].

Planung, integrierte

Integrierte Planung im Bauprozess ist die Unterstützung von Kommunikationsfuntionen durch Kommunikationsmittel zur Erfüllung von fachspezifischen Aufgaben im Rahmen von fachübergreifend definierten Projektphasenzielen.

Pragmatische Ebene, Kommunikation

Untersuchung des Sinns, Zwecks, Nutzens und des Inhalts der Kommunikation über die syntaktische und semantische Ebene hinaus. Die Pragmatik untersucht die Beziehung eines Zeichens zu demjenigen, der es benutzt. (→ Syntaktische Ebene, Kommunikation), (→ Semantische Ebene, Kommunikation)

Präsentation

Produktmodellierung

Eine durch einen Menschen interpretierbare Definition eines Gegenstands wie beispielsweise eines Produkts, einer Aktivität oder Ressource (vgl. [Gielingh et al. 1991a p.61]).

Ein auf einem Bildschirm perspektivisch dargestellter Solid ist eine Präsentation desselben. (→ Repräsentation)

Prinzipien, technologische

Beschreiben die auf physikalischen, chemischen und biologischen Gesetzen beruhenden Vorgänge im Hinblick auf ihre Wirkungen, die für die geforderten Zustandsveränderungen angewendet werden können [Breiing 1990 p.73].

Prinzipkonzepte

Prinzipkonzepte stellen die schematischen Lösungen einer gestellten Konstruktionsaufgabe dar und ergeben sich aus der Kombination der den einzelnen Funktionen zugeordneten Funktionsträgern [Breiing 1990 p.95].

Problem

Ist durch die drei Komponenten definiert: unerwünschter Anfangszustand Sa, erwünschter Endzustand Sw und eine Barriere, welche die Transformation von Sa in Sw im Moment verhindert [Dörner 1976 p.76]. (→ Aufgabe)

Problemlösungszyklus

Vorgang zur Lösung von Problemen durch eine Anzahl Schritte mit vordefinierten Aufgaben, welche im Sinne einer Rückkopplung iterativ durchlaufen werden können.

Der Problemlösungszyklus besteht aus den drei charakteristischen Schritten Zielsuche, Lösungssuche und Auswahl [Daenzer 1982 p.41].

Der methodische Ablauf zur systemtechnisch orientierten Gesamtplanung kann aufgeteilt werden in: Zustandsanalyse - Problemdefinition - Konzeptentwurf - Konzeptanalyse - Be-

wertung - Auswahlentscheidung - Entwicklungsplanung - Ausführungsplanung [Zangemeister 1976 p.29].

Produktmodell

Ein Produktmodell beschreibt alle Daten der realen Welt oder Vorstellungswelt in Form von Modellobjekten, die für bestimmte Stellen oder Gruppen von Stellen einer Projektorganisation in den verschiedenen Produktlebensphasen relevant sind und für diese Informationen darstellen können.

Produktmodell, integriertes

Fachübergreifende Beschreibung sämtlicher in den einzelnen Lebensphasen relevanten Produktmerkmale.

Ein integriertes Produktmodell basiert auf der Abbildung aller relevanten Produktmerkmale, die in den einzelnen Produktlebensphasen entstehen mittels kohärenter Partialmodelle und der Beschreibung der zugehörigen anwendungsorientierten Semantik der Produktmerkmale in Form von Produktmodellsichten [Pätzold 1991 p.91].

Produktmodellsicht

Eine Produktmodellsicht definiert ein anwendungsorientiertes Informationsmodell unter Einbeziehung aller Produktmerkmale, der relevanten Partialmodelle des integrierten Produktmodells. Die Objektmengen der Produktmodellsichten (PS) sind konjunkt, das heisst, die Durchschnittsmenge zweier Produktmodellsichten muss nicht die leere Menge sein [Pätzold 1991 p.90].

Projektbearbeitung

Unter Projektbearbeitung sind alle Tätigkeiten zu verstehen, die im Rahmen des Projekts als Aufgaben erbracht werden.

Projektphase

Ein diskreter Zeitabschnitt auf der Zeitachse des Systemlebenszyklus innerhalb eines Projekts, der als Ergebnis einen definierten Systemzustand erreicht, wird als Projektphase bezeichnet.

Projektstrukturplan

Hierarchische Gliederung des Bauprojekts in Teilaufgaben.
Projekstrukturpläne beschreiben Aufgabensysteme (→ Projektsystem). Das Aufgabensystem lässt sich hierarchisch nach physischen oder funktionsorientierten Kriterien gliedern. Beim physischen Gliedern betrachten wir das Projektieren, Erstellen, Verändern oder Abbrechen der einzelnen Elemente des Systems Bauwerk als Teilaufgaben. Umgekehrt wird beim funktionsorientierten Gliedern die Hauptaufgabe nach den zu erbringenden Tätigkeiten unterteilt. Es ist durchaus möglich, nicht artreine Projektstrukturpläne zu erzeugen. So kann es beispielsweise sinnvoll sein, zuerst nach den Tätigkeiten Planen, Ausführen usw. zu gliedern und anschliessend erst in einzelne Objekte zu unterteilen.

Projektsystem

Modell einer Organisation, deren Zweck in der Realisierung von Projekten besteht.
(→ Bauprojektsystem), (→ Benutzersystem)
Das Projektsystem ist ein allgemeines Modell für eine Menge von Organisationen, deren Zweck die Realisierung von Projekten ist. Das Projektsystem kann als Referenzmodell aufgefasst werden und besteht aus den Subsystemen Vorgehens- /Systemziele, Projektorganisation, Produkt und Produktdaten. Vom selben abstrakten System abgeleitete Systeme sind naturgemäss homolog.

Die Vorgehens- und Systemziele können für die Projektorganisation, das Produkt und die Produktdaten definiert werden. Die Projektorganisation kann weiter in ein Personal-, Sachmittel- und Aufgabensystem (→ Projektstrukturplan) gegliedert werden.

Projektzustand

Der Projektzustand stellt zu jedem Zeitpunkt den aktuellen Zustand der Projektinformationen beziehungsweise -daten des konkreten Bauwerks dar.

Prozess

Prozesse sind Folgen einzelner Aktivitäten mit einem erkennbaren Zusammenhang untereinander, wobei ein Prozess eine Transformation oder ein Geschehen innerhalb eines Systems darstellt, in dem Input in einen bestimmten Output umgewandelt wird. (→ Aktivität)

Prozess, technischer

Auf technologischen Prinzipen beruhende Zustandsveränderungen. (vgl. [Breiing 1990 p.76]).

Die Menge aller Operanden von technischen Prozessen lässt sich durch die Grundoperanden Energie, Stoff und Information unterteilen [Hubka 1980 p.4]. Entsprechend der Operanden lassen sich energie-, stoff- und informationsverarbeitende Prozesse unterscheiden.

Prozess, Umsetzungsart

Typ der Veränderung der Eingangs- in Ausgangsoperanden durch einen technischen Prozess.

Die Menge von Umsetzungsarten von technischen Prozessen ist abgeschlossen. Es sind insgesamt nur 5 Umsetzungsarten möglich. (Energie-Energie, Energie-Information, Stoff-Energie, Stoff-Stoff, Information-Information) (vgl. [Breiing 1990 p.180])

Prozess, Umsetzungsform

Erscheinungsform der Umsetzungsart. (→ Prozess, Umsetzungsart)

Umsetzungsformen können durch die Bezeichnung des technologischen Prinzips beschrieben werden, nach dessen Gesetzmässigkeiten ein technischer Prozess abläuft. Die technologischen Prinzipien lassen sich entsprechend ihrer naturwissenschaftlichen Gesetzmässigkeiten in die Teilmengen physikalische, chemische und biologische Prinzipien einteilen [Hubka 1980 p.3ff].

Prozessstruktur

- *Systemtheorie*

  Die Struktur der Aktivitäten eines Systems wird als dessen Prozessstruktur bezeichnet. (→ Beziehungsstruktur)

- *Organisationslehre*

  synonym **Ablauforganisation**

  Die Gliederung in Aufgaben und anschliessend in Aufträge orientiert sich am Projektablauf. Nach Kosiol [Kosiol 1969 p.199-212] muss zum Aufbau einer Ablauforganisation zuerst eine Aufgabenanalyse durchgeführt werden, um die zur Erfüllung der Gesamtaufgabe notwendigen Teilaufgaben zu ermitteln. Eine Aufgabenanalyse liefert die notwendigen Aktivitäten.

  Ist in einer Organisation die Schaffung eines Informationssystems vorgesehen, muss eine funktionsorientierte Betrachtungsweise vorgenommen werden, um die datenverarbeitenden Aktivitäten zu finden.

R

Redundanz

Weitschweifigkeit, welche durch den Betrag an Signalen, der zur Nachrichtenübertragung im störungsfreien Fall nicht notwendig ist, definiert ist.

Es stehen einander konkurrenzierende Ziele wie maximale Sicherheit und die Übermittlungskosten im Vordergrund. Massnahmen zur Eindämmung von Störungen auf die Kommunikation kosten Geld. Durch eine grosse Redundanz steigen zwar die Kosten für die Übermittlung von Nachrichten, doch kann damit die Nachricht sicherer gemacht werden, weil der Empfänger auch bei gestörten Teilen der Nachricht noch Informationen beziehen kann.
Auf der Ebene von Daten gelten die selben Überlegungen. Redundanz ist einerseits störend, weil viel Speicherplatz belegt wird und bei Änderungen bestimmter Daten immer alle nachgeführt werden müssen. Dieses Nachführen wird dann verunmöglicht, wenn die redundanten Daten nicht mehr direkt angesprochen werden können. Andererseits kann Redundanz hilfreich sein, wenn durch mehrfaches Festhalten der selben Fakten Datenverarbeitungsprozesse sicherer gemacht oder beschleunigt werden können. Bei der Beschreibung von 3D-Körpern durch deren Oberflächen, wie beispielsweise bei der Boundary-Representation, werden bei der Winged-Edge Datenstruktur der Topologie bei einer Kante mehr Hinweise auf Ecken, Kanten und Knoten gemacht, als unbedingt nötig wären. Diese Redundanz in der Datenstruktur ist absichtlich, damit das spätere Auffinden topologischer oder geometrischer Grössen erleichtert wird.

Referenzmodell

- *Produktmodellierung*
  Generelles Modell, aus dem durch Spezialisierung Modelle für spezielle Anwendungen gewonnen werden können [Gielingh et al. 1991a p.4].
  Referenz bedeutet, dass das entsprechende Modell unabhängig von einer spezifischen Unternehmung, Computer Infrastruktur oder dergleichen ist, sondern auf allgemeine Fälle angewendet werden kann, wobei das resultierende spezielle Modell aus dem allgemeinen abgeleitet ist (vgl. [Gielingh et al. 1991a p.37]).

Regelung

Das Ziel und damit der Sollwert wird von aussen gesetzt, wobei das System selbst sein Verhalten so verändert, dass dieser Sollwert erreicht wird [Flechtner 1972 p.44].
(→ Anpassung, Steuerung)
Im Gegensatz zur Steuerung findet bei der Regelung eine Rückkopplung statt, das heisst, das System steuert sich selbst. Die Massnahmen zur Korrektur des Systemoutputs werden durch die Störungen selbst ausgelöst. Dazu muss das System den vorgegebenen Sollwert kennen und ihn mit dem Ist-Erfasser laufend messen. Der Regler nimmt einen Vergleich zwischen Ist- und Soll- Wert vor und stellt eine allfällige Zielabweichung fest. Die Entscheidungsinstanz löst Korrekturmassnahmen aus, die als zusätzlichen Input die zu regelnden Aktivitäten beeinflussen. Das Regelsystem vermag nur Vorgänge niederer Ordnung zu kontrollieren, nicht aber sich selber. Dazu ist ein Regelsystem höherer Ordnung notwendig, wovon das zu regelnde System ein Element ist.

Repräsentation

- *Produktmodellierung*
  Ein durch eine Maschine interpretierbare Definition eines Gegenstands, wie beispielsweise eines Produkts, einer Aktivität oder Ressource (vgl. [Gielingh et al. 1991a p.61]).
  Beispiel: Winged-Edge Repräsentation eines Solids (verschiedene miteinander verknüpfte Listen)

- *explizite Repräsentation*
  Beschreibung der Gestalt eines Objekts durch ihre dreidimensionale Ausdehnung (Solids). Mit der Boundary-Representation kann die Gestalt von Objekten durch Solids beschrieben werden. (Volumenmodellierung)

- *idealisierte Repräsentation*
  Beschreibung der Gestalt eines Objekts in seiner Idealisierung für eine bestimmte Anwendung. Die Repräsentation von idealisierten Objekten kann durch topologische Elemente erfolgen, welche in ihrem Zusammenhang keinen Körper definieren müssen. (Formelementmodellierung)

- *implizite Repräsentation*
  Beschreibung eines Objekts durch seine Funktionen. (Funktionsmodellierung)

  Ordnet man die unterschiedlichen Konzepte zur geometrischen Gestaltsrepräsentation den verschiedenen rechnerunterstützten Methoden zu, so lässt sich feststellen, dass mit zunehmender Funktionalität idealisierte und implizite Gestaltsrepräsentationen an Bedeutung zunehmen. So ist für das reine geometrische Modellieren eine explizite Repräsentation ausreichend...[Pätzold 1991 p.20].
  In IMPPACT wird zwischen einer Boundary Repräsentation (solid objects), idealisierten Oberflächenrepräsentation (sheet metal parts) und einer finiten Element Repräsentation (FEM analysis) unterschieden [Gielingh et al. 1991a p.65].
  Die Unterscheidung in explizite, idealisierte und implizite Repräsentation ist jedoch allgemeiner.

Rückkopplung

Selbststeuerung eines Systems, indem der Output aus dem Transformationsprozess zum Regler zurückführt wird und damit der Transformationsprozess beeinflusst wird.
(→ Steuerung), (→ Regelung)

S

Schlüsselfaktor

- *Ganzheitliche Problemlösungsmethodik*
  Handlungsfaktor eines Systems, der kritisch ist, das heisst andere Faktoren stark beeinflusst und selbst gleichzeitig stark beeinflusst wird.

Schrift

- Die räumliche Anordnung von Zeichen in ihrem Nebeneinander stellt die Schrift dar [Flechtner 1972 p.17].

Semantische Ebene, Kommunikation

Betrachtung der Bedeutung der in der Syntax untersuchten Sprache. Die Semantik untersucht die Beziehung eines Zeichens zum Objekt, das sie bezeichnet. (→ Syntaktische Ebene, Kommunikation)

Signal

Übertragungsgerechte Form (Sprech- oder Schriftform) einer Nachricht [Flechtner 1972 p.17]. (→ Sprache), (→ Schrift)

Sprechen

Die Anordnung von Zeichen im zeitlichen Nebeneinander [Flechtner 1972 p.17].
(→ Zeichen)

Stammorganisation

Permanente, organisatorische Einheiten, welche aufgrund ihrer Zielsetzungen und ihres Zwecks eine feste Beziehungs- und Prozessstruktur aufweisen. (→ Ziel), (→ Zweck), (→ Beziehungsstruktur), (→ Prozessstruktur)
Stammorganisationen in Form von Einzelleistungsträgern oder die Bauprojektorganisation als Ganzheit werden in Anlehnung an Probst [Probst 1992 p.29ff] als Gruppen bezeichnet, die sich ihrer Zusammengehörigkeit bewusst sind und zur gemeinsamen Zielerreichung in

Interaktion treten. Häufig wird die Gruppe mit einer Gruppenstärke zwischen zwei und zwölf Personen angesetzt. Das heisst nicht, dass nicht auch zwanzig Personen eine Gruppe bilden könnten, aber das Verhalten des einzelnen ändert sich erheblich, je nach dem, ob er innerhalb einer Gruppe oder einer grösseren Menge handelt.
Im Sinne einer wirksameren Aufgabenerfüllung bringt der Einsatz von Gruppen folgende Vorteile (vgl. [Hill et al. 1976 p.86]).
- Irrtumsausgeichsmechanismus: In einer Gruppe sind mehr Informationen und Problemlösungsansätze gespeichert als in einem einzelnen Individuum. Fehler und Vorurteile einzelner Gruppenmitglieder werden leichter erkennbar.
- Soziale Unterstützung: Ängste einzelner Gruppenmitglieder können durch die Zustimmung von anderen Gruppenmitgliedern gemildert werden.
- Konkurrenz: Innerhalb einer Gruppe versuchen die Gruppenmitglieder durch die besondere Qualität ihrer Beiträge einen hohen Status zu erreichen.
- Akzeptierung von Entscheidungen: Durch die Mitarbeit an Entscheidungen identifizieren sich die Gruppenmitglieder mit diesen und setzen sich für deren Verwirklichung ein.

Stelle

Eine Stelle ist eine abstrakt gedachte Einheit von einem oder mehreren Aufgabenträgern [Hill et al. 1976 p.131].
Die Stelle an sich ist demnach nicht mit einem festen Arbeitsplatz zu verwechseln, sondern repräsentiert eine abstrakte Struktureinheit in einer Organisation.
Eine Stelle löst einen bestimmten Aufgabenkomplex; verfügt über die dazu notwendigen Kompetenzen; besitzt entsprechende Verantwortlichkeit; ist zur Koordinierung mit Verbindungen zu anderen Stellen ausgestattet; wird durch mindestens eine Person als Aufgabenträger besetzt und kann durch Maschinen unterstützt werden.
Zuweisen von Kompetenzen bedeutet delegieren und zuweisen von Aufgaben. Einer Stelle werden Aufgaben und Kompetenzen zugewiesen, welche sie verpflichteten, diese korrekt zu erfüllen. Diese Verpflichtung ist ihre Verantwortung. Aufgabe, Kompetenz und Verantwortung müssen einander immer entsprechen [Ulrich 1968 p.8].
(→ Aufgabe), (→ Kompetenz)
Die Element-Ebene in der systemischen Betrachtung von Organisationen kann auf der Ebene der Stellen angesetzt werden.

Steuerung

Das Ziel wird dem System von aussen gesetzt, Richtung und Art des Verhaltens werden von aussen dirigiert [Flechtner 1972 p.44]. (→ Anpassung), (→ Regelung)
Für die Steuerung kennzeichnend ist die Offenheit des Wirkungskreises. Die Umwandlung von Input in Output findet statt, ohne dass das Ergebnis dieser Transformation den weiteren Verlauf des Prozesses beeinflussen könnte. Steuerung setzt voraus, dass das zu steuernde System mit einem Steuersystem in Beziehung steht. Dem System werden von aussen Ziel und Verhalten vorgeschrieben, bevor auf dieses eine Störung einwirkt. Bei der vorausschauenden Korrektur des Systemverhaltens durch Steuerung muss die Ursache der Störung bekannt sein. Bei der Steuerung findet keine Rückkopplung statt. Im Gegensatz zur Regelung muss das System für die reine Steuerung sehr einfach sein, weil das Steuersystem alle möglichen Störungen und zusätzlich alle ihre Auswirkungen auf den Output zum vornherein kennen muss.

Störung

Störungen sind solche externen oder internen Einflüsse, die be- oder verhindern, dass ein Prozess in qualitativer, quantitativer oder zeitlicher Hinsicht in der erwarteten beziehungsweise erwünschten Form abläuft [Haberfellner 1974 p.165].
In Anlehnung an Haberfellner [Haberfellner 1974 p.171ff] stehen folgende Möglichkeiten zur Störungsbewältigung offen: Störungen werden nicht beachtet (innerhalb Toleranzbereich), der Regler ändert die Stellgrösse, die Prozessstruktur wird verändert, die Beziehungsstruktur wird angepasst, das System entzieht sich der Störung oder schirmt diese ab.

Störung, syntaktisch

Syntaktische Störungen sind technische Störungen der Kommunikationskanäle, Sender oder Empfänger.
Diese Problematik ist aus der Sicht der Nachrichtentechnik von besonderem Interesse.

Störung, semantisch

Semantische Störungen treten durch einen zu kleinen Zeichenvorrat des Empfängers auf oder anderen Fehlern wie weglassen, verwechseln, falsch anordnen von Signalen beziehungsweise Zeichen im Kommunikationsablauf.
Wenn zwischen zwei Anwendungssystemen Informationen fehlerhaft übertragen werden, liegt dies in der Regel am zu kleinen Zeichenvorrat. Daten erhalten im Anwendungssystems des Empfängers keine Bedeutung und sind damit für dieses wertlos.
(→ Zeichenvorrat)

Störung, pragmatisch

Veränderungen wie weglassen, ergänzen und/oder interpretieren des Inhalts von Nachrichten durch den Empfänger.
Die Psyche des Individuums lässt es oft nicht zu, dass die Nachricht sinngemäss aufgenommen wird, sondern sie wird bereits bei der Aufnahme durch den Empfänger verfälscht, indem dieser einzelne Teile weglässt oder andere seinen Wünschen und Hoffnungen entsprechend ergänzt (vgl. [Schulz et al. 1990]). Dem Wesen nach sind pragmatische Störungen - wenn überhaupt - nur sehr schwer zu erkennen, geschweige denn zu verhindern.

Subsystem

Ein System beziehungsweise Subsystem liegt dann vor, wenn innerhalb dieser Gesamtheit ein grösseres Mass von Interaktionen oder Beziehungen besteht als von der Gesamtheit nach aussen [Ulrich 1970 p.108]. (→ Aspekt-System)

Syntaktische Ebene, Kommunikation

Erfassung der Kommunikation in ihrer physikalischen Gestalt entsprechend unserer materiellen Dimension. Die Syntaktik untersucht die formale Beziehung der Zeichen zu anderen Zeichen.

System

Unter einem System verstehen wir eine *geordnete* Gesamtheit von Elementen, zwischen denen irgendwelche Beziehungen bestehen oder hergestellt werden können [Ulrich 1970 p.105], (vgl. [Flechtner 1972 p.353] (Die Definition von Ulrich unterscheidet sich von derjenigen Flechtners nur durch den Zusatz *geordnet*)).
Ein System ist eine Gesamtheit geordneter Elemente. Diese Elemente haben Eigenschaften und sind miteinander durch Relationen verknüpft. Die formale Abbildung dieser Verknüpfung wird als Struktur des Systems bezeichnet [Zangemeister 1976 p.15].
Der Systembegriff sagt nichts aus über die Art der Elemente, die Art der Beziehungen zwischen den Elementen, die Art der Beziehungen der Elemente nach aussen, die Art und den Zweck einer Ganzheit, die Anordnung der Elemente im System und die Abgrenzung des Systems [Ulrich 1970 p.106].

System, Aspekt-

Das unter der Betrachtung eines bestimmten Aspekts abgebildete Gesamtsystem wird als Aspekt-System (Teilsystem) bezeichnet.
Der Begriff Teilsystem ist zugegebenermassen nicht ganz befriedigend, möglicherweise wäre Aspekt-System u.ä. besser [Haberfellner 1974 p.211].
Zur Strukturierung von Systemen bestehen die folgenden Möglichkeiten [Haberfellner 1974 p.9]: regionaler (geographischer) Aspekt, funktionale Aspekte verschiedenster Art, Natur (Art) der Systemelemente und zeitlicher Aspekt (zum Beispiel Lebensphasen eines Systems) als zusätzliche Dimension, die allen übrigen überlagert werden kann.

System, determiniert

Determiniert ist ein System, dessen Teile in vollständig voraussagbarer Weise aufeinander einwirken. (→ System, probabilistisch)

System, offen

Offene Systeme unterhalten Beziehungen nach aussen aufrecht und sind demnach Teil eines Supersystems. (→ System, geschlossenes)

System, geschlossen

Geschlossene Systeme unterhalten keine Beziehungen nach aussen.

Die Offenheit eines Systems ist immer in unterschiedlichem Ausmass vorhanden, so dass bei absolut geschlossenen Systemen von einem extremen Tiefpunkt von Offenheit, bei Systemen, die nach aussen gleich viele Beziehungen unterhalten wie nach innen, kein eigentliches System mehr ausgemacht werden kann.

System, probabilistisch

Probabilistisch ist ein System, das keine streng detaillierte Voraussage hinsichtlich seines Verhaltens zulässt. (→ System, determiniert)

System, sozio-technisches

Ein sozio-technisches System enthält sowohl Menschen als auch technische Elemente, die auf mannigfache Art aufeinander einwirken [Häusler 1970 p.41].

Zielgerichtete soziale und sozio-technische Systeme, das heisst solche, die mindestens 2 Menschen enthalten, zwischen denen Beziehungen bestehen, die im Hinblick auf mindestens 1 gemeinsames Ziel relevant sind, sollen in der Folge auch als Organisation bezeichnet werden [Haberfellner 1974 p.19].

Systemauflösung

Zerlegung der Systemelemente in deren Komponenten

Der Vorgang der Systemauflösung wird auch als Dekomposition bezeichnet.

Systembetrachtung, wirkungsbezogen

Untersuchung des Inputs und Outputs eines Systems. Black-Box Betrachtung.

Systembetrachtung, strukturbezogen

Bestimmung des die den Input in den Output überführenden Mechanismen.

T

Taylorismus

Benannt nach Frederick Winslow Taylor (1856-1915)

Scientific Management

Lehre, wonach die Ausbildung von Arbeitern hinsichtlich einer optimalen Aufgabenerfüllung erfolgt und hierzu eine strikte Arbeitsteilung zwischen den Mitgliedern des Managements - Organisation, Planung - und den Arbeitern - Ausführung - besteht (vgl. [Hill et al. 1976 p.410], [Probst 1992 p.421.ff]).

Technik

- *wörtlich*

  Handhabung, Herstellungsverfahren, Arbeitsweise, Hand-, Kunstfertigkeit [Duden a 1983 p.1257]

- *CASE*

  Die Technik zu einer Methode beschreibt die anzuwendende Art und Weise der Analyse und Darstellung der Ergebnisse.

Transformationsprozess

Geschehen innerhalb eines Systems, durch das Input in Output umgewandelt wird.

Tragwerk

All diejenigen Teile des Bauwerks, die geeignet sind, innere und äussere Lasten an ihre Systemumgebung so abzuleiten, dass die Formerhaltung des gesamten Systems Bauwerk sichergestellt ist.

Zum Tragwerk gehören alle Bauteile, welche für das Gleichgewicht und die Formerhaltung eines Bauwerkes notwendig sind. Als Tragwerk gelten auch alle Teile der äusseren Verkleidung, des Ausbaus und der Betriebseinrichtungen sowie deren Befestigungen, sofern ihr Versagen Menschenleben gefährden kann [SIA 160 1989 p.3].

U

V

Verhältnisskala

Die Abbildung von Präferenzen mit der Verhältnisskala stellt die stärkste Form der Skalierung dar. Die Verhältnisskala besitzt die Eigenschaften der Nominal- , Ordinal- und Intervallskala und zusätzlich diejenige der Addierbarkeit von Messwerten [Zangemeister 1976 p.154].

Beispiel: Längen- und Gewichtsmessung, Gleichheit, Verschiedenheit von Summen, Vielfachen und Quotienten

W

Werkzeug

CASE

Eine durch technische Hilfsmittel unterstützte Technik.

(→ Technik (CASE))

Wasserfallmodell

Zur Entwicklung von Software sollen Phasen von definierten Aufgaben und Ergebnissen durchlaufen werden.

Beginnend bei der Ermittlung von Bedürfnisse bis zur Implementierung, werden die Phasen Anforderungsanalyse, Spezifikation und Implementierung mit definierten Arbeitsschritten durchlaufen [Royce 1970].

Wirkprinzipien

Technologische Prinzipien zur Realisierung der in der Funktionsstruktur definierten technischen Teilprozesse (vgl. [Breiing 1990 p.89]). (→ Prinzipien, technologische)

Wirkungsbeziehungen

Beziehungen zwischen zwei Faktoren eines Systems.

Zwischen den Faktoren können Beziehungen auftreten. Verändert sich ein Faktor in eine bestimmte Richtung, so hat dies eine Auswirkung auf einen zweiten Faktor, der sich ebenfalls in eine bestimmte Richtung verändert. Entsprechend können Beziehungen gleich- oder entgegengerichtet sein. (→ Faktor)

X

Y

Z

Zeichen

Materielle Anordnung von Strichen, Punkten usw. [Flechtner 1972 p.16].

Die minimale Anzahl notwendiger Zeichen liegt wie beim Binärsystem bei zwei Elementen, nämlich 0 und 1.

Zeichenvorrat

Die Menge von elementaren Zeichen.

Ziele

Ziele sind notwendige Prämissen eines Entscheidungsmodells in Form von Aussagen imperativistischen Charakters, aus denen sich die für die Bewertung von Alternativen relevanten Zielkriterien ergeben [Zangemeister 1976 p.89].

Speziell in sozio-technischen Systemen müssen die Systemziele durch menschliches Handeln mit den nicht selbsttätigen Hilfsmitteln erreicht werden können, das heisst, operational sein. Zielbestimmungen in solchen Systemen müssen nicht in einem Zuge erfolgen, sondern können - von unvollständig definierten Zielvorstellungen ausgehend - sukzessive konkretisiert werden.

Grundsätzlich beruht die Formulierung von Zielen auf drei Dimensionen: Definition des Zielinhalts (Objekt, Bezugspunkt der Zielformulierung) und Zielgrösse (messbare Wirkung des Systemoutputs); Definition der Werte für die Ausprägungen der Zielgrössen und Herstellung eines Bezugs zwischen den erwünschten Wirkungen und der Zeit.

Ziele sind erst dann operabel, wenn der Grad der Zielerreichung durch Messung bestimmter Output-Grössen (Zielgrössen) mit ihren definierten Ausprägungen verglichen und bewertet werden kann. (→ Zielkriterien)

Berthel [Berthel 197 p.29] unterscheidet im Zusammenhang mit Zielen von Organisationen zwischen einem subjektivistischen Ansatz und objektivistischen Zielansatz. Der subjektivistische Ansatz geht von den Individualzielen aus, welche die beteiligten Menschen für die Organisation zu erreichen versuchen. Im Gegensatz dazu geht der objektivistische Ansatz vom Inhalt und von den Methoden zur Realisierung von Organisationszielen aus. Der Übergang von subjektiven Zielen für die Organisation, Rahmenbedingungen und die Gesamtheit der Aufgaben, die das Supersystem bereit hält, kann als Transformationsprozess zu Zielen der Organisation aufgefasst werden [Haberfellner 1974 p.34]. Subjektive Ziele können interne Interessen der Eigentümer oder Arbeitnehmer sowie externe Interessen der Kunden, Lieferanten oder der Gesellschaft sein. Bei den Rahmenbedingungen ist zwischen internen Einflussfaktoren wie Know-How, Kapazitäten und externen Einflussfaktoren wie Konjunkturlage und Konkurrenz zu unterscheiden. Technische, ökonomische, juristische und gesellschaftliche Rahmenbedingungen sind externe Einflussfaktoren.

-ziele, Organisations

Wesentliche einzuhaltende Merkmale hinsichtlich der Kooperation und der einzusetzenden Hilfsmittel innerhalb einer Organisation.

Die Gestaltung der Beziehungs- und Prozessstruktur einer Organisation orientiert sich an den Organisationszielen.

-ziele, System

- *Systemtheorie*

Die vom System selbst angestrebten Verhaltensweisen oder Zustände irgendwelcher Output-Grössen [Ulrich 1970 p.114].

Der Begriff des Systemziels, verstanden als eine von einem System selbst angestrebte Verhaltensweise oder einen Zustand irgendwelcher Output-Grössen bringt zum Ausdruck, dass Systemziele: sich an zukünftigen Sachverhalten orientieren, von Menschen gefunden und getragen werden und durch bewusst systemeigenes Verhalten erreicht werden können. (→ Zweck)

Systemziele in Projektsystemen können hinsichtlich des erzeugten und des erzeugenden Systems definiert werden. Die Systemziele für das erzeugte System beziehen sich auf das Resultat der Projektbearbeitung und gliedern sich horizontal unter dem funktionalen Aspekt zum Beispiel in Bau, Betrieb, Unterhalt, Nutzungsänderung, Liquidation und Sicherheit so-

wie Wirtschaftlichkeit und Umweltauswirkungen des Bauwerks. Die Systemziele für das erzeugende System lassen sich unter dem funktionalen Aspekt auch in Gestaltung der Projektorganisation sowie Einsatz bestimmter Produktionsmittel gliedern. (→ -ziele, Organisations), (→ Bauprojektsystem)

-ziele, Vorgehens

Wesentliche einzuhaltende Merkmale des Weges, welche zur Erreichung der Systemziele einzuhalten sind [Daenzer 1982 p.68].
Die Vorgehensziele sind demnach klar von den Systemzielen abgegrenzt. (→ Systemziele)
Vorgehensziele können horizontal unter dem Aspekt des Zweckbereichs der Zielinhalte beispielsweise in Kosten, Termine und Qualität sowie Anforderungen an die Projektorganisation, die Projektumgebung sowie Anforderungen an die Erstellung des Bauwerks gegliedert werden.

Zielindifferenz

Keine Wechselwirkungen zwischen zwei Zielen.

Zielkomplementarität

Bei der Zunahme des Zielertrags des einen Ziels nimmt der Zielertrag eines anderen zu.

Zielkonkurrenz

Bei der Zunahme des Zielertrags des einen Ziels nimmt der Zielertrag eines anderen ab.

Zielkriterien

Die Gesamtheit der Zielkriterien, die der Bewertung zugrunde gelegt werden, umfasst die Menge aller derjenigen Ziele, die Endpunkte von Zielketten der Zielhierarchie sind [Zangemeister 1976 p.92].

Zielsystem

Das Zielsystem einer Organisation besteht aus der geordneten Menge aller handlungsbestimmenden Ziele, die bei der Ableitung einer rationalen Entscheidungsempfehlung zu berücksichtigen sind [Zangemeister 1976 p.92].
Die Bedeutung des Zielsystems innerhalb einer Organisation ist höher anzusetzen als der Zustand irgendwelcher Output-Grössen. Die Bearbeitung von Bauprojekten unter dem Vorzeichen falscher Zielsetzungen bedeutet das Lösen irrelevanter Problemstellungen, während die Wahl von falschen Systemen auf der Basis richtiger Zielsetzungen höchstens zu einem nicht optimalen System führt (vgl. [Zangemeister 1976]).
Zangemeister gliedert Mengen von Zielen unter verschiedenen Aspekten vertikal und horizontal in hierarchische Zielsysteme [Zangemeister 1976 p.106ff]. Die vertikale Gliederung in Ober- und Unterziele kann folgendermassen aufgebaut werden:
- Zweck-Mittel Beziehungen: Die entstehenden Zielketten werden von verbal formulierten Leitsätzen in leichter zu überprüfende Leitzahlen gegliedert.
- Die Gliederung erfolgt anhand der Ebenen der Entscheidungshierarchie einer Organisation.
- Die horizontale Gliederung einer Menge von Zielen erfolgt nach gemeinsamen Oberzielen, funktionalen Zielinhalten, sprachlichem Zielbezug und Operationalität der Ziele.
Zielsysteme enthalten eine geordnete Menge von operablen Teilzielen, welche streng hierarchisch strukturiert sind. Pro Teilziel können verschiedene Randbedingungen angegeben werden, welche den Zielerreichungsgrad beeinflussen.

Zielsystembeziehungen

Beziehungen zwischen Teilzielen von Zielsystemen. (→ Zielindifferenz), (→ Zielkomplementarität), (→ Zielkonkurrenz)
Beziehungen zwischen Teilzielen betreffen die Beziehungen zwischen dem Grad der Zielerreichung von Teilzielen.

Zweck

Unter Zweck verstehen wir die Funktionen, welche ein System in seiner Umwelt ausübt beziehungsweise ausüben soll [Ulrich 1970 p.114]. (→ Ziel)

ANHANG B: DATEN- UND DATENBANKMODELLE

OBJEKTORIENTIERTE DATENBANKSCHEMATA

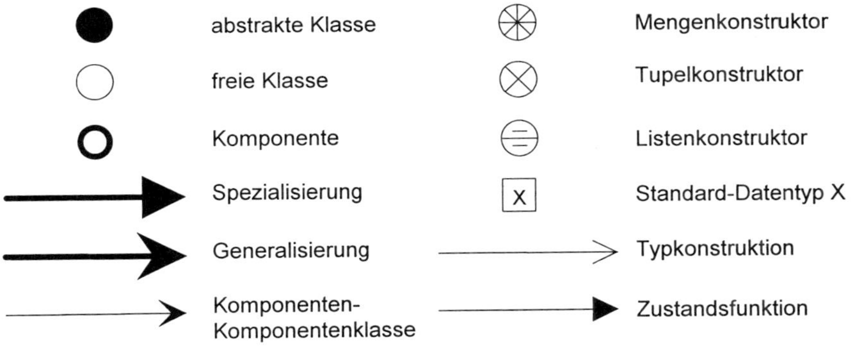

Figur 88: Graphische Darstellung objektorientierter Datenbankschemata

Die Symbole zur Beschreibung der Struktur objektorientierter Datenbankschemata werden zur Beschreibung von Datenbankmodellen und damit der Spezifikation von integrierten Produktmodellen.**NIAM**[230]

Die wichtigsten Konstrukte der *Nijssen´s Information Analysis Method* sind für das Verständnis der datenmässigen Modellierung von Bauwerken mit der NIAM nachfolgend zusammengestellt [Wintraecken 1990].

230 ***NIAM**: Nijssen´s Information Analysis Method*

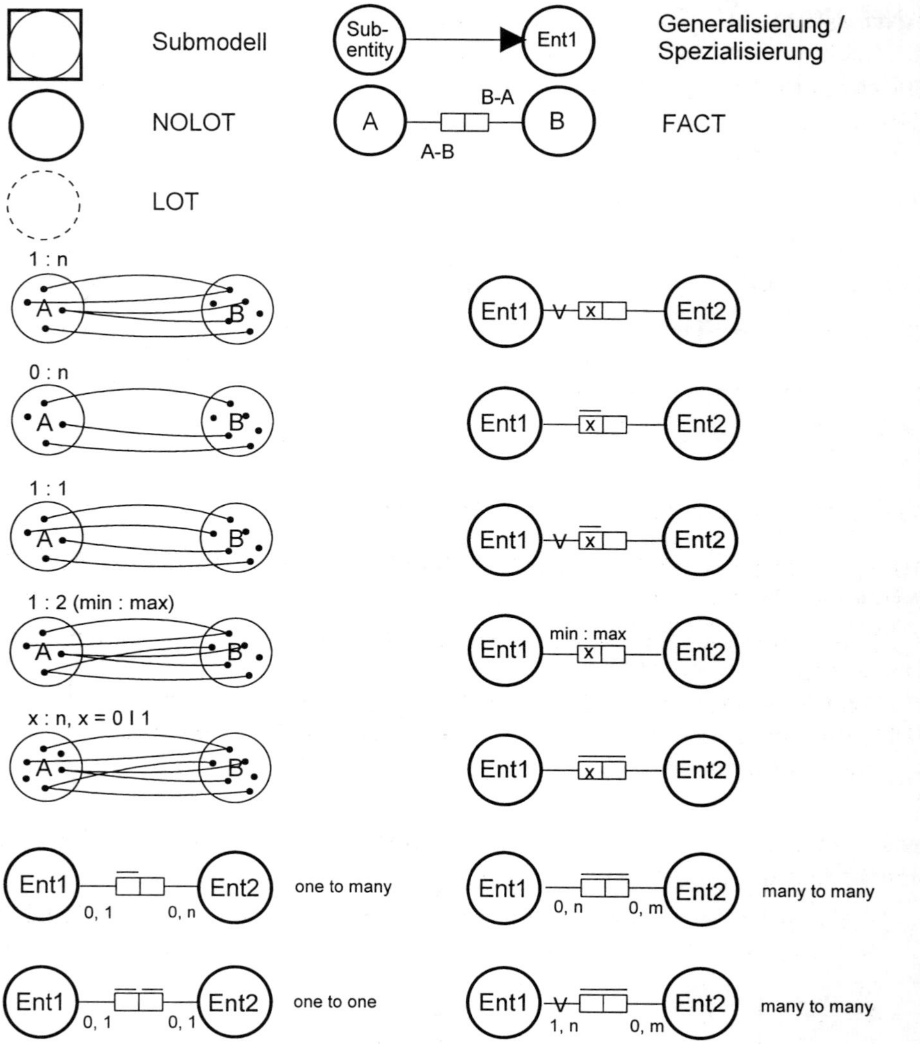

Figur 89: Graphische Darstellung von Datenbankschemata mit NIAM

In NIAM können Objektstrukturen in Submodellen verschachtelt werden. Auf der Ebene der Objekte werden LEXICAL OBJECTs (LOTs) und NON-LEXICAL Objects (NOLOTs) unterschieden. LOTs beschreiben Attribute und NOLOTs Entitäten.

Beziehungen zwischen Objekten werden generell als FACTSs bezeichnet, wobei IDEAs Beziehungen genau zwischen zwei NOLOTs und BRIDGEs genau zwischen einem LOT und einem NOLOT definieren. FACTs werden mit einem unterteilten Rechteck und Beziehungen zu den beiden Objekttypen dargestellt.

Generalisierungen beziehungsweise Spezialisierungen werden unterstützt, wobei das Subtypenobjekt alle Eigenschaften des Gattungsobjekts erbt. Ferner zeigt die Figur 89, dass Objektbeziehungen durch Kardinalitäten näher definiert werden können.

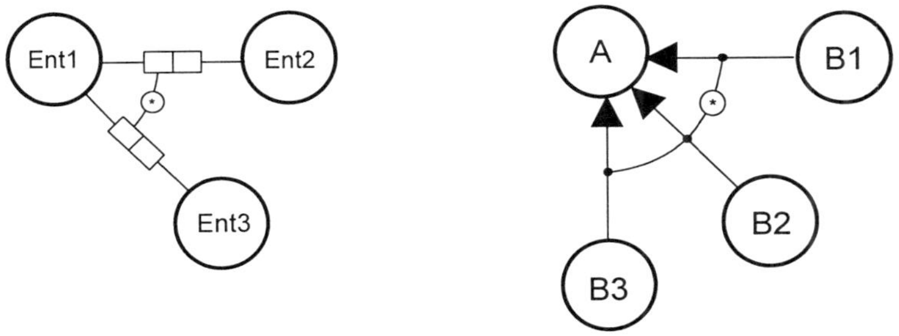

Figur 90: Existenzbedingungen zwischen mehr als einem FACT-TYPE

Die Figur 90 zeigt, dass Existenzbedingungen zwischen mehr als zwei FACT-TYPE definiert werden können. Das * steht für:

X *Exklusives Oder:* Höchstens ein FACT-TYPE kann gleichzeitig für eine Instanz bestehen.

T *Total:* Mindestens ein FACT-TYPE muss für eine Instanz existieren.

X/T *Exklusives Oder und Total:* Genau einer der FACT-TYPEs muss für jede Instanz existieren.

Existenzbedingungen können auch für Objekttypen in Form von Subtype-Constraints definiert werden. Das * steht für:

X *Exklusives Oder:* Jedes Element von A kann Teilmenge von B1, B2, B3 oder der Restmenge R von A sein, wobei B1, B2 und B3 als disjunkt vorausgesetzt werden.
$A = R \cup B1 \cup B2 \cup B3$

T *Total:* Jedes Element von A ist Teilmenge von B1, B2 und/oder B3.
$A = B1 \cup B2 \cup B3$

X/T *Exklusives Oder und Total:* Jedes Element von A ist Teilmenge von B1, B2 oder B3, wobei B1, B2 und B3 disjunkt sind.

ANHANG: C PROJEKTPHASEN UND AKTIVITÄTEN TRAGWERKPLANUNG

Die Tabelle 31 enthält die Beschreibung des Lebenszyklus von Bauwerken hinsichtlich der Zielsetzung pro Projektphase und der generellen Aufgaben wie sie der Funktionsanalyse des Kommunikationssystems im Bauprozess zugrunde gelegt wurden. Die Aufgaben der Funktionseinheit Tragwerkplanung werden hinsichtlich ihrer *Intensität* und ihres *Typs* beurteilt. Eine hohe Intensität weist darauf hin, dass die entsprechende Aufgabe nur durch den Ablauf von vielen Aktivitäten erfüllt werden kann (0 kein, - schwach, +/- mittel, + stark). Der Aufgabentyp sagt aus, dass eine Aufgabe nur ein Bestandteil einer übergeordneten Aufgabe ist (M für Mitarbeit) oder die Funktionseinheit für die Aufgabenerfüllung hauptsächlich zuständig ist (H für hauptsächlich).

Projektphasenplan					
Nr	Bezeichnung	Zielsetzung	Aufgaben	Tragwerkplanung Intensität	 Typ
0	Problemanalyse	Definition der Bedürfnisse	Bedürfnisermittlung und -nachweis	o	
1	Vorstudien	Nachweis der Machbarkeit Projektdefinition	Zielsetzungen Rahmenbedingungen Standortwahl Vorstudien	o o - -	 M H
2	Vorprojekt	Auswahl der optimalen Lösung	Vorprojekt Schätzung Kosten/Termine	+ +	H H/M
3	Bauprojekt	Baubewilligung	Bauprojekt Schätzung Kosten/Termine Baubewilligungsprojekt	+ + -	H H/M M
		Nachweis der Wirtschaftlichkeit	Detailstudien Kostenvoranschlag	+ +	H H
4	Vorbereitung der Ausführung	Definition der - Leistungen - Kosten - Termine Vergabereife	prov. Ausführungspläne Ausschreibungsunterlagen Angebotsprüfung/Vergabeantrag Terminplan Ausführung	+ + + +	H H H H/M
5	Ausführung	vertragsgemässe Erstellung des Bauwerks	Werkvertrag def. Ausführungspläne Bauleitung Abnahme	+ + o o	H H
6	Inbetriebsetzung	Nachweis der Vertragserfüllung	Funktionstest Optimierung	o o	
7	Abschluss	Abschluss des Bauprojekts	Dokumentation Schlussabrechnung Garantiearbeiten	+ - -	H M M
8	Nutzung	optimale Nutzung und Betrieb	Optimierung von Nutzung und Betrieb Erhaltung	o +	 H/M
9	Rückbau	Liquidation des Bauwerks	Abbruch Recycling Entsorgung	+ + +	H/M H/M H/M

Tabelle 31: Projektphasen und Einsatz der Tragwerkplanung

Die Tabelle 32 zeigt den Zusammenhang zwischen den einzelnen Vorgehenszielelen einer Projektphase der Funktionseinheit Tragwerkplanung und den zur Erreichung derselben notwendigen grob gegliederten Aktivitäten [SIA 103 1984 p.13ff][231]. Die Vorgehensziele können durch die Grundleistungen des Tragwerkplaners als Spezialist erreicht werden. Die Prozesse zur Erreichung der kursiv gekennzeichneten Vorgehensziele können innerhalb eines *Grundmusters* eingeordnet werden, das selbst als Vorgehensmodell zur Gestaltung des technischen Systems Tragwerk in einem phasenabhängigen Detaillierungsgrad aufgefasst wird. Als Grundlage zur Einordung des Vorgehensmodells der Tragwerkplanung in die Lebensphasen des Bauwerks wurde der für alle Funktionseinheiten gültige Projektphasenplan des KWF Projekts Nr. 2416.1 verwendet.

Nr	***Projektphase***	***Vorgehensziel***	***Prozesse der TWPL***
1	Vorstudien [SIA 103 1984 p.13]	• *Erarbeitung Anforderungskatalog abgeschlossen* • *Grundlagenbeschaffung abgeschlossen* • *Bestandesaufnahmen erstellt* (• Topographische Aufnahmen erstellt) (• Geotechnische Untersuchungen, Berechnungen, Aufnahmen erstellt) (• Geologische Untersuchungen, Berechnungen, Aufnahmen erstellt) (• Bauphysikalische Untersuchungen, Berechnungen, Aufnahmen erstellt) (• Materialuntersuchungen durchgeführt) • *Technische Möglichkeiten abgeklärt* • *Wirtschaftliche Möglichkeiten abgeklärt* • *Variantenstudium erstellt* • *Kostengrobschätzung erstellt* • *Termingrobschätzung erstellt* • *Bewertung Varianten durchgeführt*	*Vorstudien TW erarbeiten*
2	Vorprojekt [SIA 103 1984 p.13][232]	• *Nutzungsplan erstellt* • *Sicherheitsplan erstellt* • *Kontrollplan erstellt* • *Konstruktives Konzept erstellt* • *Hauptabmessungen festgelegt* • *Grobe Vorausmasse bestimmt* • *Grobe Schätzung Baukosten erstellt* • *Grobe Schätzung Termine erstellt*	*Vorprojekt TW erarbeiten*
3	Bauprojekt [SIA 103 1984 p.13][233]	• *Konstruktion dimensioniert*[234] • *Detaillierte Abmessungen festgelegt* (• Brandschutzuntersuchungen durchgeführt) (• Modellversuche durchgeführt) • *Vorausmasse bekannt* • *Schätzung Baukosten erstellt* • *Schätzung Termine erstellt* (• Subventionsunterlagen erstellt)	*Bauprojekt TW erarbeiten*

231 *Als Grundlage für die Defintion von Vorgehenszielen dienen die Leistungsbeschreibungen für Bauingenieure als Spezialisten. Aufgrund der angenommenen Phasengliederung müssen teils Leistungen in Phasen mit einer zur SIA 103 abweichenden Bezeichnung verschoben werden.*

232 *Die Phasenbezeichnung* Vorprojekt *bleibt erhalten.*

	Detailprojekt[235]	• *Konstruktionsdetails ausgearbeitet* • *Ausmasse bekannt* • *Kostenvoranschlag erstellt* • *Termine bekannt*	*Detailprojekt TW erarbeiten*
4	Vorbereitung der Ausführung [SIA 103 1984 p.13][236]	• *Ausschreibungsunterlagen erstellt* (• Unternehmervarianten fachlich, rechnerisch überprüft) • Angebote kontrolliert • Offertenvergleiche erstellt • Vergebungsanträge formuliert • Vertragstexte bestimmt	*Provisorisches Ausführungsprojekt TW erarbeiten*
5	Ausführung [SIA 103 1984 p.13][237]	• *Konstruktion vollständig dimensioniert* • *Ausführungsunterlagen erstellt* • *Werkstattpläne kontrolliert* (• Werkstattpläne und -listen erstellt) (• Fehlende Koordinations-, Aussparungs-, Einlagepläne für Gebäudeinstallation erstellt) (• Eintrag von Dritten projektierte Bauteile in eigene Pläne) • Weisungen für Ausführung erstellt • Bauleitung beraten • Bauausführung periodisch kontrollieren (• Varianten Bauausführung erstellt) (• Lehrgerüste projektiert und statisch überprüft)	*Definitives Ausführungsprojekt TW erarbeiten*

Tabelle 32: Zielsetzungen und Aufgaben der Konstruktionsprozesse der Tragwerkplanung

Die folgenden Phasen *Inbetriebsetzung* und *Abschluss* können bezüglich der Funktionseinheit Tragwerkplanung nicht mehr mit einem Vorgehensmodell zur Gestaltung von Systemen direkt beschrieben werden [SIA 103 1984 p.13][238].

---

233 *Die Phasenbezeichnung* Bauprojekt *umfasst in der ursprünglichen Form sowohl die Erreichung der Baubewilligung als auch die Erstellung eines Kostenvoranschlages, indem Detailstudien durchgeführt werden.*

234 *Unter dem Begriff Tragwerk sind sowohl die Tragstrukturen des Hochbaus an sich sowie die tragenden Teile von Tiefbauten zu verstehen. Zur Dimensionierung der Konstruktion sind sowohl Erddruckberechnungen, Tragfähigkeits- und Setzungsnachweise bei einfachen Verhältnissen zu führen sowie die kritischen Elemente zu bearbeiten.*

235 *Voraussetzung für die Erstellung eines Kostenvoranschlags ist die Erstellung von Detailstudien.*

236 *Die Phase Vorbereitung der Ausführung enthält die Leistungen der Phase* Ausschreibung und Offertvergleich.

237 *Die Phase Ausführung fasst die Leistungen der Phase* Ausführungsprojekt *und* Kontrolle der Bauausführungen *zusammen.*

238 *Aktivitäten* Inbetriebsetzung*: (Belastungsproben durchgeführt und ausgewertet)*
Aktivitäten Abschluss*: Ermittlung Ausmasse, Abrechnung aufgrund von Plänen erstellt; ev. Kontradiktorische Aufnahme der Ausmasse; ev. materielle Prüfung Rechnungen; Schätzung Beiträge Akontozahlungen.*